Anthony Eickhoff

In der neuen Heimath

Geschichtliche Mittheilungen über die deutschen Einwanderer in allen Theilen der Union

Anthony Eickhoff

In der neuen Heimath

Geschichtliche Mittheilungen über die deutschen Einwanderer in allen Theilen der Union

ISBN/EAN: 9783337412470

Hergestellt in Europa, USA, Kanada, Australien, Japan

Cover: Foto ©Suzi / pixelio.de

Weitere Bücher finden Sie auf **www.hansebooks.com**

In der Neuen Heimath

Geschichtliche Mittheilungen

über die

deutschen Einwanderer

in allen Theilen der Union

Herausgegeben

Von

Anton Eickhoff

Zweite Ausgabe

New York

E. Steiger & Co.

1885

Inhaltsverzeichniß.

In der neuen Heimath.

V

In der neuen Heimath.

Einleitung.

Die Züge der normännischen Seefahrer, welche ein halbes Jahrtausend vor dem historischen Entdecker an die nördlichen Küsten von Amerika führten, waren der Erinnerung der Völker schon lange entwichen, als mit dem Anfange des sechzehnten Jahrhunderts die Thore der neuen Welt geöffnet wurden. Ein neuer Continent lag nun vor den Nationen Europa's, unendlich reich an Producten der Natur, bedeckt mit dichten Wäldern und unabsehbaren Ebenen. Als dann im Laufe der Zeiten die Völker der europäischen Küstenländer diese neue Welt vertheilten, war Deutschland nicht dabei, es war anderweitig zu sehr beschäftigt. Spanien nahm Mittel- und Süd-Amerika; den nördlichen Theil der Hemisphäre forderten England und Frankreich kraft des Rechtes der Entdeckung. Holländer und Schweden beanspruchten Länder kraft des Rechtes der Besitznahme und des Ankaufes von den Eingeborenen. Regierungen verbanden sich mit Handels- und Schifffahrtsgesellschaften zu Zwecken des Erwerbes und der Colonisation. In Deutschland fehlte es damals an solchen überseeischen Unternehmungen. Die stolze Hansa, welche dreihundert Jahre die Königin der Meere gewesen, Länder mit Krieg überzogen und Königen und Fürsten Verträge dictirt hatte, mußte sich vor der wachsenden Macht der Länder zurückziehen, denen sie die Gesetze des Handels und der Schifffahrt der damals bekannten Welt vorgeschrieben. Im Bunde mit ihr hätte Deutschland im sechzehnten Jahrhunderte die neue Welt erobern können. Aber die überseeische Colonisation lag damals nicht im Plane der Hansa, und für Deutschland entwickelte sich jene zersetzende religiöse und politische Krankheit, die sein System auf Jahrhunderte zerrüttete. Während auf Antrieb und unter dem Schutze der Könige anderer Länder große Unternehmungen zur See und Eroberungen in überseeischen Ländern ausgeführt wurden, verlor

1

die Hansa die Herrschaft über die Meere und Deutschland die
Hoffnung auf überseeische Colonisation für immer. Es wurde ver-
uneinigt durch religiöse Wirren, es zerfleischte sich in furchtbaren
Kriegen, und Tausende seiner Söhne verbluteten in fremden Schlachten
auf fremder Erde. Die deutschen Kräfte, durch welche die Hansa groß
geworden, wandten sich nun anderen Ländern zu. Wanderfieber und
Völkerwanderungen sind Erscheinungen der alten und der neuen Zeit.
Der Trieb in die Ferne, der Drang nach Abenteuern ist namentlich der
deutschen Jugend eigen. Das Motiv der spanischen Eroberer in
der neuen Welt war Gold- und Ländergier, das der anderen Länder
Handel und politische Macht. Den Seefahrer und Goldjäger begleitet
der Glaubensbote, um die Bewohner der neuen Welt für seinen Kate-
chismus zu gewinnen, sie vor den vermeintlichen Irrlehren Anderer
zu warnen. Deutschland zwar nicht, aber die Deutschen waren bei der
Ansiedelung und Bevölkerung des westlichen Continents zahlreich vertreten. Sie kamen herüber als Soldaten in fremden Heeren, als Seefahrer und Kaufleute auf fremden Schiffen, als Handwerker und Tagelöhner, als Flüchtlinge und Abenteurer. Deutsche Soldaten und Seefahrer standen in spanischen, französischen, englischen, holländischen und
schwedischen Diensten, zogen unter fremder Flagge übers Meer, und
vielen von ihnen wurde die neue Welt zur neuen Heimath. Seit
Karl's des Großen Zeit haben Europäer keinen Krieg geführt, an
dem nicht Deutsche betheiligt waren. Auf den Schiffen der Niederländer und Schweden waren im sechzehnten Jahrhunderte mehr
deutsche als holländische und schwedische Soldaten. Viele zogen von
Holland aus über den Canal, um der englischen Krone zu dienen
oder aufs Ungefähr in den englischen Colonien ihr Glück zu suchen.

Das unabsehbare Gebiet zwischen den beiden Weltmeeren sollte im
Laufe der folgenden Jahrhunderte der Tummelplatz werden für die
kühnsten und verwegensten Männer der Welt, für die grausamsten
Leidenschaften der Menschen. Pfeil und Bogen der Wilden sollten
durch Büchse und Pflugschar ersetzt, der Tomahawk durch das Schwert
verdrängt werden. Die Schweden wurden durch die Holländer und
diese wieder von den Engländern vertrieben; lange kämpften England
und Frankreich um den Besitz von Nord-Amerika, bis das Loos der
Schlachten oder die Feder der Diplomaten über die Länder entschieden.

Vorbemerkung
zu der Zweiten Ausgabe von
In der neuen Heimath.

Die erste Ausgabe dieses Buches ist als Erinnerungsschrift zu dem am 4. October 1884 gefeierten Jubiläum des hundertjährigen Bestehens der Deutschen Gesellschaft der Stadt New York erschienen und enthält, dieser Veranlassung gemäß, in einem 164 Seiten starken Anhange eine geschichtliche Darstellung ihres Wirkens seit dem Jahre 1784, Listen ihrer Mitglieder und Beamten, sowie auch biographische Notizen, u. s. w.

Die Gründung der New Yorker Deutschen Gesellschaft hat sich im Laufe eines Jahrhunderts als ein culturhistorisches Ereigniß erwiesen; an ihrer Wiege standen verdienstvolle Revolutions-Officiere, die auch bei der Bluttaufe der jungen Republik Pathen gewesen, gelehrte Verkünder des Glaubens auf ihrer bildenden Sendung, Kaufleute, die den Verkehr zwischen der alten und der neuen Welt vermittelten, Künstler und Handwerker in ihrer schöpferischen und belebenden Kraft. Bewegt von Zweifeln umringten sie die kleine Schöpfung, welche an dem großen Thore der neuen Welt für Millionen ihrer Stammverwandten aus dem fernen Vaterlande Wache stehen sollte, erfüllt von Ahnungen für die Zukunft des Landes, welches damals erst von der Morgenröthe der stolzen Freiheitssonne erhellt wurde, die nun seit länger als einem Jahrhundert an unserm westlichen Himmel strahlt. Ihre Namenszüge auf den vergilbten Blättern der Archive enthalten an die ihnen nachfolgenden Deutschen die Mahnung, das Wohl ihrer Zeitgenossen nicht zu vergessen, die Sprache ihrer Heimath, ihrer Kindheit und Jugend, die Würdigung deutschen Fleißes und Gemüthes, die Erinnerung an die culturhistorische Mission der Deutschen in der neuen Welt ihren Nachkommen zum dauernden Verständnisse zu bringen, damit ihre Enkel nicht in Unkenntniß in Bezug auf das Geburtsland der Einwanderer, ihre Entbehrungen und Bestrebungen bleiben, vielmehr derselben mit Achtung und Liebe gedenken.

Wie werthvoll und interessant für die Mitglieder der Deutschen Gesellschaft und deren Freunde der obenerwähnte Anhang zur ersten Ausgabe des Buches (welche fortwährend zu haben sein wird) auch ist und bleibt, so erscheint es doch angemessen, für Diejenigen, welche derselben nicht nahestehen, die gegenwärtige Ausgabe mit Weglassung jenes Anhangs zu veranstalten, damit das Buch zu dem dadurch ermöglichten billigeren Preise bei Allen, welche sich für die erfreuliche Entwickelung des deutschen Elements in der Union interessiren, eine um so weitere Verbreitung finden könne.

Es ist von vornherein des Herausgebers Absicht gewesen, ein Familienbuch zu schreiben, nicht aber ein ausführliches, erschöpfendes Geschichtswerk. Die Rücksicht auf diesen Zweck gebot ihm, das Buch innerhalb eines mäßigen Umfanges zu halten, und gestattete — wenige Fälle ausgenommen — nicht, eine ausführlichere Darstellung sowol ganzer Abschnitte, als auch einzelner Ereignisse zu geben, für welche reichliches Quellenmaterial vorhanden ist; andererseits aber ist in Bezug auf einzelne Theile des Landes solches Material schwer zu erreichen oder gar nicht vorhanden, so daß eine gleichmäßige Behandlung unmöglich war.

Der Wunsch, das Bestmögliche zu bieten, soweit als Zeit und Raum es gestatteten, bewog den Herausgeber, um Bearbeitung gewisser Abschnitte Freunde zu ersuchen, welche dieselbe am Besten ausführen konnten und die Aufgabe auch bereitwillig übernahmen. Er dankt

daher an dieser Stelle Herrn Dr. Oswald Seidensticker für
den Abschnitt „Die Deutschen in Pennsylvanien", Herrn H. A.
Rattermann für den „Die Deutschen in Ohio und Indiana", und
Herrn P. V. Deuster für jenen über die Deutschen in Wisconsin.
Für die ganze Arbeit aber waren ihm die Jahrgänge der Zeitschrift
„Der deutsche Pionier" von wesentlichem Nutzen.

New York, im Februar 1883.   A. Eichhoff.

Durch einen Federstrich fiel das ungeheure Gebiet der Louisiana, von dem Mississippi bis an die Felsengebirge, vom mexikanischen Meerbusen bis in unbekannte Fernen nach Norden sich erstreckend, von Frankreich an Spanien, von Spanien wieder an Frankreich; durch einen Federstrich cedirte es Napoleon an die junge Republik, die von da an die neue Welt beherrschen sollte.

Im siebzehnten Jahrhundert nahm die Colonisirung Nord-Amerika's einen langsamen Verlauf. Nur in geringer Zahl wagten Auswanderer die lange und gefahrvolle Reise übers Meer. Als die Schweden im Anfange jenes Jahrhunderts am Delaware sich ansiedelten, waren ihnen die Seewege so wenig bekannt, daß ihre Schiffe zuweilen sechs Monate zur Fahrt nach Amerika gebrauchten, eine südliche Richtung bis an die Küste Afrika's verfolgten, mit Benutzung des östlichen Passatwindes westwärts segelten und, erst wenn sie dem neuen Continente nahe waren, an seinen Küsten entlang nach Norden sich bewegten. Züge der Einzelnen und kleinere Gruppen, welche entweder auf eigene Gefahr oder im Auftrage und ermuthigt durch Gesellschaften ihr Vaterland verließen, können kaum als Anfang der Einwanderung betrachtet werden. Erst als die Regierungen der westeuropäischen Küstenländer die Colonisation planmäßig in Angriff nahmen, entstanden Bewegungen, die man als die Anfänge der großen Auswanderung bezeichnen kann, welche sich später über den neuen Continent verbreitete. In der zweiten Hälfte des siebzehnten Jahrhunderts wurde Deutschland der Markt, auf dem Regierungen und landbesitzende Gesellschaften um Colonisten warben.

Deutschlands Zustände waren für den Ausbruch des Auswanderungs-Fiebers außerordenlich geeignet. Der dreißigjährige Krieg war vorüber. Er bildet den dunkeln Hintergrund des düstern Gemäldes, welches die deutsche Einwanderung der letzten Hälfte des 17. und des 18. Jahrhunderts unseren Blicken entrollt. Die erste Ansiedelung der neuen Welt ist ein großes Bild des Grauens, die Masseneinwanderung der Deutschen bis beinahe zur Hälfte unseres Jahrhunderts eine Geschichte von Leiden. Deutschland war verwüstet. Viele Menschen hatten den Muth verloren, das Leben in der Heimath von Neuem anzufangen. Hunderttausende blickten in die Ferne, die Einen nach Osten, die Andern nach Westen, um in der Fremde Hülfe zu suchen. Zahlreiche Schriften erschienen für und wider die Auswanderung nach diesen oder jenen Ländern. An den Höfen deutscher Fürsten begann die goldene Zeit der Volksaussauger. Dabei hörten die Kriege nicht auf, die französischen Eroberungskriege im Westen von Deutschland, die schwedischen und türkischen im Osten, der spanische und österreichische Erbfolgekrieg, der siebenjährige Krieg, die ewigen Feindseligkeiten der kleineren Reichsstände unter einander. Neben der Anzahl Derer, welche durch diese Vorgänge ins Unglück gestürzt wurden, gab es eine Menge Solcher, die im Kriege aufgewachsen und verwildert waren, trotzige Menschen, nicht gewillt, sich der bürgerlichen Ordnung zu fügen. Räuberbanden durchzogen das Land, die Obrigkeiten bedienten sich der e i n e n Klasse der Bevölkerung, um die a n d e r e niederzuhalten. Ein Staatsmann jener Zeit schildert die Zustände, wie folgt: „Heutzutage ist der Landmann die armseligste unter allen Kreaturen. Die Bauern sind Sklaven, und ihre Knechte von dem Vieh, das sie hüten, kaum noch zu unterscheiden. Man kommt auf Dörfer, wo die Kinder halb nackend laufen und die Durchreisenden um Almosen anschreien. Die Eltern haben kaum noch etliche Lumpen auf dem Leibe, ihre Blößen zu bedecken. Ein paar magere Kühe müssen ihnen das Feld bauen und auch Milch geben. Ihre Scheuern sind leer, ihre Hütten drohen über den Haufen zu fallen. Sie selbst sehen elend und verkommen aus. Wehe denen Fürsten, die durch ihre Wollüste, durch ihre Tyrannei und durch ihre üble Haushaltung den Jammer so vieler Menschen verursachen! Der Bauer wird unaufhörlich mit Frohndiensten, Botenlaufen, Treibjagen, Schanzengraben und dergleichen geängstigt. Er muß vom Morgen bis zum Abend die Äcker durchwühlen, es mag ihn die Hitze brennen oder die Kälte starr machen. Des Nachts liegt er auf dem Felde, und wird schier zum Wilde, um das Wild zu scheuchen, daß es nicht die Saat plündere. Was dem Wildzahn entrissen wird, nimmt ein rauher Beamter auf Abschlag der rückständigen Schoß- und Steuergelder weg." Auf diese Klagen gab der Hofdiener keine andere Antwort, als daß der Bauer es nicht besser gewöhnt, der reich sei, wenn er eine aus Binsen geflochtene Matratze zum Lager und einen groben Kittel zur Kleidung habe. Dazu kamen die religiösen Wirren und Bedrängnisse, welche den Auswanderern am ehesten den Muth einflößten, den Gefahren der Seereise zu trotzen.

Unter solchen Umständen in Deutschland, welches trotz aller Drang-
sale und Kriege der Zahl seiner Bevölkerung nach noch immer der
Bienenkorb Europa's war, fanden Werber, Agenten für Schiffseigenthümer, Landbesitzer und Andere, religiöse Schwärmer, die neue Sekten
gründen oder den schon bestehenden in der Fremde neue Gläubige zu-
führen wollten, einen fruchtbaren Boden, ein willkommenes Gehör.
Die Rheder von Amsterdam, welche den größten Theil der Frachten
nach Indien verloren, die englische Regierung, welche ihre Colonien
bevölkern, die Gesellschaften, welche große Ländereien in der neuen
Welt veräußern oder urbar machen wollten — sie alle warben auf dem
deutschen Markte um Menschen, um lebendige Fracht. In diese Zeit
fällt die erste deutsche Masseneinwanderung nach Pennsylvanien und
die Gründung von Germantown, wovon später die Rede sein wird,
der Zug der Pfälzer nach London und von da nach New York und
andern Gegenden der Welt. Die Zustände in Deutschland besserten sich
nicht, als man vom dreißigjährigen Krieg sich weiter entfernte. Das
achtzehnte Jahrhundert setzte fort, was das siebzehnte begonnen, selbst
die russischen Kaiserinnen Elisabeth und Katharina II. ließen in
Deutschland Ansiedler für ihre Länder werben. Es fehlte damals nicht
an warnenden Stimmen, welche die Gefahren der Reise, das Unge-
mach der ersten Ansiedelung und namentlich die Seereise in düstern
Farben schilderten. Männer beschrieben aus eigener Erfahrung die
Beschwerden der Reise, die Unsicherheit der Zukunft der Auswanderer.
Wohlwollende Freunde des Vaterlandes warnten vor der Auswanderung in unbekannte Länder, unter fremde Himmelsstriche, und machten
die Zagenden darauf aufmerksam, daß sie vielleicht mit unfruchtbarem
Boden, mit Fiebern und andern Krankheiten, mit der Witterung, mit
Räubern und wilden Thieren zu kämpfen haben würden; sie beklagten
das grausame Schicksal, welches diese Leute nöthige, nach solchen ver-
zweifelten Mitteln zu greifen, in der Hoffnung, dadurch früher oder
später für sich und ihre Nachkommen ein menschenwürdiges Dasein
zu erreichen. Behörden legten der Auswanderung Hindernisse in den
Weg. Kaiser Joseph II. von Oesterreich erließ am 7. Juli 1768 ein
Verbot gegen die Auswanderung, nannte dieselbe ein „Unwesen, welches
so bedenklich zunehme, daß dadurch das deutsche werthe Vaterland einen
merklichen Verlust vieler diensttauglichen Leute erleide und nicht wenig

entvölkert werde. Er habe", sagte er, „erfahren, wie in den Reichs-
städten den verführerischen Anwerbern und Unterhändlern die größte
Handbietung geleistet werde." Er, von Gottes Gnaden erwählter rö-
mischer Kaiser, zu allen Zeiten Merer des Reichs, in Germanien und
zu Jerusalem König u. s. w. „befielt den Bürgermeistern und Reichs-
städten, vornemlich denen zu Lübeck, Bremen und Hamburg, Niemandem ohne die den Reichssatzungen gemäße Wege und Mittel aus
den Grenzen des heiligen römischen Reiches den Auszug zu verstatten,
diejenigen, welche sich heimlich davon zu machen suchten, gefänglich anzuhalten und mit gemessenen Strafen zu belegen, den Verkauf von
Gütern in der sträflichen Absicht verbotenen Auszugs zu verhindern,
auf die sich irgendwo aufhaltenden oder herumziehenden Anwerber,
Commissarien, Verführer, Unterhändler und deren Helfershelfer die
genaueste Kundschaft auszustellen, selbe bei entstehendem Verdachte gefänglich anzuhalten, sowie dem Befinden nach mit Leibes- oder allenfall-
siger Lebensstrafe anzusehen, keine Versammlungen solcher verdächtiger
Personen irgendwo zu erlauben und allen Fuhrleuten zu Wasser und
zu Lande, Boten und Wegführern, Wirthen und Gastgebern dieses
öffentliche Gebot und Verbot zur allgemeinen Kenntniß zu bringen".

Der Befehl des Kaisers Joseph verhallte im Winde, wie frühere
Reichserlasse und Verfügungen der Einzel-Regierungen ohne Wirkung
geblieben waren. Das „heilige römische Reich" war nur noch Chimäre,
der Kaiser hatte seine Macht verloren, immer weiter griff das Auswanderungsfieber um sich, immer größer wurden die Züge der Hei-
mathmüden die Rheinlande hinab nach Holland. Aber nicht allein
nach Amerika, auch nach Rußland zogen sie gerade zur Zeit der
Proklamation des Kaisers.   In einem 1770 in Gotha erschienenen
Schriftchen über die Auswanderung deutscher Unterthanen nach Rußland erzählt der Verfasser:

„Wir waren noch nicht lange von dem Städtchen entfernt und im
Begriffe, den tiefen und langen Hohlweg am Berg und im Wald vor
J.** zu erreichen, als uns ein ungewöhnlich großer Haufen Männer,
Weiber und Kinder begegnete. Sie warnten uns, nicht in den Hohlweg zu fahren, indem ihre Habseligkeiten, welche auf viele Wagen ge-
laden wären, ungezweifelt schon oben herab kämen, und wir, da es
nicht möglich ist, einander auszuweichen, daher demnach würden ge-

nöthigt werden, wieder umzukehren. Wir hielten also vor dem Walde. Der Zug vergrößerte sich. Alle versicherten uns, was die Ersten behauptet hatten; und einer, welcher besser als die übrigen bekleidet und zu Pferde war, rieth uns, lieber umzukehren, indem die Wagen vielleicht in etlichen Stunden nicht anlangen würden. Wir kehrten daher nach dem Städtchen zurück, aber das von uns verlassene Wirthshaus war bei unserer Zurückkunft schon voll russischer Colonisten, und mit genauer Noth erhielten wir noch ein besonderes Zimmer zu unserer Bequemlichkeit. Die Colonisten hatten jenen Tag, welcher sehr heiß war, einen langen, beschwerlichen Weg zurückgelegt. Viele hatten außer sich noch mit etlichen Kindern zu thun. Gleichwohl sahen sie kaum das Städtchen, als sie alle noch übrigen Kräfte aufboten, um unter einander bei dem Ankauf der Lebensmittel zuvorzukommen, da sie leicht erachten konnten, daß für sie alle nicht genug Vorrath vorhanden sein würde. Die Erfahrung hatte sie hierinnen klug gemacht; denn es erfolgte, daß die Letzteren mit Brod und Wasser vorlieb nehmen mußten, wenn sie zumal ihr tägliches Geld schon des Mittags verzehrt hatten, mithin außer Stande waren, andere bei dem Einkaufe zu überbieten. Sie lagen in dem Gasthof nicht viel besser, als das Vieh in den Ställen, dem Befehl und der Willkür ihrer größtentheils unvernünftigen und unbarmherzigen Aufseher und ihrer Lieblinge überlassen. Die Angeworbenen selbst machten unter sich Parteien und quälten einander auf alle Art, wie es immer der Muthwille oder das innerliche Mißvergnügen, das der Verzweiflung nahe kommt, eingeben kann."

Aehnliche Züge von Auswanderern bewegten sich nach Holland, nur mit dem Unterschiede, daß hier statt russischer Commissarien sogenannte „Neuländer", d. h. Leute, welche schon im „neuen Lande" gewesen waren, den Führerdienst versahen. Im Interesse der holländischen Rheder durchstreiften diese „Seelenverkäufer", wie sie auch genannt wurden, jahrein, jahraus die Landschaften und überredeten unter den schönsten Vorspiegelungen die Leute zur Auswanderung. In vornehmem Anzuge, mit goldenen Uhren, Ketten und Ringen behangen, schilderten sie mit großer Uebertreibung das Paradies, in welches sie die armen Leute führen wollten, versprachen den Unbemittelten freie Ueberfahrt und sogar noch Geld und Kleider auf

die Reise, und verleiteten auch oft wohlhabende Personen zur Auswanderung. Je ärmer aber der Auswanderer war, desto mehr wurde
in der Regel an ihm verdient; denn der große Nutzen des Geschäftes
bestand darin, daß der Passagier seine Fahrt nicht im Voraus bezahlte
und sich in Amerika einen unverhältnißmäßig hohen Preis dafür anrechnen lassen mußte, zu dessen Deckung er oder vielmehr seine Dienste
dann auf Zeit verkauft wurden. Im Laufe des vorigen Jahrhunderts
war das Vorausbezahlen der Passage die Ausnahme und das Nachbe-
zahlen die Regel. Es fehlte nicht an Briefen von Ausgewanderten, an
Broschüren in Deutschland, welche die Leiden der Auswanderer auf der
Reise und nach ihrer Ankunft in der neuen Welt beschrieben. Ein
gewisser Mittelberger schreibt, bei seiner Rückreise nach Deutschland
hätten ihn „Würtemberger, Durlacher und Pfälzer, die es Taglebens
beseufzen, daß sie ihr Vaterland verlassen, mit Thränen und aufge-
hobenen Händen gebeten, solches Elend und Herzeleid in Deutschland
bekannt zu machen, damit nicht nur das gemeine Volk, sondern auch
selbst Herren und Fürsten erfahren möchten, wie es ihnen ergangen,
und nicht noch mehr unschuldige Seelen aus ihrem Vaterlande zu gehen
durch die Neuländer beredet und in gleiche Sklaverei gezogen werden
möchten."

Solche Schilderungen mögen damals in Deutschland wol nicht
ohne Eindruck geblieben sein. Die obrigkeitlichen Behörden selbst
trugen zur Verbreitung derselben bei, auch mögen sie wol dahin
gewirkt haben, zeitweilig die Auswanderung zu lähmen, aber sie verhindern konnten sie nicht, weil die Verhältnisse in Deutschland zur
Auswanderung drängten. Der Soldat, der Matrose wagt mehr,
wenn er sich in Königsdienste oder zu Schiff begibt. Der Auswanderungslustige, welcher in den meisten Fällen nichts zu verlieren hatte,
redete sich ein, daß die geschilderten Leiden und Gefahren bald überstanden sein würden. Und in der That gewannen die meisten Europamüden nach überstandener Prüfungszeit in der neuen Welt ein
menschenwürdigeres Dasein, wie sie's in der Heimath ihrer Väter nie
gekannt hatten. Dazu kamen auch günstige Nachrichten von Andern, die den großen Schritt übers Weltmeer gewagt hatten. Beispiele
von glücklich angelegten Pflanzstädten kamen der ohnedies großen Hoffnung zu Hülfe. Man erfuhr z. B., daß der Zustand der Salzburger

in Georgia glücklicher als der ihrer Landsleute in Deutschland war. Oft nöthigte das Beispiel, die Gesellschaft, auch wol die Neugierde und viele andere Umstände die Leute, etwas zu unternehmen, wovor Andere zurückschrecken würden. Auch hatten in der That damals viele Tausende in der neuen Welt ein glückliches Dasein errungen. In den großen Städten wohnten deutsche Kaufleute, Krämer und Handwerker in anständig bürgerlichen Verhältnissen, in Dörfern und auf dem Lande hatten sich Religionsgemeinschaften gebildet, die eines guten Fort-kommens sich erfreuten und meistens durch ihren Pfarrer den geistigen Verkehr mit Europa unterhielten. Den deutschen protestantischen Pfarrern der alten Zeit — die Katholiken kamen viel später — verdanken wir das Meiste, was aus jener Periode von den Schicksalen der Deutschen in der neuen Welt im 17. und 18. Jahrhundert der Nachwelt bekannt geworden. Sie blieben im Verkehr mit ihren Glaubensgenossen in der alten Welt, zeichneten ihre Beobachtungen und Erfahrungen auf, und als gebildete Männer leiteten sie meistens mit Umsicht die Angelegen-heiten ihrer Gemeinden und pflegten die deutsche Sprache und deutsche Sitten. Vor dem Revolutionskriege blieben die Deutschen deutsch — die Gebildeten wenigstens — wie die Engländer Engländer, die Fran-zosen Franzosen blieben. Die Engländer und deren Nachkommen hingen mit großer Zähigkeit an ihrem Mutterlande. Es wäre Irrthum, zu glauben, der Geist der Unabhängigkeit habe sich früh bei ihnen gezeigt. Im Gegentheil, sie verlegten sich lange aufs „Peti-tioniren" zur Abstellung von Mißbräuchen in der Colonie, von Unbilden an den gehorsamen Unterthanen der britischen Krone. Wie leicht wäre es für die englische Regierung gewesen, sich die Zuneigung und den Gehorsam der Colonien zu erhalten! Aber die Männer, welche damals die Geschicke Englands leiteten, waren taub gegen die Klagen der Colonie, unempfindlich gegen die Warnungen patrio-tischer Statthalter, trieben ihre Unterthanen diesseits des Oceans allmählig von einem Schritte der Entfremdung zum andern und schließ-lich zur offenen Rebellion. Die damalige Kriegsmacht Großbritaniens war gering. Es mußte auf dem Continente von elenden deutschen Fürsten, deren Namen auf immer als Schandfleck in der Geschichte verzeichnet stehen, Soldaten kaufen, um mit deren Hülfe die Rebellion in der Colonie zu unterdrücken.

Die deutschen Eingewanderten und deren Nachkommen theilten nicht die Sympathien der Englischredenden für die englische Regierung, England war nicht die Heimath ihrer Väter, die englische Sprache nicht ihre Muttersprache, die englischen Sitten waren nicht ihre Sitten, wenngleich sie sich nach ihnen richteten, soweit sie durch die Gesetze geboten, durch den allgemeinen Gebrauch sanktionirt waren. Amerikaner gab es nicht, der Deutsche blieb deutsch, der Engländer Engländer und dieser verlangte auch von Anderen kein weiteres Anbequemen an die englischen Einrichtungen, als die Anerkennung der Oberherrschaft Englands, die Befolgung der Gesetze.

Bei den Deutschen auf dem Lande namentlich waren die Englisch-redenden nicht beliebt, um so weniger, als sie zum großen Theile einer Nationalität angehörten, die ihnen nicht sympathisch war. Die Deutschen fühlten sich hier als Fremde und zogen sich in ihr deutsches Wesen zurück. Der spätere amerikanische Feldherr Kalb war vom französischen Hofe abgesandt worden, um die Stimmung der Amerikaner gegen England zu sondiren. Er sah keinen Erfolg und schrieb: „Die Amerikaner hingen mit glühender und tief eingewurzelter Ergebenheit an ihrem Mutterlande, und man müsse über die gedankenlose Thorheit staunen, womit England diese Gefühle mißhandle. In einem Pariser Kaffeehause sei hundertmal mehr Begeisterung für die amerikanische Revolution, als in allen dreizehn Provinzen von Amerika." Der schwedische Reisende Kalm schrieb im Jahre 1748 aus Pennsylvanien: „Die nichtengländischen Ansiedler, die Deutschen, Holländer und Franzosen, hätten der Regel nach keine besondere Anhänglichkeit an Alt-England. Sie am meisten fühlten sich durch die Beschränkungen belästigt, welche England dem Handel und den Gewerben Nord-Amerika's auferlege. Nicht allein die in Amerika Geborenen, sondern gerade die Eingewanderten hätten ihm gesagt: Die Colonien würden in dreißig bis fünfzig Jahren im Stande sein, für sich selbst einen Staat zu bilden, ganz unabhängig von Alt-England."

Bis zum Ausbruche der Revolution hatten deutsche Ansiedler, die sich in Gemeinden hier niedergelassen, abgeschlossen für sich und unter sich gelebt und gleich den englischen oder holländischen Colonisten einen selbständigen Theil der Bevölkerung des Landes gebildet. Mit dem

Kriege traten sie aus ihrer Isolirung in die große politische Strömung ihrer Zeit ein. Es entstand eine neue Bezeichnung für ein Volk, das in neue Verhältnisse eingetreten war, sich zu einer neuen Nation entwickelte, und da der Englischredende bei dieser Neubildung in der Mehrheit war, bekleidete er diese Nationalität mit seiner Sprache, mit seinen Sitten und verlangte bald von den Eingewanderten aller Länder, daß wenn sie Freunde der Freiheit seien, sie sich amerikanisiren, d. h. die englische Sprache sprechen, englische Gebräuche befolgen und englische Religionsanschauungen verherrlichen und den durch puritanische Religions- und Lebensweisheit diktirten Gesetzen gehorchen müßten. Die von deutschen Fürsten an England zur Unterdrückung der Revolution verkauften Truppen hatten natürlich nicht dazu beigetragen, in denjenigen Theilen des Landes, wo wenige Deutsche wohnten und man ihren Charakter nicht kannte, den Ruf der Deutschen zu erhöhen. Die deutschen Truppen werden nicht schlimmer gewesen sein, als die englischen, aber sie werden, mit Ausnahme einiger Wenigen, auch nicht besser gewesen sein als jene. Im Kriege verwildern die Menschen, und der Umstand, daß Europäer herüber kamen, um die Freiheit bekämpfen zu helfen, die England keine Treue schulden, für England keine naturgemäße Sympathie haben konnten, also Söldlinge in des Wortes schlimmster Bedeutung waren, genügte, auf die Deutschen im Allgemeinen den Schatten des Mißtrauens zu werfen, den Böswilligen und Rohen anderer Nationalitäten eine willkommene Waffe zu Verdächtigungen und Schmähungen zu liefern. Die Bereitwilligkeit, womit die hiesigen Deutschen für die Revolution Partei ergriffen, die Betheiligung deutscher Offiziere am Kampfe auf Seiten der Revolution trug indeß viel dazu bei, den Vorwurf Böswilliger zu entwaffnen. Washington hatte Gelegenheit, im Verlaufe des Krieges die Dienste deutscher Männer zu verwerthen, die Deutschen schätzen zu lernen, und Jefferson, der nach der Revolution von allen amerikanischen Staatsmännern den größten Einfluß auf die demokratisch-republikanische Entwickelung des Landes ausübte, erhielt Gelegenheit, in seiner Heimath in Virginien die Deutschen in allernächster Nähe kennen zu lernen, wie er denn überhaupt ein zu hochgebildeter Mann war, als daß er den Vorurtheilen der Unwissenden hätte zugänglich sein können. Die hessisch-braunschweigischen Truppen unter General

Riedesel, welche mit General Bourgoyne bei Saratoga zu Gefangenen geworden, wurden südwärts geschickt und in Albemarle County, der unmittelbaren Nähe von Jefferson internirt, wo er den Offizieren die Benutzung seiner Bibliothek freistellte und Abends mit den musikalisch Gebildeten unter ihnen musicirte.

Die Unabhängigkeit der Colonien war errungen und durch die Verträge vom 3. September 1783 und 20. Mai 1784 bestätigt. Die friedliche Entwickelung nach dem Abschlusse des glücklichen Friedens hatte Schwierigkeiten, deren Ueberwindung große Weisheit und Mäßigung forderte. Die Sieger fanden Veranlassung, in den Tagen der Noth die frühere Eifersucht einzelner Staaten und die leidenschaftlichen Gegensätze der Religionsparteien zu vermindern. Auch die bösen Folgen des Krieges blieben nicht aus, es kostete Mühe, anstößige Grundsätze und Gewohnheiten auszurotten, die während der Revolution Wurzel geschlagen hatten. Der größte Theil des Heeres kehrte allmählig zu seinen alten Beschäftigungen zurück. Auf einige Jahre der Verwirrung folgte 1787 die Annahme der Bundesverfassung, und Washington ward einstimmig zum Präsidenten erwählt. Durch diese Annahme wurden Vorurtheile verletzt, eigennützige Pläne vereitelt. Da keine Erfahrung den neuen Einrichtungen zur Seite stand, war es kaum möglich, über die unbekannte Zukunft gleicher Meinung zu sein. Manche fürchteten die zu große, Andere die zu geringe Macht des Congresses. Mit dem Ausbruche der französischen Revolution entwickelten sich Grundsätze und Ansichten, welche ohne Rücksicht auf Ort, Zeit und Eigenthümlichkeit des Volkes als neue, unbedingte Vorbilder hingestellt wurden. Das Gefühl der Dankbarkeit verlangte, daß der neue Staatenbund in den Händeln Europa's auf Frankreichs Seite treten sollte; das Gebot der Selbsterhaltung forderte strenge Neutralität.

Die deutsche Einwanderung gerieth damals ins Stocken. Der Verkehr zwischen Holland und Amerika, der Handel zwischen den beiden Continenten mußte natürlich durch die furchtbaren Kriege leiden, welche Europa verwüsteten. Nur wenige Schiffe kamen mit Einwanderern hier an, dahingegen bekamen die Seestädte einen Zuwachs von deutschen Kaufleuten. Durch den amerikanischen Krieg war der geistige Verkehr der hiesigen Deutschen mit dem Vaterlande unter-

brochen worden, das deutsche Element wurde in Folge dessen hier
wesentlich geschwächt. Deutsche Zeitungen und Buchhandlungen gab
es damals nur in Pennsylvanien. Erst im J. 1815, als der Verkehr
mit Europa wieder lebhafter wurde, brachten die Schiffe auch wieder
Einwanderer herüber. Es wäre überflüssig, nach den Ursachen dieser
Erscheinung zu fragen. Und wiederum entstand das alte Elend der
Einwanderung über Holland, wiederum ertönten derselbe Jammer, dieselben Klagen. Niemand nahm der Heimathlosen in den holländischen
Häfen sich an, kein Gesetz leitete ihre Beförderung, keine vaterländische
Flagge begleitete sie, keine Regierung streckte ihre schützende Hand über
sie aus; freud- und freundlos zogen sie wiederum über das Meer, den
Gefahren des Zufalls, den hundertfachen Leiden ausgesetzt, die von
roher Willkür ihnen drohten. Da reiste am 17. Juni 1817 ein „Freiherr von Fürstenwärther auf eigenen Wunsch und auf Veranlassung
eines Freiherrn von Gagern, niederländischen bevollmächtigten Mini-
sters am deutschen Bundestage, von Frankfurt a. M. über Amsterdam
nach Amerika, um sich nach den Schicksalen seiner Landsleute vom
Einschiffungshafen an bis nach ihrer Ansiedlung diesseits des Welt-
meeres zu erkundigen und davon zu überzeugen." Er wurde von
Gagern mit Instruktionen und Beglaubigungsschreiben ,an die
amerikanische Regierung versehen. In der Bibliothek des Staats-
Departments in Washington ist eine Broschüre, die 1818 in der
Cotta'schen Buchhandlung in Stuttgart gedruckt worden, welche diese
Instruktionen nebst dem Berichte des humanen Abgesandten enthält.
Aus den ersteren mag folgender Auszug hier mitgetheilt werden:

„Sie sollen und wollen sich dem Dienst der menschlichen Gattung
und insbesondere Ihrer armen Landsleute widmen, welche die Noth
oder der Menschen-Ueberfluß aus Deutschland weggeführt. Und wenn
Ihnen das Schicksal versagt hat, auf andere Weise auf der Völker
Schicksale wohlthätigen Einfluß zu haben, so mag Ihr Gemüth hierin
Ersatz finden. Es herrscht noch ein großes Dunkel über die Begegnisse
der Deutschen, einschließlich der Schweizer, die nach Amerika, insbesondere nach Nord-Amerika, ziehen. Nach allem, was darauf Bezug
hat, sollen Sie mit großer Aufmerksamkeit forschen und nichts unbeachtet lassen, sei es künftig zur Warnung oder zur Verminderung der
Schwierigkeiten. Viele haben sich vorgenommen, die Aufmerksamkeit

unseres großen Vaterlandes dahin zu lenken. Ihre Sendung ist daher ein vorbereitender Schritt und Sie können es den hohen und niedrigen menschenfreundlichen Gesellschaften, ja dem Gouvernement selbst oder seinen Bestandtheilen hinterbringen und jene Absicht entwickeln.... Wir wollen nicht mehr diese Scenen des Jammers wie dieses Jahr sehen, nicht die Verworrenheit der Begriffe und Pläne. Wir wollen zu Allem redlich hülfreiche Hand leisten und, was beiden Welttheilen nützlich ist, auf das thätigste befördern."

Nachdem Fürstenwärther auf seiner Reise rheinabwärts in Amsterdam angekommen war, schreibt er unterm 3. Juli 1817 von dort: "..... Ich habe das Elend des größten Theiles der Ausgewanderten größer und die Lage Aller rath- und hülfloser gefunden, als ich mir vorstellen konnte. Schon auf meiner Reise hierher begegnete ich auf allen Wegen ganzen Schaaren zurückkehrender Familien, welche, von Allem entblößt, sich bettelnd forthelfen. In Köln hatte das Gouvernement dafür gesorgt, daß ein großer Theil angehalten, verpflegt und transportweise in ihre Heimath zurückgeführt wurde. Unbeschreiblich groß aber ist noch immer die Menge dieser Unglücklichen in Holland; alle Städte sind von ihnen überschwemmt. Denjenigen, welche mit den Mitteln zur Ueberfahrt ankommen, geht es noch so ziemlich; sie finden Gelegenheit, sich einzuschiffen, aber häufig nach langem Warten; viele verzehren dann ihr Reisegeld vor der Zeit; manche auch werden um das Ihrige betrogen; es fehlt an Ordnung, Führung, Rath, Unterstützung und Aufsicht. Diejenigen aber, welche ihre Fracht entweder gar nicht oder nicht ganz bezahlen können, sind dem Wucher und der ungestraften Willkür der Schiffsmakler preisgegeben, welche den schändlichsten Menschenhandel mit ihnen treiben. Die Unglücklichen finden nirgends Gehör, es ist Niemand da, der sie vertritt. Die Schweizer sind um Vieles besser daran. Die Regierung ist mehr um sie bekümmert. Sie verlieren nicht ihr Bürgerrecht, wie die Würtemberger, welche demselben in den Pässen, die sie erhalten, ausdrücklich entsagen müssen. Sie erhalten einen Heimathschein und werden, wenn sie in ihren Hoffnungen getäuscht wieder zurückkehren, väterlich wieder aufgenommen; ja ein jeder erhält in diesem Falle von ihrem Consul zwei Louisd'or auf den Weg. Aehnlicher Begünstigungen erfreuen sich die Lothringer und Elsässer."

Am 28. Oktober wird von Philadelphia geschrieben: „Ungerecht, hart, unmenschlich ist nur zu oft, man kann sagen in der Regel, die Behandlung der Leute, sobald sie auf die Schiffe kommen. Ein großer Theil stirbt unterwegs; die übrigen kommen in dem größten Elend, und meistens mit zerrütteter Gesundheit hier an. .... Sobald Schiffe hier ankommen mit Leuten, die ihr Ueberfahrtsgeld nicht bezahlt haben, lassen es die Kapitäne in den Zeitungen bekannt machen. Handwerker und Landleute, oft aus entfernten Gegenden, finden sich alsdann ein und suchen sich diejenigen aus, die sie brauchen, bezahlen dem Kapitän die Fracht und nehmen sie in Arbeit und Dienste; sie müssen sich durch Contrakt auf mehrere Jahre verdingen."

Unterm 15. November schreibt Fürstenwärther von ebendaselbst: „Die reichsten und gebildetsten Deutschen hiesiger Stadt sind der deutschen Sprache nicht hold und möchten sie gerne ganz abgeschafft wissen. Unter der geringeren Klasse findet man noch mehr deutschen Sinn. Es sind mehrere Gesellschaften unter ihnen, deren Zweck religiöse Erbauung und Belehrung in deutscher Sprache ist."

Ueber eine Unterredung mit dem Staats-Sekretär Adams in Washington, bei dem er sich vorstellen ließ und ihm seine Beglaubigungsschreiben überreichte, schreibt unser Abgesandter unterm 28. December: „Der Staats-Sekretär hörte mich anfangs mit großer Aufmerksamkeit an, und unterbrach mich nachher oft in meinem Vortrag. Er erwiederte, der Hauptsache nach, Folgendes: Die Regierung sei bisher der Meinung gewesen, daß die europäischen Staaten und namentlich die deutschen Regierungen die Auswanderung nicht gerne sehen, weshalb sie aus politischen Ursachen, um das gute Verständniß mit ihnen nicht zu stören, dieselbe nicht direkt begünstigen, oder den Schein, sie zu begünstigen, vermeiden wolle. Wenn dieselbe aber gewiß sein könne, daß die deutschen Fürsten der Auswanderung keine Hindernisse in den Weg legen wollten, so würde man auch vielleicht geneigter sein, ihnen entgegen zu kommen; doch, setzte er hinzu, mehr aus Vorsorge für die Ankömmlinge selbst. Denn, ist es Grundsatz und Ueberzeugung oder National-Stolz, man hat oder affektirt allgemein in Amerika eine große Gleichgültigkeit gegen fremde Einwanderung und scheint der Meinung zu sein, daß die Bevölkerung in den Ver. Staaten auch ohne sie genug zunehme."

Der Schlußbericht, den Fürstenwärther später an Gagern absandte, enthält folgende Stelle: „Es sind gewöhnlich holländische, mitunter auch amerikanische, schwedische, russische und englische Schiffe, welche die Auswanderer nach Amerika führen. Die meisten gehen von Amsterdam ab, einige auch von Rotterdam und Antwerpen. Zu Zeiten kommen deren auch von norddeutschen Häfen hier an. Solide Häuser geben sich dort in der Regel mit diesem Geschäft nicht ab. Die Schiffe, welche zum Transport der Einwanderer eingerichtet werden, sind in der Regel von der schlechtesten Qualität, alt und baufällig, und die Kapitäne, deren Führung sie anvertraut werden, unwissende, unerfahrene und brutale Menschen. Die Schiffe sind gewöhnlich nicht mit hinlänglichen Provisionen versehen und diese sind von der schlechtesten Qualität; dabei werden gleich anfangs ohne alle Noth die Portionen verkürzt, und viele von den contraktlich stipulirten Artikeln gar nicht gereicht. Die Aerzte, im Falle sich deren an Bord befinden, sind die unwissendsten Menschen, Barbiere u. dgl. und sind kaum mit den nothwendigsten Arzneimitteln versehen; der Raum ist zu beschränkt; Ursachen, warum die Sterblichkeit auf den Schiffen bisher so außerordentlich groß war. Dieselbe zeigt sich vorzüglich bei Kindern von zartem Alter, welche die Schiffskost nicht vertragen können und solchen, die noch von der Muttermilch leben. Man kann annehmen, daß bisher der zehnte Theil von Denen, welche sich einschifften, unterwegs und noch nach der Landung starb. Im vergangenen Jahre war es vielleicht der sechste Theil. Wechselfieber und Diarrhöen sind die gewöhnlichen Krankheiten. Die Ursachen, woraus sie entstehen, sind zum Theil unvermeidlich, aber ließen sich doch vermindern, und würden bei besserer Pflege und ärztlicher Hülfe keine so große Sterblichkeit erzeugen, und wenn nicht Alles vernachlässigt würde, wovon das Wohl und die Gesundheit der Menschen abhängt, und wenn nicht Kummer und Verzweiflung Vielen das Leben raubten. Ein großer Theil stirbt bloß aus Entkräftigung und Mangel oder schlechter Beschaffenheit der Lebensmittel. Mir ist der Anblick des menschlichen Elends nicht fremd, ich habe es in vielen Gestalten gesehen; allein in keiner schauderhafteren noch ist es mir vorgekommen, als auf den Schiffen, welche am Ende des letztverflossenen Jahres hier ankamen, und ich war nicht Zeuge während der Fahrt, noch kannte ich das Schlimmste anders, als durch

fremde Schilderung. — Vieles hängt von der Behandlung ab. Diese
ist fast durchgängig schlecht, hart, ja nicht selten unmenschlich, und
empörend grausam. Die Sittlichkeit leidet außerordentlich durch nothwendige Ursachen; allein der gänzliche Mangel an zweckmäßiger Vorsorge und Aufsicht, Brutalitäten, welche sich die Kapitäne gegen das
weibliche Geschlecht erlauben, vermehren das Uebel bis zu einem
traurigen Grade, bis zur Abstumpfung alles natürlichen Gefühles.
Ich übertreibe nicht. Notorische Beispiele, in hinlänglicher Anzahl,
berechtigen mich mit einer Allgemeinheit zu reden, welche nur wenige
Ausnahmen leidet. Man klagt hier allgemein über die schlechtere
moralische Beschaffenheit der Auswanderer, welche seit den letzten
zwanzig oder dreißig Jahren hier anlangten. Mögen die unglücklichen
Zeiten der Revolution und ihrer Kriege, und eine allgemeine Ver-
schlimmerung der Sitten in Europa daran Schuld sein, gewiß tragen
die Unordnungen und das Elend auf den Schiffen viel zu ihrer Demo-
ralisirung bei. Viele kamen schlechter hier an, als sie waren.

„Was die Art, sich zu verdingen, anbelangt, so hat man zwar
Unrecht, in derselben Sklaverei zu sehen, denn es liegt ein freiwilliger
Contrakt zu Grunde, welcher die Dauer der Dienstpflichtigkeit auf eine
bestimmte Zeit limitirt. Allein, sie mag demungeachtet wol einen
Schatten auf den deutschen Namen werfen und dazu beitragen, ihn
verächtlich zu machen, wenn auch nicht in der Theorie, doch in der
Praxis, indem sie nicht von vielen Mißbräuchen und Gesetzwidrigkeiten
frei ist, welche sie von einer gehässigen Seite darstellen; der gewöhnliche
Ausdruck im gemeinen Leben ist nicht bind as servants, sondern
„kaufen" und „verkaufen"; ja in südlichen Staaten soll man von
Dutch oder white slaves sprechen. Ist der Deutsche in Amerika·
geachtet? — Er ist persönlich geachtet, wie Andere, ohne Rücksicht auf
ihre Nationalität oder Abstammung, wenn er reich oder wohlhabend
ist, oder sich durch Verdienste um seine Mitbürger auszeichnet. Allein
demungeachtet spricht sich eine große Geringschätzung der deutschen
Nation und ihres Namens aus. Die Amerikaner, obgleich selbst noch
zu neu, um den Namen einer Nation zu verdienen, besitzen gleichwol
einen Nationalstolz, wie keine andere Nation der alten Welt, und
sehen mit Verachtung auf Diejenigen herab, von welchen die ersten
Keime zu ihrer Bildung stammen. Von keiner aber haben sie ein:

geringere Meinung, als von der deutschen. — Sie urtheilen von demselben (Deutschland), bei ihrer geringen Kenntniß, nach dem Grad der
Bildung, dem Charakter und dem Aeußeren derjenigen Individuen,
die sie gewohnt waren, an ihren Ufern landen zu sehen, und deren
Masse auch nicht geeignet war, ihnen eine günstigere Meinung von
demselben beizubringen. Die Zahl der gebildeten Deutschen, welche
dieses Land besuchten, oder sich da niederließen, war immer sehr gering.
Es ist endlich unläugbar, daß die Unordnungen und Mißbräuche bei
den Einwanderungen in den letzten Jahren, der elende Zustand, in
welchem die Meisten hier ankommen, und ihre schlechtere moralische
Beschaffenheit diese ungünstigen Eindrücke sehr verstärkt haben.

„Wenn dem Deutschen dort die Sonne untergeht, sie scheint ihm im
fernen Westen immer noch, aber nicht mehr als Deutschem, sondern als
Amerikaner. Er muß als Deutscher untergehen, um als Letzterer
gleichsam zum zweiten Leben wieder aufzuerstehen. Nicht plötzlich ist
dieser Untergang, allmählig nur sinkt er in ein anderes Volk unter.
Gleichwie bei dem Fallen eines Steines auf der ruhigen Oberfläche des
Wassers die Kreise, die er wirft, sich mehr und mehr erweitern und ver-
kleinern, bis sie am Ende völlig verschwinden, so wird sich nach und
nach Alles, was Deutsch ist, verlieren, bis endlich jede Spur erlischt.
Der Staat Pennsylvanien verdankt seine erste Begründung und spätere
Bevölkerung vorzüglich den Deutschen. Die ersten, welche sich schon
unter Wm. Penn in demselben niederließen und Germantown gründeten, waren aus Griesheim in der Pfalz. Eine deutsche Gesellschaft
bildete sich fast um die nämliche Zeit in Frankfurt, Hamburg und
Bremen und anderen Städten, um Handlungsverbindungen zu stiften;
sie veranlaßten viele andere Pflanzer aus der Pfalz und dem Würtembergischen, sich nach dem neuen Lande einzuschiffen. Später folgten
viele den Führern nach, durch sie angelockt und angezogen. Es läßt sich
nur hierdurch erklären, warum die Wanderungen seitdem nach diesem
Lande, vorzüglich aus jenen und den ihnen angrenzenden Gegenden,
so stark waren. Im Jahre 1717 war die Auswanderung bereits so
stark, daß der damalige Statthalter nachtheilige Folgen davon befürchtete, wenn die Ausländer entweder zu dicht bei einander wohnten oder
zerstreut unter den Wilden sich niederließen. Im Jahre 1729 war die
Auswanderung vorzüglich stark, und im Jahre 1734 landeten über

5000 Deutsche in Philadelphia. Seitdem dauerte sie fast alljährlich fort. Sie vermehrte sich seit der Revolution und am meisten seit den letzten Kriegen. Die Hälfte der Population von Pennsylvanien besteht jetzt aus Deutschen und deutschen Abkömmlingen. Vor zwanzig oder dreißig Jahren fand der Amerikaner oder Engländer, welcher in Pennsylvanien reiste und der deutschen Sprache nicht kundig war, Schwierigkeit, sich verständlich zu machen, weil die Landleute dort die seinige nicht verstanden. Dies hat sich seitdem, ungeachtet der fortdauernden Einwanderung, sehr geändert. Zwar soll es hin und wieder, tief im Inneren des Landes, noch einzelne Niederlassungen und Familien geben, wo noch ausschließlich deutsch gesprochen wird, allein es sind Ausnahmen. Es zeigt sich vorzüglich seit zehn Jahren ein Verschwinden der deutschen Sprache, und eine starke Neigung zur englischen. So allgemein auch jene jetzt noch im Innern von Pennsylvanien, in einzelnen Gemeinden und Familien sein mag, sie ist nicht mehr die öffentliche, sie ist nicht die herrschende. Die Gesetze und Verordnungen werden zwar noch, außer der englischen, auch in der deutschen bekannt gemacht, allein alle gerichtlichen Verhandlungen sind englisch, und es kann Niemand als Geschworener gewählt werden, der diese Sprache nicht versteht. Alle Geschäfte werden in dieser abgemacht, in allen öffentlichen Orten, auf Reisen hört man keine andere. Der deutsche Auswanderer vergißt seine Muttersprache nicht, so lange er lebt. Seine Kinder lernen sie noch, aber selten vollkommen; bei ihnen ist der Widerwille gegen Alles, was deutsch ist, gewöhnlich am größten; sie kennen das Land ihrer Voreltern nicht, und schämen sich nicht selten ihrer Abkunft. Bei den Enkeln geht sie gewöhnlich gänzlich verloren. Im Innern und vorzüglich auf dem Lande erhält sich das Deutsche am längsten. Vieles in der häuslichen Einrichtung, in der Lebensart, in Sitten und Tracht trägt noch das deutsche Gepräge, erbt sich länger fort und widersteht länger der Einwirkung lokaler Formen.

„In den Städten, vorzüglich in den Seestädten, ist die Umwandlung rascher. Die Gebildeten unter den Deutschen daselbst, selbst diejenigen, so nicht da geboren, aber bei einem längeren Aufenthalte Glück und Wohlstand daselbst gefunden, sind ihr am abgeneigtesten. Die deutsche Sprache in Pennsylvanien, wie sie in Rede und Schrift erscheint, ist auch nicht geeignet, ihr den Anhang unter den Gebildeten zu sichern und ihr

Ansehen zu erhalten. Sie kann sich auch ohne andere Ursachen, welche sie unterdrücken, nicht gegen die englische behaupten. Die Fortschritte, welche sie in Deutschland selbst seit den letzten fünfzig Jahren gemacht, und welche sie zu einer so hohen Stufe der Bildung erhoben, haben sie hier nicht berührt. Sie hat sich von derjenigen, auf welcher sie in jener Epoche stand, eher rückwärts als vorwärts entfernt. Außer den neunzehn deutschen Zeitungen, welche noch jetzt in Pennsylvanien allein herauskommen (in dem Staat Ohio und Maryland werden noch zwei gedruckt) und deren Zahl sich immer mehr vermindert, indem die von Philadelphia und andere bereits eingegangen sind, und außer einigen Nachdrücken von Büchern populären oder mystisch-pietistischen Inhalts, wird wenig oder gar nichts gedruckt. Die bessere deutsche Literatur kennt man gar nicht, während alle Schätze der englischen unter den Gebildeten leichteren und allgemeineren Eingang finden. — Es ist daher nicht zu verwundern, wenn die deutsche Sprache auf einer so niederen Stufe und in so geringem Ansehen steht. — Die Anhänglichkeit der Deutschen in Amerika an das Land ihrer Geburt oder Abkunft erkaltet, die vaterländischen Erinnerungen erlöschen. Mit der größten Gleichgültigkeit begegnen sie dem neu ankommenden Landsmann. Mißtrauen, Kälte und Entfernung herrscht unter den Deutschen in Amerika, vor andern unter den Gebildeten in den großen Städten."

Fürstenwärther berichtet ferner über verschiedene deutsche und Schweizer Colonien, über Klima, Vorzüge und Nachtheile verschiedener Landestheile, soweit seine Information darüber ihn zu urtheilen berechtigt. Er spricht mit vieler Theilnahme von der Thätigkeit und dem Glaubenseifer deutscher protestantischer Prediger und deren Gemeinden (deutsche katholische gab es damals nur einige wenige), sowie von ihrem Streben für die Erhaltung der deutschen Sprache; die hier geborenen und erzogenen Prediger schildert er als unwissend und unduldsam. Bemerkenswerth ist, daß man schon damals mit dem Plane umging, Seminarien zu errichten für die bessere Bildung der Schullehrer und für die Erhaltung des deutschen Wesens überhaupt. — Schließlich auf die Uebel zurückkommend, welche mit der Reise über den Ocean damals verbunden waren, macht der Abgesandte darauf aufmerksam, daß die Quelle von so vielem Uebel auf der anderen Seite des atlantischen Meeres liege, und daß aller Anfang mit besseren

Einrichtungen und Anstalten dort gemacht werden müsse. Er schreibt: „Wäre die Auswanderung ferner mit so vielem Elend, mit so vielen Unordnungen begleitet, so bin ich ihr entschiedener Gegner; so rathe ich allen meinen Landsleuten, nicht einen Schritt zu thun, den sie fast alle mit wenigen Ausnahmen bereuen werden; so wünsche ich alle deutschen Regierungen veranlassen zu können, sie geradezu zu verbieten. Wie viele fanden im vorigen Jahre, anstatt des gehofften Glückes, den Tod und das größte Elend! Eltern verloren ihre Kinder, Kinder ihre Eltern, Männer ihre Weiber, Weiber ihre Männer. Wenige kamen an, die nicht irgend einen Verlust zu beweinen hatten. Noch jetzt sieht man einzelne von diesen Unglücklichen, welche die Kapitäne, weil sich Niemand einfand, der ihre Fracht bezahlte, frei gaben und ihrem Schicksale überließen, abgehärmt, von Kummer und Noth, niedergedrückt, in den Straßen betteln."

Unter den Beilagen, welche diesem Berichte beigedruckt sind, ist die Beschreibung eines Gastmahls, welches in Philadelphia am 24. Februar 1814, nach der Schlacht von Leipzig und den weiteren Fortschritten der Alliirten, von Deutschen, Holländern und Schweizern gegeben wurde. Unter den bei dieser Gelegenheit ausgebrachten Trinksprüchen war einer auf den Kaiser von Rußland, ein anderer auf Moskau, den Feldmarschall Blücher und andere Generale, auf die Fürsten Deutschlands und auf die Patrioten Süd-Amerika's, denen man wünschte, daß sie bald mit einem Washington beglückt werden möchten! Der Trinkspruch auf den Kaiser Alexander liefert einen Beweis, wie sehr die Sympathien der hier eingewanderten Deutschen in Uebereinstimmung waren mit denen der Bewohner ihres Geburtslandes. Deutschland hatte die furchtbaren Kämpfe hinter sich, die in der deutschen Geschichte als Befreiungskrieg verzeichnet stehen, und die Hülfe, welche Rußland dabei, wenn auch in eigenem Interesse, Deutschland geleistet hatte, wurde vom deutschen Volke dankbar anerkannt. Bis auf den heutigen Tag werden die Sympathien der Deutschen in der neuen Welt durch den Pulsschlag bewegt, der die jeweiligen Stimmungen des deutschen Volkes verkündet. Wenn Deutschland sich freut, freuen die Deutschen in der neuen Heimath sich mit ihm; wenn es leidet, sind sie von Mitgefühl erfüllt und zur Hülfe bereit. Zornerglüht gaben sie ihrem Unwillen Ausdruck, wenn das deutsche Volk unter der Unvernunft seiner Beherr-

scher leiden mußte, freudig erregt waren sie bei jedem Zeichen wachsen-
der Freiheit und Einigkeit. Ihr Herz schlug bange, aber hoffnungsvoll
beim Ausbruche des letzten deutsch-französischen Krieges; sie jauchzten
vor Freude, als die deutschen Heere siegreich nach Frankreichs Hauptstadt vordrangen, und die Uebergabe bei Sedan die Herrschaft der
Napoleoniden auf immer beschloß.

Gagern begleitet den Bericht des Abgesandten mit einem Schluß-
worte. Die Resultate der Sendung erschienen ihm ungefähr demgemäß,
wie er sich die Sache gedacht hatte. „Ich täuschte mich keineswegs",
schrieb er, „es ist dort kein Paradies. Unser Vaterland ist freundlicher.
Schwere Arbeit ist dort ein wesentliches Erforderniß, und wohlhabend
wird man nur langsam und mit Mühe. Der Deutsche erscheint dort
nicht in seiner Glorie. Dennoch schimmern Fleiß, ruhige Beharrlichkeit, Treue und Frömmigkeit auch dort hervor. Es ist so bereits ein
kleines, ein verjüngtes Deutschland jenseits der Meere, zerstückelt wie
das alte, keineswegs jedoch gering zu schätzen, weder nach Umfang,
noch nach Zahl. Unsere Sprache h e r r s c h t dort nicht, aber sie i s t.
Die englische ist ihr zuvorgekommen; — sehr billig — sie war früher da;
wenn sie einer weichen soll, dieser Verwandten am liebsten. Nichtsdestoweniger kann die unsrige zugleich blühen. Mehr Ausbreitung, mehr
Cultur wird das bewirken, wie jede andere Spezies der Civilisation."

Wie Vieles ist seit 1817 anders geworden! Zwei Menschenalter
sind seitdem im Zeitenlauf verschwunden. Dampfschiffe haben die
Continente sich näher gerückt, Eisenbahnen verbinden die Meere. Die
Uebel und Leiden der Reise zu damaliger Zeit, welche unser Gewährs-
mann mit so lebendigen Farben schildert, sie wiederholten sich noch viele
Jahre nachher, wenn auch seltener und in weniger trauriger Weise.
Bremen und Hamburg betheiligten sich später an der Beförderung der
Auswanderer, aber das Zwischendeck hörte nicht auf, die Fische mit Leichen zu füttern und Jammergestalten zu landen an den Ufern der neuen
Welt. Interesse und Gewohnheit machen den Menschen gleichgültig
und hartherzig gegen das Loos seiner Mitmenschen, wie den Gefangen-
wärter gegen die Gefangenen. Der Deutsche wurde von seinen Landsleuten betrogen beim Abschiede von der alten Heimath und bei der
Begrüßung der neuen. Baltimore und Philadelphia traten als Ein-
fuhrhäfen in den Hintergrund, New York und New Orleans drängten

sich vor — letzteres namentlich für die Winterszeit. Die steigende Cultur der Baumwolle gab den Schiffen Rückfracht, Passatwinde von den Azoren bis nach Cuba erleichterten die Fahrt nach Louisiana. Ueber New Orleans wurde das mittlere und obere Mississippi-Thal von Deutschen bevölkert.

So weit ein Eingreifen deutscher Behörden zum Schutze der Einwanderer auf ihrer Reise in Betracht kommt, scheinen die Reise und der Bericht Fürstenwärther's gänzlich resultatlos gewesen zu sein; genug, daß er die damaligen Verhältnisse und Zustände schilderte, wahr und treu, wie kein Anderer vor ihm es gethan. Etwas später als sein Bericht erschienen in Deutschland zahlreiche Broschüren, die zur Auswanderung der Deutschen nach diesem oder jenem Welttheile riethen. Die Einen hatten diesen Plan, die Andern jenen. Es war, als ob sämmtliche Deutsche zum Wanderstabe greifen sollten, um sich nach allen vier Weltgegenden zu zerstreuen. Sonderbar lesen sich die Schriften von Stubengelehrten, die zur Auswanderung nach diesem oder jenem Fleck der Erde ermuntern, denselben mit der größten Sicherheit und Genauigkeit beschreiben, ohne daß sie selbst über die Grenzen ihrer heimathlichen Provinz hinaus gekommen waren. Eine Lieblingsidee war damals die Gründung deutscher Colonien, und bei manchen Leuten in Deutschland ist diese Idee sogar heute noch nicht erloschen. Im Interesse der gesunden Vernunft wäre es wünschenswerth, daß man in Deutschland auf diese Phantasien endlich verzichtete und aufhörte, sich um des Kaisers Bart zu streiten. Wenn man eine Colonie gründen will, muß man doch Land haben, worauf man sie anlegen könnte, Land mit Seehäfen, wohin deutsche Schiffe gelangen könnten und das nicht im Besitze eines andern Volkes ist; denn auf dem Gebiete einer andern Macht Colonien zu gründen, wäre kein Vorzug, den Deutschland dadurch vor der systemlosen, freien Auswanderung gewonnen hätte. Ferner müßte ein für Deutsche zur Colonisation bestimmtes Land innerhalb der gemäßigten Zone liegen; denn die Erfahrung hat der traurigen Belege genug geliefert, daß die Deutschen in den Tropen nicht gedeihen. Aber trotz der Massen in Ost- und Westindien hingeopferter Deutschen werden in Deutschland noch immer Projekte gemacht zur Begründung von Colonien im Innern von Afrika oder sonstwo. Es ist kein Land mehr vorhanden, das für eine deutsche Colonie unter

deutscher Herrschaft und deuschem Schutze sich eignete. Wäre
Deutschland im sechzehnten Jahrhundert ein ungetheilter Staat gewesen und hätte es im Vereine mit der Hansa Colonien gegründet, dann
wären solche Unternehmungen wahrscheinlich gelungen; jetzt ist die Erde
vertheilt und je eher man in Deutschland diese Thatsache anerkennt,
desto eher wird man aufhören, sich in diesem Punkte zu blamiren.

Mit der materiellen Entwickelung Nord-Amerika's schlug im Verlaufe der ersten Hälfte unseres Jahrhunderts der Handel neue Wege
ein, und mit ihr die Einwanderung. Philadelphia, welches lange Zeit
der große Einfuhrhafen für Einwanderer gewesen war, trat bald nach
Vollendung des Erie-Canals in den Hintergrund. Baltimore behauptete
noch jahrelang seinen Rang als zweiter Einfuhrhafen für diese Zwecke
und hat seinen Ruf in dieser Hinsicht noch heute nicht verloren, weil
unternehmende Männer Marylands thätig gewesen und es noch sind,
den Verkehr zwischen Baltimore mit dem Westen zu verbessern und zu
erleichtern. An Zahl richtete sich die Auswanderung aus Deutschland
nach Ursachen, die dort maßgebend waren. Von 1815 bis 1819 war sie
für die damalige Zeit sehr groß, die Süddeutschen gingen mit holländischen und englischen Schiffen, einige auch mit französischen, die
Norddeutschen wandten sich den Hamburger und Bremer Häfen zu.
Als im Jahre 1819 die Mißernten in Deutschland nachließen, wurde
auch die Auswanderung wieder geringer, bis sie im J. 1825 nach
der großen Ueberschwemmung des Rheins wieder größere Ausdeh-
nungen annahm. Schon im vorigen Jahrhundert hatten sich die
deutschen Ansiedler von Pennsylvanien aus über das westliche Maryland, Virginien und westlichere Gegenden verbreitet, gegen Ende der
zwanziger Jahre wandten sich viele Einwanderer nach Ohio, Indiana
und schon nach Illinois; die in Baltimore gelandeten zogen mit
Wägen nach Wheeling und von da auf Dampfschiffen den Ohio
hinunter. Ueber New York und New Orleans gingen die Hauptwege
nach dem Westen. Die dreißiger Jahre brachten eine Menge politischer Flüchtlinge herüber, manche gediegene Männer, die auf den
Culturwegen der neuen Welt ihre Spuren hinterlassen haben. Sie
hatten anfangs den Kopf voll deutschthümelnder Pläne, wie das bei
jungen geistigen Kräften in den ersten Jahren ihres Hierseins gewöhnlich der Fall ist. Unter ihnen waren Studenten, Doctoren, Landwirthe,

Fabrikanten, Mechaniker. Sie glaubten, den Kampf für die Freiheit,
den sie in Deutschland verloren hatten, hier fortsetzen zu müssen, aber
die Freiheit mußte so sein, wie sie dieselbe sich eingebildet hatten. Sie
wollten hier einen Boden gewinnen, von dem aus sie auf Deutschland
wirken und die Freiheit für die Menschheit erobern könnten. Hier in
New York bildeten sie die Gesellschaft Germania mit der ausgesprochenen Absicht, daß sie der Sammelpunkt der Flüchtlinge werde, die,
sobald der Kampf in Deutschland von Neuem beginne, dahin zurück-
eilen wollten. Die geistigen Elemente, welche sich nach dem Westen
zerstreuten, kamen eher zur Ruhe, griffen mit beiden Händen ins volle
Leben ein; Manche von ihnen wurden wohlhabend, Andere spielten
später wichtige Rollen in den Gemeinwesen, wo sie sich niedergelassen
hatten, gründeten Handelshäuser, Zeitungen, Fabriken oder erwarben
sich einen Ruf als Aerzte und Rechtsgelehrte. Zwanzig Jahre später
erlebten dasselbe die politischen Flüchtlinge, welche in großer Anzahl
herüber kamen. Die beträchtliche Anzahl gebildeter Männer unter
ihnen verursachte unter der deutschen Bevölkerung der Vereinigten
Staaten eine lebhafte geistige Thätigkeit, welche durch die Ereignisse in
der alten Welt einige Jahre in Bewegung erhalten wurde, aber bald
erkaltete, als die Gemüther in Europa sich beruhigten. Auch von
ihnen fanden die meisten nach und nach Beschäftigung, die ihre Aufmerksamkeit in Anspruch nahm. Das Interesse an der Agitation
für europäisch-politische Verhältnisse erlosch hier mit dem Reize der
Neuheit. Die meisten politischen Flüchtlinge aus dieser Periode verloren sich in dem großartigen Volks- und Geschäftsleben dieses Landes,
andere brachten es zu hervorragenden Stellungen, zu Ehren und Reichthümern, und wieder andere kehrten später in ihr Vaterland zurück.
Wie in den dreißiger Jahren, so erschienen auch in den fünfzigern
zahlreiche Schriften in Deutschland, welche die hiesigen Verhältnisse in
Zerrbildern schilderten. Anfangs der vierziger Jahre kam der deutsche
Geschichtschreiber Friedrich von Raumer nach den Vereinigten Staaten,
um „trotz des Tadels dieser Wegweiser oder Abweiser die jugendliche
Gegenwart dieses merkwürdigen Landes zu sehen." Er fand, daß sich
die Beobachter, welche Amerika verurtheilten, selten auf den für
Amerika passenden Standpunkt stellten, weshalb selbst Wohlwollende die
Dinge oft schief, verzerrt und in falschem Lichte erblickten. „Einzelne

aufgegriffene, geringe Anekdoten", schreibt er in seinem 1845 bei Brock-
haus in Leipzig erschienenen Werke über die Vereinigten Staaten,
„sollten das ganze Volk charakterisiren, ja herabsetzen, und Beobachtungen, auf Dampfwagen, Dampfböten und in Wirthshäusern
gemacht, waren oft die einzigen Quellen zuversichtlicher Darstellungen.
Im Eifer über unläugbare, unangenehme Kleinigkeiten sehen sie
nichts von den großen welthistorischen, ja einzigen Erscheinungen,
tadeln Alles, was anders ist, als in der Heimath, seufzen nach
Königen, Hofhaltungen, Edelleuten u. s. w. und schelten die Amerikaner
über Mängel, die sie längst kennen."

Jn den zahlreichen Schriften, die seit jenen Tagen in Deutschland
über Amerika erschienen sind, fand ich selten ein Körnchen Wahrheit,
ein Blatt der Belehrung. Trotz alledem hat die Einwanderung mit
Abwechselungen, welche durch die Zeitverhältnisse bedingt waren, in
großen Zügen ihren Lauf nach der neuen Welt genommen und in den
letzten Jahren riesige Dimensionen erreicht. Wie die wohlbegründeten
Klagelieder des vorigen Jahrhunderts von den Europamüden unbeachtet blieben, so gehen die Hunderttausende an den deutschen Carri-
caturen des amerikanischen Lebens auf ihrer Reise nach dem fernen
Abendland lächelnd vorüber. Und immer weiter bringt der deutsche
Landmann vor nach Westen, immer größere Länderstrecken umzieht
seine Pflugschar, immer größere Felder erblühen aus der Wildniß.
Und heute noch wie vor anderthalbhundert Jahren zieht der deutsche
Pionier mit andern Pionieren in die entferntesten Winkel dieses Continents. Jn den Centren der Cultur bilden die Deutschen einen Achtung
gebietenden Theil der Bevölkerung, der seine Abkunft, seine Sprache
nicht verläugnet. Wenn Fürstenwärther im J. 1817 in Philadelphia
die Wahrnehmung machen mußte, daß die gebildeten Deutschen am
ehesten sich der deutschen Sitten entäußerten, am frühesten ihrer Muttersprache entsagten, und die untere Volksklasse noch am meisten deutsch
geblieben war, so ist heute das Umgekehrte der Fall: nur Diejenigen
schämen sich ihrer Sprache, welche sie nicht reden können. Deutsche
Schulen sind über das Land verbreitet, deutsche Buchhandlungen liefern
geistige Nahrung aus der alten Heimath, deutsche Zeitungen zählt man
nach Hunderten, zahlreiche deutsche Vereine dienen der Bildung, der
Kunst und dem geselligen Leben. Auch Amerika ist jetzt freundlich!

In welchem Grade Europa auch künftig aus seinem großen Bienenkorbe die Schwärme nach der neuen Welt entsenden wird, entzieht sich der Berechnung. Die Prophezeiungen weiser Männer haben sich auf diesem Felde als eitel erwiesen, weil die Größe der Auswanderung aus europäischen Ländern durch Ereignisse im großen Reiche der Natur und Begebenheiten auf dem Schauplatze der Weltgeschichte bedingt werden, die der Logik der Menschen spotten. Als Italien in viele Herrschaften zersplittert war und zum Theil unter fremdem Joche seufzte, kannte man hier keine eingewanderten Italiener, außer als Bettler und Orgeldreher. Jetzt steht Italien unter e i n e r Regierung, das Ziel seiner Freiheitsfreunde ist erreicht — und doch sendet das Land, „wo die Citronen blüh'n", seine Schaaren nach allen Richtungen der neuen Welt; sie tummeln sich an den Ufern des Hudson und des La Plata. Auch das Vaterland Wilhelm Tell's hat das Seinige gethan, die Welt zu bevölkern, die europäische Cultur in ferne Länder zu tragen. Deutsche Schweizer gründeten Ansiedlungen in Rußland unter der Regierung Catharina's II., schufen seit Anfang des 17. Jahrhunderts viele Colonien in der neuen Welt; Schweizer vom romanischen Volksstamme legten Pflanzstädte in Spanien und Portugal an, und zahlreiche Schweizer wohnen in allen colonisationsfähigen Ländern, namentlich in den afrikanischen Besitzungen Frankreichs. Die Schweizer Regierung war nicht gleichgültig gegen das Schicksal ihrer Landeskinder in der neuen Heimath. Als in den zwanziger Jahren unseres Jahrhunderts das Auswanderungsfieber gleich einer ansteckenden Krankheit über die von germanischen Stämmen bewohnten Länder zog, forderte sie ihre Consuln und Consular-Agenten an allen Orten, die der Einwanderung offen standen, zur genauen und ausführlichen Berichterstattung über die Verhältnisse auf, in denen Eingewanderte dort leben, über die Bedingungen, denen Einwanderer dort begegnen würden, und veröffentlichte die Antworten ihrer Beamten zur Kenntnißnahme für die zur Auswanderung geneigten Bürger der Schweiz. Deutsche Mennoniten, welche im vorigen Jahrhundert eine friedliche Heimath im südlichen Rußland fanden, haben abermals zum Wanderstabe greifen müssen, weil sie dem Kriegsdienst sich nicht länger entziehen sollten, und in ganzen Gemeinden auf den Ebenen von Kansas und Nebraska sich niedergelassen; und unsere sprachverwandten Skandinavier haben zu vielen Tausenden auf den fruchtbaren Ländern des amerikanischen Westens wohnliche Stätten gefunden.

Hunderttausende, die in der neuen Welt eine Heimath suchten, fanden sie nicht, litten Schiffbruch an Leben, Gütern oder Hoffnungen; Millionen fanden, was sie gesucht und segnen den Tag, der ihnen das Licht der neuen Welt verkündete. Der Ocean hat seine Opfer gefordert, widrige Winde und Stürme haben die Segel in verderbenbringende Gegenden verschlagen, Klima und ungünstige Verhältnisse ihre tödtlichen Wirkungen geübt; aber auf den Ruinen untergegangener Geschlechter entwickelte sich ein großartiges Völkerleben, erblühte das Glück von Millionen, die Cultur eines Continentes mit unnennbaren Erscheinungen künftiger Jahrtausende.

Erster Abschnitt.

Die Deutschen in New York.

Neu-Niederland.

Das Leben und Wirken der Deutschen in New York ist innig verwoben mit der Geschichte von Nord-Amerika, es bildet einen wesentlichen Theil derselben. Im sechzehnten Jahrhunderte waren nur die Spanier mit dem Anlegen blühender Pflanzstädte in der neuen Welt erfolgreich; die Völker, welche im folgenden Jahrhunderte die nordwestlichen Länder annectirten, ließen durch Seefahrer in vergeblichem Suchen eines neuen Weges nach Ostindien die Küsten durchforschen, und machten unglückliche Versuche zur Colonisation.

Im J. 1524 fand Verazzano, ein Bürger von Florenz, der im Auftrage von Franz I. von Frankreich auf Entdeckungen auszog, die wunderschöne Bay von New York, und fuhr, sein Schiff auf der Rhede zurücklassend, mit einem Boote den Hudson hinauf, bis wo derselbe dem heutigen Tarrytown gegenüber einen See bildet, als ein starker Nordwind ihn zur Umkehr nach seinem Schiffe nöthigte. In einem Briefe an seinen König, am 8. Juli 1524, beschreibt er die Bay. Die Ufer des Flusses schildert er als gut bevölkert, die Eingeborenen unterschieden sich nicht sehr von anderen auf diesem Welttheile; sie waren mit vielen bunten Federn geschmückt. „Sie kamen zu uns", schreibt Verazzano, „mit augenscheinlichem Entzücken, erhoben Ausrufe der Bewunderung und zeigten uns, wo wir am sichersten mit unserem Boote landen könnten. Auf einem See ruderten die Eingeborenen mit dreißig oder noch mehr ihrer kleinen Boote von einem Ufer zum andern, neugierig uns zu sehen." Die Entdeckung des kühnen Florentiners im Dienste Frankreichs blieb ohne Folgen. Gegen das Ende jenes Jahrhunderts richteten niederländische Kaufleute, deren Unternehmungen

29

auf fernen Meeren durch den Krieg mit Spanien unter Philipp II. unterbrochen worden, ihre Blicke nach den Reichthümern Indiens. Ihr Handel im Innern Europa's und in dessen nördlichen Küstenländern stand damals in hoher Blüthe. Inmitten des Krieges eröffneten sie, den Spuren der alten Hansa folgend, einen vortheilhaften Verkehr mit Archangel, und im J. 1604 erhielten sie solche liberale Concessionen vom Czaren, daß sie jährlich sechzig bis achtzig Schiffe nach jenem Hafen sandten und von da ihren Handel bis nach Nowgorod ausdehnten. In e i n e m Jahre wurden in Holland 1000 neue Schiffe gebaut. Um diese Zeit (1591) befürwortete Willem Usseling, ein Antwerpener, der mehrere Jahre in Portugal und auf den Azoren zugebracht hatte, die Bildung einer Gesellschaft für den Handel nach Indien. Sechzehn Jahre später wurden Gesellschaften zu diesem Zwecke unter dem Schutze der General-Staaten gegründet. Cornelius Hautmann, der Sohn eines Brauers, schilderte im J. 1594 nach seiner Heimkehr von Lissabon, wo er sich ein Jahr aufgehalten hatte, den Reichthum der Waaren aus Ostindien auf den Kaien am Cajus in sehr verlockenden Farben und erregte dadurch die Unternehmungslust der Kaufleute dermaßen, daß sie eine holländische Flotille ums Cap der Guten Hoffnung nach Indien sandten, die mit ihrer Reise solchen Erfolg hatte, daß andere Schiffe ihrem Beispiele folgten, die Waarenhäuser von Amsterdam mit den Produkten Asiens füllten, und an ihren Masten die Flaggen eroberter spanischer Schiffe wehen ließen. Eine Ostindische Compagnie wurde gegründet, deren Gewinn im ersten Jahre drei Viertel des eingezahlten Capitals erreichte. Das führte zu Versuchen der Entdeckung eines neuen Seeweges nach Indien. Im Jahre 1609, um dieselbe Zeit, als der Franzose Champlain von Canada aus bis an den See, der heute seinen Namen trägt, vordrang, erreichte Hendrick Hudson, ein Engländer, der im Dienste der Ostindischen Compagnie von Amsterdam stand, auf der Suche nach einer Durchfahrt nach Indien, mit dem kleinen Schiffe „Halbmond" und zwanzig Matrosen die Bay von New York und fuhr den Fluß hinauf, soweit er schiffbar war, in der Hoffnung, den ersehnten Weg zu finden. Seine erste Begegnung mit den Eingeborenen an der Bay war keine glückliche, sein Verkehr mit denen nördlich der Hochlande ein friedlicher. Die feierliche Größe der Natur des neuen Landes erfüllte Hudson und seine Gefährten mit Erstaunen und Bewunderung. In den Gewässern wimmelte es von Fischen, über den hohen Waldungen an beiden Seiten der Bay zogen Schaaren von Vögeln, zahlreiches Wild zeigte sich auf den Anhöhen, aufgeschreckt von seinem Lager durch den Donner der holländischen Kanonen und den Klang der Trompete, welche die nationalen Weisen des fernen Vaterlandes verkündete. Als am Abend des ersten Tages ein Boot, welches Hudson zur Erforschung des Hafens abgeschickt hatte, nach dem Schiffe zurückkehren wollte, wurde die Erforschungs-Partie von Wilden in zwei Kähnen verfolgt und ein Matrose durch einen Pfeil getödtet. Die Leiche des Unglücklichen wurde am nächsten Tage bei Sandy Hook begraben. Durch diesen Vorfall war das erste Mißtrauen zwischen den Eingeborenen und Europäern in diesem Himmelsstriche gesäet. Als Hudson am folgenden Tage mit seinem Schiffe bis an die Rhede vordrang, näherten sich 28 Kähne mit Eingeborenen und machten Zeichen des Friedens, aber Hudson ließ keinen von ihnen an Bord kommen, weil er ihnen nicht traute. Seine Rückkehr nach Europa wurde durch Unzufriedenheit und Ungehorsam seiner Mannschaft und Streit unter derselben beschleunigt. Er landete in einem englischen Hafen, um da zu überwintern, und schickte einen glänzenden Bericht über seine Entdeckungen nach Amsterdam. Als er im folgenden Frühling die Anker lichten wollte, um nach Holland zu fahren, ließen ihn die auf die Erfolge ihrer Rivalen zur See eifersüchtigen Engländer nicht nach den Niederlanden zurückkehren. Er sah das Feld seiner glorreichen Entdeckung niemals wieder, und fand später ein eisiges Grab auf einer abermaligen Suche nach der nordwestlichen Durchfahrt an der Bay seines Namens, verlassen von seiner treulosen Mannschaft. Im folgenden Sommer wurde ein anderes Schiff, nicht von der Ostindischen Compagnie, sondern von einigen Amsterdamer Kaufleuten nach den neu entdeckten Landen für den Pelzhandel ausgerüstet. Diesem folgten andere nach. Bald gewann man die Ueberzeugung, daß es zur zweckmäßigen Ausbeutung dieses Handels mit den Eingeborenen nothwendig sei, an dem neuen Hafen ein Depot anzulegen. Auf der Südspitze der Insel, die wir bewohnen, wurden demgemäß einige Hütten errichtet, und so entstanden die Anfänge der holländischen Colonisation. Die Flagge, welche aus dem furchtbaren Kampfe mit der Dynastie, in deren Reiche die Sonne nicht unterging, siegreich hervorkam, wurde das Cultur-

zeichen an den Ufern des mächtigen Flusses, deren wilde Reize der
unglückliche Seefahrer bewundert hatte. Im Herbste d. J. 1614 erhielt
eine Gesellschaft von Amsterdamer Kaufleuten, welche das neue Gebiet
vom Hudson bis an den Delaware hatten durchstreifen lassen, von den
General-Staaten auf drei Jahre das ausschließliche Recht der Schifffahrt und des Handels in jenen Gebieten. Sie ließen auf der Insel
Manhatas einige primitive Gebäude aufführen, am obern Hudson,
wo heute Albany steht, ein kleines Fort bauen, das sie Fort Oranien
nannten und am Südflusse, unweit des heutigen Philadelphia, eine
kleine Veste anlegen, die, zu Ehren des Prinzen von Nassau, Fort
Nassau genannt wurde.

Der Platz, wo heute New York steht, wurde zu jener Zeit von
Holländern und Indianern Manhatas oder Manhattan genannt.
Ueber den Ursprung des Namens sind die Gelehrten nicht einig. Der
Geschichtschreiber Brodhead leitet ihn von einem Indianerstamm
dieses Namens ab, der damals die Insel bewohnt habe. Nach einer
andern Tradition bedeutet Manahatas einen „Ort großer Betrunken-
heit". Herr Fernow, Verwahrer und Uebersetzer der historischen Documente im Staats-Department in Albany, schreibt: „Ich bin zu der
Ueberzeugung gekommen, daß viele sogenannte indianische Namen
Corruptionen spanischer Worte sind, so auch Manhattas, welches, wie
ich glaube, eine Verindianisirung mit holländischer Aussprache des vul-
gären spanischen Moñado, ein „Betrunkener", von Moña, „Betrunken-
heit" ist. Die Küste von Florida bis zum Kennebec war den Spaniern
und Franzosen unzweifelhaft lange vor Hudson's Fahrt bekannt, und
einzelne Streifzüge müssen auch in das Innere vorgedrungen sein, da
mehrere Stämme im Staate New York (den ersten Holländern,) die mit
ihnen in Berührung kamen, unter Namen spanischer Abstammung
bekannt wurden. Hier in der Nähe von Albany haben wir einen
Hügel, den die Indianer Tawajongshu, „Haufen von Menschenge-
beinen" nannten; tas de Jonchets, einen ähnlichen Klang habend,
ist das französische für einen „Haufen". Andere Plätze hier hießen
Semegogance, der „Platz zum Säen", Negogance, der „Platz zum
Handeln", während Semegance in Spanisch „das gesäete Feld" meint
und Negocio „Handel". Der Name Manahattan (Manhates) findet sich
in holländischen Documenten zuerst auf der Carte Figurative von

1614 (ſiehe N. Y. Col. Hist., Vol. I, auch Vol. II, p. 80). Eine Karte,
ſoweit ich mich entſinne, im Ptolemæus von 1597 bringt den Namen
Monados, allerdings nicht am rechten Platz, ſondern zu weit öſtlich;
aber das iſt erklärlich, wennſchon Herr J. Carſon Brevoort in Brooklyn meint, es ſei ein Schreibfehler für Montaños oder Madanos."

Im J. 1622 kam ein von Uſſelinx angeregter Plan zur Gründung
einer Weſtindiſchen Compagnie zur Ausführung. Eine Geſellſchaft,
welche dieſen Namen annahm, erhielt von den General-Staaten ausgedehnte Vollmachten und Privilegien. Das Gebiet zwiſchen dem
Südfluſſe und den Felſen des heutigen Neu-England wurde Neu-Niederland genannt und von der neuen Geſellſchaft im Namen der Regierung
ihres Landes für ſich in Anſpruch genommen. Ein Proteſt, den der
engliſche Geſandte gegen die Beſitzergreifung des von den Engländern
auf Grund der Cabot'ſchen Entdeckungen beanſpruchten Gebietes der
Regierung im Haag unterbreitete, blieb unbeantwortet. Im Frühling
des Jahres 1623 begann die erſte dauernde Ackerbau-Coloniſation in
den Neu-Niederlanden unter der Autorität der Weſtindiſchen Compagnie, indem dreißig Familien auf dem Schiffe „Neu-Niederland"
von Amſterdam nach der neuen Welt zu dieſem Zwecke auswanderten.
Cornelius Jakobſen May begleitete dieſe Expedition als Director der
neuen Colonie auf Manhatas. Die urſprünglichen Abſichten der Weſtindiſchen Compagnie waren auf Zwecke des Handels gerichtet, aber
man erkannte die Nothwendigkeit der Gründung von Anſiedelungen
zur Beförderung desſelben. Die mit dem erſten Schiffe in Begleitung
des Directors May herübergekommenen Coloniſten waren meiſtens
Wallonen, Luxemburger und Einwohner anderer Länder an der franzöſiſchen Grenze, von denen acht Familien in die Nähe von Fort
Oranien zogen, einige wenige auf der Inſel Manhatas blieben,
andere bei Fort Naſſau am Südfluſſe, und der Reſt auf der Südſeite
des Oſtfluſſes, da, wo heute Brooklyn liegt, ſich anſiedelten. Als die
Wallonen bei Fort Oranien ſich Hütten bauten, kamen Abgeſandte verſchiedener Indianerſtämme zu ihnen und brachten ihnen Pelze und
Maisähren zum Geſchenke, und „mehrere Jahre lang", ſagt ein
holländiſcher Geſchichtſchreiber, „waren die Indianer ſo ruhig wie
Lämmer und kamen und handelten mit aller erdenklichen Freiheit."
Aber das Land war von zahlreichen Indianern verſchiedener Stämme

bewohnt, die etwas Ackerbau trieben und sich abwechselnd gegenseitig
befehdeten; es konnte daher nicht fehlen, daß mit der Zeit die Colonisten in Feindseligkeiten mit ihnen verwickelt wurden. Amerikanische
Geschichtschreiber erzählen von dem mächtigen Einflusse eines Bundes
von Indianern, die Iroquois genannt, der aus fünf verschiedenen
Stämmen bestand, von denen die Mohawks als die tapfersten und
wildesten geschildert werden.

Die Puritaner, welche ihres Glaubens wegen England verlassen
hatten und nach Holland gezogen waren, hatten dort freundliche Aufnahme gefunden, waren aber mit ihrer neuen Heimath unzufrieden.
Sie konnten sich ihrer Loyalität gegen das englische Königshaus nicht
entäußern, fürchteten, in Holland ihre Sprache und Sitten zu verlieren
und mißbilligten insbesondere, daß die Holländer, obgleich dieselben
Calvinisten wie sie, ihre finstern Glaubensansichten nicht theilten und
namentlich ihrer alttestamentarischen Sabbathfeier nicht huldigten.
Außerdem fühlten sie angeblich sich gedrungen, ihren Glauben den
Bewohnern der neuen Welt zu verkünden. Sie machten daher der
Amsterdamer Gesellschaft, bevor die Westindische Compagnie gebildet
war, den Vorschlag, nach den Neu-Niederlanden auswandern zu
wollen, wenn die Regierung der General-Staaten sie in der neuen Welt
zu beschützen sich verpflichte. Die Compagnie war nicht abgeneigt, die
Offerte anzunehmen und sie frei dahin zu befördern, aber die General-
Staaten, welche dem fanatischen, ränkesüchtigen Volke nicht trauten und
wohl einsahen, daß mit der Ansiedlung der Puritaner in Neu-Niederland der Samen der Zwietracht gesäet wäre, verweigerten den gewünsch-
ten Schutz und die Erlaubniß zur Colonisation in ihren Landen. Die
Puritaner wandten sich darauf an den König von England um Freiheit zur Auswanderung nach den nördlicher gelegenen Gegenden und
zur freien Ausübung ihres Glaubens daselbst, erhielten auch von ihm
die mündliche Zusicherung, daß sie dort in ihrem Glauben nicht gestört werden sollten, konnten aber eine verbriefte Erklärung dieses
Versprechens nicht erlangen, weshalb sie sich schließlich mit ersterer
begnügten.

Der Director May blieb nur ein Jahr in der Colonie und kehrte
dann nach Holland zurück. Ihm folgte Wilhelm Verhulst, der ebenfalls nach Verlauf eines Jahres in seine alte Heimath zurückkehrte.

Die Amsterdamer Kammer, der die Leitung der Colonie Neu-Niederland von der Westindischen Compagnie, wovon sie eine Abtheilung
bildete, übertragen war, ernannte nach Verhulst's Rückkehr einen Deutschen von französischer Abstammung, Namens Peter Minuit (oder
Minnewit) aus Wesel am Unterrhein, zum General-Director von
Neu-Niederland. Er wurde mit ausgedehnten Vollmachten bekleidet
und sollte speziell die Politik der Amsterdamer Kammer verfolgen; ein
Rath mit legislativen und executiven Befugnissen wurde ihm beige-
geben; ein Ober-Commissar, der gleichzeitig Buchhalter und Provinzial-
Secretär, war der nächste Bevollmächtigte nach dem General-Director.
Minuit ging am 9. Januar 1626 mit dem Schiffe „Seemöve" in See
und kam am 4. Mai hier an. Ueber das Vorleben dieses Mannes ist
nichts Zuverlässiges bekannt geworden. Der Pfarrer Michaelis, der
1623 den ersten holländischen Gottesdienst in New York eröffnete,
erzählt in seinem Berichte, daß der Director Minuit in Wesel als
Diakon der reformirten Kirche fungirt und diese Stelle auch in der neu-
gegründeten Kirche auf der Manhatas angenommen habe. Als College
Minuit's in diesem Amte wird dessen Schwager, ein anderer Weselaner,
Johann Hueck angeführt, welcher die Aufsicht über die Lagerhäuser der
Compagnie hatte. Nach seiner Ankunft an seinem Bestimmungsorte
begann Minuit sogleich Unterhandlungen mit den Eingeborenen und
kaufte von ihnen die Insel Manhattan für sechzig Gulden. Bald
darauf kam mit einem andern Schiffe Isaac de Rasieres, ein Günst-
ling des Amsterdamer Directors Samuel Blommaert. Die nächste
wichtige Handlung Minuit's war, daß er die Erbauung eines Forts
auf der Südspitze der Insel anordnete, das er im Voraus Fort Amsterdam nannte. Aus jener Zeit wird ein kleiner Vorfall berichtet, der in
der Folge die Ursache vielen Elends für die Provinz wurde. Ein
Indianer kam mit seinem Neffen, einem kleinen Knaben, und einem
andern Indianer nach Manhattan, um einige Biberfelle an die Holländer zu verkaufen. Als sie an einem Teiche vorbeikamen, der sich in
der Gegend befand, wo heute das Combs-Gebäude steht, wurden sie
von den Knechten, die in Minuit's Diensten standen, angegriffen, der
Felle beraubt und der Eigenthümer derselben ermordet. Diese Schandthat scheint den Holländern lange Zeit unbekannt geblieben zu sein und
wahrscheinlich sind die Verbrecher straflos ausgegangen; aber der

Indianerknabe, der den Mord gesehen, gelobte sich, dereinst den Tod seines Oheims an den Weißen blutig zu rächen und er hat in spätern Jahren seinen Vorsatz in fürchterlicher Weise ausgeführt. Der Commandant des kleinen Forts Oranien am obern Hudson ließ sich thörichterweise in einen Streit zwischen zwei Indianerstämmen verwickeln, zog zur Unterstützung der einen gegen die andern aus und ward mit seinen Leuten erschlagen, von denen einer gebraten und von den Mohawks verzehrt wurde. Dieser Vorfall ward Veranlassung, daß der General-Director die Familien, welche sich in der Nähe jenes Forts angesiedelt hatten, nach Manhattan zurückkommen ließ. Fort Nassau am Südflusse — dem Delaware — wurde aufgegeben. Die wenigen Ansiedler in jener Gegend verließen ihr Besitzthum und kamen hieher zurück, wo die Dinge einen befriedigenden Verlauf nahmen. Zu gleicher Zeit knüpfte Minuit freundliche Beziehungen mit den Puritanern an, die sich mittlerweile in Neu-England angesiedelt hatten. Diese waren angeblich erfreut, mit den Holländern in Verkehr zu treten, der indeß die Gränze nichtssagender Höflichkeiten kaum überschritt. Der Puritaner-Gouverneur Bradford machte schon damals den holländischen Director auf die Gefahr zukünftiger Gränzstreitigkeiten und Verwickelungen aufmerksam, da bekanntlich der englische König das ganze Gebiet von Florida bis Canada als sein Eigenthum beanspruche, und daß eine endgültige Auseinandersetzung zwischen der holländischen und der englischen Regierung dieserwegen wünschenswerth sei. Nach und nach fing Bradford selbst an, das Recht der Holländer auf ihre Colonie zu bestreiten und das Gebiet als Eigenthum der Puritaner zu beanspruchen. Minuit berichtete über diese Erscheinungen an seine Auftraggeber und verlangte Soldaten zum Schutze der Colonie. Der Rath der Amsterdamer Kammer sandte diese beunruhigenden Nachrichten an die General-Staaten, drang aber nicht ernstlich auf eine Lösung der Frage, zumal der König Karl von England die Prätensionen der Puritaner damals nicht zur Geltung zu bringen suchte, im Gegentheil den Holländern neue Handelsprivilegien in den englischen Colonien gewährte. Die Westindische Compagnie war außerdem durch den Erfolg übermüthig geworden. Der Gewinn des Handels in Neu-Niederland war zufriedenstellend, ihre Kaperschiffe brachten durch Wegnahme spanischer Ostindienfahrer und der gold- und silberbeladenen Gallionen von Peru und Mexiko fabelhaften Reichthum nach Amsterdam; was kümmerte sie die Zukunft? Sie bekämpfte die im J. 1629 eröffneten Friedens-unterhandlungen, als Philipp von Spanien eine Erneuerung des Waffenstillstandes offerirte, weil der Krieg sich vortheilhafter für sie erwies, als der Friede. Seitdem der große Staatsmann und Philosoph Barneveldt dem Geiste des Reichthums und militärischen Ruhmes und dem Hasse des Prinzen von Oranien zum Opfer gefallen und Hugo Grotius nach Frankreich geflohen war, gab es keine große Persönlich-keit in Holland mehr, welche diesen Geist bekämpfen konnte. Der Gedanke der Colonisation der Neu-Niederlande wurde den Herren lästig, obgleich die Vortheile des Handels, die von dort eintrafen, noch immer willkommen waren. Die Colonisten, die sich in Neu-Nieder-land angesiedelt hatten, waren für die Compagnie „kein Profit, sondern Verlust" gewesen. Mäßige Gewinne genügten nicht den Directoren einer siegreichen Compagnie, welche durch die Prisen der spanischen Flotte hochmüthig geworden. Obgleich die Colonisation auch fernerhin für nöthig erachtet und deren Beschleunigung gewünscht wurde, wollte die Westindische Compagnie, deren Aufmerksamkeit durch näher liegende und besser zahlende Interessen in Anspruch genommen war, der Sorge darum enthoben sein. Der Provinzial-Secretär De Rasieres verfeindete sich mit Minuit und kehrte nach Holland zurück; er konnte über die dortigen Verhältnisse Auskunft geben und es wurde in Folge davon beschlossen, daß Privatpersonen, die sich in irgend einem Theile der Neu-Niederlande niederlassen wollten, von der Compagnie so viel Land bekommen sollten, als sie bebauen könnten. Da aber die Landleute in Holland nicht die Mittel hatten, um auf eigene Kosten auszuwandern und die Ausgaben der ersten Ansiedlung zu bestreiten, so verfiel man auf den Plan, einzelne separate Colonien oder „Manors" durch Capi-talisten anlegen zu lassen, denen besondere Privilegien verliehen wurden. Die Compagnie gab gewisse Ländereien, der Privilegirte mußte aber dafür sorgen, daß innerhalb vier Jahren fünfzig erwachsene Personen sich darauf ansiedelten. Nur die Insel Manhattan war von solcher Vertheilung ausgenommen. Die ersten „Patrone" erhielten an einem schiffbaren Flusse ein Gebiet von 16 Meilen Länge und 8 Meilen Breite mit fast absoluten Souveränitätsrechten; später wurde die Land-schenkung auf die Hälfte beschränkt. Die Compagnie verpflichtete sich

den Patronen gegenüber, welche sämmtlich Mitglieder der Compagnie
waren, ihnen so viele schwarze Arbeiter zu liefern, wie sie nur könne.
(Die Neger-Einfuhr war zu einem beliebten Geschäfte der Holländer
geworden.) Dahingegen waren die Patrone gehalten, den Indianern
das zu colonisirende Land abzukaufen, Kirchen und Schulen zu errichten,
Krankenbesucher anzustellen, Beamte zur Regelung der Angelegen-
heiten der Unter-Colonie zu unterhalten, die Fabrication von Wollen-
waaren, Leinwand oder Baumwollenzeug nicht zu betreiben und alle
Jahre einen genauen Bericht über den Zustand der Colonie an den
Director auf Manhattan zur Beförderung nach Amsterdam zu senden.
In Folge dieses Schrittes der Compagnie entstand dem jetzigen New
York gegenüber auf der Westseite des Hudson das Patronat Pavonia,
welches die jetzigen Counties Hudson und Bergen in New Jersey und
Staten Island umfaßte; es wurde von einem Patron Michael
Pauw ausgewählt. Oben am Fluß erhielt Kilian Van Rensselaer,
ein Amsterdamer Diamantenschleifer, eine Länderstrecke, welche zwei
Jahrhunderte später der Sitz der Anti-Renter-Bewegung wurde, weil
die Nachkommen der alten Ansiedler die Privilegien der Familie
Rensselaer nicht anerkennen wollten. Mehrere Patrone wählten gemeinsam ein Stück Land am Delaware, kauften es von den Indianern,
und sandten im Frühling d. J. 1631 dreißig Ansiedler dahin. Da, wo
jetzt Lewiston im Staate Delaware steht, wurde ein mit einem hohen
Stackete umgebenes Steinhaus gebaut und die Colonie Swaanendael
genannt. Als aber im folgenden Jahr einer der Unternehmer mit
seinem Schiffe dahin kam, fand er das Haus niedergebrannt, die
kleinen Ansiedlungen zerstört und in der Nähe die Schädel und Knochen
der erschlagenen Colonisten liegen, welche sämmtlich von den Indianern ermordet worden waren. Die Patronatenstiftung rief bald im
Schoße der Compagnie Unfrieden hervor. Diejenigen, welche sich das
Privileg schnell zu Nutzen gemacht hatten, wurden von den weniger
Eiligen, die auch gern große Landbesitzer geworden wären, beneidet.
Die Mißgunst führte zu Einschränkungen, später aber, als sich die Patrone auch den Pelzhandel mit den Indianern anmaßten, zu bittern
Vorwürfen, ja sogar zum Vorschlag des Widerrufs des ganzen Pa-
tronatsrechtes, zunächst zur Abberufung des Scheriffs Lampe auf Man-
hattan, an dessen Stelle Conrad Notelman geschickt wurde. Dieser

brachte das Abberufungsschreiben für M.nuit. Director und Scheriff oder Schout, wie er genannt wurde, scheinen im Verdachte gestanden zu haben, daß sie die Ansprüche der neuen Patronatsherren begünstigten. Sie wurden die Opfer der unter den Directoren ausgebrochenen Kämpfe und der in Folge derselben plötzlich veränderten Politik. Als Minuit zu Anfang des Jahres 1632 Neu-Amsterdam verließ, befand sich die Colonie in befriedigendem Zustande. Handel und Ackerbau blühten; die westliche Küste von Long Island — das heutige Brooklyn — war mit Ansiedlungen bedeckt, die Beziehungen zu den Nachbarn und Eingeborenen waren freundschaftlich, die Niederlassung in Renffelaer-wyck und am Delaware eben angefangen, und die Ausfuhr hatte sich während seiner Verwaltung verdreifacht. Das Schiff, an dessen Bord der entlassene Director zurückkehrte, brachte, außer anderen Handels-artikeln, 5000 Biberfelle nach Amsterdam. Wie energisch und klug Minuit trotz der ihm zu Theil gewordenen Behandlung die Interessen der Compagnie und Hollands vertrat, bewies er auf der Rückreise in England, als sein Schiff in Plymouth einlaufen mußte und von den dortigen Beamten als ein Fahrzeug, das unerlaubten Handel mit den englisch-amerikanischen Colonien treibe, zurückgehalten wurde. Er setzte sich sofort mit den beiden Gesandten der General-Staaten in Ver-bindung, wies die rechtlichen und thatsächlichen Ansprüche der letzteren auf Neu-Niederland nach und brachte es im Verein mit den heimischen Behörden Ende Mai 1632 dahin, daß das Schiff freigegeben wurde, obschon die auf Hollands amerikanischen Handel eifersüchtige englische Regierung auf ihrem angeblichen Rechte auf Neu-Niederland bestand. Minuit ging zunächst nach Holland, verließ es aber wieder, nachdem er längere Zeit fruchtlos für seine Wiederanstellung gearbeitet hatte, und wandte sich, erbittert ob der ihm widerfahrenen Ungerechtigkeit, nach Schweden, wo er Anerkennung seines Talents und auch bald einen Spielraum für seine Thätigkeit fand.

Das Amt eines General-Directors der Neu-Niederlande blieb ein Jahr lang unbesetzt, dann wurde ein Angestellter der Amsterdamer Kammer, Wouter Van Twiller, mit dem wichtigen Posten betraut. Er war ein Verwandter des Patrons Van Renffelaer, hatte sich im Dienste der Compagnie Waarenkenntniß erworben, war aber mit der Führung öffentlicher Angelegenheiten nicht vertraut und wenig dafür geeignet. Unter seiner Verwaltung machte die Colonie nur geringe Fortschritte, die Gebäude der Compagnie geriethen in Verfall, die Patrone thaten wenig für die Colonisation, Pavonia wurde seitens der Compagnie wieder zurückgekauft, Swaanendael war aufgegeben. Dagegen drangen die Colonisten in Neu-England, deren Zahl durch Einwanderung sich rasch vermehrte, mit ihrem Handel und ihren Ansiedlungen bis weit auf das von den Holländern beanspruchte Gebiet vor, ohne daß der General-Director es hindern konnte. Ein Herr De Vries, der früher in Ostindien gewesen, mit Handel und Schifffahrt vertraut und in Amsterdam sehr angesehen war, machte zu Van Twiller's Zeiten zweimal eine Reise nach den Neu-Niederlanden und hatte Gelegenheit, sich von der wenig befriedigenden Verwaltung daselbst zu überzeugen.

Van Twiller kaufte während seiner Amtszeit die südöstlich von Fort Amsterdam gelegene Insel, welche damals wegen der Nußbäume, die darauf wuchsen, Nutten-Insel genannt wurde, und seitdem hieß sie Gouverneurs Island. Während die Ansiedlung in der Colonie wenig Fortschritte machte, nahm der Pelzhandel mit jedem Jahre zu. Die Berichte, welche De Vries und Van Dinklage, der Scheriff von Neu-Niederland, die in ihr Vaterland zurückkehrten, über den Zustand der Provinz machten, überzeugten die Amsterdamer Kammer, daß es nicht länger mehr so gehen könne. Auch die General-Staaten sahen ein, daß die kurzsichtige Politik der nur auf ihren augenblicklichen Vortheil bedachten Westindischen Compagnie die Colonie einer Krisis entgegen führe. Der Rath der Einundzwanziger beschloß die Abberufung Van Twiller's und ernannte Willem Kieft zu dessen Nachfolger. Diese Wahl war leider keine glückliche, ein böser Leumund begleitete den neuen Director übers Meer. Als Kaufmann hatte er in Rochelle Bankerott gemacht und sein Name ward nach damaligem Gesetz und Gebrauch in Holland am Galgen angeschlagen. Eine Zeitlang nach seinem Bankerotte war er nach der Türkei geschickt worden, um eine Anzahl Christen auszulösen, hatte aber einige derselben, statt deren Auslösung zu erwirken, in der Sklaverei gelassen und das Lösegeld behalten. Der neue Director begann seine amtliche Thätigkeit mit Proklamationen zur Abstellung von Uebelständen in der Provinz. Im folgenden Jahre machte die Regierung der Compagnie den Vorschlag, die Leitung der Ange-

legenheiten der Colonie an die General-Staaten zu übertragen; der Vorschlag wurde aber nicht angenommen, obgleich eine genaue Untersuchung
die Compagnie von der Nothwendigkeit anderer Maßregeln überzeugt
hatte. Die „Patrone" forderten weitere Privilegien; aber die Regierung
warnte vor Gewährung derselben und verlangte von der Compagnie
eine Aenderung ihrer Politik in der Colonie. Diese sah sich genöthigt,
ein liberaleres System einzuführen, die Colonisation wirklicher Ansiedler zu ermuthigen und Handel und Verkehr in der Provinz zu
erleichtern. Diese neuen Maßnahmen hatten gute Wirkungen. In
Holland fanden sich wieder Leute, die sich zur Auswanderung bereit erklärten, und die Directoren in Amsterdam waren vernünftig genug, die
Auswanderung ordentlicher Ackerbauer durch freie Ueberfahrt und
andere werthvolle Vortheile zu ermuntern. De Vries kam mit einem
Schiffe voll Einwanderer, um mit ihnen auf Staten Island eine
Colonie anzulegen. Im Sommer d. J. 1638 segelten mehrere wohlhabende Leute mit Emigranten nach Neu-Amsterdam; unter ihnen
wird ein Jochem Pieterson Kuyter von Darmstadt genannt, hinter
dessen hollandisirtem Namen man den Darmstädter nicht vermuthen
sollte. Er soll vorher unterm König von Dänemark Befehlshaber in
Ostindien gewesen sein. Die neue liberale Politik der Westindischen
Compagnie ermuthigte nicht blos Europäer zur Auswanderung nach
Neu-Niederland, sondern auch Colonisten von Virginien und Neu-England entzogen sich der scharfen Religionsluft in den englischen Provinzen
und suchten in dem freisinnigeren Neu-Niederland eine neue Heimath.
Ein neuer Schout-Fiscal wurde von Amsterdam geschickt an Stelle von
Ulrich Lupold, einem Hannoveraner, der interimistisch diesen Posten
drei Jahre lang versehen hatte.

Unter den Ansiedlern von Neu-Niederland befanden sich zahlreiche
Deutsche. Zu jener Zeit war der Unterschied zwischen Holländern
und Deutschen noch nicht so ausgeprägt wie heutzutage, indem die
allerdings an sich lose und stets lose gewesene politische Verbindung
zwischen Holland und dem deutschen Reiche auch erst durch den westphälischen Frieden formell gelöst wurde. Aber wenn auch politisch
nicht mehr ein deutsches Land, so galt Holland doch in der Anschauungs-
weise des Volkes als solches. Die den Holländern und sämmtlichen
Niederdeutschen gemeinschaftliche Sprache war das Plattdeutsche.

Namentlich zwei Sprachdialekte waren in Holland gebräuchlich: im Norden war der friefifche Dialekt der herrfchende, im Süden der holländifche, welcher im Verlaufe der Zeit flämifche Ausdrücke aufnahm. Die beiden Dialekte unterfchieden fich nicht mehr von einander, als heutzutage das weftphälifche vom holfteinifchen oder mecklenburgifchen Plattdeutfch. Das Plattdeutfch, welches im Münfterlande gefprochen wird — der weichfte von allen plattdeutfchen Dialekten, der mecklenburgifche z. B. ift viel breiter und härter — unterfcheidet fich nicht von dem Holländifchen, außer daß ihm die flämifchen Ausdrücke des letzteren fehlen. Die Münfterländer können fich mit den Holländern ebenfo gut unterhalten, wie mit den Friefen und Holfteinern. Der füdliche Dialekt entwickelte fich im Anfange des fechzehnten Jahrhunderts zur Schriftfprache. Die holländifche Sprache, wie die der Münfteraner, ift nicht fo fonor wie das Hochdeutfche, aber fie ift weicher. Wie Friedrich Kapp in feiner „Gefchichte der deutfchen Einwanderung in Amerika" fagt, „waren damals auch der Handelsverkehr und fonftige Wechfelbeziehungen zwifchen Holland einerfeits und dem Niederrhein und Weftphalen andererfeits noch viel lebhafter, als jetzt. Der Rhein war für fie und das ganze füdweftliche Deutfchland die einzige Straße zum Meere. Schon in den älteften Anfängen der holländifchen Niederlaffungen am Hudfon begegnen wir einem Jakob Fuchs aus Baden. Holland erhielt damals fo gut wie noch heute fein Schiffsbauholz vom Rheine und deffen Nebenflüffen. Die fchwarzwälder Tanne und die weftphälifche Eiche durchfurchen feit Jahrhunderten als holländifcher Kiel oder als holländifches Steuerruder den Ocean. Der weftphälifche Bauer knüpfte noch lange die Hoffnung einer unerwarteten Erbfchaft oder eines außergewöhnlichen Glücks an den reichen Onkel in Holland oder den reichen Vetter in Batavia, gerade fo wie die Phantafie des Volkes im übrigen Deutfchland vom reichen Onkel in Amerika träumt. Der weftphälifche Kötter oder Heuerling wanderte noch lange alljährlich zur Erntezeit nach Holland (Hollandgänger) und brachte von dort im Spätherbft außer der Baarfchaft, die ihm für den Winter herhalten mußte, auch das Wechfelfieber nach Haufe zurück. Der Eine oder der Andere blieb in Holland hängen oder verfuchte fein Glück überm Meer, zog feine Verwandten nach fich und fand eine neue Heimath. So geriethen denn auch die erften unferer Landsleute und ihre Nachfolger, die sich in Neu-Niederland ansiedelten, über Holland und meistens als Holländer, d. h. nach einem längeren Aufenthalte daselbst, nach Amerika. Es ist allerdings in den meisten Fällen schwer, sie als Deutsche wiederzuerkennen, da sie schon damals ebenso gewissenhaft ihre Namen hollandisirten, als sie von der jetzigen Generation in Amerika anglisirt werden. Johann, Dietrich oder Gerhard nannten sich natürlich Jan, Dirk oder Gerrit, die Endsylbe „haus" wurde „huys", oder es wurde flottweg der ganze Name ins holländische übersetzt. Die Mehrzahl unserer in New York sich niederlassenden Landsleute waren Handwerker und kamen aus dem nordwestlichen Deutschland, vom Niederrhein und Geldern, aus Westphalen, Ditmarsen, Friesland, Holstein und den Hansastädten; aber auch aus Hessen, Thüringen und Franken, den Elbegegenden, selbst Schwaben und der deutschen Schweiz zogen einzelne Abenteurer nach New York. Da finden wir z. B. in der Zeit von 1637—1664 — Schiffslisten von früherem Datum sind nicht vorhanden — unter den ersten Ankömmlingen einen Christian Bleyers aus Stolzenau an der Weser, Peter Claassen und Ulrich Dircks aus Holstein, Stoffel Geritsen aus Leer, Bastian Glissen aus Calenberg, Schneider Engelbrecht Sternhuysen aus Soest, Schneider Bernhard Wellenhoft und Wessel Wesselsen aus Münster, Johann Burger von Gemen, Jan Bosch und Heinrich Hendersen aus Westphalen, Albert Burr aus Jülich, Adrian Huberts aus Jena, Simon Scholz und Albert Saboriski aus Preußen, Reinhard Classen aus Franken, Conrad Gros aus der Schweiz, Johannes Hardenbrock aus Elberfeld, Louis de Rode aus Danzig, Heinrich Weinrich und Clas Geritsen aus Wesel. Natürlich waren die meistens ungebildeten Einwanderer im fremden Welttheile höchstens die Vertreter deutschen Fleißes und seßhaften Handwerks, nicht aber die Träger der heimischen Sitte und Cultur. In ihren Anschauungen und Bestrebungen sind sie vielmehr Holländer, und deren Sprache redend, haben sie mit ihnen auch die kaufmännischen und politischen Ziele gemein. So verschwinden sie denn auch bald unter den Holländern, mit welchen sie übers Meer gekommen waren, und selbst jede Spur ihres Daseins würde uns verloren gegangen sein, wenn ihre Namen nicht zufällig in den Verzeichnissen der Amsterdamer Rheder aufbewahrt worden wären." — „Als Bischof Theodor von Fürstenberg", schreibt Franz Löher in seiner „Geschichte der Deutschen in Amerika", „zu Anfang des 17. Jahrhunderts eine Menge Familien aus meiner Vaterstadt Paderborn vertrieb, weil sie von ihrer protestantischen Ueberzeugung und den alten Freiheiten der Stadt nicht lassen wollten, wandten sie sich nach Holland und ihre Söhne kamen unter holländischen Truppen zurück, um Rache zu nehmen". Die Kriege jener Zeiten würfelten die nordischen Bewohner des europäischen Festlandes untereinander.

Doch nehmen wir den Faden unserer Erzählung wieder auf.

Die größte Gefahr für die Colonisten entstand aus dem Verkaufe von Waffen an Indianer. Zuerst wollten diese kein Gewehr in die Hand nehmen, weil sie sich davor fürchteten, später aber wurden sie auf den Besitz derselben so versessen, daß sie für eine Flinte zwanzig Biberfelle, für ein Pfund Pulver den Werth von zehn bis zwölf Gulden zahlten. Die Westindische Compagnie hatte zwar den Verkauf von Feuerwaffen an die Indianer bei Todesstrafe verboten, aber die Gewinnsucht verletzte die Gränzen der Klugheit bei den Weißen, die Colonisten von Rensselaerwyck und andere Händler verkauften an die Mohawks so viele Flinten und Pulver, daß diese nun 400 Krieger damit bewaffnen konnten. In der Nachbarschaft von Manhattan konnte eine strengere Polizei ausgeübt werden, und dies erzeugte den Haß der in der Nähe wohnenden Indianer gegen die Holländer, weil diese ihren Feinden am oberen Hudson Waffen verkauften, aber ihnen nicht. Im Herbst d. J. 1640 beging Kieft die Unklugheit, von den Indianern in der Umgegend von Manhattan Tribut an Mais, Pelz und Wampum zu verlangen. (Wampum und Sewan waren indianische Tauschmittel, deren sich damals die Neu-Niederländer in Ermangelung von Münze bedienten.) Diese widersetzten sich der unsinnigen Forderung und erklärten sie für lächerlich. Dazu kam, daß ein Vorfall auf Staten Island den Ausbruch von Feindseligkeiten beschleunigte. Einige Weiße im Dienste der Compagnie landeten dort auf der Rückfahrt vom Südflusse, um Holz und Wasser einzunehmen, und stahlen mehre De Vries und der Compagnie gehörende Schweine, die der Bewachung eines Negers anvertraut waren. Dieser Diebstahl wurde den Raritan-Indianern, die zwanzig Meilen davon wohnten, in die Schuhe geschoben; auch wurde

behauptet, daß diese die Yacht „Orede" angegriffen hätten, die ausgesandt worden war, um Pelze einzukaufen. Kieft beschloß, die
vermuthlichen Uebelthäter exemplarisch zu bestrafen. Er sandte den
Provinzial-Secretär Van Tienhoven mit 50 Soldaten und 20 Matrosen aus, um von den Indianern Genugthuung zu verlangen; als
diese aber bei den Hütten der letzteren ankamen, begannen die Leute
ohne Weiteres zu morden und zu plündern, gegen den Willen Tienhoven's, der sich keinen Gehorsam erzwingen konnte und sich deshalb
allein auf den Heimweg machte. Mehrere Indianer wurden getödtet,
ihre Saaten zerstört und andere Schandthaten verübt und damit der
Grund zu blutigen Kriegen gelegt, die bald Neu-Niederland verwüsteten.

Um diese Zeit wurden auf Veranlassung der holländischen Regierung von der Compagnie neue, liberalere Verordnungen für die
Neu-Niederlande erlassen, die ihre wohlthätigen Einwirkungen nicht
verfehlten. De Vries legte eine zweite Colonie auf der Westseite des
Hudson an, in der Gegend, wo heute Nyack und Tappan liegen, und
nannte sie Vriesendael; ein Anderer begann, im Hackensack-Thal Ansiedlungen zu gründen. Die Holländische Reformirte Kirche wurde zur
Kirche der Provinz erklärt. Eines Tages kamen die Raritans nach
Staten Island, ermordeten vier Leute auf De Vries' Farm und
brannten dessen Haus und Tabakslager nieder, aus Rache für das Unrecht, welches Kieft's Soldaten an ihnen verübt hatten. Dieser erließ
darauf eine Proklamation gegen die Raritans und setzte eine Belohnung
von zehn Faden Wampum auf das Haupt jedes Indianers von diesem
Stamm. Als der Knabe, dessen Onkel einst von Minuit's Knechten
beraubt und ermordet worden, zum Manne herangewachsen und nach
dem Gesetze seines Volkes verpflichtet war, jene Mordthat an einem
„Swanneken" (so wurden die Holländer von den Indianern genannt)
zu rächen, ermordete er eines Tages einen Klaus Smith, der an der
Deubel Bay (später zu Turtle Bay corrumpirt) eine kleine Wagen-
macherwerkstatt errichtet hatte. Der Gouverneur verlangte die Auslieferung des jungen Wilden, aber der Häuptling seines Stammes verweigerte dieselbe, weil der Mörder im Einklang mit ihren Gebräuchen
gehandelt habe. Kieft traf Anstalten, es mit diesen Indianern so zu
machen, wie mit den Raritans; aber die Ansiedler protestirten dagegen
und beschuldigten ihn der Rücksichtslosigkeit gegen ihr Schicksal, die un-

so mehr zu tadeln wäre, weil er ihre Gefahren nicht theile und bisher
noch keine Nacht außerhalb des Forts zugebracht habe.　Der General-
Director berief eine Volksversammlung, die berathen sollte, was zu
thun sei, und diese ernannte aus ihrer Mitte zwölf Männer, welche
ihrerseits De Vries zum Vorsitzer wählten.　Dieser Rath der Zwölfe
brachte Maßregeln in Vorschlag, welche die Erhaltung des Friedens
bezweckten.　Der Director sollte wiederholt in freundlicher Weise die
Auslieferung des jungen Mörders verlangen und im Weigerungsfalle
in der nächsten Jagdzeit eine Expedition gegen die Indianer ausrüsten,
sich aber selbst an die Spitze derselben stellen, da es nicht mehr als
recht, daß er die Gefahren der Colonisten theile.　De Vries erklärte
dem Gouverneur, daß es überhaupt nicht rathsam sei, mit den
Indianern Feindseligkeiten anzufangen, weil die Holländer übers
Land zerstreut und die einzelnen Ansiedlungen schutzlos seien.　Die
Amsterdamer Kammer sei entschieden gegen den Krieg wider die
Wilden; als er um Erlaubniß zu Feindseligkeiten gegen die Indianer am Delaware, welche Swaanendael zerstört, gebeten, habe sie
geantwortet, „er müsse mit den Wilden Frieden halten.“　Aber als
der Winter kam, berief der Director den Rath der Zwölfe, um dessen
Zustimmung zu Feindseligkeiten zu erlangen, welche dieser mit Zögern
und bedingungsweise gab.　Eine Expedition wurde ausgerüstet, aber
der Director stellte sich nicht an die Spitze, wie der Rath verlangt hatte,
sondern übertrug die Führung derselben dem Fähnrich des Forts.　Sie
kehrte unverrichteter Sache zurück, da der Führer den Weg verfehlte,
hatte aber die Wirkung, als die Indianer davon hörten, daß sie auf
Unterhandlungen sich einließen und die Auslieferung des jungen
Mörders versprachen, indeß nie ausführten.　Da der Besuch von
Fremden aus Virginien und Neu-England in Manhattan zunahm,
ließ Kieft auf Kosten der Compagnie in der Nähe von Fort Amsterdam ein Hotel oder „Herberge“ bauen.　Innerhalb der Mauern
des Forts wurde um diese Zeit eine Kirche errichtet.　Die Streitig-
keiten der Colonisten mit den Wilden vermehrten sich.　Die öffentliche
Meinung in Neu-Amsterdam war bezüglich der gegen die Ureinwohner zu befolgenden Politik getheilt.　Die älteren und vernünftigeren
Indianer und Häuptlinge kamen oft durch Unthaten schlechter Männer ihres Stammes in große Verlegenheit, aber manche der Weißen

waren weder beffer, noch klüger, als die schlechteften der Wilden, und
die friedlichen Ansiedler mußten dann für deren Verbrechen leiden.
Die Häuptlinge proteftirten namentlich gegen den Verkauf von
Schnapps an ihre jungen Leute, da derselbe sie unbändig mache,
„wie er ja auch keinen beffern Einfluß auf die Weißen ausübe".

Im Winter d. J. 1643 kam eines Tages eine Partie Mohawks
vom obern Hudson herunter, um von den schwachen Stämmen auf
beiden Seiten des Fluffes Tribut zu holen. Sie waren mit Schieß-
gewehren bewaffnet, und Raub und Mord bezeichneten ihre Wege.
Vor Entsetzen flohen die hülflofen nach Manhattan und suchten
Rettung in den Wohnungen der Weißen. Mehrere Hundert kamen
nach Vriefendael um Hülfe. De Vries erklärte ihnen, daß die
Holländer mit den Mohawks befreundet seien und er deshalb nicht
gegen sie Partei ergreifen könne. Sein Haus war voll Indianer und
außer ihm nur fünf Weiße auf der Farm; er fuhr in einem Kahne
durchs Treibeis den Fluß hinunter nach Fort Amsterdam, um von
Kieft einige Soldaten zur Hülfe zu erbitten, aber dieser hatte keine zu
entbehren. Am folgenden Tage kamen viele Indianer aus der Umgegend von Vriefendael nach Pavonia und bezogen dort ein Lager zusammen mit den Hackensacks, deren Zahl wohl eintaufend sein mochte.
Viele setzten über den Fluß nach Manhattan und lagerten sich auf
Corlear's Bauerei am Oftfluffe.

Gräuelthaten der Holländer.

Der General-Director konnte es nicht vergessen, daß der aus einer
Volksversammlung hervorgegangene Rath der Zwölfe seinen Lieb-
lingsplan eines Indianer-Gemetzels vereitelt hatte. Jetzt bot sich ihm
Gelegenheit, seinen Wunsch auszuführen. Unter Anführung seines
Colonial-Secretärs erschien, als er gerade bei einem Nachbar zu Tische
war, eine Deputation von kriegerisch gesinnten Bewohnern Manhat-
tans, angeblich im Namen der Bevölkerung, und verlangte, daß man
sich jetzt an den Wilden rächen solle, da Gott sie den Weißen zur
Züchtigung überliefert habe. Diese Botschaft kam dem kriegsluftigen

Director wie gerufen, und es wurden sofort Befehle gegeben, den Plan zur Ausführung zu bringen. Als De Vries davon hörte, eilte er zum Fort, um gegen die beabsichtigte That zu protestiren, auch der damalige Pfarrer von Neu-Amsterdam warnte vor Uebereilung. Aber umsonst. Der Sergeant Rodolf bekam Befehl, mit einer Truppe Soldaten nach Pavonia zu ziehen, um die Indianer, welche sich hinter der Bout'schen Bauerei aufhielten, zu vertreiben und zu vernichten. Ein gewisser Adriaensen erhielt gleichzeitig den Auftrag, mit einer Anzahl Freiwilliger eine Partie Wilde, die hinter Corlear's Hügel lagerten, anzugreifen und mit ihnen nach Belieben zu verfahren. Kieft gab diese Befehle „im vollen Vertrauen, daß Gott unsere Entschlüsse mit Erfolg krönen werde". In der Nacht vom 25. zum 26. Februar kam der blutige Plan des Directors zur Ausführung. Rodolf zog mit achtzig Soldaten über den Fluß nach Pavonia, wo die Flüchtlinge von Tappan in eingebildeter Sicherheit lagerten, und fiel um Mitternacht, als sie in tiefem Schlafe lagen, über sie her. Das Knattern der Gewehre vermischte sich mit dem Geschrei der erschreckten Wilden; Männer, Weiber und Kinder wurden massacrirt, das Kind an der Mutterbrust nicht verschont. Bis zum Tagesanbruch dauerte das Morden. Verwundete, welche im Gebüsche Rettung suchten, wurden in den Fluß gejagt, Eltern, die ihre von den Soldaten ins Wasser geworfenen Kinder retten wollten, ins Wasser zurückgetrieben, um vor den Augen der grausamen Mörder zu ertrinken. Im Ganzen wurden in jener Nacht achtzig Indianer bei Pavonia umgebracht. „Ich saß die ganze Nacht beim Küchenfeuer in der Wohnung des Directors", erzählt De Vries; „als ich gegen Mitternacht lautes Wehklagen hörte, eilte ich auf die Mauer der Festung; da hörte ich von Pavonia her nichts als den Schall der Flinten und das Jammern der Indianer". Einige Minuten später erschienen ein Indianer und seine Squaw, die bei Vriesendael wohnten und sich von Pavonia in einem Nachen über den Fluß geflüchtet hatten, am Feuer, wohin De Vries mit schwerem Herzen zurückgekehrt war. „Die Fort Oranien-Indianer sind über uns", riefen sie, „und wir sind gekommen, um uns im Fort zu verbergen". „Hier ist keine Sicherheit für Euch, denn nicht Indianer haben dies gethan, es ist das Werk der Swannekens!" antwortete der humane Besitzer von Vriesendael, indem er die flüchtigen zur Pforte hinausführte, die ohne Schildwache war, und ihnen nachsah, bis sie im Gehölze verborgen waren. Ubriaensen und seine Partie ermordeten in jener Nacht an Corlear's Bucht vierzig Wilde im Schlafe. Um andern Morgen kehrten die Mörder mit dreißig Gefangenen und vielen Köpfen von Erschlagenen nach dem Fort zurück, von wo sie am Abend vorher ausgezogen. Sie wurden von Kieft mit Freuden empfangen, selbst Weiber sollen gejubelt haben, und im Laufe des Tages zog eine kleine Partie holländischer und englischer Colonisten über den Fluß, um das Lager der Erschlagenen zu plündern. Kurz darauf stahl eine Anzahl Colonisten auf Long Island, die sich zu dem Zwecke organisirt hatten, zwei Wagenladungen Mais von dortigen Indianern, wobei es zum Gefechte kam und drei der Beraubten erschlagen wurden. Es bedurfte nur noch dieser Schandthat, um das Maß des Unwillens der Indianer gegen die Weißen voll zu machen. Bis dahin waren die auf Long Island die besten Freunde der letzteren gewesen. Jetzt waren sie von den Fremden geplündert worden, die sie bewillkommt und denen sie nichts zu Leide gethan hatten. Sie machten gemeinsame Sache mit den andern Stämmen, die nach Rache lechzten, als sie hörten, daß die mitternächtlichen Ueberfälle bei Pavonia und Corlear's Bucht nicht das Werk der Mohawks, sondern der Holländer gewesen. Aus Sümpfen und Gebüschen kamen sie jetzt hervor, um Vergeltung zu üben. Farmer wurden auf dem Felde erschossen, Frauen und Kinder in die Gefangenschaft geführt, Häuser und Scheunen in Brand gesteckt und die Resultate jahrelangen Fleißes vernichtet. Von den Ufern des Raritan bis in das Thal des Connecticut war keine Ansiedlung sicher. Elf Indianerstämme erklärten den Krieg. Diejenigen Colonisten, welche mit dem Leben davon kamen, flohen nach Fort Amsterdam und drohten in der Verzweiflung, ins Vaterland zurückzukehren oder in die Provinz Rensselaer zu ziehen, wo Alles ruhig hergehe. Da Kieft eine allgemeine Entvölkerung fürchtete, nahm er alle flüchtigen Colonisten auf zwei Monate in den Dienst der Compagnie. Auch Driesendael entging der allgemeinen Zerstörung nicht. Die Scheunen, Saaten und das Vieh auf der Farm wurden vernichtet, und die erschreckten Arbeiter flüchteten ins Haus, welches der Eigenthümer zur Vorsicht hatte mit Schießlöchern bauen lassen. Während man jeden Augenblick den Angriff der empörten

Wilden fürchtete, kam der Indianer, den De Vries in jener Schreckens-
nacht aus dem Fort geführt hatte, und erzählte den Belagerern jenen
Vorfall. Diese zogen sich darauf zurück und thaten den Weißen nichts
zu Leide. De Vries aber eilte nach Manhattan und machte dem nun
gedemüthigten Director Vorwürfe, daß er Unglück und Elend über die
Colonisten gebracht habe. Der Director sandte jetzt Friedensbotschaften
an die Indianer auf Long Island, aber diese wollten von Frieden
nichts wissen. „Seid Ihr unsere Freunde?" riefen sie, „Ihr seid nur
Korndiebe", und der Bote mußte die verhöhnenden Worte des rothen
Mannes an den Director in Fort Amsterdam überbringen. Adriaensen's Farm wurde auch zerstört, er mußte die bittere Frucht seiner
That kosten; Kieft aber ging aus dem Fort nicht heraus, sondern
ordnete auf den 4. März einen Buß- und Bettag an. Dies ersparte
ihm nicht die Vorwürfe der empörten Bürger, welche drohten, ihn mit
Schanden nach Holland zurückzuschicken. Er versuchte die Verantwort-
lichkeit für das Gemetzel auf Adriaensen und dessen Gefährten zu laden,
die im Namen der Gemeinde zu dem Werke gerathen hätten, aber
diese Entschuldigung fand bei den empörten Bürgern wenig Gehör.
Adriaensen drang ins Fort, um Kieft, der alle Schuld auf ihn schob, zu
erschießen, wurde aber entwaffnet und als Gefangener nach Holland
geschickt. Der Kriegsruf der Indianer, der auf Long Island und in
Westchester ertönte, wiederhallte in New Jersey. Vom Tappan-Thale
bis an die Hochlande von Neversink ward keine Hütte, keine Farm verschont, selbst über die Manhattan-Insel zogen die Gräuel der Verwüstung. Von der nördlichen Spitze derselben bis an den Kolk waren
nur noch sechs Bauereien übrig, und auch diese wurden von den Indianern in der Nacht mit Feuer, ihre Bewohner aber am Tage mit
Mordwaffen bedroht. Es gab keinen Platz, wo die zitternde Bevölkerung Schutz finden konnte, außer im Fort Amsterdam. Dort lagen
die Weiber und Kinder in Strohhütten, während ihre Männer und
Väter auf den Mauern Wache standen. Die Indianer, die sich in einer
Anzahl von fünfzehnhundert Kriegern, darunter viele mit Schießge-
wehren bewaffnet, gesammelt hatten, bedrohten sogar das Fort, das
nicht in bestem Zustande war. Der Director schickte nach Neu-England
um Hülfe, bekam aber die Antwort, man sei nicht überzeugt, daß der
Krieg der Holländer ein gerechter sei.

Um diese Zeit verlor die Colonie einen ihrer besten Bürger. Die Bauereien, welche der mehrerwähnte De Vries angelegt hatte, lagen in Asche, und entmuthigt durch den Stand der Dinge beschloß er seine Rückreise ins Vaterland. Er ging zum Director, um von ihm Abschied zu nehmen, und zum letzten Male hörte dieser die Stimme, welche ihn so oft vergeblich gewarnt hatte. „Die Morde, in welchen Du so viel unschuldiges Blut vergossen, werden noch an Dir gerächt werden!" waren seine letzten Worte an den Mann, der den Verlust seiner Habe verschuldete. Der Rath der Zwölfe existirte nicht mehr, der Director hatte ihn in den Tagen seines Uebermuthes aufgelöst. Jetzt, wo er den Untergang der Colonie vor Augen sah, berief er acht der angesehensten Bürger, damit sie Vorschläge machen möchten, was in der Krisis zu thun sei. Diese beschlossen eine Adresse an die Compagnie in Holland. Mit einfachen, aber eindringlichen Worten schilderten sie darin die Lage der Colonisten. An die General-Staaten sandten sie einen Brief, worin sie erklärten, daß ihnen im Falle der Nichthülfe seitens der vaterländischen Behörden nichts übrig bleibe, als die Colonie zu verlassen und zu den Neu-Engländern zu ziehen. Gleichzeitig wurde beschlossen, einen Angriffskrieg gegen die Wilden zu beginnen, da kein anderes Mittel übrig bleibe. Einer Truppe Irländer, die im Dienste Kieft's standen, gelang es, unter Führung eines Engländers, ein Indianerdorf auf Long Island bei Hemstede (jetzt Hempstead) zu überfallen und mehre hundert seiner Bewohner niederzumachen. Zwei Häuptlinge wurden als Gefangene nach Fort Amsterdam geführt, wo die abscheulichsten Grausamkeiten an ihnen verübt wurden. Der eine fiel todt nieder, als er schwer verwundet den Todtentanz tanzte; der andere wurde, nachdem er schrecklich verstümmelt worden, auf Kieft's Befehl hinausgeführt und ihm auf einem Mühlstein „gnädig der Kopf abgeschnitten". Einige gefangene Indianerinnen, welche Zeugen des blutigen Schauspiels waren, riefen in ihrer Sprache aus: „Schändlich! schändlich! Welch' schmachvolle und unbeschreibliche Grausamkeit! So etwas ist unter uns nie gesehen oder gehört worden!" Einige Tage später machte dieselbe Truppe von Soldaten einen Streifzug in die Gegend, wo jetzt Stamford liegt, überfiel in der Nacht ein großes Indianerdorf und metzelten Alles nieder, so daß nicht ein Wesen lebend davon kam. Als die Sieger nach Manhattan zurückkehrten, erließ Kieft eine

Dankproklamation für den großen Sieg, den seine Truppen errungen hatten. — Da von Holland keine Hülfe kam, und der Rath der Acht erfuhr, daß der Director in seinem Schreiben an die Amsterdamer Kammer die Schuld an der Ursache des Krieges auf die Bürger zu schieben versucht habe, sandte er ein zweites Schreiben nach Holland und verlangte die Abberufung des Directors, die Ursache des allgemeinen Jammers. Die General-Staaten forderten endlich von der Westindischen Compagnie die Absetzung Kieft's und Einführung entschiedener Reformmaßregeln.

Im Frühling d. J. 1645 erklärten sich mehrere Indianerstämme bereit, Frieden zu schließen. Die Gräuelthaten der Soldaten auf Long Island hatten ihnen Furcht eingeflößt. Auch ihre Felder waren vernachlässigt worden, sie wollten wieder Mais pflanzen und auf die Jagd gehen können, ohne fürchten zu müssen, daß ihre Familien in ihrer Abwesenheit ermordet würden. Es kam zu Unterhandlungen und einige „Sachems“ der zum Frieden geneigten Indianer wurden von Kieft beauftragt, die anderen Stämme zu besuchen. Die Waffen ruhten im Verlaufe des Sommers, im August wurde ein großer Rath abgehalten und ein allgemeiner Friede geschlossen. In Holland wurde um diese Zeit des Directors Abberufung verfügt und sein Nachfolger ernannt. Als diese Nachricht nach Neu-Amsterdam kam, war allgemeine Freude unter den Bürgern, aber Uneinigkeit unter den verschiedenen Kammern der Westindischen Compagnie bezüglich der Instructionen für den neuen Director verzögerten dessen Abreise länger als ein Jahr. Da eine Abschrift des Briefes, den der Rath der Acht an die General-Staaten gesandt, an Kieft geschickt wurde, benutzte er die Zeit bis zu seiner Ablösung dazu, sie des Ungehorsams gegen die Provinzialbehörden, der Aufregung gegen die Obrigkeit anzuklagen und ihnen empfindliche Strafen aufzulegen. Im Mai 1646 kam endlich der neue Director und wurde von der Bevölkerung mit Jubel empfangen. Kieft verließ im Spätsommer Neu-Amsterdam; am 16. August reiste er „mit Schätzen schwer beladen“ auf demselben Schiffe ab, auf dem zwei der von ihm des Verrathes Angeklagten und von seinem Nachfolger zur Verbannung aus der Provinz Verurtheilten, Kuyter (Keiter) von Darmstadt und Möllen, sich befanden. Das Schiff scheiterte an der englischen Küste, von 100 Passagieren wurden nur

20 gerettet, darunter die beiden von Kieft Verfolgten, während dieser unterging. Möllen und Kuyter kehrten später, von den Behörden in Holland gerechtfertigt und vor dem Zorne des neuen Directors mit Schutzbriefen versehen, nach Neu-Niederland zurück. Möllen hatte großen Landbesitz auf dem so oft von den Indianern verwüsteten Staten Island, Kuyter bei Harlem. Letzterer wurde später von den Indianern erschlagen.

Peter Stuyvesant als General-Director von Neu-Niederland.

Der neue Director war Peter Stuyvesant, der Sohn eines Predigers in Friesland, im J. 1602 geboren. Er hatte die Hochschule in Franeker besucht und war dann in den Militärdienst getreten. Als Director der kleinen Colonie auf der Insel Curaçao hatte er bei einem erfolglosen Angriffe auf die portugiesische Insel San Martino ein Bein verloren und ward genöthigt, zum Zwecke der Heilung seiner Wunden im Herbste d. J. 1644 nach Holland zurückzukehren. Nach seiner Genesung wurde er zum General-Director von Neu-Niederland und von Curaçao ernannt; am Weihnachtstage 1646 reiste er von Amsterdam ab, und traf nach einer sechsmonatlichen Reise an seinem Bestimmungsorte ein. Er war im Anfang seiner Amtsführung noch eigenwilliger und despotischer, als sein Vorgänger, aber er hatte Verstand, war unablässig thätig und besaß große Energie. Die Regentschaft Kieft's hatte die Colonie an den Rand des Abgrundes gebracht, seine Willkür war wie der Eigensinn eines dummen Jungen. Stuyvesant war hochmüthig und eitel und glaubte, gleich nach seiner Ankunft durch hochfahrendes Auftreten bei den Colonisten sich in Respekt setzen zu müssen. Eine Anzahl der angesehensten Bürger, die ihm ihre Aufwartung machen wollten, ließ er stundenlang stehen, ohne daß er sie nur eines Wortes würdigte. Er reorganisirte den Colonial-Rath, von welchem Dinklage, der als Vice-Director ernannt worden, und der Commissär Kaiser Mitglieder waren. Ein Engländer, Namens Baxter, der unter Stuyvesant's Vorgänger als englischer Secretär gedient hatte, wurde in dieser Eigenschaft beibehalten und bekam dadurch Gelegenheit, später mit Sachkenntniß gegen die Holländer zu conspiriren. Stuyvesant ahmte darin Kieft nach, daß er keine Berufung von seinem Urtheil an die Behörden in Holland erlaubte. „Wenn ich glaubte", sagte er zu Möllen, „daß Ihr unser Urtheil bekannt machen oder es vor die General-Staaten bringen wolltet, so würde ich Euch sofort an dem höchsten Baum in Neu-Niederland aufhängen lassen". Aber nach und nach zog der neue Director gelindere Saiten auf, weil er sah, daß er der Dienste der Colonisten bedurfte, und mit den Jahren verminderte eine bessere Einsicht den Hochmuth bei ihm. Hätte er das Verlangen der Bürger von Neu-Amsterdam, bei der Leitung der öffentlichen Angelegenheiten mitzureden, anerkannt, so würde er im Anfang viel weniger Unannehmlichkeiten gehabt haben und hätte seine Aufmerksamkeit mehr der Erhaltung des Friedens mit den Indianern und den fremden Colonisten an der Gränze widmen können. Aber er verdoppelte seine Sorgen durch einen fortwährenden nutzlosen Kampf gegen die Forderungen der Bürger, welche wenigstens einige der Rechte ausüben wollten, deren die in der alten Heimath sich erfreuten. Die Provinzial-Casse war um diese Zeit leer, mit der Westindischen Compagnie stand es nicht so glänzend, wie früher, als ihr Handel mit Indien und ihre Kaperschiffe sie bereicherten. Sie war der Meinung, daß die Colonie einen Theil ihrer Ausgaben selbst tragen sollte. Stuyvesant verlangte die Ansicht seines Colonial-Rathes, und dieser machte dem Director den Vorschlag, eine Wahl anzuordnen und die Colonisten achtzehn achtbare Bürger wählen zu lassen, aus denen der Director neun auserlesen möge, die den Volksrath bilden sollten. Der Director gab mit Widerstreben nach, steckte aber den Rechten der Bürgervertreter sehr enge Grenzen. Im Verlaufe der ersten Jahre seiner Regentschaft wurde Stuyvesant sehr unpopulär. Der Rath der Neun, welcher die Interessen der Bürger vertrat, sandte ein Schreiben an die General-Staaten, über den neuen Director sich beklagend und die Westindische Compagnie der Selbstsucht und Nachlässigkeit beschuldigend. Die englischen Einwohner auf Long Island, beeinflußt durch Baxter, erklärten sich dagegen mit Allem, was der neue Director that oder unterließ, einverstanden und sandten Belobungsschreiben nach Amsterdam, um die Beschwerden der Volksvertreter abzuschwächen.

Stuyvesant ging in seiner Vorliebe für die englischen Schmeichler in Gravesend so weit, daß er seine Unzufriedenheit mit den Holländern und Deutschen offen zu erkennen gab. Einige Jahre später hatte er Ursache, dieses Mißtrauen gegen seine Landsleute, verbunden mit offener Parteilichkeit für die Engländer, die entweder wegen ihrer Religions-Ansichten aus Neu-England verbannt worden oder aus andern Gründen den Aufenthalt in Neu-Niederland vorzogen, bitter zu bereuen, indem seine englischen Günstlinge den Puritanern als Spione dienten und gegen die Herrschaft der Holländer conspirirten. Im Herbste d. J. 1652 gab die Amsterdamer Kammer Erlaubniß zur Erwählung einer städtischen Regierung durch die Bürger; Stuyvesant verkümmerte zwar dieses Privilegium dermaßen, daß nicht viel davon übrig blieb, aber es war doch ein Schritt gewonnen. In den ersten Jahren der Verwaltung Stuyvesant's hielten die Wilden Frieden, da auch sie geschwächt und die friedlichen Sachems unter ihnen im Stande waren, das junge Volk, welches in den Kriegen unter Kieft Verwandte und Freunde verloren, im Zaume zu halten und die Beobachtung des Vertrages zu erzwingen. Im J. 1653 verlangte eine Convention von Deputirten, durch die Bevölkerung der verschiedenen kleinen Ortschaften gewählt, daß künftig keine neuen Gesetze mehr erlassen werden sollten, außer mit Zustimmung des Volkes; daß Niemand zu Aemtern ernannt werde, außer mit solcher Einwilligung; daß alte und in Vergessenheit gerathene Gesetze nie wieder in Gebrauch kommen sollten. Die Versammlung stand unter dem Einflusse und der Leitung Baxter's und anderer Engländer, die zwar damals ihre Loyalität gegen die holländische Regierung betheuerten, aber darauf hinwirkten, die Unzufriedenheit der Bevölkerung mit den bestehenden Verhältnissen zu nähren. Stuyvesant löste die Versammlung auf und soll in einer Abschiedsbotschaft an die Deputirten gesagt haben: „Wir haben unsere Autorität von Gott und der Compagnie, und nicht von einigen unwissenden Unterthanen."

Auch die Religion gehörte in den Bereich der Regierungs-Angelegenheiten des Directors. Als im J. 1654 die Lutheraner so zahlreich geworden waren, daß sie einen Pfarrer ihrer Confession von Deutschland berufen wollten, wandten sie sich um Erlaubniß dazu an Stuyvesant. Der Director erklärte, daß er die Erlaubniß nicht geben könne, weil er durch seinen Eid gebunden sei, die öffentliche Ausübung keiner andern Religion als der reformirten zu gestatten. Die Lutheraner wandten sich darauf direct an die Westindische Compagnie und an die General-Staaten. Aber die reformirten Prediger in Manhattan schrieben nach Holland, daß eine solche Erlaubniß üble Folgen haben würde, weil die Anabaptisten und englischen Unabhängigen, von denen viele in der Provinz, dann dieselbe Freiheit verlangen würden. Die Directoren in Holland beschlossen daher, in Neu-Niederland keine andere Lehre zu ermuthigen, als die wahre reformirte, und Stuyvesant wurde angewiesen, alle „mäßigen" Mittel anzuwenden, um die Lutheraner zur Reformirten Kirche herüber zu bringen. Zwei Jahre später theilten die Lutheraner dem Director mit, ihre Freunde in Holland hätten von der Compagnie das Versprechen erhalten, in den Neu-Niederlanden solle dieselbe Toleranz ausgeübt werden, wie in Holland, und daß sie demnächst die Ankunft eines Predigers ihrer Confession erwarteten. Die Mittheilung wurde im Colonial Rathe besprochen und der Beschluß gefaßt, mit dem nächsten Schiff in der Angelegenheit nach Holland zu schreiben. Der erwartete Pfarrer Ernst Goetwasser kam an, aber gleichzeitig ein Schreiben der Oberbehörde der Reformirten in Amsterdam an den Director, daß die Reformirte Kirche die Gewissensfreiheit in der Colonie nicht verletzen wolle, insofern als sie jeden Glauben dulde, aber öffentliche Versammlungen und Kundgebungen des Glaubens nicht erlauben könne. Goetwasser erhielt darauf nach seiner Ankunft hier den Bescheid, daß er keinen Gottesdienst ausüben dürfe, nachdem er gestanden hatte, daß er keine andere Commission habe, als ein Schreiben vom Lutherischen Consistorium zu Amsterdam. Viel unnachsichtiger verfuhr Stuyvesant gegen die Quäker, welche vor der schrecklichen Verfolgung in Neu-England nach den Neu-Niederlanden entflohen waren. In Folge von Klagen in Amsterdam kam eine Zurechtweisung an Stuyvesant: „Lassen Sie Jeden ungehindert in seinem Glauben, so lange er bescheiden und mäßig, sein Betragen als Bürger untadelhaft ist und so lange er nicht Andere beleidigt oder der Regierung Opposition macht. Der Grundsatz der Mäßigung war immer die Richtschnur der Richter in Amsterdam, und die Folge davon ist gewesen, daß Menschen aus allen Ländern nach diesem Asyl gekommen sind." Damit hörten Religionsverfolgungen in Neu-Niederland auf.

Die Befitzung Van Renffelaer's.

Als Kilian van Renffelaer, einer der Amfterdamer Directoren der Weftindifchen Compagnie, in den erften Jahren der Colonifation am Hudfon von der Compagnie das Privilegium bekam, in der neuen Welt ein Patronat anzulegen, beauftragte er einen gewiffen Sebaftian Krol, der bei Fort Oranien, an der Stelle des heutigen Albany, fich niedergelaffen hatte, von den Indianern auf der Weftfeite des Fluffes ein Gebiet Land zu kaufen, von Bären Island, zwölf Meilen unterhalb Albany, bis über das heutige Troy hinaus und zwei Tagereifen weit weftlich fich erftreckend. Gleichzeitig fchickte er mehre Emigranten mit Ackerbaugeräthfchaften und Vieh von Holland ab, die unter der Leitung eines Verwalters Land cultiviren follten. Später wurde noch Land auf der Oftfeite des Fluffes angekauft und bei Bären Island ein kleines Fort angelegt, das man Renffelaer's Stein nannte. Nicholas Korn wurde als „Wacht-Meifter vom Stein" angeftellt. Von allen Patronen, die damals von der Compagnie außerordentliche Privilegien erhielten, und von denen früher die Rede gewefen ift, fcheint Renffelaer der einzige gewefen zu fein, der keine Ausgaben fparte, um das Land mit Anfiedlern zu verfehen und es gleichzeitig, insbefondere durch Ausbeutung des Pelzhandels zu verwerthen. Er felbft fah die Colonie niemals, aber er hatte Glück oder Einficht bei der Wahl feines Verwalters und anderer Angeftellten. Da die Weftindifche Compagnie ihren Verpflichtungen, die Patronate der UnterColonien vor Angriffen von Außen zu fchützen, nicht nachkam, ließ er Mittel zum Schutze feiner Anfiedler anwenden, unter denen diefe verhältnißmäßig ruhig ihren Befchäftigungen nachzehen konnten. Er ließ mit den Indianern, den wilden Mohawks, Verträge fchließen und dafür forgen, daß fie auch gehalten wurden. Er trieb einen ausgedehnten Pelzhandel und hatte feine eigenen Schiffe, die den Verkehr zwifchen feiner Colonie und dem Vaterlande vermittelten. Während zu Kieft's Zeiten das Land auf viele Meilen weit in der Runde von Manhattan verwüftet wurde und die Anfiedler der thörichten Politik diefes Menfchen zum Opfer fielen, blieb die große Befitzung Van Renffelaer's, Renffelaerwyck genannt, von diefen Störungen unberührt,

weil Kieft dort nicht herrschte und der Verwalter der großen An-
siedlung die unter jenen Verhältnissen gewiß schwierige Politik des
Friedens mit den Indianern um jeden Preis befolgte. Die Mo-
hawks hatten weit im Innern ihrer Wildniß, nach der canadischen
Gränze zu, einige Befestigungen zum Schutze gegen ihre Feinde. Der
Verwalter Rensselaer's, Van Curler, besuchte sie dort und brachte ihnen
Geschenke. Leider verkauften die Verwalter an die Wilden auch
Schießgewehre und Pulver, was die Ursache großen Unglückes wurde,
obgleich nicht für die Bewohner von Rensselaerwyck, weil die Wilden
klug genug waren, einzusehen, daß sie mit einem Kriege gegen die
Holländer die Quelle der Erleichterung zerstören würden, welche sie
durch den Gebrauch der Feuerwaffen gewonnen hatten.

Kilian Van Rensselaer starb im Jahre 1646; der große Besitz am
Hudson ging auf seinen minderjährigen Sohn Johannes über. Der
alte Verwalter reiste nach Holland zurück. Seine Nachfolger blieben
der friedfertigen Politik gegen die Indianer getreu, welche den Colonisten in jenem Gebiete die Gräuel erspart hatte, denen das übrige
Neu-Niederland ausgesetzt war. Wenn wir den Director Kieft
ausnehmen, war das Verfahren der holländischen Colonialbeamten
gegen die Eingeborenen allerdings ein viel humaneres und gerechteres,
als das der Engländer. Nach ihren Instructionen durften sie Land
erst dann in Besitz nehmen, nachdem sie es von den Eingeborenen
gekauft hatten. Die Niederländer stützten ihr Unrecht auf bestimmte
Ländereien darauf, daß sie dieselben von den Indianern gekauft hatten.
Die Engländer weigerten sich, diese Rechtsbegründung anzuerkennen.
Das englische Cabinet antwortete auf ein Schreiben der General-
Staaten, worin diese Seite ihres Besitzrechtes betont wurde, daß die
unstäten Indianerbanden nicht deshalb Eigenthümer des Landes seien,
weil sie sich darauf umhertrieben. Die Statuten von Massachusetts
von 1633, welche das Recht der Indianer zu dem kleinen Fleckchen Erde
um ihren Wigwam anerkannten, worauf sie ihren Mais und ihre
Bohnen pflanzten, erklärten den Rest des Bodens für Eigenthum der
Weißen auf Grund des ersten Capitels der Genesis und der Einladung
der Indianer. Die Erhaltung des Friedens im westlichen und nördlichen Theile des heutigen New York muß den Verwaltern von
Rensselaerwyck um so höher angerechnet werden, als die Irokesen und

von diesen besonders die Mohawks, in deren Lande die Holländer wohnten, nach dem Zeugnisse der Jesuiten-Missionäre die wildesten und unzugänglichsten aller menschlichen Wesen waren. Als in der letzten Hälfte des siebzehnten Jahrhunderts zwischen ihnen und Frankreich eine Zeitlang Frieden herrschte, liehen sie anscheinend den Vorstellungen der Missionäre ein williges Ohr, aber es dauerte nicht lange, bis sich herausstellte, daß nur die Geschenke der Franzosen sie dazu veranlaßt hatten. Der holländische Pfarrer in Fort Oranien, Domine Megapolensis, erzählt in einem Werke über die Mohawks: „Wenn wir eine Predigt halten, wozu sie eingeladen worden, kommen zehn oder zwölf, Jeder mit einer langen Tabakspfeife im Munde. Sie stehen eine Weile und sehen zu; nachher fragen sie mich, was ich mache, was ich wolle, warum ich dort alleine stehe und so viel spreche und Niemand anders rede? Ich antworte, daß ich die Christen ermahne, nicht zu stehlen, sich nicht zu betrinken und nicht zu morden, und daß ich später, sobald ich ihre Sprache gelernt, auch sie besuchen und ihnen predigen würde. Sie erwiedern, daß ich wohl daran thue, die Christen zu ermahnen, fragen aber gleich, wie es komme, daß so viele Christen diese Dinge thun.“ Sie waren Kannibalen und die grausamsten der sogenannten sechs Nationen. Als die Engländer im J. 1664 das Land eroberten, befolgten sie im westlichen und östlichen New York die von den Holländern aufgestellte Politik und die Folge davon war, daß in dem hundertjährigen Kampfe zwischen Franzosen und Engländern um den Besitz des Continentes die Jrokesen, welche die große Gebirgskette zwischen Canada und dem obern Hudson beherrschten, das Loos zu Gunsten der Engländer entschieden.

Die Deutschen in Neu-Schweden.

Willem Usselinx, von dem in dem Capitel über die Gründung Neu-Niederlands die Rede gewesen, scheint mit dem Colonisationsplan der Niederländer nicht einverstanden, oder unzufrieden gewesen zu sein, daß man ihn, den Urheber der Idee, so ganz unberücksichtigt gelassen. Er begab sich zum Könige von Schweden — vielleicht auf dessen

Einladung — um in dem Staatsmanne und Feldherrn Visionen von Reichthümern der Colonisation und des Handels in fremden Ländern anzuregen. Es sollte eine schwedische Süd-Compagnie gegründet werden, und am 1. Januar 1634 ins Leben treten. Der König zeichnete zu dem Actien-Capital 400,000 Reichsthaler. Der Herzog von Pommern, die Städte Stralsund und Stettin wünschten sich zu betheiligen. Der Tod Gustav Adolph's verzögerte die Ausführung des Planes auf mehre Jahre. Der Kanzler Oxenstierna nahm ihn wieder auf. Usselinx mochte wohl einsehen, daß nach des großen Königs Tode das Unternehmen nicht gelingen werde, oder er zog aus andern, der Nachwelt unbekannten Gründen sich zurück. Da erschien Peter Minuit, der ehemalige Gouverneur von Neu-Niederland, der nach seiner Abberufung vergeblich um Wiederanstellung bei der Amsterdamer Kammer nachgesucht, und nahm den Plan wieder auf. Gegen Ende des Jahres 1637 ging er mit dem Kriegsschiffe „Schlüssel von Colmar", dem Transportschiffe „Vogel Greif" und fünfzig Emigranten und mehren Banditen als Galeeren-Sklaven in See, um im Auftrage der jungen Königin Christina in der Delaware-Bay eine Colonie anzulegen. Im Frühling des J. 1638, um die Zeit, als Kieft auf Manhattan landete, erschien die schwedische Expedition auf der Rhede von Jamestown, wo sie etwa zehn Tage blieb, um Holz und Wasser einzunehmen. Als der Schatzmeister von Virginien erfuhr, — der Gouverneur war damals abwesend — daß sie nach der Delaware-Bay wolle, um dort eine Pflanzung anzulegen, verlangte er eine Abschrift von Minuit's Commission, welche verweigert wurde. Minuit fuhr ungestört bis zur Höhe vom heutigen Wilmington hinauf und kaufte dort von dem Indianer-Häuptling Mattehorn so viel Land, „zwischen sechs Bäumen gelegen", als hinreichen würde, ein Haus darauf zu bauen und eine Plantage anzulegen. Der Kaufbrief für dieses Land, der in Plattdeutsch geschrieben war, ist bei dem Feuer im königlichen Palast in Stockholm im J. 1697 verbrannt. Die Nachricht von der Ankunft der Schweden erreichte bald das fünfzehn Meilen höher am Fluß gelegene holländische Fort Nassau, von wo Personen herunter kamen, um sich nach dem Begehren der Fremden zu erkundigen. Minuit antwortete, er befinde sich auf einer Reise nach Westindien und wolle nur Holz und Wasser einnehmen. Als die Holländer nach einiger Zeit wieder kamen, sahen sie, daß die Schweden einen kleinen Garten angelegt hatten. Sie fragten daher den Anführer der Leute, was er vorhabe, worauf Minuit eine ausweichende Antwort gab. Erst als er den „Vogel Greif" den Fluß hinaufschickte, um Felle einzuhandeln, und bei Fort Nassau angehalten wurde, erklärte der schwedische Offizier, daß seine Königin ebenso viel Recht habe, dort ein Fort anzulegen, wie die Westindische Compagnie. Der Director Kieft in Neu-Amsterdam sandte auf die Nachricht von den Vorgängen am Delaware unterm 26. Mai 1638 einen Protest, der jedoch von Minuit nicht berücksichtigt wurde. Er ließ ein kleines Fort bauen und nannte es, zu Ehren der jungen Königin, Fort Christina. Es lag nahe bei der jetzigen Stadt Wilmington und war mit seiner Umgebung die erste Niederlassung im heutigen Staat Delaware. Minuit verstand sich von Neu-Amsterdam her auf den Handel mit den Indianern und zog ihn durch bessere, als die von den Holländern bezahlten Preise an sich. Schon im Sommer 1638 sandte er das eine seiner Schiffe mit einer reichen Ladung Pelze nach Schweden zurück, während er selbst das neu errichtete Fort besetzt hielt und die Niederlassung ausdehnte. Diese that dem holländischen Handel schon im ersten Jahre 30,000 fl. Schaden. Die Nachrichten vom ersten glücklichen Erfolg erweckten ein solches Auswanderungsfieber in Schweden, daß im Laufe der nächsten Jahre mehre Schiffe nach dem Delaware fuhren; bei der letzten bedeutenden Expedition mußten etwa 100 Familien aus Mangel an Platz in dem dichtgefüllten Fahrzeuge zurückbleiben. Als fast gleichzeitig mit der ersten Depesche Kieft's über die Ankunft der Schweden ein schwedisches Schiff aus Westindien in Europa eintraf und in Holland angehalten wurde, forderte der schwedische Gesandte im Haag dessen Freigebung und die General-Staaten bewilligten das Verlangen, weil sie damals nicht in der Lage waren, es auf eine Feindschaft mit Schweden ankommen zu lassen. Als die Schweden am Delaware im zweiten Winter keine Hülfe aus der Heimath bekamen, litten sie großen Mangel und beschlossen, nächstes Jahr nach Manhattan überzusiedeln. Aber im Frühling erschienen endlich Schiffe mit holländischen, deutschen und schwedischen Emigranten, zur großen Freude Minuit's und seiner Leute. Im Herbste desselben Jahres kam Peter Holländer als Vice-Gouverneur für Neu-Schweden von Gothenburg mit weiteren Colonisten und mit Lebensmitteln an. Mounce Kling, der früher als Minuit's Gehülfe fungirt hatte und nach Schweden zurückgekehrt war, folgte bald mit noch zwei Schiffen. Im darauffolgenden Jahr starb Minuit im Fort Christina, nach andern Angaben reiste er nach Schweden zurück. Im J. 1643 erschien Johann Printz, ein Cavallerielieutenant, als „Gouverneur von Neu-Schweden". Er war mit ausführlichen Instructionen versehen, ließ auf einer Insel nach dem westlichen Ufer des Delaware zu ein ziemlich starkes Fort, Neu-Gothenburg, anlegen und sich ein Haus bauen, das er die Prinzenburg nannte. Dieser schwedische Gouverneur, der in amtlichen Documenten sich einfach Johannes Printz nennt, war ein „Edler von Buchau". Laut einer Mittheilung von Dr. H. Schroeder in Bloomington, Illinois, dessen Gemahlin eine „Von Buchau" ist, gehört dieser Name einem alten Adelsgeschlechte an, von einem Manne stammend, der als Palatin von Ungarn 1563 von Oesterreich in den Fürstenstand erhoben wurde. Da Johann sich dem Protestantismus anschloß und im schwedischen Heere Dienste nahm, entstand eine lutherische Linie, welche sich Printz statt Prinz schrieb, von der eine Tochter und ein Sohn in das Dessauer Haus geheirathet haben sollen. Printz segelte mit zwei Schiffen, „Fama" und „Storch", und 54 deutschen Familien, meistens aus Pommern und Westpreußen, nach der Delaware-Bay. Er soll ein großer Mann, 350—400 Pfund schwer, und im Stande gewesen sein, in einem Zuge drei Glas Schnapps zu trinken, was mit Nachrichten aus anderen Quellen übereinstimmt. Er hatte eine Tochter, die an einen Herrn Papegoyo verheirathet war. Einer der Nachkommen jener pommerischen Colonisten, die mit Printz herübergekommen, heißt Brookaw und wohnt heute in Bloomington. Löher erzählt, „die Gerichte der Schweden seien meistens in deutscher Sprache geführt worden, wie ihm alte Pennsylvanier als bekannte Ueberlieferung mitgetheilt hätten." Johann Printz scheint eine brüske Natur, ein ächtes Charakterbild der damaligen Zeit gewesen zu sein. Als eines Tages der Holländer De Vries auf der Fahrt nach Virginien mit seinem Schiffe in den Südfluß einbog, und bei dem schwedischen Fort angehalten wurde, bewirthete ihn Printz aufs freundlichste und als dieser hörte, daß der Holländer einer der ursprünglichen Unternehmer von Swaanendael gewesen, trank er einen großen Römer

Rheinwein auf deſſen Geſundheit, ließ ihn in der „Prinzenhalle‘ übernachten und am folgenden Tage bei ſeiner Abreiſe ihm zu Ehren Salutſchüſſe abfeuern. Es gelang ihm, in kurzer Zeit den ganzen Pelzhandel am Delaware den Holländern abzujagen. Als der Commiſſär Hudde im Fort Naſſau eines Tages an der Stelle, wo jetzt Philadelphia ſteht, von den Indianern Land kaufte und das holländiſche Wappen aufpflanzte, riß es der ſchwediſche Offizier, der zu dieſem Zwecke vom Gouverneur geſchickt worden, herunter, indem er erklärte, er würde ſelbſt das Wappen des Prinzen von Oranien, wenn es dort aufgepflanzt wäre, mit Füßen treten. Einige Tage ſpäter ſchrieb Prinz an Hudde, er möge die Beleidigungen gegen die Krone Schwedens künftig unterlaſſen, und auf das „heimliche Kaufen von Ländereien von den Wilden“ verzichten. Hudde ſchickte eine Antwort, aber Prinz öffnete den Brief nicht einmal, ſondern warf ihn verächtlich auf den Boden. Hudde beklagte ſich wiederholt über das Verfahren der Schweden, die hochmüthig auf die Holländer herabſähen und die mit den Schweden befreundeten Indianer überredeten, die holländiſchen Arbeiter zu mißhandeln. Stuyveſant erfuhr von dem Verfahren der Schweden am Delaware, ſobald er auf Manhattan landete, aber er war außer Stande, Maßregeln dagegen zu ergreifen. Die Holländer hatten ein kleines Fort gebaut, Prinz ließ ein großes Haus in der Nähe errichten, welches die Ausſicht vom Fort auf den Fluß verſperrte. Der holländiſche Colonial-Secretär, den Stuyveſant nach dem Südfluſſe abſandte, um über die dortigen Zuſtände zu berichten, ſchrieb, daß „die Schweden dort thun, was ſie wollen“. Stuyveſant bekam Inſtructionen von Amſterdam, die Rechte der Holländer am Südfluſſe zu wahren, ſich dabei aber mit großer Vorſicht zu benehmen. Er entſchloß ſich daher zu einer Reiſe an die ſüdliche Grenze. Von Fort Naſſau aus ſandte er eine Abſchrift der Gründe, welche die Holländer zu dem Beſitze am Südfluſſe berechtigten, an den ſchwediſchen Gouverneur und ließ ihn bitten, ihm auch eine Abſchrift ſeiner Documente zukommen zu laſſen. Prinz antwortete, die Urkunden über die Rechte Schwedens auf jenen Landſtrich lägen in Stockholm. Stuyveſant ließ Fort Naſſau niederreißen und an einer anderen Stelle ein neues Fort errichten, welches Fort Caſimir genannt wurde. Prinz proteſtirte vergeblich gegen die Anlage dieſes Werkes. Bevor Stuyveſant nach

Manhattan zurückkehrte, hatte er Zusammenkünfte mit Printz und beide kamen dahin überein, als gute Nachbarn mit einander zu correspondiren und als Freunde und Verbündete zu handeln. Das neue holländische Fort schadete übrigens dem Handel Neu-Schwedens, und Printz, der bisher mit Eifer die Interessen der Colonie und der schwedischen Krone wahrgenommen hatte, wurde mit der Zeit der Sache überdrüssig und sehnte sich in civilisirte Zustände zurück. Manche Colonisten Neu-Schwedens waren nicht abgeneigt, die holländische Autorität, welche sich in den letzten Jahren unter der Leitung Stuyvesant's kräftig entwickelt hatte, anzuerkennen. Printz kam um seinen Abschied ein, wartete aber nicht, bis Antwort von Stockholm eintraf, sondern übergab die Angelegenheiten der Colonie in die Hände seines Schwiegersohnes Papegoya und fuhr auf einem holländischen Schiffe nach Europa zurück. Mittlerweile hatte die schwedische Regierung die Verwaltung der amerikanischen Colonie dem allgemeinen Handels-Collegium in Stockholm übertragen. Der Westphälische Frieden war geschlossen, und die Regierung des Heimathlandes mußte sich mit näherliegenden Angelegenheiten beschäftigen. Sie hatte weder Zeit, noch Mittel, der kleinen Colonie im fernen Abendlande, welche im Innern erschöpft und von zwei Seiten bedrängt war, die nöthige Aufmerksamkeit zu widmen, obwol Acrelius behauptet, auf Beweise in den Archiven zu Stockholm gestützt, daß der rastlose Karl X. auf seinen fernen Kriegen die Angelegenheiten von Neu-Schweden nie aus den Augen verloren habe. Das allgemeine Handels-Collegium machte nun einen letzten Versuch, die Colonie zu retten. Johann Rifingh, der Secretär des Collegiums, wurde zum Gouverneur ernannt und mit zweihundert Emigranten nach Amerika geschickt. Es wird über ihn berichtet, daß er in schwedischen Kriegsdiensten gestanden und wegen dienstlicher Vergehen bei der Belagerung von Chemnitz kriegsgerichtlich seines Offizierspostens enthoben worden sei. Er war ein Deutscher, aus Elbing im heutigen Westpreußen und unverheirathet; noch unterm 11. Juli 1654, als er das der Colonie nahe bevorstehende Schicksal wol nicht ahnte, schrieb er an Oxenstierna, daß dieser ihm eine gute Frau herüberschicken möge. Seine Instructionen athmen den tiefsten Frieden und ermahnen ihn, zwar das Recht der Königin zu wahren, aber mit den Holländern sowol als mit den Engländern an der südlichen Gränze gute Nachbarschaft zu halten. Sobald er jedoch am Südflusse ankam, begann er, trotz seiner gegentheiligen Instructionen, Feindseligkeiten gegen die Holländer und vertrieb diese aus Fort Casimir. Stuyvesant war damals zu nothwendig in Neu-Amsterdam, als daß er hätte den Versuch zur Wiedereroberung des Forts wagen können. Aber er berichtete über die Vorgänge am Delaware an seine Compagnie in Amsterdam. Bald darauf verirrte sich ein schwedisches Schiff in die Bay von Neu-Niederland und wurde von den Holländern festgehalten. Der Director lud Gouverneur Rifingh ein, nach Neu-Amsterdam zu kommen, um einige unerwartete Differenzen zu schlichten; er versprach ihm einen herzlichen Empfang und gute Bewirthung. Aber Rifingh lehnte es ab, in die Höhle des Löwen zu kommen. Als Stuyvesant's Depesche über die Wegnahme von Fort Casimir durch die Schweden in Holland eintraf, ermannten sich die Directoren zum ersten Male in Bezug auf die Colonie zu einer ernsten That. Die Gründe, welche ihr bisheriges rücksichtsvolles Verhalten gegen die Spielereien der Schweden am Delaware dictirten, existirten nicht mehr und Schweden war nicht mehr, was es gewesen. Die Directoren sandten eine Ordre an Stuyvesant, auf alle Fälle die schwedische Colonie zu zerstören, und schickten ihm zu diesem Zwecke zwei Schiffe mit Soldaten. Der Director rüstete darauf zum Kriege. Wer die Waffen tragen konnte, mußte die Expedition mitmachen; nur die Juden wurden für militärfrei erklärt, dagegen mußte jeder Erwachsene unter ihnen eine monatliche Steuer von 65 Stüber zahlen. Alle holländischen Schiffe im Hafen, welche für diesen Zweck brauchbar waren, wurden in den Dienst gepreßt. Am Sonntag, dem ersten September, nach dem Gottesdienst, lichteten sieben Schiffe die Anker und schlugen die Richtung nach dem Südflusse ein. Die Expedition zählte 6—700 Mann und wurde von Stuyvesant persönlich geleitet; günstiges Wetter begleitete sie, und schon am folgenden Samstag wurde das alte holländische Fort vom schwedischen Commandanten seinen früheren Eigenthümern wieder übergeben. Darauf zog die Expedition nach Fort Christina, und ihr Befehlshaber ließ den Gouverneur Rifingh auffordern, entweder das Land zu verlassen oder unter dem Schutze der Holländer dort zu bleiben. Rifingh verweigerte Beides, worauf die holländischen Soldaten die armen Ansiedler außerhalb des Forts plünderten. Am nächsten Tage wurden zwischen

Rifingh und Stuyvesant Capitulations-Bedingungen vereinbart, die Schweden zogen mit fliegenden Fahnen ab und die Holländer ein. Nach den Bedingungen der Uebergabe sollte Privat-Eigenthum respektirt werden. Wer bleiben wollte, müsse den Holländern Treue schwören, wofür ihm Religionsfreiheit garantirt werde; Rifingh sollte sich nach einem englischen oder französischen Hafen einschiffen. Gemäß den Instructionen der Westindischen Compagnie offerirte Stuyvesant nach der Uebergabe, den Schweden Fort Christina wieder zurückzugeben, unter „ehrenwerthen und vernünftigen Bedingungen"; aber Rifingh schlug das Unerbieten aus und zog es vor, nach Europa zurückzukehren. Es scheint, daß die Holländer nach der Uebergabe des Forts sich nicht gut benommen haben, wie es in jener brutalen Zeit kaum anders zu erwarten war. Der schwedische Geschichtschreiber Acrelius sagt — und seine Behauptung wird durch einen Brief Rifingh's, der unter den Papieren der alten schwedischen Gemeinde in Philadelphia aufbewahrt wird, bestätigt, — daß die Schweden harte Behandlung erduldeten. Die Frauen wurden in den Häusern mißhandelt, Eigenthum geraubt und das Vieh getödtet. In den zwischen Rifingh und Stuyvesant abgemachten Capitulations-Bedingungen war bestimmt, daß ersterer mit den schwedischen Soldaten auf einem holländischen Schiffe nach Europa gebracht werden sollte. Rifingh kam zu diesem Zwecke mit der schwedischen Garnison am 19. October 1655 nach Neu-Amsterdam, die Einschiffung scheint sich aber verzögert und Rifingh daher dem Neu-Amsterdamer Director einen Bruch der Capitulations-Bedingungen vorgeworfen zu haben. Stuyvesant schrieb ihm darauf einen offenen Brief, worin er diese Beschuldigungen in Abrede stellt und ihn des unordentlichen, gewaltthätigen Betragens beschuldigt, dessentwegen Schiffs-Capitäne Bedenken trügen, ihn mitsammt seinen Soldaten nach Europa mitzunehmen. Rifingh antwortete darauf mit einem kühnen, vorwurfsvollen Briefe, der sich im Original unter den Papieren aus der New Yorker Colonialzeit in Albany befindet und den wir im Anhange abdrucken. Er ist in einer coulanten deutschen Handschrift geschrieben. Die Briefe eines holländischen Beamten, Dirck Smith, sind in Plattdeutsch, in ostfriesischer Mundart.

So endete der Versuch, in der neuen Welt auf einem Stückchen Erde zwischen den Gebieten zweier mächtiger Nachbarn, das von beiden als ihr Eigenthum beansprucht wurde, eine Colonie zu gründen, die nichts für sich hatte, als die militärische Glorie Schwedens. Wäre Gustav Adolph am Leben geblieben und hätte auf die Hülfe eines großen Theiles von Deutschland rechnen können, wie er bei dem Gedanken an die Gründung einer Colonie in der neuen Welt dies voraussetzte, dann hätte die Sache einen Boden gehabt. Oxenstierna ließ sich wahrscheinlich durch die schönen Darstellungen des Plan-machers Usseling und des in seinem verletzten Ehrgeiz gekränkten Minuit dazu überreden, zu einem unreifen Projekte seine Zustimmung zu geben, dessen Unhaltbarkeit er bald eingesehen haben mag. Als die Auflösung der Colonie in Stockholm bekannt wurde, bekam der schwedische Gesandte im Haag Befehl, bei den General-Staaten Beschwerde einzureichen und Zurückgabe des Eigenthums zu ver-langen; aber Schwedens Sonne leuchtete nicht mehr in ihrem frühern Glanze, und der Gesandte beschwerte sich acht Jahre lang vergeblich. Die Natur der Dinge führte die zu hoch gespannten Kräfte des geld- und menschenleeren Landes auf ihre natürlichen Schranken zurück. In Stockholm aber behielt man die Colonisten im fernen Lande in treuem Angedenken, und diejenigen unter ihnen, welche die Leiden der ersten Zeit der Ansiedlung überlebten, blieben noch lange in der Gegend am Delaware.

———

Indianer-Unruhen in Neu-Niederland. Untergang der holländischen Herrschaft.

Der unblutige Sieg am Delaware, so gerechtfertigt er vielleicht war, sollte für die Holländer keine Quelle der Freude werden. Sie hatten dort kein Glück und wurden ihres Besitzes nicht froh. Der calvinistische Pfarrer in Manhattan, der die Expedition begleitete, war unzufrieden, daß in den Bedingungen der Uebergabe den Deutschen und Schweden, die sämmtlich Lutheraner waren, freie Religions-übung zugestanden worden. Man suchte ihnen diese Freiheit zu ver-kümmern, indem zwei ihrer Prediger gewaltsam nach Europa geschickt wurden, während ein Calvinist zurück blieb; aber die Lutheraner

weigerten sich hartnäckig, dem Gottesdienste der Reformirten beizuwohnen. Stuyvesant war noch auf dem Schauplatze seines Sieges,
als die Nachricht von dem Ausbruche der Indianer-Unruhen auf
Manhattan ihn zurückrief. Seit Kieft's Friedensvertrage mit den
Wilden im Fort Amsterdam waren zehn Jahre verflossen, die Eingeborenen hatten sich in dieser Zeit ziemlich ruhig verhalten, bis eine
neue Schandthat Unruhen hervorrief: der abgesetzte Scheriff-Fiscal
Van Dyck erschoß nämlich eine Indianerin, als dieselbe einige Pfirsiche
stahl. Ihre Angehörigen schwuren Rache dafür, und deren Nachbarn
sympathisirten mit ihnen. Sie wußten, daß die holländischen Soldaten
abwesend, und die Ansiedlungen daher ohne Vertheidigung waren.
Eine Partie Mohikaner, Hackensacks und Andere von Tappan, Esopus
und von Stamford, im Ganzen etwa neunzehnhundert, von denen
fünfhundert bewaffnet waren, erschienen unerwartet mit 64 Kähnen vor
Fort Amsterdam, landeten vor Tagesanbruch und zerstreuten sich in
die Straßen des Städtchens, als die meisten Bewohner noch im Schlafe
lagen. Unter dem Vorwande, daß sie Indianer aus dem Norden
suchten, brachen sie in mehre Häuser ein. Der Stadtrath und mehre
der angesehensten Bürger eilten nach Fort Amsterdam, luden die ihnen
bekannten Sachems vor sich und erhielten von diesen das Versprechen,
vor Sonnenuntergang die Stadt zu verlassen und sich auf die Nutten-
Insel zurückzuziehen. Aber als der Abend kam, hielten sie nicht
Wort, sondern blieben. Van Dyck wurde mit einem Pfeile in die
Brust geschossen, Van der Grist mit der Axt erschlagen. Die Bürger-
garde bewaffnete sich im Fort und drang gegen die Wilden vor; diese
zogen sich in ihre Kähne zurück und begaben sich' nach Pavonia, zerstörten dort die Häuser der Weißen und tödteten die meisten Einwohner
oder nahmen sie gefangen. Staten Island, wo neunzig Colonisten
elf Bauereien cultivirten, ward verwüstet. In drei Tagen wurden
einhundert Colonisten getödtet und einhundertundfünfzig gefangen
genommen. Schrecken verbreitete sich übers Land, die Farmer flohen
in die Stadt; die englischen Einwohner auf Long Island schickten
Nachricht nach Fort Amsterdam, daß die Wilden gedroht hätten, alle
Holländer zu ermorden. Indianerbanden streiften durch die Ansiedlungen um Manhattan und tödteten oder zerstörten Alles, was ihnen in
den Weg kam. Sobald der Director zurückkehrte, belebte neue Hoffnung

die Colonisten. Er ergriff sofort nach allen Richtungen Vertheidigungs-maßregeln; die Zerstörungen durch die Indianer hörten auf, und die Häuptlinge machten Anerbietungen, die Gefangenen gegen Geschenke von Pulver und Blei auszuliefern.

Obgleich die Gegend am Delaware die fruchtbarste in ganz Neu-Niederland war, und die Colonie von der Westindischen Compagnie an die Stadt Amsterdam übertragen wurde, die von Neuem eine Anzahl Emigranten herüberschickte, so wollte sie doch unter der holländischen Herrschaft nicht recht gedeihen. Fieber und Hungersnoth forderten unter den neuen Emigranten viele Opfer. Dazu kam, daß Lord Balti-more Miene machte, seine vermeintlichen Ansprüche auf das Land am Delaware zur Geltung zu bringen. Auf das bloße Gerücht hin, daß er dem Gouverneur Fendall von Maryland Befehl gegeben habe, das Gebiet am Südflusse den Niederländern zu nehmen, zogen fünfzig Colonisten mit ihren Familien nach Maryland oder Virginien. Stuyvesant schickte eine Gesandschaft an den Gouverneur Fendall, welche ihm das Recht der Holländer auf Neu-Niederland erklärte, aber der Maryländer wollte sich nicht überzeugen lassen, sondern blieb dabei, daß Lord Baltimore's Schenkung das Land am Delaware umfasse. Um dieselbe Zeit, als die Gewitterwolken am südwestlichen Himmel die dortige Colonie bedrohten, beanspruchten die Engländer in Massachusetts das Recht, mit ihren Schiffen den Hudson hinauf zu fahren, weil die Schenkung von Massachusetts sich auf das Land am oberen Hudson erstrecke.

Die Erhebung Karls II. auf den englischen Thron, wovon man in Holland so viel erwartet hatte, erfüllte weder die Hoffnungen der Niederländer auf die Anerkennung ihrer Colonie seitens der Engländer noch auf die Aufhebung der Schifffahrts-Acte, einer Maßregel, welche hauptsächlich gegen die Niederländer gerichtet war. Die Westindische Compagnie, welche nun ernstlich den Verlust der Colonie befürchtete, schickte ein Memorial an die General-Staaten, um Fürsprache bei der englischen Regierung bittend, daß sie Lord Baltimore instruiren möge, seine Drohungen gegen ihre Colonie am Delaware nicht zur Aus-führung zu bringen.

Auch in Bezug auf die Selbstregierung von Gemeinden, um welche die Bürger unaufhörlich nach Amsterdam schrieben, mußte

Stuyvesant nachgeben, weil die Amsterdamer Directoren ihn dazu aufforderten. In New Jersey erwählte die Dorfschaft Bergen zwei Deutsche, Hermann Sweemann und Caspar Steinmetz zu Friedensrichtern. Eine Anzahl Brauereien waren in Manhattan im Gange, und auf Long Island entstanden Töpfereien. Die inneren Angelegenheiten fingen an, sich günstig zu gestalten, Handel und Gewerbe sich zu entwickeln; aber die Haltung der Engländer an den Gränzen beunruhigte den immer friedlicher und kleinlauter werdenden Director. Der Schluß der Unterhandlungen zwischen England und den Niederlanden wurde in London verzögert, bis die Gesandten der General-Staaten Befehl bekamen, abzureisen. Dies führte endlich zu einem Vertrage, den England bald verletzte.

Noch einmal, bevor die auswärtigen Angelegenheiten die ganze Aufmerksamkeit des Directors in Anspruch nahmen, sah er sich genöthigt, einen Indianeraufstand am Esopus, dem in jener aufblühenden Ansiedlung wieder viele Menschen zum Opfer fielen, zu unterdrücken. Mittelst einer in Fort Oranien gemachten Anleihe und einer Truppe Freiwilliger unter Anführung des Capitäns Krüger gelang es Stuyvesant, die Wilden zu züchtigen und den erschreckten Ansiedlern Sicherheit zu verschaffen.

Im Herbste des J. 1663 reiste Stuyvesant nach Boston zu einer Conferenz mit den Commissären von Neu-England, um ein Verständniß bezüglich der Gränzen zu erzielen, aber er kehrte unverrichteter Sache nach New York zurück. Auf Long Island hatten Engländer in seiner Abwesenheit einen Aufstand angezettelt; als er strenge Maßregeln gegen sie ergriff, sandten sie eine Petition an die General-Court von Connecticut, sie vor der Mißhandlung durch die "Dutch" zu beschützen. Stuyvesant schickte Commissäre nach New Haven, die sich die schneidende Antwort holten: „Wir kennen kein Neu-Niederland, es sei denn, Ihr könnt dafür ein Patent zeigen von Seiner Majestät!"

Bald darauf brach zwischen England und den Niederlanden Krieg aus. Holländische Schiffe wurden in englischen Häfen genommen und ihre Matrosen in englische Dienste gepreßt. Holland sandte den Admiral Tromp zum Schutze der niederländischen Schiffe aus; er traf die brittische Flotte im Canal bei Dover und lieferte ihr eine blutige, aber unentschiedene Schlacht. In den folgenden Kämpfen war das Glück oder die Geschicklichkeit abwechselnd auf Seiten der Britten und der Holländer, das erste Jahr des Krieges schloß jedoch mit solchen Vortheilen für die letzteren, daß der englische Admiral sich mit seinen Schiffen in die Themse flüchten mußte, und Tromp, mit einem riesigen Vesen am Mittelmaste des Admiralschiffes, an der englischen Küste entlang fuhr, zum Zeichen, daß er den Canal von englischen Fahrzeugen gesäubert habe. In dem Friedensschlusse, der diesen Kämpfen ein Ende machte, hätte die Regierung der Niederlande die Anerkennung ihrer Colonie in Amerika verlangen sollen. Die Männer an der Spitze der Angelegenheiten Neu-Englands waren klug genug, ihre Anschläge gegen die lästigen Nachbarn zu verschieben, bis sie sich selbst stark genug fühlten und die Ereignisse jenseits des Meeres ihr Vorhaben begünstigten. Die Westindische Compagnie hatte in der Crisis für ihre Colonie am Hudson nur gute Rathschläge und fromme Wünsche. Sie hatte sich in Peru und Brasilien verblutet; an ihrem Handel nagte der Wurm, seit der Frieden mit Spanien ihren Kaperzügen auf die reichen Gallionen aus den Häfen beider Indien ein Ende gemacht. Stuyvesant suchte sie, den Klagen des nach Neu-Amsterdam berufenen Landtages gegenüber, mit der Behauptung zu vertheidigen, daß die Colonie der Compagnie über eine Million Gulden mehr gekostet habe, als sie ihr eingebracht, verschwieg aber natürlich, daß sie durch Anstellung gänzlich unfähiger Directoren ihren eigenen Verlust und das unsägliche Elend der Provinz verschuldete.

Im März des J. 1664 schenkte Karl II. seinem Bruder, dem Herzog von York und Albany, große Besitzungen in Amerika. Dieser sandte vier Schiffe mit vierhundertundfünfzig Soldaten an die Küsten von Neu-England unter dem Commando von Richard Nicholls, der in Frankreich unter Turenne gedient hatte, und als Vertreter der Lords, begleitet von vier königlichen Commissären, die Aufforderung an die neu-englischen Provinzial-Behörden ergehen ließ, die Expedition gegen die Holländer zu unterstützen. Am 20. August legte sich die englische Flotte in der Bay von Neu-Amsterdam vor Anker und am folgenden Morgen schickte Nicholls an Stuyvesant die Aufforderung zur Uebergabe des Forts und der Stadt. Dieser war am Tage vorher von Fort Oranien zurückgekehrt. Ein Brief von der durch falsche Nachrichten getäuschten Westindischen Compagnie, welcher das Gerücht von einer englischen Expedition für unbegründet erklärte, hatte ihn in falsche Sicherheit gewiegt. Der Schlag traf ihn jetzt unvorbereitet. Er berief die Bürgermeister und den Rath nach dem Stadthause; Nicholls kam unter Parlamentärflagge ans Land und versprach, daß nach Uebergabe der Stadt Niemand in seinem Besitze oder Geschäfte gestört werden solle. Die Bürger sahen die Unmöglichkeit erfolgreichen Widerstandes ein und verlangten die Uebergabe. Stuyvesant weigerte sich. In der Nacht sandte er mit einem Schnellschiffe folgende Depesche an die Herren in Amsterdam: „Long Island ist verloren, die Haupt- stadt kann sich nicht lange halten!" Nicholls machte nun Vorbe- reitungen, das Fort zu stürmen. Zwei Schiffe landeten ihre Truppen unterhalb Breukelen, wo schon Engländer von Connecticut und Long Island lagerten, die zwei andern näherten sich mit vollen Segeln dem Fort. Stuyvesant stand auf einer Ecke desselben — ein Artillerist mit brennender Lunte an seiner Seite — und beobachtete ihr Nahen; in diesem Augenblicke kamen die beiden Pfarrer seiner Kirche und baten ihn, den Kampf nicht zu beginnen; sie zogen ihn von der Mauer herab, und er verließ mit einhundert Mann das Fort, um außerhalb den Versuch zu machen, das Landen des Feindes in der Stadt zu verhindern. Männer, Frauen und Kinder eilten zum Director und baten ihn, nachzugeben. Er antwortete, daß „er lieber todt hinausgetragen sein wolle". Am andern Morgen aber gab er den Vorstellungen der Bürger Gehör und ernannte Commissäre zum Unterhandeln. Dies geschah Samstag den 6. September. Am folgen- den Montag, Morgens acht Uhr, zog der Director an der Spitze der Garnison mit fliegenden Fahnen aus Fort Amsterdam, das von einer englischen Corporalsgarde besetzt wurde, und marschirte mit den holländischen Soldaten durch die Bibergasse hinunter ans Wasser, wo ein Schiff bereit lag, die Garnison nach Holland zu bringen.

Es wäre müßige Spekulation, die Frage anzuregen, was aus der politischen Entwickelung Nord-Amerika's geworden sein möchte, wenn die Holländer ihre Colonie Neu-Niederland besser gepflegt, sie vernünftig regiert und in den Stand gesetzt hätten, sich selbst gegen die Angriffe der Engländer zu halten. Sie hätte in den spätern Kämpfen zwischen Engländern und Franzosen die Entscheidung treffen, vielleicht mit Hülfe der Deutschen in Pennsylvanien jene Colonie in Verbindung mit New York und New Jersey beherrschen können. Die Vernichtung der schwedischen Colonie am Delaware beschleunigte die der holländischen am Hudson, indem sie die Eifersucht der Engländer gegen die Holländer reizte. Es war kein principieller Widerstreit, nur der des Handels und der Colonisation zwischen den beiden religions- und stammverwandten Nachbarländern. Die Instructionen der schwedischen Regierung an ihre Gouverneure geboten Erhaltung des Friedens, und auch die General-Staaten verlangten von den holländischen Beamten Freundschaft für Schweden gegenüber dem gemeinschaftlichen Feinde, den Engländern. Aber schwachköpfige Gouverneure waren eitel auf ihre zeitweilige Macht und freuten sich des kindischen Glückes, sie benutzen zu können. Anstatt sich gegenseitig zu stützen, wurde Neu-Schweden zuerst von Neu-Niederland und dieses darauf durch die Engländer vernichtet. Nur wenn die Colonien der beiden kleinen Länder, die durch große Impulse weit über die ihnen gesteckten Natur-schranken hinausgeeilt waren, stark genug wurden, sich gegen England zu vertheidigen, konnten sie auf Bestand rechnen. In den merkwürdigen Kämpfen der Niederländer mit Spanien erregten die kleinen Niederlande die Bewunderung der Mit- und Nachwelt, in seinen Kriegszügen unter Gustav Adolph leuchtete Schweden als glänzendes Meteor am nördlichen Firmament. Ihre Colonien in der neuen Welt wurden aber eine Beute des Inselreiches, das seine Größe ihrer Größe und ihrer Schwäche verdankte.

New York unter den Engländern.

Kraft der Bestimmungen der Capitulation von Fort Amsterdam blieben die bisherigen Municipal-Behörden der Stadt im Amte. Mit demselben Schiffe, das die Garnison nach Holland führte, ging ein Bericht von Peter Stuyvesant über das Ereigniß und ein Schreiben der städtischen Behörden an die Westindische Compagnie ab. Die Freiwilligen aus Neu-England, welche bei Breukelen lager-ten, wurden von dem englischen Commissär mit Dank entlassen. Neu-Niederland wurde von nun an New York, Fort Oranien

Albany genannt, zu Ehren des Herzogs von York und Albany. Die Eroberung der Colonie war ohne vorherige Kriegserklärung erfolgt, der englische König hatte dem Gesandten der General-Staaten, der über die Bestimmung der Expedition Auskunft verlangte, in freundschaftlichem Tone die Versicherung gegeben, daß sie keinen andern Zweck habe, als in Neu-England Bischöfe einzusetzen. Der sonst so kluge Staatsmann De Witt, der als Groß-Pensionär damals die Geschicke der Niederlande leitete, war in einem so unseligen Vertrauensdusel befangen, daß er den Worten des cynisch-leichtfertigen Königs glaubte und die Sophistereien seines gleißnerischen Gesandten Downing nicht durchschaute.

In den Niederlanden erzeugte die Nachricht von dem Ueberfall ihrer Colonie in Nord-Amerika Erstaunen und Bestürzung. Der Gesandte der General-Staaten stellte den englischen König zur Rede und verlangte Zurückgabe der Provinz — selbstredend vergeblich. Die Directoren der Westindischen Compagnie waren unzufrieden mit Stuyvesant's Erklärung und forderten ihn zur Rechtfertigung und Rückkehr nach Holland auf. Krieg zwischen den Niederlanden und England war die Folge, und die schwankenden Loose der Seeschlachten beunruhigten bald den Gouverneur von New York. Im J. 1672 verband sich Ludwig XIV. von Frankreich mit Karl II. von England zum gemeinschaftlichen Kriege gegen die Niederlande. Eine französische Armee von 120,000 Mann rückte in Holland ein und nahm eine Provinz nach der andern. Die Holländer waren damals schwach zu Lande, ihre ganze Armee zählte nicht über 25,000 Mann. Erbitterung zwischen den Parteigängern des Hauses Oranien und denen des Groß-Pensionärs De Witt zerstörte die Einigkeit. Der junge Prinz von Oranien, Wilhelm III., gewann die Oberhand und ward zum Statthalter proklamirt, De Witt und sein Bruder Cornelius vom Pöbel im Haag ermordet. Darauf wurden die Schleusen der Deiche geöffnet, das Meer überschwemmte das Land, und die bestürzten Franzosen waren genöthigt, vor diesem neuen Feinde sich zurückzuziehen. Um diese Zeit erscheinen niederländische Kriegsschiffe an den Küsten der neuen Welt, nehmen acht englische Kauffahrer in der Chesapeake-Bay weg und verbrennen fünf davon. Nach einigen Tagen kommt die Flotte mit ihren Prisen und sechszehnhundert Mann nach New York, und ihr Commandant verlangt die sofortige Uebergabe des alten Forts Amsterdam, welches jetzt den Namen Fort James führte. Als diese nicht innerhalb einer Stunde erfolgt, eröffnen die Kriegsschiffe Feuer, sechshundert Soldaten steigen ans Land, die englische Garnison zieht aus und die Holländer ein, und auf den Wällen des alten Forts weht wieder die niederländische Tricolore. Aber die Freude der hiesigen Neu-Niederländer über diesen Sieg ihrer Landsleute sollte nicht lange dauern. Die General-Staaten sahen sich genöthigt, um den Krieg gegen Frankreich mit Hülfe anderer, den Engländern günstiger Mächte fortsetzen zu können, mit England Frieden zu schließen und die Neu-Niederlande abzutreten. Die Einwohner der Provinz, deren Regent in zehn Jahren dreimal gewechselt worden, hatten bei dem letzteren Tausche den einzigen Vortheil gegen früher, daß ihr Land jetzt nicht als eroberte Provinz in den Besitz der Engländer kam. Dieser Frieden war das Grabgeläute der Niederländer in der neuen Welt, deren politische und mercantile Größe ein halbes Jahrhundert das Staunen der Völker erregte.

Peter Stuyvesant, der sonderbarer Weise nach seiner Uebergabe von Fort Amsterdam den Loyalitätseid gegen die Engländer leistete, dann aber der Aufforderung der Westindischen Compagnie, nach Holland zu kommen, um sich zu rechtfertigen, folgte, kehrte nach dem Friedensschlusse von Breda auf den Schauplatz seiner früheren Thätigkeit zurück und lebte bis zum Jahre 1672 auf seiner „Bauerei", die einen großen Theil der heutigen 17. und 18. Ward von New York umfaßte. Die „Bowery" hat daher ihren Namen. Bis vor sechzehn Jahren stand noch auf dem Fußwege an der Ecke der Dreizehnten Straße und Dritten Avenue ein alter Birnbaum, den Stuyvesant mit eigener Hand gepflanzt haben soll. Der alte Director starb in seinem 88. Lebensjahre und liegt in der St. Markuskirche, an der Straße, die seinen Namen trägt, begraben. An der Stelle der jetzigen Kirche stand sein Landhaus, umgeben von Garten und Park-Anlagen, und war noch länger als ein Jahrhundert nach seinem Tode im Besitze seiner Nachkommen. Zur Zeit der Occupation New York's durch die Engländer und ihre deutschen Hülfstruppen während des Unabhängigkeitskrieges ward es ein Raub der Flammen, und der englische General Knyphausen ließ zur Beschützung des aus dem Brande geretteten Eigenthums eine Wache aufstellen.

Revolution in New York.

Als James II. durch den Prinzen von Oranien vom englischen Thron verdrängt wurde, gab es in Folge des Thronwechsels revolutionäre Aufstände in den Colonien. Die Revolution in Neu-England nahm einen unblutigen Verlauf, nicht so die in New York. Die Nachricht, daß der Prinz von Oranien König von England geworden, erfüllte die Bevölkerung New York's mit neuen Hoffnungen auf Verbesserung ihrer colonialen Zustände und da der Vice-Gouverneur Nicholson nach dem Empfange derselben nicht sofort eine Proklamirung des Thronwechsels anordnete, sondern es vorzog, eine amtliche Bestätigung des Ereignisses und etwaige darauf bezügliche Befehle abzuwarten, wurden unter der Bevölkerung, die zum größten Theil aus Niederländern bestand und über die Erhöhung ihres Prinzen von Oranien frohlockte, Stimmen des Unwillens laut. Jakob Leisler, ein geborener Frankfurter, der im Jahre 1660 als Soldat im Dienste der Westindischen Compagnie nach Neu-Amsterdam gekommen, hier den Dienst verlassen und in verhältnißmäßig kurzer Zeit ein bedeutendes Vermögen erworben hatte, war erster Capitän der Miliz und wurde durch die Verhältnisse dazu gedrängt, die Leitung der öffentlichen Angelegenheiten in die Hand zu nehmen. Als endlich die amtliche Nachricht des Thronwechsels eintraf, war sie „an Francis Nicholson oder in seiner Abwesenheit an den, der zur Zeit den Frieden und die Gesetze in der Provinz Ihrer Majestät aufrecht erhält", adressirt. Leisler legte dieses Schreiben als seine Ernennung zum Vice-Gouverneur aus, wählte einen neuen Colonial-Rath und gerirte sich als Oberbefehlshaber über die Provinz. Nach dem Gemetzel in Schenectady durch canadische Indianer und Franzosen legte er große Energie an den Tag. Erst nach einigen Monaten, am 19. März 1691, kam ein neuer Gouverneur, Namens Sloughter, in New York an und verlangte sofort, um zehn Uhr Abends, die Schlüssel des Forts. Leisler zögerte mit der Ueberlieferung derselben bis zum nächsten Tage. Sloughter nahm nun Besitz vom Fort und ließ Leisler und seine Räthe verhaften, weil sie angeblich sich eine Autorität angemaßt hätten, die ihnen nicht gebühre. Sie wurden in dieselben Zellen gesperrt, in denen Bayard

und andere bekannte Bürger gefangen saßen, welche sich der Herrschaft
Leisler's widersetzt hatten. Diese Verhaftung erregte allgemeine Bestürzung. Der Gouverneur verwies die Untersuchung gegen Leisler
an ein Civil-Gericht, welches er aus dessen erbittertsten persönlichen Feinden und einigen Engländern ernannte. Nach einer höchst
parteiischen Untersuchung wurden Leisler und sein Schwiegersohn Milborne, der in dessen Auftrage gehandelt hatte, zum Tode verurtheilt,
was natürlich in einzelnen Theilen der Colonie heftige Erbitterung
hervorrief. Viele Anhänger Leisler's flohen in die benachbarten
Provinzen. Die Gährung im Volke war so stark, daß der Gouverneur
seine beabsichtigte Reise nach Albany aufgab. Leisler's Feinde mußten
jetzt einen entscheidenden Schritt wagen, wenn sie sich die Früchte
ihres Sieges sichern wollten; sie drängten deshalb auf die Hinrichtung ihres Opfers. Die gesetzgebende Versammlung der Colonie
(Assembly) und der Rath des Gouverneurs, in welchem die Anti-
Leislerianer natürlich die Mehrheit hatten, unterstützten dieses un-
gestüme Verlangen. Jene erklärten auf eine Eingabe verschiedener,
angeblich von Leisler mißhandelter Bürger, daß er gegen die Rechte
des neuen Königs gehandelt habe und ein Rebell gewesen, daß er
sogar Schuld an der Zerstörung von Schenectady sei, daß er Kaufleute
und Andere durch Beschlagnahme ihres Vermögens zu Grunde gerichtet
habe, und daß die von ihm verweigerte Uebergabe des Forts an
Sloughter auch ein rebellischer Act sei. Deshalb bat die Versammlung
um Bestätigung des Urtheils und forderte den Rath des Gouverneurs
(eine Art colonialen Oberhauses) zum Beitritt zu diesem Beschluß
auf. Sloughter getraute sich anfangs nicht, das Urtheil zu bestätigen
und wollte erst nach England berichten, zumal er sich die Verdienste
Leisler's um den König und den Erfolg der Revolution nicht verhehlen
konnte. Leisler's Feinde aber ruhten nicht, denn sie wußten, wie dem
Gouverneur beizukommen war. Sie gaben ihm deshalb am 15. Mai,
einem Freitag, ein glänzendes Gastmahl und bestimmten ihn in der
Trunkenheit zur Unterzeichnung des Urtheils, nachdem sie ihn unter
Erdichtung von drohenden Gewaltstreichen und einem allgemeinen
Volksaufstand geängstigt hatten. Sloughter hatte am andern Morgen
seinen Rausch noch nicht ausgeschlafen, als ungeachtet ihrer Bitten um
Aufschub Leisler und Milborne schon zum Richtplatz geschleppt

wurden. Es war ein unfreundlicher, naßkalter Tag, ein feiner Regen durchnäßte die Zuschauer und die Opfer des Trauerspiels bis auf die Haut. Leisler hielt, ehe er gehängt wurde, noch eine Anrede ans Volk, die, ganz im biblischen Geiste der damaligen Zeit gehalten, noch einmal alle gegen ihn erhobenen Beschuldigungen würdig zurückwies und besonders hervorhob, daß er nur zur Förderung der protestantischen Interessen, zur Befestigung der Regierung Wilhelms von Oranien und zur Kräftigung des Landes gegen fremde Angriffe das ihm übertragene Amt angenommen habe. Als schon das Tuch um sein Haupt gebunden war, schloß er, sich an seinen Schwiegersohn wendend, mit den Worten: „Ich sterbe ruhig und in Frieden; aber warum mußt auch Du so jung sterben, der Du doch blos in meinem Auftrage handeltest?" Milborne, der, vom Regen durchnäßt, ihm folgte, rief seinem unter den Zuschauern befindlichen Feinde Livingston zu: „Du bist Schuld an meinem Tode, vor Gottes Richterstuhl werde ich Dich anklagen!" Dem Sheriff aber, der ihn fragte, ob er nicht noch den König und die Königin segnen wollte, erwiederte er: „Ich sterbe ja für sie und für die protestantische Religion, in der ich geboren und erzogen bin." Beide Opfer wurden nach den barbarischen Gesetzen des englischen Rechtes erst gehängt und dann geköpft, die Leichen aber neben dem Galgen verscharrt.

Leisler's Sohn wandte sich mit einer Beschwerde über den Gouverneur an den König. Nach jahrelangen Bemühungen erreichte er seinen Zweck. Das Parlament stieß 1695 nicht allein das gegen Leisler und Milborne erlassene Erkenntniß als rechtsungültig um, sondern rechtfertigte Leisler's Verfahren in allen Stücken und setzte seine Erben in das ihm von der Krone confiscirte, aber ihnen nunmehr zu verabfolgende Vermögen wieder ein. Einige Jahre später, zu Anfang Oktober 1698, gab Lord Bellomont, der damalige Gouverneur von New York, die Erlaubniß, daß Leisler's und Milborne's Gebeine aus ihrer Ruhestätte in der Nähe des Galgens ausgegraben und auf dem Friedhofe der holländischen Kirche beigesetzt werden durften. Die Uebertragung fand mit großer Feierlichkeit statt; trotz eines heftigen Sturmes wohnten an 1500 Menschen diesem Acte der Pietät bei. Bellomont sprach in seinen amtlichen Berichten seine Ansicht dahin aus, daß Leisler für seine eifrige Betheiligung an der Revolution

höchst ungerecht hingerichtet und in barbarischer Weise gemordet worden
sei; ja er erwirkte unterm 6. Februar 1700 vom König einen Befehl,
worin dieser ihn anweist, bei der gesetzgebenden Versammlung von
New York eine Entschädigung für den jungen Leisler zu verlangen.
Bald darauf wurden ihm auf Verwendung Bellomont's auch £1000
zugesprochen.

Die Ermordung Jakob Leisler's und Milborne's war ein Act
gesetzlicher Willkür, wie das siebzehnte Jahrhundert deren viele
aufweist, und gleichzeitig ein großer politischer Fehler. Willkürlich und
ungesetzlich hatte auch Leisler gehandelt, in seinem religiösen Fanatismus hatte er auf die Sympathie des Königs gerechnet und nicht bedacht,
daß oft ränkevolle Minister regieren und nicht die Könige. Die Ernennung des Trunkenboldes Sloughter war kein größerer Mißgriff des
Königs William, als früher die Ernennung Kieft's durch die Amsterdamer Kammer. Leisler war als politischer Märtyrer gestorben, die
Erinnerung an ihn bewegte alle Elemente, welche die Mißverwaltung
der Aristokratie bekämpften, jeden Schritt derselben verfolgten. Jahrzehnte lang standen die Leislerianer und die Anti-Leislerianer sich
schroff gegenüber. Sloughter starb als Opfer seiner Unmäßigkeit am
2. August desselben Jahres 1691, in dem er Gouverneur geworden war.

Die Einwanderung der Pfälzer.

Die in alten Büchern, Handschriften und Briefen zerstreuten spär-
lichen Nachrichten über Deutsche in Nord-Amerika im siebzehnten
Jahrhunderte sprechen nur von einzelnen Personen oder einer kleinen
Anzahl von Familien, die zu gemeinsamen Zielen sich zusammen-
fanden. Nach Neu-Schweden zog bekanntlich schon eine beträchtliche Anzahl Deutscher, doch blieb das von ihnen angesiedelte Gebiet
nicht in demselben Bereiche der politischen Herrschaft mit New
York. Schon im J. 1677 brachten hier Süddeutsche, namentlich
Pfälzer und Elsässer, den Wunsch nach Zusammenleben zur Ausführung, kauften zu diesem Zwecke Ländereien westlich von Wallkill
und gründeten „Neu-Palz". Unter den Holländern in New York und

Albany waren die Deutschen zahlreich genug, eigene Kirchengemeinden zu bilden und eigene Pfarrer zu verlangen, obwol die Mehrzahl Norddeutsche, denen die damals hier herrschende Sprache geläufig und sympathisch war. Bis dahin hörte man noch nicht von den Trübsalen und Leiden der Einwanderer auf ihrer Ueberfahrt nach der neuen Welt, die im 18. und 19. Jahrhunderte ein Schauergemälde bilden; ihre Leiden, wenn solche genannt werden, waren durch die Kämpfe mit den Eingeborenen, die Willkür der Colonialherrschaft und das ungewohnte Klima hervorgerufen. Mit dem zweiten Jahrzehnt des 18. Jahrhunderts aber sollte die Leidensgeschichte beginnen.

Nachdem England Herr der nordamerikanischen Küste vom St. Lorenz bis an den Savannah geworden, gab es seiner früheren Politik, die Colonien durch Einwanderer zu bevölkern, eine weitere Ausdehnung. Diese Einwanderung oder Colonisation bestand damals nicht aus Personen, welche die Kosten ihrer Ueberfahrt und Ansiedlung bestreiten konnten. Entweder die Regierung oder interessirte Gesellschaften bezahlten die Ueberfahrt und gewöhnlich auch die Kosten der ersten Einrichtung an dem neuen Bestimmungsorte. Zuweilen lagen der Anregung zur Auswanderung sowol, als auch dieser selbst religiöse, zuweilen ökonomische Motive zu Grunde, mitunter Beides. Es waren namentlich die Pfalz und Schwaben, welche ein großes Feld für Colonisirungs-Agenten boten. Die ersten Pfälzer, welche in größeren Partien nach London zogen, um in abenteuerlichster Weise es dort auf ihr weiteres Fortkommen ankommen zu lassen, weil sie in der Heimath nichts zu verlieren hatten, waren 61 Personen von Landau unter Anführung ihres Pfarrers Kocherthal. Unterwegs zerstreuten sich Einige von der Gesellschaft, so daß noch 52 Personen übrig blieben, die mit dem neuernannten Gouverneur für New York, Lord Lovelace, Mitte October 1708 von England abfuhren und in den letzten Tagen des Jahres in New York landeten. Sie wurden den Hudson hinauf befördert und bekamen Ländereien oberhalb der Hochlande auf der Westseite des Flusses, wo sie das heutige Newburgh gründeten. Fünfhundert Acker Land wurden zur Gründung und dem Unterhalt einer protestantischen Kirche bewilligt.

Die Nachricht von der guten Aufnahme dieser Pfälzer gelangte übertrieben und vergrößert in die Heimath, wo der furchtbar kalte

Winter von 1708—1709 den Menschen den Aufenthalt verleidete und
sie mit dem Gedanken der Auswanderung vertraut machte. Der Wein
gefror damals in den Fässern; fast keine Rebe blieb erhalten und der
Weinbau, der Haupterwerbszweig der Pfälzer Bauern, war auf Jahre
hinaus zu Grunde gerichtet. Die Quäker warben damals für Pennsylvanien, englische Spekulanten waren thätig, Pfälzer und Schwaben
nach Amerika zu locken, um Ländereien, welche sie diesseits des Oceans
erworben hatten, zu bevölkern. Ueberall in Schwaben, in der Pfalz
und den angränzenden Ländern wurden Flugschriften und Bücher
vertheilt, welche die übertriebensten Schilderungen von dem natürlichen
Reichthum und der Schönheit jener Colonie enthielten.

Der Zug der Pfälzer nach London.

Im Frühjahr 1709 begann eine massenhafte Auswanderung aus
der Pfalz, zum Theil auch aus Schwaben, und wälzte sich den Rhein
entlang nach Rotterdam, wo Tausende warteten, um nach England
befördert zu werden. Da keine Schiffe zu ihrer Weiterbeförderung vorhanden waren, wurden die zahlreichen ungebetenen Gäste eine Zeitlang
von den Bürgern Rotterdam's bewirthet, bis der englische Gesandte
Dayrolle von seiner Regierung die Weisung erhielt, alle Deutschen,
welche nach England wollten, auf königliche Kosten zu verpflegen und
zu befördern. Bis gegen Ende Juni dauerte das Zuströmen der Auswanderer nach London, wo sich ihrer mehr als 10,000 angesammelt
hatten. Die Regierung gerieth in Verlegenheit ob der zu großen Zahl
und ließ daher am 24. Juni 1709 durch ihren Gesandten in Holland
öffentlich bekannt machen, daß keine neuen Auswanderer mehr auf ihre
Kosten befördert werden sollten; die unter ihnen befindlichen Katholiken
wurden mit einem Zehrpfennig von zehn englischen Shillingen wieder
in ihre Heimath befördert. Trotzdem sandte Dayrolle nach dieser Zeit
noch 5000 Personen über den Canal. Andere fanden, von den Bürgern Rotterdam's unterstützt, ebenfalls den Weg nach England, ja bis
Mitte October 1709 langten die Pfälzer, vereinzelt und in Haufen, in
London an. Das Erscheinen dieser Masse von Fremdlingen bei London,

wo sie zum großen Theil unter Zelten untergebracht wurden, erregte
bei der Bevölkerung von England das größte Erstaunen. Im October
soll ihre Zahl fast 13,000 betragen haben. Die Königin Anna gab
aus eigenen Mitteln täglich £160 zu ihrem Unterhalte, und gestattete
mildthätige Sammlungen im ganzen Königreich, zu deren Erhebung
sie einen aus den Großwürdenträgern des Reichs bestehenden Ausschuß
ernannte, welcher die bedeutende Summe von £19,838.11.1 zusammen-
brachte. Zuerst 500 Familien, darunter alle Leineweber, und dann
noch einmal 800 Personen, im Ganzen 3800 Seelen, wurden nach
Irland geschickt, um dort die Webereien und zugleich das protestantische
Element zu heben, und erhielten für die ersten drei Jahre ihrer Niederlassung je £8000 Unterstützung; einzelne, namentlich junge Mädchen,
fanden Unterkommen in Familien, viele junge Burschen ließen sich als
Matrosen anwerben oder traten in die Armee und wurden den nach
Portugal bestimmten Truppen zugetheilt. Die Katholiken, welche nicht
freiwillig zum Protestantismus übertraten, wurden auf Kosten der
Königin nach Holland zurückgeschickt und mit den nothwendigen Reise-
mitteln in die Heimath versehen. Fast 1000 starben im Lager; es
waren aber noch immer mehre Tausend übrig. Diese bestimmte man
zur Besiedelung der amerikanischen Colonien. So wurden 650 nach
Nord-Carolina eingeschifft und mehr als 3000 im April 1710 nach
New York geschickt.

Un die Stelle des verstorbenen Lord Lovelace wurde im September
1709 der Oberst Robert Hunter zum Gouverneur ernannt; er erhielt
den Auftrag, die Deutschen an den Ort seiner Bestimmung mitzunehmen und am Hudson oder Mohawk anzusiedeln, und segelte im
April 1710 nach New York ab, wo er am 13. Juni landete. Die
Pfälzer waren auf zehn Schiffe vertheilt, u. a. den „Lyou" und die
Fregatten „Herbert" und „Berkley Castle". Nach des Gouverneurs
eigener Angabe starben auf dem erstern mehr als 470 Personen während der Reise und gleich nach der Ankunft noch 250 am Schiffsfieber,
ein Beweis dafür, wie schlecht die Einrichtungen und wie dicht zusammen gedrängt die Reisenden gewesen sein müssen. Der Verlust an
Menschenleben belief sich auf nahezu zwanzig Procent. Im Ganzen
blieben 2227 Pfälzer übrig, die hier ankamen. Die städtischen Behörden von New York wagten aus Furcht vor ansteckenden Krankheiten

nicht, sie in die Stadt zu lassen, und brachten sie vorläufig auf der Gouverneurs Insel unter. Bei der warmen Jahreszeit reichten Hütten und Zelte zu ihrem Schutze aus. Die Stadt schickte Aerzte und Medizin hinaus; die frische Luft, die besseren Lebensmittel und der größere Raum thaten bald dem Fieber Einhalt. Gleichwol belief sich die Zahl der auf der Insel Gestorbenen auf 250. Von den Ueberlebenden zerstreuten sich im Sommer 1710 etwa 400 Personen in New York. Die Andern wurden zum Zwecke der Ansiedlung den Hudson hinaufgeschickt. Die ferneren Erlebnisse der Ansiedler, von denen im folgenden Jahre viele die Colonie am Hudson verließen und in das Schoharie- und Mohawk-Thal zogen, sind von Friedrich Kapp in seinem ausgezeichneten Buche über die Deutschen im Staate New York so ausführlich behandelt worden, daß wir das Meiste davon als allgemein bekannt voraussetzen können.

Die deutschen Ansiedler am Mohawk und Schoharie.

Nachdem die Niederlande den Kampf um den Besitz von Ländern in der neuen Welt aufgegeben hatten, um in einem jahrhundertelangen Wirken ruhmvoller Diplomatie ihr jetziges politisches Stillleben einzuleiten, standen sich die Franzosen und Engländer allein in wiederholten langen Kriegen gegenüber. Die Kämpfe auf dem westlichen Continente waren für die Könige beider Länder nur Nebenspiele zu den großen Kriegsdramen in Europa, und Krieg und Frieden wurden jenseits des Meeres ohne Rücksicht auf das Wohl oder die Interessen der Colonisten entschieden. Die französischen Heerführer in Canada hatten zum Nachtheil ihres Landes den großen Fehler gemacht, den mächtigen Stamm der Irokesen feindselig gegen Frankreich zu stimmen, und die englischen Colonial-Regierungen hatten das Glück, das Beispiel der Niederländer in ihren friedlichen Beziehungen zu diesen kriegerischen Eingeborenen benutzen zu können. Obgleich diese Wilden den Engländern als Schutzmauer gegen die Einfälle der Franzosen und ihrer canadischen Verbündeten dienten, waren sie doch nicht immer im Stande, feindliche Ueberfälle von jener Seite zu verhindern.

Schon im Jahre 1690 täuschten dreihundert Franzosen und Indianer aus Canada die Wachsamkeit der Mohawks, überfielen Schenectady in einer Nacht, brannten die Ansiedlung nieder und ermordeten die weißen Einwohner oder schleppten sie als Gefangene fort. Die deutschen Ansiedler am Mohawk und am Schoharie konnten den Schicksalen anderer Colonisten vor ihnen, die unter den Kriegen der Indianer gegen einander und gegen die Weißen, oder in denen der Weißen verschiedener Nationalitäten hatten leiden müssen, nicht entgehen. Zum Glücke für die jungen Ansiedlungen folgte auf den Utrechter Vertrag (11. April 1713) ein mehr als dreißig Jahre langer Friede. Die Colonisten, deren Zahl durch neue Ankömmlinge von Deutschland und aus andern Ländern vermehrt wurde, konnten nach jahrelangen Kämpfen und Widerwärtigkeiten verschiedener Art eine Zeitlang der Segnungen des Friedens und der Früchte ihrer Arbeit sich erfreuen, bis im März des J. 1744 der Oesterreichische Erbfolgekrieg ausbrach und auf die neue Welt seine blutigen Schatten warf. Der Krieg in New York gewann besonders dadurch einen grausamen und mörderischen Charakter, daß jede der streitenden Parteien die Indianer für sich zu gewinnen suchte. Die Wunden von Schenectady, die das siebzehnte Jahrhundert geschlagen, waren vernarbt, die Gräuel von 1690 lebten nur noch in der Ueberlieferung und der Erinnerung der Alten, als die Regierungen von Frankreich und England abermals an die Hülfe der Wilden gegen Europäer anderer Nationalität, als ihrer eigenen, appellirten. Den Engländern war es bisher gelungen, die Irokesen auf ihrer Seite zu halten, jetzt fingen diese aber an, zu schwanken und sich den Franzosen zuzuneigen, da diese sie als Ebenbürtige behandelten und ihnen größere Vortheile boten. Obgleich es noch immer einflußreichen Männern auf Seiten der Engländer gelang, den Bruch mit den Indianern und ein Hinüberziehen derselben zu den Franzosen zu verhindern, so kamen doch vereinzelte Fälle von Ueberfällen vereinsamter Ansiedlungen vor. Der gute Viehstand und Haushalt der Ansiedler reizte die Beutegier der Indianer. Während des Krieges fand man Ansiedler skalpirt und am Wege erschossen. Die Unsicherheit war damals so groß, daß die Häuser im Thale, so gut es ging, befestigt wurden und der Bauer mit dem Gewehr über die Schulter aufs Feld zog. Im Jahre 1746 drangen die Franzosen und Indianer abermals bis nach Schenectady und Albany vor, aber sie hielten sich bei den Bauern nicht auf, da sie in den Dörfern und Städtchen reichere Beute fanden; nur wenige Unvorsichtige fielen dem Feinde in die Hände. Der Aachener Friede von 1748 beseitigte die allgemeine Furcht vor Indianerschrecken, aber nur auf kurze Zeit; denn sechs Jahre nach dem Friedensschluß brach zwischen den Engländern und Franzosen der große Entscheidungskampf um die Herrschaft in Nord-Amerika aus. Bis dahin waren die Deutschen im nördlichen New York von den Gräueln des Krieges so ziemlich verschont geblieben. Während die Engländer die östlichen Küstenländer des neuen Continents beherrschten, hatten die Franzosen ihre Ansiedlungen über den Norden verbreitet und bis weit über den Mississippi hinaus nach Westen vorgeschoben. Die französischen Glaubensboten Marquette, Joliet, Robert Cavalier de la Salle hatten das Kreuz durch die Wildniß getragen von den Seen bis über den Mississippi und von da bis an den Golf von Mexiko; ihren Spuren folgte der französische Händler und Trapper, der die Wilden als seines Gleichen behandelte, und an geeigneten Punkten der großen Flüsse pflanzten Offiziere die Lilien Frankreichs auf. An einer Seite und im Westen der englischen Ansiedlungen bildete sich nach und nach eine Kette französischer Posten zwischen Montreal und New Orleans. Diese Ansiedlungen im Rücken der Engländer erweckten frühzeitig deren Eifersucht. Der letzte entscheidende Kampf entbrannte am oberen Ohio zwischen den Behörden der Colonie Virginien und den Franzosen. Am 28. Mai 1754 schlug eine Expedition unter Anführung von Washington französische Truppen unter Jumonville, und damit begannen die Feindseligkeiten, welche anfänglich eine Reihe von Siegen für die Franzosen zur Folge hatten. Der britische General Braddock, welcher die Truppen im Südwesten befehligte, wurde zehn Meilen von Fort Duquesne geschlagen und fiel selbst als Opfer seiner Unkenntniß der Verhältnisse. Eine zweite Expedition unter General Shirley gegen Niagara wurde durch Stürme und Krankheiten aufgehalten, durch Desertion von Indianern geschwächt und kehrte unverrichteter Sache zurück. Eine dritte Expedition unter Sir Johnson war nur theilweise erfolgreich; im Treffen mit ihr fiel Dieskau, der französische Oberbefehlshaber von Canada. Aber Dieskau's Nachfolger, der Marquis von Montcalm, gewann im Laufe der nächsten zwei Jahre durch

Energie und Umsicht manchen Sieg für die französischen Waffen. Das Fort Oswego fiel im J. 1756 mit einem großen Waffenvorrathe in die Hände der Franzosen, und Fort William Henry am Lake George mußte sich im J. 1757 ergeben. Ein französischer Capitän, Belletre, war der Erste, der an der Spitze von dreihundert Mann Canadier und Indianer die German Flats überfiel, wo nicht die mindesten Vorsichtsmaßregeln gegen den Ueberfall getroffen waren. Am 11. November Nachmittags gelangte die feindliche Schaar ohne jedes Hinderniß bis in die Nähe der Ansiedlung. Sie verbarg sich eine halbe Stunde nördlich davon im Walde und fiel in der Nacht des 12. gegen 3 Uhr Morgens über die Ansiedler her. Die Indianer brachen mit wildem Kriegsgeschrei in die Häuser ein, rissen die noch schlafenden Bewohner aus den Betten, skalpirten Weiber, Kinder und Männer, und trieben die, welche ihrem ersten Angriffe entronnen waren, im bloßen Hemd ins Freie, wo die Franzosen die Arbeit ihrer wilden Bundesgenossen fortsetzten und Alle niedermetzelten, welche nicht schnell genug fliehen konnten. Anfangs wehrten sich die unglücklichen Männer tapfer. Als sie aber sahen, daß jeder Widerstand bei der Uebermacht des Feindes vergeblich sei, ergaben sie sich auf Gnade und Ungnade. Die Häuser wurden sammt und sonders niedergebrannt, die Pferde der Ansiedler mitgenommen und ihr Vieh vertrieben oder getödtet. Man rechnet über 40 Todte und an 102 Gefangene. Der Pfarrer Rosenkranz hatte sich mit einigen Gemeindegliedern kurz vor dem Angriffe ins Fort auf der Südseite des Flusses geflüchtet und entkam auf diese Weise; ein paar Andere ertranken, als sie denselben durchschwimmen wollten. Das auf der Südseite gelegene befestigte Haus des Bürger-Capitäns Nikolaus Herckheimer blieb diesmal verschont. Ohne Verlust zog sich Belletre nach Canada zurück, wohin er seine Gefangenen mitschleppte, die erst im folgenden Jahre wieder ausgelöst wurden. Im Frühjahr 1758 kam der Feind wieder und griff die Niederlassungen auf der Südseite des Mohawk an. Diesmal hatten sich die Ansiedler besser vorgesehen und waren auf die Ankunft der Franzosen vorbereitet. Herckheimer leitete die Vertheidigung und schickte eine Compagnie berittener Jäger aus, welche den ins Fort flüchtenden Bewohnern behülflich waren oder die entfernteren, dem feindlichen Angriff ausgesetzten

Häuser vertheidigen halfen. Am 30. April 1758, gegen 4 Uhr Nachmittags, griffen die Franzosen mit ihren indianischen Bundesgenossen
die Wohnungen in der Nähe des Forts an. Etwa dreiunddreißig
Personen wurden getödtet, dagegen verlor der Feind auch fünfzehn
Todte. An das Fort selbst wagte sich derselbe nicht heran, desto
ungestrafter verwüstete er dagegen die preisgegebenen Häuser. Einzelne Ansiedler, welche sich nicht früh genug in Sicherheit bringen
konnten, wurden unterwegs überrascht und niedergemacht. Ein Zug
Flüchtlinge wurde von den Indianern überfallen. Die Fuhrleute
waren aber nicht gewillt, sich ohne Kampf zu ergeben. Sie flüchteten
also in den obern Stock eines Hauses und unterhielten von hier aus ein
wohlgezieltes Feuer auf die Indianer, bis diese von den zu Hülfe
herbeigeeilten Gränzjägern verjagt wurden. Eine deutsche Frau hatten
die Indianer skalpirt als todt auf dem Felde liegen lassen, nachdem ihr
noch die Nase abgeschnitten und verschiedene Wunden beigebracht
waren. Als es aber dunkel war, raffte sie sich auf und schleppte sich
ins Fort; sie blieb trotz ihrer furchtbaren Verstümmelung am Leben,
was als ein ganz außerordentliches Ereigniß hervorgehoben wird. Zu
Dutzenden wurden die armen Deutschen von den Indianern, den wilden
Bundesgenossen der Franzosen, skalpirt; selbst Frauen und unschuldige
Kinder wurden in jenen rohen Gränzkriegen mit zerschmettertem Hirn
oder verstümmelten Gliedern häufig am Waldessaum gefunden. Als
der Friede von Versailles im J. 1763 Canada und die dazu gehörenden
Länder an England cedirte, feierten auch die Ansiedler am Mohawk
und am Schoharie in dem Kirchlein des Thales das Friedensfest und
gaben sich der Hoffnung hin, daß endlich der Friede ein dauernder
sein werde, und die Tage der Ruhe und der Erholung gekommen seien.

Ausbruch der amerikanischen Revolution.

Zwölf Jahre waren seit dem letzten Kriege zwischen Frankreich
und England verflossen, als durch die stillen Thäler des Mohawk und
Schoharie die Trommel des Aufruhrs zu den Waffen rief. Damals
hatten die Deutschen zur Vertheidigung ihres eigenen Heerdes die

Sache Englands verfochten; aber wohl ihnen, wenn ihre Loyalität für die englische Krone und ihr Haß gegen Frankreich nicht zu tief eingewurzelt waren, sonst kamen sie in dem bevorstehenden Kampfe um die amerikanische Unabhängigkeit, worin die Sympathien Frankreichs auf der Seite der Revolutionäre waren, mit ihrer nunmehrigen Ueberzeugung in Widerspruch. Es war diesmal nicht der französische Feind, es war der englische König, welcher die Indianer gegen die Ansiedler aufhetzte, und wie lieb wäre es diesen jetzt gewesen, wenn die Indianer weniger auf Seiten der Engländer gewesen wären. Die Niederlassungen an beiden Flüssen gehörten bis kurz vor dem Ausbruche der Revolution zum Bezirk Albany. Im Jahre 1772 wurde der westlich von Schenectady gelegene Theil des jetzigen Staates New York vom County Albany getrennt und zu einem selbstständigen, dem damaligen Gouverneur Tryon zu Ehren Tryon County genannten Bezirke erhoben. Während Tryon County sich nördlich bis an den St. Lorenz ausdehnte und an den Oneida stieß, war nur seine südöstliche Gränze theilweise bebaut, im Uebrigen war es eine undurchbrochene Wildniß, von wo aus während der Revolution ein grausamer Gränzkrieg in die Ansiedlungen getragen wurde. Das Jahr 1775 verging für die Bewohner am Mohawk und am Schoharie unter Befürchtungen vor Ueberfällen und Vorbereitungen zur Vertheidigung. General Schuyler, der die zu bildende amerikanische Armee befehligen sollte, kam im J. 1776 mit ein paar Compagnien ins Mohawkthal. Capitän Herkheimer, nach dem später das County Herkimer benannt wurde, ward damals zum General ernannt, und ließ die Milizen ausrücken und auf dem gefrorenen Mohawk bei Fonda vor Schuyler Revue passiren. Sir John Johnson, ein einflußreicher und eifriger Anhänger der Krone, wurde in dem Städtchen seines Namens mit seinen Anhängern gefangen genommen und nach Fishkill am Hudson abgeführt, aber im Mai des folgenden Jahres brach er sein Wort und entwich nach Montreal, von wo aus er mit verdoppeltem Eifer den Krieg gegen seine ehemaligen Nachbarn organisirte. Es vergingen fast zwei Jahre, ehe die deutschen Ansiedlungen von den kriegerischen Ereignissen berührt wurden. Während die Bewohner der Küstenländer die Schrecken des Krieges empfanden, waren die der westlichen Ansiedlungen noch unthätige Zuschauer des Kampfes. Erst im

Sommer 1777 griffen die dortigen Deutschen mithandelnd und mit-
leidend in den Kampf ein, als der Krieg von Canada aus in das
nördliche New York getragen wurde. General Herkheimer wurde in
dem unglücklichen Treffen bei Oriskany, worin er den Befehl über die
deutschen Truppen führte, tödtlich verwundet. Sein Tod, sowie der
noch mancher anderer bekannter Männer aus dem Mohawkthale verursachte im Westen New York's allgemeines Bedauern; auch in
weiteren Kreisen fand sein Schicksal innige Theilnahme. Der Congreß
bewilligte 500 Dollars für die Errichtung eines Denkmals; aber erst
im J. 1883 ist ein Monument errichtet worden.

Die englische Regierung setzte im J. 1778 einen Preis für jeden
amerikanischen Skalp aus. In Folge dieser barbarischen Maßregel
wurde der Gränzkrieg, der bisher vorzugsweise gegen die waffenfähigen
Männer gewüthet hatte, zu einer grausamen Metzelei. Indianer und
Tories suchten jetzt so viele Skalps als möglich beizubringen und tödteten, blos um die versprochenen acht Dollars zu verdienen, Kinder,
Mütter und Greise. Mehr als ein deutscher Ansiedler fand, wenn er
Abends aus dem Felde nach Hause kam, seine ganze Familie abge-
schlachtet in oder vor seinem Hause, Frau und Kinder mit abgeschnittener
Kopfhaut oder gar mit zerschmettertem Schädel, wenn die Kopfhaut sich
nicht schnell genug abziehen ließ. Das Skalpiren wurde jetzt ein regel-
mäßiges Geschäft und kunstgemäß betrieben. Am Abend nach einem
Ueberfall pflegten die Indianer die erbeuteten Skalps auf Stäben aus-
zuspannen und in der Nacht zu trocknen, während die Angehörigen
der Abgeschlachteten als Gefangene mit gebundenen Händen der empörenden Operation zusehen und bei der geringsten Aeußerung ihres
Schmerzes einer ähnlichen Behandlung gewärtig sein, ja oft die grau-
samste Tortur, ein allmähliges Rösten, als langsamen Feuertod erdulden mußten. Als endlich der Friede kam, ruhte mehr als die Hälfte
der waffenfähigen Bevölkerung der Thäler unter der Erde, von je
fünfzig Häusern war kaum eins verschont, 500 Wittwen und 300
Waisen beweinten den Tod ihrer Ernährer. Die ganze Landschaft war
wie in eine Wildniß verwandelt. Zerstörte Häuser, verwüstete Felder
und ein ödes Land waren Alles, was den Ueberlebenden bei der Rückkehr in die Heimath entgegenstarrte. Die Wilden aber schickten die
gesammelten Skalps nach England und verlangten ihren Lohn.

Ende des Revolutions-Krieges.

Der Friede machte den Indianer-Gräueln in New York für immer ein Ende. Auf den Ruinen von Dörfern und Städten am Mohawk und Schoharie erstanden neue Ansiedlungen, blühte neues Leben. Die sogenannten sechs Nationen schlossen einen Vertrag, worin sie den größten Theil ihrer Ländereien an den Staat cedirten. In verhältnißmäßig kurzer Zeit entstanden zahlreiche Ansiedlungen in den fruchtbaren Gebieten des mittleren New York, später zogen sich die noch übrig gebliebenen Indianer auf einige kleine Reservationen zurück, wo die letzten der Irokesen als Pensionäre des Staates verweilen. Viele ihrer Ländereien wurden an Soldaten der Revolution verschenkt.

Im J. 1800 machte der damalige Gouverneur Morris den Vorschlag, den Erie-See durch einen Canal mit dem Hudson und durch den Hudson mit dem Ocean zu verbinden. Siebzehn Jahre später wurde das Werk begonnen und 1825 vollendet. Der Erie-Canal, mit dem im Laufe der Zeit eine Anzahl Zweigcanäle in Verbindung gebracht wurden, ward zur großen Verkehrsader mit dem Westen, für Einwanderer, Pioniere und Kaufleute; die Stadt New York ward zur ersten Handelsstadt der neuen Welt. Im Jahre 1817 wurde die Sklaverei abgeschafft, und den alten gebrechlichen Negern die Freiheit gegeben; die jüngeren und arbeitsfähigen wurden nach dem Süden verkauft, wo in Folge der Entwicklung der modernen Industrie in Europa und Neu-England der Baumwollenbau große Wichtigkeit erlangt hatte.

Ueber das Leben der Deutschen in der Stadt New York vom Revolutionskrieg bis zu dem Tage, als hier zum ersten Male deutsche Zeitungen erschienen, ist nur bekannt geworden, was in den Protokollen der deutschen Gesellschaften, in den Briefen von Geistlichen an ihre Religionsgenossen in Deutschland oder in etwaigen Reiseberichten enthalten ist. Vieles aus dem Leben der Deutschen unter der englischen Colonial-Regierung findet sich in den Handschriften aus jener Zeit im Staats-Department in Albany. Einzelne Vorfälle sind zu historischen Essays benutzt worden; die Behandlung der Pfälzer seitens der englischen Colonial-Beamten, ihre Wanderzüge und Leiden bilden Capitel in der Geschichte des Staates.

Die Einwanderungs-Commiſſäre.

Der Congreß der Ver. Staaten erließ im März 1819 ein Geſetz zum Schutze der Einwanderer auf Segelſchiffen, welches die Größe des Raumes für jeden Paſſagier, ſowie die Menge des Waſſers und der Lebensmittel beſtimmte. Bis dahin waren die Einwanderer ganz der Willkür der Schiffsrheder und der Capitäne preisgegeben. Das Geſetz nützte zwar nicht viel, weil es ſelten ausgeführt wurde, aber es diente zur Ermuthigung für ſpätere, wirkſamere Geſetze und Maßregeln. Als im Anfang der zwanziger Jahre die Einwanderung über New York ziemlich ſtark wurde, und viele der Einwanderer, weil ſie entweder krank oder verarmt waren, unmittelbar nach ihrer Ankunft der Stadt zur Laſt fielen, erließ die New Yorker Staatslegislatur ein Geſetz, welches es dem Capitän jedes hier ankommenden Schiffes zur Pflicht machte, nach ſeiner Ankunft im hieſigen Hafen beim Mayor der St..dt eine Liſte der Paſſagiere mit Angabe des Geburtsortes, des Alters und der Beſchäftigung derſelben einzureichen und Bürgſchaft dafür zu leiſten, daß keiner der Paſſagiere innerhalb der erſten zwei Jahre der Stadt zur Laſt falle. Das Geſetz war eine Zeitlang von guter Wirkung; als aber die Zahl der Emigranten ſich mehrte, fanden die Agenten der Schiffs-rheder Mittel, es zu umgehen. Ein ſpäteres Amendment zu demſelben, wonach der Capitän oder Schiffsagent durch eine beſtimmte Ablöſungs-ſumme ſich von allen Folgen loskaufen konnte, war ebenſo wenig genügend, weil es den hülfloſen und kranken Paſſagieren keine hin-reichende Hülfe gewährte und außerdem zur Quelle der Corruption für die Beamten wurde, welche die Ablöſungsgelder einnahmen. Später bekamen die Schiffsagenten Erlaubniß, die Armen und Kranken auf ihre eigenen Koſten in Privatanſtalten zu unterhalten; aber dies gab ebenfalls wieder Veranlaſſung zu großem Mißbrauch, indem Koſt-häuſer und Hoſpitäler für arme und kranke Emigranten eingerichtet wurden, die für geringe Koſten die geringſtmöglichen Bequemlichkeiten boten. Beſchworene Ausſagen über Behandlung der unglücklichen Emigranten in einer ſolchen Anſtalt in Williamsburg, die von den Paſſagiermaklern W. & D. C. Tapscott in Philadelphia eingerichtet war, wurden den Behörden vorgelegt und eine Unterſuchung brachte schmachvolle Dinge an den Tag. Im Sommer des Jahres 1846 kamen fünfhundert Deutsche aus dem Odenwalde, die auf Kosten der badischen Regierung hierher befördert worden, an und mußten sämmtlich vom Schiffe ins Armenhaus geschickt werden, weil sie krank, verkrüppelt, arbeitsunfähig und gänzlich mittellos waren.

In Folge solcher Vorkommnisse und Mißbräuche wurde im Jahre 1846 die Staatsgesetzgebung um neue Gesetze zu besserem Schutze der Einwanderer ersucht und von zwei Seiten Vorschläge zu neuen Einrichtungen gemacht. Die städtischen Behörden mit Einschluß der Armenhaus-Commissäre, unter deren Verwaltung damals die Wohlthätigkeits- und Besserungsanstalten standen, empfahlen die Annahme eines Gesetzes, welches den Mayor der Stadt bevollmächtigen sollte, für jeden hier landenden Einwanderer 1 Dollar zu verlangen, anstatt, wie es früher der Fall gewesen, von dem Capitän, Rheder oder Emigrantenmakler sich Bürgschaft geben zu lassen, daß die Einwanderer der Stadt nicht zur Last fallen sollten. In Anbetracht der Zahlung dieses Dollars für Jeden sollte die Stadt verpflichtet sein, für die Armen und Kranken zu sorgen. In der Legislatur jenes Jahres waren aber Diejenigen, welche an dem Fortbestehen der damaligen Uebelstände interessirt waren, mächtiger als der New Yorker Stadtrath, der den Gesetzesvorschlag befürwortete. Im folgenden Jahre drang namentlich der Comptroller der Stadt bei der Legislatur darauf, daß in der Angelegenheit etwas geschehen möge. Auch fing die Presse an, sich für die Sache zu interessiren, die Handelskammer machte sie zum Gegenstande der Berathung, und einige Bürger, welche die Uebelstände auf andere als die vom Stadtrathe vorgeschlagene Weise beseitigen wollten, machten Vorschläge in ihrem Sinne und bekämpften den der städtischen Behörden. An der Spitze dieser Bürger stand ein einflußreicher Irländer, Namens Carrigan, der mit dem damaligen Erzbischof von New York befreundet war und diesen bewog, seinen Einfluß für einen Plan geltend zu machen, welcher von dem des Stadtrathes verschieden war. Der letztere veranlaßte, daß eine Volksversammlung veranstaltet wurde, um auf die Gesetzgebung einen Druck auszuüben. Das Unterhaus (Assembly) hatte den Gesetzentwurf des Stadtrathes angenommen, es bedurfte noch der Zustimmung des Senates. Die auf Anregung des Stadtrathes berufene Volksversammlung fand in dem als Broadway

Tabernacle bekannten Gebäude ſtatt. Der Vorſchlag der Bürger unterſchied ſich von dem andern Plane dadurch, daß die von den Ein-wanderern zu erhebenden Gelder, die Verpflegung und Verſorgung der Kranken und Armen einer beſonderen, von der ſtädtiſchen Verwaltung durchaus getrennten Commiſſion anvertraut werden ſollten. Die Par-teinahme des Erzbiſchofs ſicherte dieſem Vorſchlage den Beifall der iriſchen Politiker, und die Verſammlung wurde in dieſem Sinne ge-leitet. Carrigan reiſte nach Albany, um die Annahme eines Geſetzes im Sinne der Bürgerverſammlung zu betreiben und wurde dort von dem in der Whig-Partei allmächtigen Einfluſſe Thurlow Weed's unter-ſtützt. Die beiden Geſetzesvorlagen wurden zu Zankäpfeln der Poli-tiker beider Parteien, bis endlich der Vorſchlag der Bürgerverſammlung ſiegte. Eine Bill in dieſem Sinne wurde am 5. Mai 1847 angenom-men, und Gulian C. Verplanck, James Boorman, Jacob Harvey, Robert B. Minturn, William F. Havemeyer und David C. Golden wurden als Einwanderungs-Commiſſäre eingeſetzt. Der Präſident der Deutſchen, der Präſident der Jriſchen Geſellſchaft, der Mayor von New York und der Mayor von Brooklyn ſollten kraft ihres Amtes eben-falls Mitglieder der Commiſſion ſein. Nach dem Geſetze, welches dieſe Commiſſion creirte, mußte der Schiffseigenthümer oder ſein hieſiger Agent für jeden Emigranten 1 Dollar als ſogenanntes Commutations-Geld zahlen, wofür in Fällen von Armuth und Krankheit die Ein-wanderer in den erſten fünf Jahren ihres Hierſeins und bis ſie Bürger werden konnten, zur Verpflegung auf Koſten der Commiſſäre berech-tigt waren. Letztere ſollten bei der Ankunft jedes Schiffes bezüglich des Zuſtandes der Einwanderer Erkundigungen einziehen und für jeden Blinden, Verrückten, Jdioten, Taubſtummen, Verkrüppelten oder anderweitig Hülfloſen, für Jeden, der über ſechzig Jahre alt, für Wittwen mit Kindern oder andere Frauenzimmer ohne Männer, aber mit Kindern, und überhaupt für Alle, die in Folge ihres Zuſtandes vorausſichtlich der Gemeinde zur Laſt fallen, vom Schiffsrheder oder deſſen hieſigem Agenten Bürgſchaft zum Betrage von 250 Dollars verlangen, um die Gemeinde, der ſolche Perſonen in den erſten fünf Jahren zur Laſt fallen, zu entſchädigen. Die Rheder in den euro-päiſchen Ausfuhrhäfen ſchlugen natürlich ſofort das Commutations-Geld auf den Ueberfahrtspreis und ſandten Circuläre an ihre Agenten im Innern der Länder, eine Erhöhung des Fahrpreises ankündigend. Den Auswanderern konnte diese Ankündigung insofern zur Beruhigung dienen, als sie für die geringe Mehrausgabe nach ihrer Ankunft in der neuen Welt im Falle von Erkrankung oder Arbeitslosigkeit zu Hülfe und Verpflegung berechtigt wurden. Das Gesetz von 1847 wurde wiederholt verändert, im Jahre 1851 das Commutations-Geld auf $1.50, im J. 1855 auf $2.00 und im J. 1869 auf $2.50 erhöht. Vacanzen, die von Zeit zu Zeit in der Commission entstehen würden, sollten vom Gouverneur des Staates mit Zustimmung des Senats besetzt werden. Ein Fehler in der ersten Zusammensetzung der Commission war, daß auch nicht ein einziger Deutscher darin, und die deutschen Einwanderer daher einzig und allein auf den Präsidenten der Deutschen Gesellschaft angewiesen waren. William F. Havemeyer, der wenigstens von deutscher Abkunft war, dankte schon im folgenden Jahre ab und an seiner Statt wurde Carrigan ernannt. Dieser war ein entschiedener Freund seiner Landsleute, der Irländer, und machte im Verlaufe seiner zwölfjährigen Thätigkeit als Einwanderungs-Commissär seinen Einfluß zu Gunsten derselben geltend; erst als Rud. A. Witthaus in Folge seiner Erwählung zum Präsidenten der Deutschen Gesellschaft Mitglied der Commission wurde, erzwang derselbe durch sein entschiedenes Auftreten den Deutschen die ihnen gebührende Berücksichtigung.

Die Acte, welche die Einwanderungs-Commission creirte, bevollmächtigte sie, Land zu kaufen, und darauf Gebäude errichten zu lassen, wie solche zur Versorgung und Verpflegung armer, kranker oder arbeitsloser Einwanderer nothwendig sein möchten. Die öffentlichen Anstalten, welche in Folge dieses Gesetzes zum Besten der Einwanderung errichtet wurden, sind auf Ward's Island im East River gelegen; sie haben im Verlaufe der Jahre vielen Tausenden von Emigranten, die auf die eine oder andere Weise vom Unglücke verfolgt wurden, als Zufluchtsort gedient. Wenn der Einwanderer anderswo als in New York erkrankte, konnte er auf Kosten der Commission hierher geschafft werden, und in den Hospitälern auf Ward's Island Aufnahme verlangen. Wer krank hier ankam und folglich nicht weiter reisen konnte, durfte sich hier erst curiren lassen und sich erholen, um dann seine Reise fortzusetzen. Manche landeten arm und waren ohne Mittel, ihren

Bestimmungsort im Innern zu erreichen, und die Kosten ihrer Weiterreise wurden durch die Commissäre bestritten. Das sogenannte Kopfgeld, welches alle Einwanderer zahlten, war kein Tribut an den Staat
oder die Gemeinde, sondern eine Art Versicherung gegen die Zufällig-
keiten der Reise, des Klimawechsels und der gänzlich neuen Verhältnisse;
es berechtigte denjenigen, der auf die eine oder andere Art vom Schicksal
hier verfolgt wurde, Hülfe zu verlangen; es war kein Almosen, das
man ihm reichte, keine Verpflegung auf Kosten des Staates; was der
Bedürftige empfing, kam aus einer Kasse der Emigranten. Von
mehr als 9 Millionen Einwanderern, die seit Gründung der Commission im J. 1847 nach den Ver. Staaten gekommen, sind mehr als etwa
7 Millionen in New York gelandet.

Durch Creirung der Einwanderungs-Commission war der Schutz
der Einwanderer gegen Schwindler und Betrüger bei und nach ihrer
Landung nicht gesichert, so lange deren Landung nicht an einem bestimmten Orte, unter der ausschließlichen Controle der Commissäre,
erzwungen werden konnte. Das Gesetz bevollmächtigte zwar die Commissäre, einen solchen Platz zu miethen, aber wiederholte Versuche in
dieser Richtung schlugen fehl, weil d e Bürg r, welche in der Nähe der
von der Commission bestimmten Landungsplätze wohnten, gegen
die beabsichtigte Einrichtung opponirten und gerichtliche Einhaltsbe-
fehle dagegen erwirkten.

Die Reise ins Innere. Das Runner-Unwesen.

Die zahlreichen Klagen über Betrügereien, welche an Emigranten
verübt wurden, veranlaßten die Staatsgesetzgebung im Jahre 1847, ein
Committee zur Untersuchung derselben zu ernennen. Es kam nach
New York, untersuchte die Verhältnisse nach allen Richtungen und
machte dann einen Bericht an die Staatsgesetzgebung, dem folgender
Auszug entnommen ist:

„Ihr Committee muß gestehen, daß es keinen Begriff von der
Zahl und Größe der Betrügereien hatte, welche an Emigranten
verübt werden, bis es dieselben untersuchte. Sobald ein Schiff mit

Einwanderern unsere Gestade erreicht, begibt sich eine Klasse Menschen an Bord, die „Runner" genannt werden und im Dienste von Kosthäusern oder Beförderungs-Agenturen stehen. Um das Vertrauen der Emigranten zu gewinnen, reden die Runner sie in ihrer Muttersprache an. Wenn sie nicht auf andere Weise den Gegenstand ihrer Beschwindlung in ihre Gewalt bekommen können, nehmen sie sein Gepäck und schicken es zum Aufheben nach einem Gasthause, von denen es viele in der Stadt gibt, unter dem Versprechen, daß sie nichts dafür berechnen. Die Einwanderer folgen dann ihrem Gepäck, und der Wirth verlangt einen mäßigen Preis für ihre Beherbergung. Wenn's aber nach einigen Tagen zur Abreise kommt, zögert er unter allerlei Vorwänden mit der Rechnung bis zum letzten Augenblicke, und fordert dann das Drei- und Vierfache der Summe, welche er den Leuten ursprünglich abverlangt hat. Der Fremdling steht vielleicht auf dem Punkte, die Reise ins Innere anzutreten, hat schon die Reise-Billets gelöst; das Boot geht in einer Viertelstunde ab; verblüfft steht er da, und entschließt sich in den meisten Fällen, zu zahlen. Hat er nicht Geld genug, dann wird sein Gepäck zur Sicherheit zurückbehalten. Einige dieser Runner sind beim Monat engagirt, andere beziehen Procente. Diejenigen, welche im Dienste der Beförderungs-Agenturen stehen, bekommen Commission für jeden Passagier, den sie bringen, und erhalten außerdem Alles, was sie mehr als das richtige Fahrgeld aus den Emigranten herauspressen. Diese werden mit Lügen und falschen Darstellungen hintergangen. Ihr Committee erfuhr mit Erstaunen, daß die meisten Prellereien an diesen unschuldigen und oft unwissenden Fremden durch Landsleute von ihnen ausgeübt werden, die vor ihnen hieher gekommen sind. Der Deutsche geht auf den Deutschen, der Irländer auf den Irländer und der Engländer auf den Engländer aus. Aber auch unsere Landsleute können wir nicht für schuldlos erklären, weil leider manche von ihnen an diesem unreinen Geschäfte betheiligt sind."

Der bequemste Weg nach dem Westen ging damals von hier mit dem Dampfboot nach Albany und von da mit Canalbooten nach Buffalo. Der gewöhnliche Preis auf den Booten war sehr gering; der Emigrant, welcher den Schwindlern in die Hände fiel, bekam durch ihn gewöhnlich ein Billet, welches ihn angeblich nach seinem Bestimmungsorte bringen sollte; wenn er aber in Albany ankam, fand

er, daß entweder nur bis dahin bezahlt war oder die Ueberführung des
Gepäckes vom Dampfboote extra bezahlt werden mußte. Außerdem
wurde gewöhnlich für Ueberfracht berechnet. Weigerte sich der arme
Einwanderer, dann setzte er sich der Gefahr roher Behandlung aus.
Die Runner, Droschkenkutscher, Besitzer leichter Frachtwägen u. f. w.
in Albany waren noch viel hungriger und habgieriger, als ihre Ge-
werksgenossen in New York. Von feiner Abreise an bis an feinen
Bestimmungsort war der nicht mittellose Einwanderer periodenweise
der Plünderung ausgesetzt. Zuerst wurde er im Einschiffungshafen
gerupft, dann fielen am Ausschiffungshafen die Runner über ihn her,
und unterwegs von da nach dem Westen ward er wiederholt Gegenstand emfiger Geschäftigkeit und Theilnahme feitens diefes oder jenes
Betrügers, bis er schließlich an feinem Bestimmungsorte dem Land-
fpekulanten in die Hände fiel. Auch kam es vor, daß der Eigenthümer
des Canalbootes, der von den Spediteuren in Albany für Fracht und
Paffage bezahlt worden, unterwegs noch einmal Bezahlung verlangte
und die Einwanderer ans Land zu fetzen drohte, wenn fie folcher Prel-
lerei fich nicht fügen wollten.

Das Committee der Gefetzgebung that feine Pflicht. Es ließ
Zeugenverhöre von Angestellten betrügerifcher Spediteure und Agenten
drucken, welche die bodenlofefte Niedertracht enthüllten. Und dennoch
dauerte es acht Jahre, bis die Legislatur ein Gefetz erließ, welches die
Einwanderungs-Commiffäre in den Stand fetzte, dem Raubfyftem ein
Ende zu machen. Erft am 13. April 1855 nahm fie ein Gefetz an,
welches zunächft von allen Beförderungsgefellfchaften verlangte, daß fie
den Mayors von New York, Albany, Troy und Buffalo jährlich
eine gedruckte oder gefchriebene Lifte ihrer Fahrpreife für Emigranten
und deren Gepäck zuftellten; es fetzte Strafe für Nichtbefolgung des
Gefetzes feft und autorifirte die Commiffäre, einen Platz in der Stadt
New York zum Landen für Emigranten zu beftimmen und alle dazu
erforderlichen Schritte zu thun. Diefe Acte war für den Schutz der
Einwanderer ebenfo wichtig als diejenige, welche die Commiffion
creirte. Im Mai 1855 mietheten die Commiffäre das unter dem
Namen Caftle Garden bekannte, an der Südfpitze der Manhattan-
Infel gelegene alte Fort und richteten es zum Landungsplatze für Ein-
wanderer ein.

Gefahr für das Fortbestehen der Einwanderungs-Commission.

Es muß zugestanden werden, daß die Einwanderungs-Commission eine Einrichtung ist, die nicht auf Vollkommenheit Anspruch machen kann. Das Gesetz, dem sie ihr Entstehen verdankt, war und ist sehr unvollkommen, namentlich insofern, als sie keine selbstständige Einrichtung, sondern nur eine Agentur des Staates ist, und in Folge dessen Staatsbehörden der Commission bei mehreren Gelegenheiten Summen entzogen haben, die nur zum Besten der Einwanderer hätten verwendet werden sollen. Mehre Male wurde die Existenz der Commission und natürlich damit die von ihr geleiteten öffentlichen Anstalten durch Prozesse bedroht, welche die Rechtsgültigkeit (Constitutionality) des Gesetzes von 1847 in Frage stellten. Im Januar des J. 1876 kam diese Frage vor dem Oberbundesgericht zur Verhandlung, und im März desselben Jahres entschied das Gericht gegen die Gültigkeit des Gesetzes. Mit dieser Entscheidung hörten sofort die Beiträge auf, welche bisher das Bestehen der Einwanderungs-Commission aufrecht erhalten hatten. Die Entscheidung kam ganz unerwartet; aber obgleich Rechtsgelehrte ihre Richtigkeit bezweifeln, so hat sie doch dieselbe bindende Kraft, wie andere Entscheidungen jenes Gerichtes, die sich gerne der Kritik entziehen; sie war auf die Auslegung folgender Paragraphen der Bundes-Constitution basirt:

„Kein Staat soll ohne Bewilligung des Congresses Abgaben oder Zölle von Ein- und Ausfuhr-Artikeln erheben, außer was für Ausführung seiner Inspektions-Gesetze absolut nothwendig sein mag."

„Der Congreß soll das Recht haben, den Handel mit fremden Nationen und unter den Staaten zu reguliren."

Die Commissäre setzten die Staatsgesetzgebung, welche damals gerade in Sitzung war, von der Entscheidung des Gerichtes in Kenntniß. Diese bewilligte Gelder für das temporäre Fortbestehen der Commission, bis der Congreß Gelegenheit haben würde, die Sache in die Hand zu nehmen, und instruirte gleichzeitig die Commissäre, sich an den Congreß um Abhülfe zu wenden. Dies geschah, aber in einer Weise, die ohne Erfolg blieb. Die Commissäre kannten die Anschauungen und

Vorurtheile des Congreſſes nicht. Sie ſuchten um Bewilligung einer beſtimmten Summe nach, um das Fortbeſtehen ihrer Anſtalten zu ſichern; der Entwurf eines Geſetzes in dieſem Sinne wurde auch dem Repräſentanten-Hauſe vorgelegt, aber nicht angenommen. Später petitionirten die Commiſſäre den Congreß um ein Geſetz, welches die Bundesbehörden bevollmächtigen ſollte, eine Art Kopfſteuer zu erheben. Aber dieſes Emigrationsweſen wird vom Congreſſe nicht verſtanden, und mächtigere Einflüſſe als das blos moraliſche Gewicht der Commiſſäre ſind thätig, das Verſtändniß zu erſchweren. Von den Uebelſtänden, welche hier vor der Errichtung der Einwanderungs-Commiſſion beſtanden, und den Gefahren, denen die Einwanderer ausgeſetzt waren, haben heutzutage nur Wenige einen Begriff. Sie liegen ſchon zu weit hinter uns, als daß ſie ſelbſt den meiſten Deutſchen noch erinnerlich wären. Nur dadurch iſt zu erklären, daß Blätter im Inlande einer gänzlichen Abſchaffung des Commutationsgeldes das Wort reden können.

Vom 20. März 1876 bis zum Juni 1882 iſt die Einwanderungs-Commiſſion durch Geldbewilligungen ſeitens der Geſetzgebung des Staates New York erhalten worden; ſie haben ſich für dieſe Zeit auf $1,010,000 belaufen. Es war nicht zu erwarten, daß dieſe Bewilligungen ſich alljährlich wiederholen würden, um ſo weniger, als der Staat New York verhältnißmäßig geringere Vortheile von der Einwanderung hat als der Weſten, indem die meiſten Einwanderer vom Landungsplatze ohne Weiteres nach ihrem Beſtimmungsplatze abreiſen, wogegen die Mittelloſen, die Kranken, Arbeitsunfähigen und Arbeitsſcheuen gewöhnlich hier zurückbleiben und der Gemeinde zur Laſt fallen. Im Jahre 1881 erließ die Legislatur von New York ein Geſetz, welches die Commiſſäre bevollmächtigte, von dem Capitän, Eigenthümer oder Agenten jedes Schiffes mit Emigranten für jeden Paſſagier, der nicht Bürger der Ver. Staaten, 1 Dollar Inſpektionskoſten zu erheben. Die Dampfſchiffs-Compagnien beſtritten die Rechtsgültigkeit dieſes Geſetzes; der Bundesrichter Blatchford, vor dem die Frage verhandelt wurde, entſchied zu ihren Gunſten, und ſeine Entſcheidung wurde vom Oberbundesgerichte aufrecht erhalten. Auf Geſuch der Commiſſäre erließ die Legislatur von New York am 5. Juni 1882 eine Acte, welche Jene ermächtigte, diejenigen Dampfer-Compagnien, welche sich weigern sollten, für jeden der von ihnen beförderten Einwanderer wenigstens 50 Cents zu zahlen, von den Vortheilen Castle Garden's und der Emigranten-Anstalten auf Ward's Island auszuschließen. Anfänglich weigerten sich die Dampfer-Compagnien, diese Taxe zu erlegen, gaben aber endlich nach und zahlten, bis im August 1882 der Congreß ein Gesetz erließ, welches die Zahlung von 50 Cents für jeden Einwanderer anordnete, die an die Commiſſäre unter der Bedingung cedirt werden, daß sie ihre bisherigen Pflichten gegen die Einwanderer auch fernerhin erfüllen. Auch dieses Gesetz wurde von den genannten Compagnien angefochten, ist aber durch gerichtliche Entscheidung in erster Instanz für rechtsgültig erklärt worden; doch ist es für die Dauer nicht ausreichend, die jetzigen Anstalten zu erhalten. Ein Congreß-Gesetz von wenigen Zeilen, den verschiedenen Staaten Vollmacht ertheilend, Abgaben zum Zwecke der Versorgung und des Schutzes von Emigranten zu erheben, würde alle Schwierigkeiten beseitigen, ein solches Gesetz wäre am leichtesten im Congreß durchzusetzen und würde nicht der Gefahr ausgesetzt sein, von den Gerichten für constitutionswidrig erklärt zu werden.

Da der uns zur Verfügung stehende Raum beschränkt war, so haben wir in vorstehendem Abschnitte übergangen oder nur kurz erwähnt was einestheils in Friedrich Kapp's empfehlenswerthem Buche: Die Deutschen im Staate New York während des achtzehnten Jahrhunderts (I. Band der von Carl Schurz herausgegebenen „Geschichtsblätter") und anderntheils in der Geschichte der Deutschen Gesellschaft der Stadt New York (im Anhange zu gegenwärtigem Buche) behandelt ist.

Zweiter Abschnitt.
Die Deutschen in New Jersey und Neu-England.
New Jersey.

Da die Holländer das Gebiet des jetzigen Staates New Jersey bis zur Eroberung von Neu-Niederland durch die Engländer als einen Theil dieser ihrer Colonie betrachteten, und da Leben und Kämpfe seiner Ansiedler bis dahin einen Theil der Geschichte New York's bildeten, so können wir uns auf die Zeit von dem Tage der britischen Eroberung an beschränken. Nachdem Niederländer und Schweden sich um den südlichen Theil des Gebietes gestritten, nahmen die Engländer Besitz davon und behielten es über ein Jahrhundert lang, bis zur Schlacht bei Trenton, wo 1000 unserer Landsleute, die von ihren Fürsten an England verkauft worden waren, vor den Fahnen der Republik die Waffen streckten.

Dem Sir Edward Ployden schenkte der König von England im Jahre 1634 eine Strecke Landes am Delaware, welches ihm ebensowenig gehörte, wie Cochin China den Franzosen. Sir Edward nannte es New Albion. Ungefähr um dieselbe Zeit, als Minuit versuchte, in jener Gegend für die Krone Schwedens eine Handelscolonie zu gründen, kaufte die New Haven Compagnie in derselben Gegend Ländereien von den Eingeborenen, denen es nicht darauf ankam, ein und dasselbe Land an verschiedene Personen oder Compagnien zu verkaufen. Als Karl II. von England das zwischen dem Delaware und dem Connecticut gelegene Gebiet seinem Bruder schenkte und durch seine Flotte für ihn erobern ließ, gab dieser einen Theil des heutigen New Jersey an Lord Berkeley, der es New Cäsarea nennen wollte, und verkaufte einen andern an Sir George Carteret, der seinen Theil New Jersey nannte. Beide Herren ließen für ihre durch unbestimmte Gränzen bezeichneten Länder gemeinsame Gesetze entwerfen, die Bezeichnung New Cäsarea wurde

101

fallen gelassen und Philip Carteret, ein Bruder von Sir George, ward zum Gouverneur der Lande ernannt. Er machte Elizabethtown zum Regierungssitze und versuchte, durch liberale Bedingungen für Ansiedler das Gedeihen der Colonie zu befördern. Aber seine Verwaltung wurde unpopulär, die Bauern, welche Patente für ihr Land vom Gouverneur Nicholls bekommen hatten, weigerten sich, Renten zu bezahlen. Im Jahre 1670 revoltirte das Volk und wählte James Carteret, einen illegitimen Sohn von Sir George, zum Gouverneur. Die erste gesetzgebende Versammlung im J. 1670 erließ für die Colonie ein durch außerordentliche Härte bemerkenswerthes Gesetz, das auf nicht weniger als zwölf Verbrechen die Todesstrafe setzte. Da die Besitztitel Berkeley's und Carteret's so ziemlich auf dasselbe Gebiet lauteten, das der „noble" Herzog an den Einen verschenkt, an den Andern verkauft hatte, so veräußerte Ersterer, des langen Haders müde, im März d. J. 1673 sein Interesse an die Quäker John Fenwick und Edward Byllinge. Im Juli desselben Jahres eroberten bekanntlich die Niederländer New York mit seinen früheren Gebieten zurück, und der holländische Befehlshaber gab New Jersey den Namen Achter Kol. Als es durch den Vertrag von 1674 wieder an England fiel, entstand die Frage, ob es nun wieder den alten Eigenthümern oder dem Könige gehöre. Um alle Zweifel zu erledigen, anerkannte der König die Ansprüche Carteret's und unterschrieb eine neue Schenkung an den Herzog von York, welcher seinerseits eine Schenkungs-Acte an Carteret ausstellte. Bevor dies geschah, hatte aber der Herzog in einer Commission an Sir Edmund Andros, Gouverneur von New York, die Provinz New Jersey mitbenannt. Dieser weigerte sich daher, die Autorität des Gouverneurs Philip Carteret anzuerkennen, ließ alle Magistrate, die seine Anordnungen nicht befolgten, verhaften und schließlich, am 30. April 1680, Carteret selbst in New York gefangen nehmen. Ein Jahr später ging es mit der Herrlichkeit Andros' zu Ende, und die früheren Besitzer wurden wieder anerkannt. Fenwick und Byllinge verkauften darauf ein Interesse ihres Antheils an der Provinz an William Penn und zwei andere Quäker, und ersterer gründete die Quäker-Ansiedlung Salem am Delaware. Er beanspruchte für sich und seine Mittheilhaber Jurisdiction über das westliche New Jersey; der östliche Theil der Provinz gehörte Carteret und dessen Erben. Im Februar 1682 kauften

William Penn und 11 andere Quäker das ganze Gebiet. Ihr erster Gouverneur war Robert Barclay, ein Schottländer. Unter seiner Verwaltung ward das Land zu einem Asyl für die ander-wo verfolgten Anhänger seines Glaubens und erfreute sich eine Weile einer blühenden Entwickelung. Aber bald führten Theilungen unter den verschiedenen Eigenthümern, Verkauf oder Uebertragung von Ansprüchen, welche neue Theilungen bedingten und die auf selbe gegründete Jurisdiction zu Uneinigkeiten, die dem Gedeihen der Provinz nicht förderlich waren. Im J. 1702 übertrugen daher die Eigenthümer das Regierungsrecht an die englische Krone. Darauf erfreute sich die Provinz unter englischen Gouverneuren, deren letzter William Franklin, ein natürlicher Sohn Benjamin Franklin's, war, eines langjährigen friedlichen Gedeihens. Während des amerikanischen Revolutionskrieges war New Jersey wiederholt der Schauplatz kriegerischer Operationen. Nach Süden an den Ocean, nach Südosten an die New Yorker Bay und nach Osten an den Hudson gränzend, erfreut es sich einer glücklichen Lage, ist aber trotzdem in der Entwickelung hinter New York zurückgeblieben. Die herrlichen Hochlande von Neversink, welche den schönsten Theil des wunderschönen Rahmens der großen Bay von New York bilden, und die Pallisaden, welche dem Hudson einen Theil seiner Reize verleihen, sind auf dem Gebiete unseres Nachbarstaates.

New Jersey war von den Tagen seiner ersten Besiedlung durch Weiße ein Tummelplatz für Deutsche und ist es heute noch. Dort handelten und schlugen sich unsere Landsleute unter den Holländern und Schweden mit den Indianern, unter denen sie ihre Hütten bauten. Am Delaware, Raritan, Hackensack und Overbeck liegen manche Deutsche aus jener Zeit begraben. Das Pasquack genannte Gebiet oder die Flat Lands, wie noch jetzt die sandige Ebene nördlich vom Hackensack genannt wird und wo Schraalenburg liegt, war bis auf die neueste Zeit fast ausschließlich von Nachkommen der alten Holländer bewohnt. Dort stehen eine kurze Strecke von einander zwei alte Kirchen der holländischen Reformirten, die östliche und die westliche Kirche, von denen eine in Folge eines Streites in der Gemeinde gebaut wurde. An den Wegen stehen hohe, hundertjährige Birnbäume und Weiden. Die Farmhäuser und Scheunen sind in holländischem und norddeutschem Style gebaut, theilweise von graurothem Sandstein, theilweise von

Holz, und über dem Brunnen schwebt der schwere Schwengelbaum, an dessen einem Ende der Eimer hängt, während das andere mit dem Stamme des Baumes beschwert ist. Sie waren sehr conservativ gesinnt, diese alten Niederländer — sie sträubten sich viele Jahre gegen Alles, was man moderne Verbesserungen nannte, wollten nichts von ihren Ländereien verkaufen, die von Vater auf Sohn sich vererbten, behandelten jeden Fremden mit Mißtrauen, bis sie ihn genau kennen lernten, tranken Cider, selbstgebrautes Bier und Apfelbranntwein. Im Winter wurden auf den Tennen geräumiger Scheunen Feste veranstaltet, zu denen das junge Volk auf viele Meilen in der Runde auf Schlitten herbei eilte. Bis vor einigen dreißig Jahren erhoben sich noch auf den Höhen, welche nach Westen und Osten die Ebene der Salzwiesen einfassen, durch welche der Hackensack und der Overbeck sich ergießen, diese alten holländischen Farmhäuser. Dann entstanden die Alles nivellirenden Freischulen und Eisenbahnen, die Söhne und Töchter fanden Gefallen an andern Scenen, andern Erscheinungen, als das stille Leben auf dem elterlichen Hofe ihnen bieten konnte; sie zerstreuten sich nach allen Richtungen, und um den Frieden der alten Niederländer war es geschehen. Hier und da verkaufte Einer sein Land oder ein Stück desselben, Andere folgten, ganze Farmen wurden zu Dörfern und Städten ausgelegt, zahlreiche Villen, die eine noch schöner als die andere, bekränzen jetzt die Hügel, und ihre Bewohner erfreuen sich der Fernsicht über das weite Thal und auf die jenseitigen Höhenzüge mit ihren Gärten und Villen. Da, wo vor zweihundertundfünfzig Jahren der Stamm der Hobokener wohnte, und benachbarte Indianerstämme mit ihnen ihre Feste feierten, ging vor einigen dreißig Jahren die deutsche Jugend New York's zum Picnic und Tanz, die Alten Sonntags zum Bier, bis sich diese Stätte deutscher Gemüthlichkeit im Wechsel der Zeit zur Stadt veränderte. Das alte Paulus Hook, das heutige Jersey City, war damals ein kleines Dorf, jetzt zählt es nahe an 100,000 Einwohner, von denen ein großer Theil Deutsche sind. Von den Indianern hatten die weißen Einwohner New Jersey's nach der Verwaltung Kieft's nicht viel zu leiden, sie zogen sich bald in die Gebirge an der nördlichen und westlichen Gränze zurück. Eine der frühesten reindeutschen Ansiedlungen New Jersey's war in dem Thale, welches sich durch die Bezirke von Morris und Hunterdon zieht und

German Valley genannt wurde. Die Mitglieder einer reformirten Gemeinde, welche zwischen Wolfenbüttel und Halberstadt seßhaft war, sollen schon im J. 1707 ausgewandert sein, und in diesem Thale sich an-gesiedelt haben. In den Bezirken Somerset, Sussex, Passaic, Bergen und Essex haben sich ebenfalls früh deutsche Gemeinden angesiedelt. In Salem County, da wo jetzt der kleine Ort Friesburg liegt, existirte von früheren Zeiten her eine lutherische Gemeinde. Es scheint, daß die ersten Mitglieder derselben, unter denen ein Jakob Müller und ein Pastor Christian Schulze genannt werden, im Jahr 1732 ins Land kamen. Zwischen den Jahren 1738—1740 wurde die Gemeinde in geistlichen Dingen von dem schwedischen Pastor Peter Trauberg bedient und im Jahre 1739 die erste Kirche dort gebaut. Die Gemeinde wurde später Cohenzi genannt; nachdem Trauberg nach Christina (jetzt Wil-mington) versetzt worden, hielt sie einen Schullehrer, und von Zeit zu Zeit kam ein Pfarrer von Philadelphia. Diese Einrichtung dauerte ein halbes Jahrhundert lang. Sie gehörte bis 1842 zur Kirchenver-bindung von Pennsylvanien, jetzt gehört sie zur Synode von New York und New Jersey. — Im Jahre 1880 zählte New Jersey, laut dem letzten Censusberichte 63,000 Deutsche, die im deutschen Reiche geboren waren, außer den Deutschen aus Oesterreich, der Schweiz und anderen Ländern Europa's.

Neu-England.

Mehr als ein Jahrhundert war verflossen, seit Cabot im Auftrage Heinrich's VII. von England an der Küste Nord-Amerika's entlang segelte. Seefahrer in französischen, spanischen oder portugiesischen Diensten hatten bei dem Suchen einer Durchfahrt nach Indien die einsame Wildniß des Landes bewundert, als der Engländer Gosnold im Jahr 1602 den kühnen und vergeblichen Versuch machte, mit einer Schaar von 32 Weißen an der Bay von Massachusetts eine Colonie zu gründen. Einige Jahre später landeten französische Expeditionen an den Küsten, um das Land in Besitz zu nehmen, aber die drohende Haltung der Eingeborenen und rauhes Wetter vereitelten den Zweck ihrer Sendung. Um jene Zeit bildete sich in England die Plymouth

Compagnie, welche von der Regierung alles Land vom 38. bis zum 45. Grade n. B. nebst ausgedehnten Handelsprivilegien erhielt, die Küste untersuchen ließ, aber weder edle Metalle fand, noch große commer-cielle Vortheile errang. Um 22. December 1620 landeten die Puri-taner, denen es gelang, eine Colonie zu gründen, welche die Entbeh-rungen und Leiden der ersten Ansiedler überdauerte. Auf dem Schiffe schon hatten sie einen Vertrag unterzeichnet, unter dem die Verwaltung ihrer Ansiedlung zu einer Theokratie wurde, welche über zwei Jahr-hunderte lang den starren Glaubenszwang über Neu-England ver-breitete. Die Hälfte der Pilger, wie sie sich nannten, und ihr erster Gouverneur fielen im ersten Jahre der Ansiedlung ihren Leiden und Entbehrungen zum Opfer, und die Uebrigen würden verhungert sein, wenn nicht der Häuptling der Indianer, welche jene Küsten bewohnten, sich ihrer erbarmt hätte. Aber nach Verlauf der ersten drei Jahre erfreuten sich die Ueberlebenden eines ziemlichen Gedeihens. Im J. 1628 landete eine andere Expedition von Ansiedlern an der Stelle des heutigen Salem, unter dem Schutze der Massachusetts Bay Com-pagnie, die einen königlichen Charter besaß; dieser folgten wieder Andere, so daß die Ansiedlungen und deren Zahl sich mehrten, obgleich viele der religiösen Schwärmer und Abenteurer den Eindrücken des rauhen Klimas erlagen, Andere entmuthigt in die alte Heimath zurück-kehrten. Die Massachusetts Bay Compagnie sandte zahlreiche Ansied-ler nach, ihre Colonie dehnte sich aus, und es währte nicht lange, bis die Puritaner das Gebiet der Neu-Niederländer verletzten. Erst 72 Jahre nach der Landung der Pilger wurden die Plymouth, die 7000, und die Massachusetts Bay Colonie, welche damals schon 40,000 Ein-wohner zählte, unter einem neuen königlichen Charter zu einer Colonie mit gemeinschaftlicher Verwaltung vereinigt. Schon im J. 1636 hatte sich Roger Williams mit fünf seiner Getreuen des Glaubens wegen aus Massachusetts flüchten müssen, im Gebiete des heutigen Rhode Island eine neue Colonie gegründet, und als leitendes Princip derselben die Gewissensfreiheit proklamirt. In die Zeit der Vereinigung der beiden Colonien zu einer Verwaltung fällt die berüchtigte Hexenver-brennung, welche in einem Jahre in Salem 19 Opfer forderte.

Die Tradition von ehemaligen deutschen Ansiedelungen in Maine, welches einen Theil der so vereinigten Colonien bildete, war Wenigen

mehr bekannt, als vor zwei Jahren der deutsch-amerikanische Geschichts-
forscher Rattermann eine Reise nach Neu-England unternahm, um den
Ursprung, die Entwickelung und den Verfall der Ansiedlungen aufzu-
suchen. Seine Bemühungen wurden mit Erfolg belohnt. Er suchte
in den vergilbten und oft zerrissenen Blättern alter Archive und Local-
Chroniken nach Auskunft über das Schicksal seiner verschollenen Landsleute. Kaum noch erkenntliche Buchstaben auf verwitterten Leichen-
steinen auf dem Kirchhofe bei Waldoboro waren Zeugen, daß Deutsche
es waren, welche diese kleine Culturstätte aus dem Urwalde geschaffen.
Durch das, was er fand, ward er befähigt, eine geschichtliche Darstellung zu schreiben, die als die einzig vorhandene der vorliegenden
gedrängten Mittheilung zur Grundlage dienen muß. Deutsche Handwerker und Kaufleute ließen sich schon im ersten Viertel des vorigen
Jahrhunderts in den größeren Ortschaften Neu-Englands nieder, und
es ist wohl möglich, daß unter den Ansiedlern, welche im 17. Jahrhundert die Colonie an der Massachusetts Bay gründeten, deutsche
Wiedertäufer waren, die sich nach Holland geflüchtet hatten und dort
keine Ruhe fanden. Die neu-engländischen Colonien hielten sich noch
geraume Zeit von der Bewerbung um deutsche Einwanderer fern, als
das Beispiel William Penn's, durch Anwerbung deutscher Ansiedler die
Cultur seines Gebietes zu entfalten, in andern Colonien Anklang fand.
Im J. 1738 aber reiste ein deutscher Kaufmann in Boston, Namens
Samuel Waldo, der am Muscongus in Maine von dem Plymouth-
Rathe ausgedehnte Ländereien erworben hatte, nach Deutschland, um
Colonisten für dieselben anzuwerben. Im Jahre 1740 gelang es ihm,
vierzig deutsche Familien zu bewegen, seine verlockenden Offerten anzu-
nehmen, nach Amerika zu ziehen und auf seinem Lande den Grund
zu der Ansiedlung Waldoburg, dem jetzigen Waldoborough, zu legen.
Da er indeß nicht seine ganze Zeit auf das Projekt der Ansiedlung der
Ländereien verwenden konnte, weil ausgedehnte Handelsgeschäfte ihn
zu sehr in Anspruch nahmen, engagirte er einen Schweizer, Namens
Sebastian Zuberbühler, der schon in den Carolina's gewesen war, als
Agenten, der nun in der Pfalz die Rolle des „Neuländers" spielte und
durch Verbreitung verlockender Circuläre Einwanderer für seines
Auftraggebers wildes Gebiet zu gewinnen suchte. Es gelang ihm,
eine Anzahl Pfälzer und Würtemberger Familien, im Ganzen über

zweihundert Personen, anzuwerben. Es waren meistens wohlhabende
Landleute, die sich in Folge des religiösen Druckes, der sich damals in
der Pfalz geltend machte, von der Heimath losrissen. Wer von ihnen
Haus und Hof besaß, verkaufte es, um in der neuen Welt Plantagen
anzulegen. Als Sammelplatz war Mannheim bestimmt, von wo aus
im März 1741 die Reisenden in Kähnen den Rhein hinabfuhren.
Um 22. April kamen sie in Mülheim am Rhein an, wo ihnen die
Weiterreise untersagt wurde, da die Regierung der Niederlande Bürgschaft forderte, daß die Leute nicht mittellos in Holland zurückgelassen
würden. Nach einem Aufenthalte von acht Wochen, bis das Hinderniß beseitigt war, nach vielen Mühseligkeiten und Plackereien, konnten
sie endlich Mitte Juni nach Rotterdam weiter fahren, wo sie am 20.
ankamen. Lange konnte Zuberbühler für die Ueberfahrt nach Amerika
keine Schiffe finden. eine Anzahl der Colonisten wurde ungeduldig, so
daß etwa 30 sich nach Pennsylvanien einschifften, Andere in die Heimath
zurückkehrten, und einige junge Männer sich als Soldaten von den Engländern anwerben ließen, so daß die Zahl der nach Maine bestimmten
Colonisten auf 150 bis 160 Personen zusammenschmolz. Diese wurden
dann Ende August eingeschifft und kamen im October bei Boston
an, wo der Gouverneur Shirley und Waldo sie empfingen, und letzterer
sie von da nach ihrem Bestimmungsorte begleitete. Das Schiff segelte
in die Mündung des Medomack, wo an der bay-artigen Bucht dieses
Flusses. die Broad Bay genannt, ein paar Blockhütten ihnen ihre
künftige Heimath anzeigten. Noch war der Winter nicht herein-
gebrochen, noch schimmerte der amerikanische Wald in seiner spät-
herbstlichen bunten Pracht, der sogenannte Indianersommer hatte
für die neuen Ankömmlinge mehr als gewöhnlichen Reiz. Von den
wenigen deutschen Familien, welche dort bereits angesiedelt waren,
Braunschweiger und Sachsen, wurden sie mit großem Jubel aufgenommen; um ihnen aber viele Unterstützung gewähren zu können,
dazu waren die Leute zu arm; auch litten viele am Fieber, wie
dies in den meisten neuen Ansiedlungen gewöhnlich der Fall ist.
Obdach konnten sie den neuen Ankömmlingen ebenso wenig zu
Theil werden lassen, da sie selber nur in armseligen, kleinen Blockhütten wohnten. Gebäude, welche versprochenermaßen zur Aufnahme der Colonisten bereit sein sollten, waren nicht vorhanden, und

so mußten sie denn die ersten Nächte unter freiem Himmel schlafen, und am Tage Bäume fällen, um sich daraus Blockhütten zu erbauen. Waldo sandte ihnen zwar Lebensmittel von Boston, aber das war auch Alles, was er während des ersten Winters für sie that. Die Ländereien, welche ihnen versprochen worden, sollten am Ufer des Flusses liegen. Um das Versprechen dem Buchstaben nach zu lösen, waren die Grundstücke in einer Breite von 25 Ruthen ausgemessen worden, bei einer Länge von zwei englischen Meilen, gewiß die unbequemste Form für eine Bauerei, die nur denkbar ist. Der Boden war mit einem undurchdringlichen Urwald bewachsen. Die wenigen schönen Novembertage gingen bald vorüber, und nun stellte sich ein kalter Winter ein. In wenigen eilig aufgebauten Hütten zusammengedrängt, die weder Fenster noch Thüren hatten, noch auch Schornsteine, um große Feuer darin unterhalten zu können, mußten die armen Leute schrecklich von der Kälte leiden. Einige von ihnen fielen den Leiden zum Opfer. Als der Frühling kam, fanden sie sich in solch dürftigen Umständen, daß es ihnen unmöglich war, aus dem schrecklichen Lande zu entfliehen. Sie wandten sich deshalb mit einem Bittgesuch an den Gouverneur und die Assembly von Massachusetts, worin sie ihre Leiden schilderten und flehten, man möge sie aus der Gegend fortnehmen und ihnen anderswo Land oder Beschäftigung anweisen, damit sie sich, ihre Weiber und Kinder ernähren könnten. Die Assembly ließ auch die Angelegenheit durch eine Commission untersuchen, welche darauf als ihre Meinung berichtete, daß die Beschwerdeführer große Leiden ausgestanden und noch zu erdulden hätten, und daß, wenn sie nicht bald Hülfe erhielten, die Regierung sich ihrer erbarmen müßte. Da Waldo zur Zeit nicht in Boston anwesend war, wurde die weitere Berathung bis zur nächsten Sitzung der Assembly verschoben. Die spätere Untersuchung fiel, wie das damals gewöhnlich, zu Ungunsten der armen geprellten Colonisten aus, und von Seite der Behörden wurde folglich nichts für sie gethan. Wie es den armen Deutschen im zweiten Winter erging, als auch die Lebensmittelsendung Waldo's aufhörte, darüber fehlen alle Nachrichten; dagegen sollte die Zukunft ihnen noch andere Leiden bescheren.

Der Krieg, welcher im folgenden Jahre (1744) zwischen England und Frankreich ausbrach, und die neue Welt in Mitleidenschaft zog, drang

bis in die sonst so stillen Wälder von Maine und bedrohte auch die
mittlerweile dürftig hergestellte Ansiedlung der Deutschen. Als im
Winter von 1745 eine Expedition gegen Louisburg zog, worin Waldo
als Oberst diente, mußten die Männer der Colonie sich derselben anschließen, so daß diese für die Dauer der Expedition gänzlich verlassen
war, indem die Weiber und Kinder genöthigt waren, nach den Forts
am Pemaquid zu ziehen, um vor den Angriffen der Wilden sicher zu
sein. Die Deutschen bildeten eine eigene Compagnie unter dem Befehl
ihres Predigers Johannes Ulmer. Fort Louisburg wurde genommen
und ein Theil der Milizen kehrte in die Heimath zurück. Als aber die
den Franzosen freundlichen Indianer nach diesem Ereignisse über die
Ansiedlungen herfielen, die Provinzial-Regierung darauf allen östlichen
Stämmen der Wilden den Krieg erklärte und auf Indianerscalps einen
Preis aussetzte, begann einer jener schrecklichen Gränzkriege, wie sie in
der Colonisations-Geschichte Amerika's verzeichnet sind. Während im
Winter von 1745 die Ansiedlungen rings um Waldoburg, [wohin die
Deutschen im Herbste zurückgekehrt waren] von den Wilden heimgesucht
wurden, blieben die Waldoburger selbst verschont. Man fühlte sich
dort schon ziemlich sicher, als am Morgen des 21. Mai 1746 die
wilden Horden über die friedliche Ansiedlung herfielen und sie gänzlich
zerstörten. Wer sich nicht durch die Flucht zu retten vermochte, wurde
entweder getödtet oder in die Gefangenschaft geschleppt. Diejenigen,
welche sich retteten, flohen nach Louisburg, wo sie bis zum Ende des
Krieges blieben. Nicht ein Häuschen, nicht ein Schuppen blieb stehen.
Nach dem Aachener Frieden im J. 1748 kamen die überlebenden Colonisten, um ihre zerstörten Ansiedlungen wieder aufzubauen. Waldo
bemühte sich aufs Neue, deutsche Einwanderer für die Colonie zu gewinnen, und brachte schon zu Anfang des folgenden Jahres zwanzig
bis dreißig Familien Neueingewanderter von Philadelphia nach
Waldoburg, wodurch frisches Leben in das Dorf kam. Nun wurden
Mahl- und Sägemühlen gebaut, und bald erhob sich durch die gemeinsamen Anstrengungen der Colonisten ein kleines Kirchlein, in welchem
sie den Gottesdienst, statt wie bisher im Freien oder in den Wohnungen
oder Scheunen der Ansiedler, abhalten konnten.

Gegen Ende der vierziger Jahre des vorigen Jahrhunderts machte
Massachusetts, welches noch mit Maine unter einer und derselben

Provinzial-Regierung stand, Anstalten, deutsche Einwanderer heranzu-
ziehen. Ein Agent, Namens Crell oder Crellius, wurde nach Deutschland abgesandt, um die Rolle des „Neuländers" zu spielen, und einem
Rechtsanwalt, Namens Luther, in Frankfurt, die Controle über die
Emigrantenwerbung anvertraut. Da sich um dieselbe Zeit auch
Werbeagenten für Neu-Schottland in Deutschland umhertrieben und
sich gegenseitig Concurrenz machten, geriethen sie an einander, verläum-
deten und beschimpften einander in Druckschriften und Zeitungen, und
trieben es in Deutschland ungefähr gerade so, wie ein Jahrhundert
später die New Yorker Runner an den Werften es zu machen pflegten,
wenn Einwanderungsschiffe landeten. Sonderbar bleibt es, daß die
deutschen Behörden diese Menschen nicht zum Lande hinausjagten!
Mit Hülfe des genannten Rechtsanwaltes gelang es Crell, bis zum
Frühjahr 1751 eine ziemliche Anzahl Auswanderungslustige für sein
Unternehmen zu gewinnen, die er in zwei Transporten den Rhein
hinab nach Rotterdam brachte. Nach vielen Hindernissen, die sie dort
und in London, wohin sie zunächst verschifft wurden, erfuhren, kamen
sie am 5. September in Boston an, und zwanzig oder dreißig Familien
wurden nach ihrem Bestimmungsorte am Kennebec weiter befördert,
wo sie die Ansiedlung Frankfurt gründeten und im ersten Winter viele
Entbehrungen auszustehen hatten. Noch bis auf den heutigen Tag ist
jene Gegend von einer Bevölkerung bewohnt, welche sowol ihren germanischen Typus, als auch ihre deutschklingenden Geschlechtsnamen
bewahrt hat, aber wer diese ersten Familien waren, welche am Kennebec sich ansiedelten, darüber fehlt jeder Nachweis. Besser steht es in
dieser Hinsicht mit einem Theile desselben Transportes von Einwanderern, der sich später auf dem Gebiete der westlichen Ortschaften
bei Fort Massachusetts niederließ. Diese waren genöthigt gewesen,
zuerst die Kosten ihrer Ueberfahrt abzuverdienen. Als dies im Frühjahr 1753 geschehen war, wies ihnen die Colonie Massachusetts auf
ihr Gesuch einen Landstrich an der westlichen Grenze der Provinz an,
wo sie eine Ansiedlung gründeten und dieselbe Leydensdorf nannten,
in Anbetracht der vielen Leiden, welche sie auf ihrer Ueberfahrt und
in dem amerikanischen Lande erduldet hatten. Crell reiste zum zweiten
Male nach Deutschland, um Einwanderer zu holen; auch der Oberst
Waldo selbst segelte noch einmal über den Ocean, und begab sich nach

Braunschweig, um Leute für sein Land anzuwerben. Löher's Angaben zufolge kamen noch viele Einwanderer nach jener Gegend,
aber im J. 1755 wurden sie wiederum von den Indianern überfallen.
Kaum hatten sich die Ansiedlungen von diesem Schlage wieder erholt
und waren ihre Felder in blühendem Stande, als Waldo starb. Das
Recht der Ansiedler, sowie auch die Ansprüche der Colonisten am Kennebec wurden angefochten. Der englische König hatte ursprünglich, wie
es scheint, an mehr als eine Compagnie das Land verschenkt. Gegen
50 bis 60 Familien kauften im J. 1763 ihr Land zum zweiten Male
von den angeblich rechten Eigenthümern desselben; da aber fand sich
weiter, daß noch ein Anderer viel ältere Ansprüche darauf habe. Der
empörenden Behandlung müde, verkauften 1773 die meisten Familien
ihr Besitzthum und ihre Ansprüche für einen Spottpreis und zogen zu
ihren Landsleuten in Orangeburg, in Süd-Carolina. Einige kehrten
später zurück und fanden sich mit den Landeigenthümern endlich ab.
Etwa 90 Familien sollen sich auf diese Weise in Maine erhalten
haben, und es wird behauptet, daß bis in das J. 1827 in der Kirche
zu Waldoborough noch Deutsch gepredigt worden sei. Jetzt ist die
deutsche Sprache dort erloschen, aber in Denkweise und Sitten sind die
Einwohner jener Gegend noch ziemlich deutsch bis auf den heutigen
Tag und, eingedenk der Unbilden, welche ihre Vorfahren erduldet,
hegen sie eine tiefe Abneigung gegen die "Yankees".

Die deutsche Einwanderung nach der Revolution hat die Neu-England Staaten kaum berührt, Handel und Industrie wurde frühzeitig
die hauptsächlichste Beschäftigung ihrer Bewohner, die sich dem Ackerbau entzogen, sobald sie aus andern Theilen des Landes die nothwendigen Bodenerzeugnisse eintauschen konnten. Die Natur des Bodens ist im Allgemeinen in Neu-England dem Landbau nicht günstig.
„Es fehlte in diesen dem Mutterlande so ähnlichen Colonien“, sagt
Körner, „an einem cosmopolitischen Sinne, der mehr oder weniger in
New York, Pennsylvanien und den westlichen Staaten zu finden war“.
Dahingegen fanden frühzeitig deutsche Lehrer an den höheren Bildungs-
anstalten Anstellung; doch mußten dieselben natürlich durchaus im
Sinne ihrer Umgebung wirken, den Anschauungen, Sitten und Ge-
bräuchen ihrer Mitbürger sich fügen. „Wir Deutschen in Neu-
England“, sagt der derzeitige Congreß-Repräsentant Boston's, „sind

keine Deutsche, wie sie an andern Orten des Landes sind; wir sind deutsche Yankees".

Im Staate Vermont gab es im J. 1880 nur 396 Deutsche, und diese lebten als Krämer und Handwerker in den Städten zerstreut. Ein im Innern jenes Staates wohnhafter Arzt erzählte jüngst einem Deutschen aus New York, daß er in seinem Heimathsorte nie einen Deutschen gesehen habe, außer von Zeit zu Zeit Hausirer, die bis in die Einsamkeit von Vermont vorgedrungen seien und sich für Deutsche ausgegeben hätten. Auch im Staate Maine, einst die Hoffnung so vieler gen Westen segelnder Europäer, das für sie ein Land der Leiden und Enttäuschungen werden sollte, waren laut der letzten Volkszählung im J. 1880 nur 688 im Deutschen Reiche geborene Bewohner, und diese leben meistens in den größeren Städten. Dahingegen hat die riesige Entwickelung der Industrie in den übrigen vier, an Flächen-raum kleinen Staaten Neu-Englands eine zahlreiche deutsche Bevöl-kerung dahin gezogen, die meistens in Fabriken, fast ausschließlich in Fabrikstädten beschäftigt ist. Massachusetts zählte nach dem letzten Census 16,872, Connecticut 15,627, dagegen Rhode Island 1966, und New Hampshire nur 789 im Deutschen Reiche geborene Bewohner.

„Die Städte Neu-Englands", schrieb Löher vor 36 Jahren, „zählen viele alte und reiche Familien, welche selbst einfach leben, ihre Söhne aber zum Erwerben ausschicken und ihre Reichthümer gern dazu ver-wenden, Bildung und strenge äußere Sittlichkeit ins Land zu bringen. Sie rühmen sich, die erleuchtetsten und besten Christen auf der Welt zu sein, und sind in der Politik standhafte Widersacher der ungebundenen Volksherrschaft. Die Feindseligkeit, mit der sie Alles verfolgen, was sie einmal für schlecht halten, macht sie allmählig verhaßt. In Sachen der Wissenschaft aber werden sie noch lange den Ton angeben. Die jungen Yankees lernen auf der berühmten Harvard-Hochschule und den Bostoner Rechts-, Arznei- und Theologie-Schulen noch immer mehr, als anderswo in Amerika, und dazu haben sie ihre natürliche Verschlagenheit und Reg-samkeit voraus. Die von dort ausgehenden Aerzte, Prediger und Rechts-gelehrten bilden mit ihren Landsleuten, den Kunsthandwerkern, Fabri-kanten und Händlern, in den meisten Städten ihre eigene Gesellschaft, und da sie mit kindlicher Anhänglichkeit stets auf Neu-England zurücksehen, so dienen sie zugleich zu einem Bindemittel für die verschiedenen Staaten."

Die gebildeten Eingeborenen Neu-Englands anerkennen gerne das Verdienst, welches die Deutschen in den Städten beanspruchen, verwerfen dagegen die freiere Lebensweise der Deutschen. Auf Boston kamen im J. 1880 7,400 im Deutschen Reiche Geborene, auf New Haven 2,800, auf Hartford 1,400, und auf Lawrence 1,117. In diesen Städten, sowie auch in Providence, bestehen deutsche Gesang- und Turnvereine, in Boston ein Schützenverein. Wie die Gegensätze sich oft berühren, so stehen in Boston den streng-puritanischen Religionsanschauungen die radicalsten Vertreter des Unglaubens gegenüber, und dies war vielleicht die Ursache, daß auch der deutsch-amerikanische Radicalismus in Politik und Religion eine Zeitlang die Stadt Boston als seinen Sammelplatz betrachtete. In musikalischer Hinsicht verdanken die großen Städte den Deutschen sehr viel. An vielen Orten herrscht ein gewisser Wohlstand unter den deutschen Handwerkern und Fabrikarbeitern, dessen Erhaltung natürlich durch den Bestand der blühenden Industrie bedingt wird. In mehren Städten erscheinen deutsche Zeitungen, aber ohne rechten Erfolg, und ältere deutsche Bürger behaupten, daß trotz der größeren Zahl ihrer Landsleute in Neu-England das Interesse für ernstliche geistige Bestrebungen vor dem Kriege größer gewesen sei als jetzt; doch sind das vielleicht nur zweifelhafte Traditionen von der „guten alten Zeit".

Dritter Abschnitt.

Die Deutschen in Pennsylvanien.

Anfang der Auswanderung nach Amerika.

Vor der Colonisirung Pennsylvaniens durch die englischen Quäker gab es eigentlich keine deutsche Auswanderung nach Nord-Amerika. Bis zu jenem Wendepunkte finden wir, daß die Angehörigen europäischer Staaten nur nach Colonien ihrer eigenen Nation übersiedelten. Holländer ließen sich am Hudson nieder, wo die Oberhoheit der Niederlande anerkannt war, Engländer gingen in die englischen Provinzen, Franzosen nach den Gebieten, die Frankreich beanspruchte, die Schweden am Delaware waren Schutzbefohlene der heimischen Regierung. Das deutsche Reich aber besaß in Amerika keinen Fußbreit Landes und so fehlte es den Deutschen an der nächsten Veranlassung, sich in ein fernes, unbekanntes Land jenseits des Oceans zu begeben.

Allerdings gab es schon vor dem Jahre 1683 einzelne Deutsche in Amerika, die unter Holländer, Schweden und Engländer versprengt, ihr Glück in der weiten Welt suchten. Aber ihre Fühlung mit dem aufgegebenen Vaterlande war abgebrochen, sie zogen keine Genossen nach sich, gründeten keine Niederlassung und blieben zufällige Bestandtheile einer fremden Bevölkerung.

Welche Ursachen waren es denn, die dieser Gleichgültigkeit der Deutschen gegen die neue Welt ein Ende machten und den Anfang jener Wanderzüge herbeiführten, wodurch 5 Millionen unserer Landsleute in das Gebiet der Vereinigten Staaten verpflanzt worden sind?

Es war das Zusammentreffen eines religiösen Motives, des Verlangens nach Gewissensfreiheit, mit dem persönlichen Erscheinen William Penn's in Deutschland wenige Jahre vor seiner Belehnung mit Pennsylvanien. Im deutschen Reiche waren nur drei Confessionen

115

staatlich anerkannt: die Katholiken, die Lutheraner und die Reformirten. Wer nach Ueberzeugung und Gewissen sich keinem dieser Bekenntnisse anschließen konnte, hatte zu gewärtigen, daß er als Sektirer
oder Ketzer verfolgt wurde. Die Mennoniten, die im Westen Deutschlands und in der Schweiz sehr zahlreich waren, fanden nur hie und da
Duldung, Caspar Schwenkfeld's Nachfolger mußten sich die empö-
rendste Behandlung gefallen lassen. Selbst die „Pietisten", die doch
nur auf einer innigeren Erfassung und gewissenhafteren Ausübung der
Religion innerhalb des Lutherthums bestanden, wurden von der ortho-
doxen Kirche angefeindet und dem Staate als gefährliche Neuerer
denuncirt. Die Mystiker, die in der zweiten Hälfte des 17. Jahrhunderts in mancherlei Schattirungen auftauchten, hätte man am liebsten in Tollhäuser gesperrt.

Zu den beunruhigenden Elementen, welche der Kirche ein Dorn im
Auge waren, gesellte sich nun noch ein neues, nämlich die Quäker, die
von England herüberkamen. Diese von George Fox um das J. 1647
gestiftete Sekte strebte damals alles Ernstes darnach, ihre Ansichten zu
allgemeiner Geltung zu bringen und Quäker-Sendboten kamen nach
Holland und Deutschland, um Propaganda zu machen. Sie arbeiteten
vornehmlich unter den Mennoniten und gewannen, wenn auch nicht
viele, so doch treue und beharrliche Anhänger. In Deutschland war
dies der Fall in Lübeck, Emden, Hamburg, Crefeld, in der Pfalz;
gleichfalls in Altona und Friedrichstadt, die zu Dänemark gehörten,
und in Danzig, das unter polnischer Herrschaft stand. Die Quäker,
welche sich der schwierigen Aufgabe unterzogen, ihre Lehre auf dem
Continente zu verbreiten, waren Wm. Ames, Wm. Caton, Stephen
Crisp, der in Crefeld unter den Deutschen ein „Quäker-Meeting" organisirte, Wm. Moore, George Rolfe, John Stubbs, John Higgins
und endlich Wm. Penn. Dieser hatte Holland und Deutschland zum
ersten Male im J. 1671 bereist und wiederholte seinen Besuch im
J. 1677. Auf der zweiten Reise wurde er in Frankfurt a. M. in den
Kreis, der sich um J. J. Spener gesammelt hatte, eingeführt und
machte die persönliche Bekanntschaft von Jacob Van de Walle, dem
Fräulein Johanna Eleonore von und zu Merlau und Anderen; in
Krisheim bei Worms (jetzt Kriegsheim) hielt er für die kleine Quäker-
gemeinde, die Wm. Ames zwanzig Jahre vorher gegründet hatte, den

Gottesdienst und so wirkte er durch Wort und Schrift, wo der Same seiner Lehre entweder schon gestreut war oder wo er günstigen Boden dafür zu finden glaubte. Im Herbst 1677 kehrte er nach England zurück.

Die englische Regierung war dem Vater Wm. Penn's, dem Admiral gleichen Namens, die Summe von £16,000 für geleistete Dienste und Vorschüsse schuldig geblieben. An Zahlungsstatt nahm der Sohn und Erbe die Belehnung mit der nördlich von Maryland und westlich vom Delaware gelegenen Strecke Landes an, welche dem Admiral zu Ehren den Namen Pennsylvanien erhielt. Sobald der König Karl II. diese Verleihung bestätigt hatte (am 4. März 1681), veröffentlichte Wm. Penn, der seine Augen längst auf ein Asyl der verfolgten Religionssekten in Amerika geworfen hatte, eine kurze Beschreibung der neuen Provinz und fast zu gleicher Zeit, wenigstens noch im Jahre 1681, erschien davon eine deutsche Uebersetzung unter dem Titel:

„Eine Nachricht wegen der Landschaft Pennsylvania in Amerika u. s. w. In Amsterdam gedruckt bey Christoph Conraden, 1681."

Dieselbe Schrift wurde nochmals in Frankfurt im J. 1683 als Theil eines größeren Werkes veröffentlicht. Der Zusammenhang von Wm. Penn's Auftreten in Deutschland mit dem ersten Auswanderungsprojekte läßt sich noch genauer verfolgen. Als nämlich Franz Daniel Pastorius, ein junger Rechtsgelehrter, welcher im J. 1683 als Agent der Frankfurter Landgesellschaft nach Pennsylvanien gesandt wurde, im November 1682 von seinen Reisen nach Frankfurt zurückkehrte, wurde er von seinen Freunden im Saalhofe, dem Versammlungsorte des Spener'schen Kreises, bewillkommnet. Er macht unter diesen die folgenden namhaft: Dr. Spener, Dr. Schütz, Notar Fenda, Jacob Van de Walle, Maximilian Lersner, Eleonore von Merlau, Marie Juliane Bauer, und fügt hinzu: „Diese erwähnten zuweilen William Penn von Pennsylvanien und zeigten mir Briefe von Benjamin Furly (dieser gehörte zu Penn's Begleitern auf seiner Reise durch Deutschland), auch eine gedruckte Nachricht über die besagte Provinz; endlich konnte mir das Geheimniß nicht mehr vorenthalten werden, daß sie 15,000 Acker Land in diesem entfernten Welttheile gekauft hatten. Einige waren fest entschlossen, sich mit Familie und Allem dorthin zu

begeben. Sie erweckten in meiner Seele eine Sehnſucht, in ihrer Geſellſchaft zu verbleiben und mit ihnen ein ruhiges, gottſeliges und ehrbares
Leben in einer wilden Wüſtenei zu führen."

Hier haben wir den Urſprung der Frankfurter Geſellſchaft, die anfangs drei Antheile von je 5000 Acker, bald darauf noch zwei weitere,
im Ganzen alſo 25,000 Acker Landes in Pennſylvanien käuflich erwarb. Ein Antheil koſtete £100.

Die Mitglieder dieſer Geſellſchaft waren zur Zeit ihrer Conſti-
tuirung: Dr. Schütz, Jacob Van de Walle, Caſpar Merian, Wilhelm
Ueberfeldt, Daniel Behagel, ſämmtlich aus Frankfurt; Georg Strauß,
Johann Laurentz und Abraham Haſevoet. Nach einigen Jahren
finden wir mehrere Veränderungen eingetreten. Merian's Antheil iſt
von Van de Walle und Behagel übernommen, Paſtorius an die Stelle
von Ueberfeldt getreten und Eleonore von Merlau, nunmehr die Frau
des bekannten chiliaſtiſchen Theologen J. W. Peterſen, an die Stelle
von Strauß; Laurentz hat an Balthaſar Jawert und Johann
Kembler in Lübeck ausverkauft und Haſevoet an Dr. Gerhard von
Maſtricht, Syndicus von Bremen, Johann Lebrün und an Thomas
Wylich, letztere aus Weſel. Daß von dieſen Perſonen außer den
Frankfurtern mehre mit Wm. Penn bekannt geworden waren, iſt
höchſt wahrſcheinlich. Von Dr. von Maſtricht wiſſen wir dies aus
Penn's eigenen Aufzeichnungen.

So ernſt es den Theilhabern der Frankfurter Geſellſchaft mit ihrem Vorhaben, nach Pennſylvanien zu gehen, geweſen ſein mag, mit
Ausnahme von Paſtorius gelangte keiner derſelben dorthin. Die erſten Auswanderer kamen aus Crefeld.

Hier beſtand ſchon längere Zeit, etwa ſeit dem Jahre 1600, eine
Gemeinde von Mennoniten oder von Wiedertäufern, wie ſie mit einem
gehäſſigen Worte bezeichnet wurden. Dorthin hatten ſich auch die
Quäker begeben und Convertiten gemacht.

Die Crefelder, die ſich im J. 1683 zur Auswanderung entſchloſſen,
waren urſprünglich Mitglieder der mennonitiſchen Gemeinde; wie
viele derſelben ſchon damals zu den Quäkern übergetreten waren, läßt
ſich nicht nachweiſen; in Pennſylvanien ſchloſſen ſie, mit Ausnahme
eines Einzigen, ſich dieſen an. Die Namen der 13 Familienhäupter,
welche auswanderten, waren: Dirck Op den Gräff, Hermann Op den

Gräff, Abraham Op den Gräff, Lenert Arets, Tünes Kunders, Reinert Tisen, Wilhelm Strepers, Jan Lensen, Peter Keurlis, Jan Simens, Johann Bleikers, Abraham Tünes und Jan Lücken. Die meisten derselben waren mit einander verwandt oder verschwägert.

Auch die Crefelder hatten von William Penn Land gekauft und zwar 18,000 Acker. (Jakob Telner 5000, Jan Strepers 5000, Dirck Sipman 5000, Govert Remke 1000, Jakob Isaak Van Bebber 1000, Lenert Arets 1000.) Von den Käufern wanderten Sipman und Remke nicht aus, Arets 1683, Telner, der schon zuvor in Amerika gewesen war, 1684, Van Bebber 1687 und Jan Strepers 1691.

Wegen ihrer Ueberfahrt setzte sich Benjamin Furly, Wm. Penn's Agent in Rotterdam, mit einem Kaufmann in London, James Claypoole, in Verbindung und contrahirte durch diesen für die Verschiffung der Crefelder in der „Concord", Capitän Jeffries, zu dem Preise vor £5 für jeden Erwachsenen und die Hälfte für Kinder unter 12 Jahren. Am 24. Juli 1683 segelten sie von Gravesend ab. Die Reise dauerte zwar etwas lange, verlief aber sonst zu allgemeiner Zufriedenheit. Die Auswanderer langten am 6. Oktober wohlbehalten in Philadelphia an und sogar zahlreicher, als bei ihrer Einschiffung, da die Bleikers'sche Familie unterwegs einen Zuwachs erhalten hatte.

Pastorius war ihnen vorausgegangen. Auf seinem Wege nach London besuchte er Crefeld und nahm mit seinen Freunden, die sich auf die Auswanderung vorbereiteten, Rücksprache. Er landete in Philadelphia am 20. August.

Gründung von Germantown.

Schon im Spätherbst 1683 fingen die Einwanderer an, etwa sechs Meilen von Philadelphia sich Wohnungen zu errichten. Dies war die „Deutsche Stadt", — the German town — die erste Heimstätte, die sich Deutsche auf diesem Continente bereiteten. „Und mag", schreibt Pastorius, „weder genug beschrieben, noch von denen vermöglichern Nachkömmlingen geglaubt werden, in was Mangel und Armuth, anbey mit welch einer christlichen Vergnüglichkeit und unermüdetem Fleiß diese Germantownship begunnen sey." Als er die Hand ansetzte, das

„Grund- und Lagerbuch" für die Regiſtratur des liegenden Eigenthums von Germantown zu eröffnen, da war's ihm, als ſtiege die endloſe Reihe von Nachfolgern vor ſeinem Geiſte auf und warmen Herzens brachte er der unſichtbaren Schaar einen Gruß in lateiniſcher Sprache, wovon das folgende eine Ueberſetzung iſt:

„Sei gegrüßt Nachkommenſchaft! Nachkommenſchaft in Germanopolis! Und erfahre zuvörderſt aus dem Inhalte der folgenden Seite, daß deine Eltern und Vorfahren Deutſchland, das holde Land, das ſie geboren und genährt, in freiwilliger Verbannung verlaſſen haben — o ihr heimiſchen Herde! —, um in dieſem waldreichen Pennſylvanien, in der öden Einſamkeit, minder ſorgenvoll den Reſt ihres Lebens in deutſcher Weiſe, d. h. wie Brüder, zuzubringen.

Erfahre auch ferner, wie mühſelig es war, nach Ueberſchiffung des atlantiſchen Meeres in dieſem Striche Nord-Amerika's den deutſchen Stamm zu gründen. Und du, geliebte Reihe der Enkel, wo wir ein Muſter des Rechten waren, ahme unſer Beiſpiel nach; wo wir aber von dem ſo ſchwierigen Pfade abgewichen ſind, was reumüthig anerkannt wird, vergib uns; und mögen die Gefahren, die Andere liefen, dich vorſichtig machen. Heil dir, Nachkommenſchaft! Heil dir, deutſches Brudervolk! Heil dir auf immer!"

Den erſten dreizehn Familien folgten von Jahr zu Jahr andere; es waren ihrer etwa fünfzig, als die Feldmark von Germantown (5700 Acker) im J. 1689 getheilt und unter den Anſieblern verloost wurde. Ihrer Beſchäftigung nach waren es meiſtens Handwerker, namentlich Leineweber, die zugleich auf ihrem Lande Ackerbau und Viehzucht trieben. „Solche Inwohner nun", ſchreibt Paſtorius, „wie auch andere ankommende zu ernähren, da müſſen die Feldungen angebaut und Aecker zugerichtet werden. Man wende ſich, wohin man wolle, da heiſſet es: Itur in antiquam sylvam — es geht in den Urwald — und iſt alles mit Holz überwachſen, alſo daß ich mir offt ein paar Dutzet ſtarke Tyroler gewünſchet, welche die dicken Aychen-Bäume niedergeworffen hätten." Im Jahre 1691 erhielt Germantown ſtädtiſche Gerechtſame und die Deutſchen hatten eine Zeit lang (bis 1707) Bürgermeiſter, Stadtrath und Gerichtsbarkeit eigener Wahl. Dazu bemerkt Paſtorius: „Obgemeldt angeordnetes Raths-Collegium hat nun auch ſein eigenes Inſigel, worauff nach Ausweis des Abdrucks ein

Trifolium, uff deſſen einem Blättlein ein Weinſtock, uff dem andern eine Flachs-Blume, und uff dem dritten eine Weber-Spuhle abgebildet, cum Inscriptione: Vinum, Linum et Textrinum. Anzuzeigen, daß man ſich diß Orts mit Weinbau, Flachsbau und Handwerksleuthen mit Gott und Ehren ernehren wolle." So bezeichnete alſo, ehe die Deut-ſchen ein Jahrzehnt im Lande geweſen waren, das Stadtſiegel von Ger-mantown, ein Kleeblatt mit der Deviſe „Der Wein, der Lein und der Webeſchrein", als die Miſſion des Deutſchen in Amerika, Ackerbau, Gewerbfleiß und heiteren Lebensgenuß.

Aber auch die ſittlichen Aufgaben des Lebens fanden gebührende Beachtung. Die erſten Einwanderer gehörten ja von Haus aus zu den ſtrengen Chriſten, welche die Lebensführung mit den Vorſchriften der Religion in genaue Uebereinſtimmung zu bringen trachteten und alle Verhältniſſe im Lichte derſelben beurtheilten. Mit ſolchen Grundſätzen ſtand die Sklaverei, welche ſie in Pennſylvanien als bereits beſtehend vorfanden, in ſchreiendem Widerſpruch. Aus einer Verſammlung deut-ſcher Quäker, abgehalten den 18. April 1688 in Germantown, ging jenes Schriftſtück hervor, welches als das erſte Zeugniß einer Genoſſen-ſchaft gegen die unfreiwillige Dienſtbarkeit einen Ehrenplatz unter allen Erklärungen ähnlicher Art einnimmt.

Unterſchrieben iſt dieſer Proteſt von Franz Daniel Paſtorius, Abraham Op den Gräff, Gerret Henderics und Dirck Op den Gräff. Das Original iſt in Paſtorius' Handſchrift.

Die engliſchen Quäker waren damals nicht geneigt, ſich mit der heiklen Frage zu befaſſen. Von einer Inſtanz zur andern, von der monatlichen Verſammlung an die vierteljährliche und von dieſer an die jährliche verwieſen, wurde die Erklärung der Deutſchen am Ende durch die diplomatiſche Wendung kalt gelegt, daß die Sache eine zu große Tragweite habe, um eine Entſcheidung zu geſtatten.

Lange Zeit blieb Germantown für die deutſchen Einwanderer die erſte Raſtſtätte nach ihrer Ankunft in der neuen Welt, der Mittelpunkt ihres Verkehrs, die „deutſche Stadt", im Gegenſatz zum Lande, oder, wie man noch heute ſagt, zum „Buſche". Während des ganzen vorigen Jahrhunderts wahrte es ſeinen deutſchen Charakter.

Die Erzeugniſſe der Germantowner Induſtrie, Leinwand und Strümpfe, erhielten durch ihre vorzügliche Qualität ſogleich einen guten Namen und fanden nach allen Seiten hin Absatz. Noch größere Berühmtheit erlangte Germantown durch seine Papiermühle. Es war die erste auf amerikanischem Boden. Sie wurde von Wilhelm Rittinghuysen im Jahre 1690 errichtet und von dessen Sohne Claas (Nicolas) mit steigendem Erfolge fortgeführt.

Von der ersten deutschen Druckerei, der ersten deutschen Zeitung und dem bedeutenden Verlagsgeschäft Christoph Saur's in German-town wird in einem besonderen Abschnitte die Rede sein. Dem Drucker aber war der Schriftsteller zuvorgekommen. F. D. Pastorius, der für Prosa und Vers eine gewandte Feder hatte, verfaßte in seinen Mußestunden zahlreiche Schriften über Geschichte, Theologie, Moral, Mathematik, Rechtskunde, Grammatik, Etymologie, Ackerbau, Wein-bau, Bienenzucht, Fischfang, Oekonomie u. s. w.; dazu einige Bände deutscher und englischer Gedichte mit Einschub lateinischer, holländischer und französischer. Er hinterließ handschriftlich einen Folianten, 14 Quartanten, 22 Octav- und 5 Duodezbände, die aber sämmtlich unge-druckt geblieben und größtentheils verloren gegangen sind. Ein Büch-lein kirchengeschichtlichen Inhaltes, das er verfaßt hat, ist in Deutsch-land ohne Angabe des Druckortes herausgekommen. Die Widmung an seinen ehemaligen Lehrer, Tobias Schumberg, in Windsheim, schließt mit den Worten: „Aus der in Pennsylvania neulichst von mir in Grund angelegten und nun mit gutem Succeß aufgehenden Stadt Germanopoli. A. C. 1690". Das alte Vaterland verfehlte nicht, diesem ersten Zeugniß deutscher Zunge aus der westlichen Hemisphäre gebührende Anerkennung zu zollen: das Büchlein wurde verboten.

Die „Umständige Geographische Beschreibung der zu allerletzt er-fundenen Provintz Pensylvaniæ in denen End-Gräntzen Americæ in der West-Welt gelegen durch Franciscum Danielem Pastorium. Frank-furt und Leipzig 1700", wurde nicht von F. D. Pastorius, sondern von seinem Vater zum Druck befördert und besteht aus ziemlich unordentlich zusammengefügten Briefauszügen und Berichten.

Sollten nun diese Hinweise auf die Beflissenheit der deutschen Pioniere in Germantown einen neugierigen Leser auf die Frage bringen, ob nicht vielleicht schon Bier in der neuen Ansiedlung gebraut worden sei, so soll ihm Aufschluß darüber nicht versagt bleiben. Ja. Aus den Verhandlungen des Stadtraths erfahren wir, daß schon im

J. 1695 Peter Keurlis, ein Quäker, für den bevorstehenden Jahrmarkt einen zulänglichen Vorrath von Bier gebraut hatte. Und eine weise Verordnung von Germantown aus derselben Zeit untersagte den Wirthen, an eine Person mehr als ein Quartier Bier „halbtäglich“ zu verkaufen; so bedachtsam wußte man die Forderungen der Mäßigkeit mit denen des Durstes zu vereinbaren.

Sekten und Kirchen.

Der Auswanderung aus Deutschland waren kaum die Wege nach Pennsylvanien gewiesen, als die Raubzüge der Franzosen in die Pfalz ihr einen verstärkten Impuls gaben. Mit dem Jahre 1688 begann jene Reihe unerhörter Schandthaten, welche Frankreichs Uebermuth, Deutschlands beklagenswerthe Schwäche kennzeichneten. Städte und Dörfer, darunter Heidelberg, Speier, Worms, Kreuznach, Mannheim, wurden eingeäschert, andere gebrandschatzt, der Bürger und der Landmann sahen nirgends Rettung, da das Vaterland für sie keinen Schutz, der Fremdling kein Erbarmen hatte. Dazu gesellte sich noch, seit der bigotte, von Jesuiten gegängelte Johann Wilhelm die Regierung in der Pfalz angetreten hatte (1690), die religiöse Intoleranz. Das bitterste Loos traf die Täufer oder Taufgesinnten, die, den blutigen Verfolgungen in der Schweiz entronnen, ein erträgliches Asyl in der Pfalz gefunden hatten. Als aber mit dem Aussterben der calvinistischen Linie Simmern und der Succession der katholischen Linie Neuburg (Philipp Wilhelm, 1685—1690, Johann Wilhelm, 1690—1716) der in der Pfalz bisher genossene Schutz aufhörte und zu gleicher Zeit die Verfolgung der Mennoniten in der Schweiz so unbarmherzig wie je entbrannte, da mußte Pennsylvanien mit seiner unbedingten Gewissensfreiheit den schwer Geprüften als ein Eden erscheinen, das man nur zu erreichen brauche, um irdischer Glückseligkeit theilhaftig zu werden.

Und so finden wir denn, daß die deutsche Auswanderung nach Pennsylvanien, welche ihren Ursprung in einem religiösen Beweggrunde gehabt hatte, derselben Triebfeder noch eine geraume Zeit ihren stärksten Zufluß verdankte. Von Staat und Kirche angefeindet, durften die Flüchtlinge, zwar in einem andern Sinne als der römische Dichter, aber dem Wortlaute nach zutreffend, zu einander sagen:

> Dich treibt aus der Heimath der Zorn des grollenden Caesar,
> Frömmigkeit mich.

Noch im J. 1742, zwei Menschenalter nach der Gründung von Germantown, bemerkte der Ehrw. Heinrich Melchior Mühlenberg zu seiner Ueberraschung und auch zu seinem Mißbehagen, daß die in Deutschland verfolgten Sekten den Kirchenleuten einen Vorsprung abgewonnen hatten. „Es ist wohl keine Sekte in der Welt", schreibt er nach Halle, „die hier nicht geheget wird. Was man in Europa nicht duldet, das findet hier Platz." (Hallische Nachrichten, p. 17.) Und einige Jahre später:

„Unsere teutsche evangelische Einwohner in Pennsylvanien sind größtentheils am spätesten in diese Landschaft gekommen. Die Englische und Teutsche Quackers, Inspirirte, Mennonisten, Separatisten und andere dergleichen kleine Gesintheiten sind in den ersten Zeiten hereingekommen, da das Land noch sehr wohlfeil war. Solche haben sich die besten und fettesten Gegenden ausgelesen."

In ganz anderem Tone, aber mit Anerkennung derselben Thatsache, äußert sich ein Mitglied einer „Gesintheit", der Drucker Christoph Saur, etwa um dieselbe Zeit (1754):

„Pensylvanien ist ein solches Land, von desgleichen man in der ganzen Welt nicht höret oder liefet; viele tausend Menschen aus Europa sind mit Verlangen hierher gekommen und kommen noch immer, bloß um der gütigen Regierung und Gewissensfreiheit wegen. Diese edle Freiheit ist wie ein Lockvogel oder Lockspeiße, welche die Menschen erst nach Pensylvanien bringt und wann der gute Platz nach und nach enge wird, so ziehen die Menschen von hier in die angrenzende englische Collonien und werden also die englischen Collonien um Pensylvanien willen mit vielen Einwohnern aus Deutschland besetzt, zum Nutzen der Krone."

Eine Umschau unter der deutschen Einwanderung, die um die Wende des 17. und 18. Jahrhunderts in Pennsylvanien eintraf, bestätigt diese Aussagen.

Mystiker. — Da ist zuerst jenes Häuflein wunderlicher Schwärmer, die am 24. Juni 1694 in Germantown anlangten und sich am

Wissahickon niederließen; unter ihnen mehre auf der Universität gebildete junge Männer, wie Johann Kelpius, Heinrich Bernhard Köster, Daniel Falkner, Johann Selig. Sie hatten sich in mystische Speculationen über die Wiederkunft Christi, den Anbruch des tausendjährigen Reiches u. dgl. vertieft und wollten nun, unangefochten von der Welt, ihren Grillen in der Waldeinsamkeit Pennsylvaniens nachhängen. Im Herbst 1693 gingen sie nach London und scheinen dort mit den Mitgliedern der sogenannten „Philadelphischen Gesellschaft", namentlich auch mit Jane Leade, der ehrwürdigen Verfasserin vieler sybillinischer Blätter, in Berührung gekommen zu sein.

Wenig ist über das Thun und Treiben dieser überspannten Geister nach ihrer Ankunft in Pennsylvanien bekannt. Einer derselben, dessen Sendschreiben vom 7. August 1694 ohne Namensangabe gedruckt worden ist, sagt darin: „Die Leute erweisen uns große Liebe. Einer aus Philadelphia schenkte uns neulich 175 Acker Landes, eine Stunde von Germantown. Wir fangen nun an, daselbst ein Haus zu bauen." Ferner erfahren wir, daß sie sich vornahmen, durch Unterweisung der Kinder den Grund zu einem ganz neuen Leben zu legen und daß C. Köster in Isaak Van Bebber's Hause, sowie in Philadelphia erbauliche Vorträge hielt.

Kelpius ist in der Volksmythe zu einem Höhlenbewohner am Wissahickon geworden. Von der Welt nicht verstanden, galt er für einen Sonderling, der den Stein der Weisen suchte und seine Speculation über das apokalyptische „Weib in der Wüste" wurde der Anlaß, daß seine eigene Schaar die seltsame Benennung „Das Weib in der Wüste" erhielt. Kelpius starb 1708; von seinen Anhängern fielen die meisten an die Welt zurück, einige aber führten auf der „Ridge" ihr weltverdrossenes, einsames Leben weiter und wurden die Vorbilder der Klosterheiligen in Ephrata.

Mennoniten. — Wie die Gründer von Germantown aus der mennonitischen Bevölkerung von Crefeld hervorgegangen waren, so bekannte sich zu diesem Glauben die größte Anzahl Derer, die ihnen zunächst folgten. Wir wissen, daß Wm. Penn den Mennoniten besonders gewogen war und sie zur Auswanderung nach Pennsylvanien ermunterte. Im J. 1708 waren ihrer schon genug in Germantown, um ihnen die Errichtung eines Andachtshauses zu gestatten.

Die nach Amerika übersiedelnden deutschen und schweizerischen Mennoniten fanden bei ihren Glaubensgenossen in Holland, namentlich bei dem „Wohlthätigkeits-Ausschuß für fremde Länder" bereitwillige Unterstützung. Freilich häuften sich die Ansprüche an das gute Herz und den offenen Geldkasten der Holländer in dem Maße, daß es unmöglich wurde, Alle zu befriedigen.

Im J. 1706 oder 1707 begaben sich Mennoniten aus der Schweiz nach England, um mit Wm. Penn einen Vertrag über Ankauf pennsylvanischen Landes abzuschließen, und wenige Jahre später (1710) trat eine Gesellschaft von Schweizern in den Besitz von 10,000 Acker Land, östlich vom Conestoga, nicht weit von den Quellen des Pequea.

So befriedigt waren die Einwanderer von der Lieblichkeit ihrer neuen Heimath, dem fruchtbaren Boden, der reichen Bewässerung und dem anmuthigen Wechsel von Hügelland und Thal, daß sie ihre Verwandten und Freunde durch einen Abgesandten einluden, ihnen doch zu folgen. Dies geschah; von Jahr zu Jahr schlossen sich neue Zuzüge ihrer Glaubensgenossen an, und die gesegnete Landschaft von Lancaster County füllte sich im ersten Viertel des vorigen Jahrhunderts mit dem fleißigen und verständigen Volk der Mennoniten, die mit ihren Nachbarn, den Conestoga- und Mingo-Indianern auf bestem Fuße lebten.

Eine andere, sehr alte Ansiedlung von Mennoniten ist die in Skippack (in Montgomery County), wohin im J. 1702 und in den folgenden viele zogen, die früher in Germantown ansässig gewesen waren. Der Herr Van Bebber schenkte 100 Acker für eine mennonitische Kirche, die etwa im J. 1726 dort errichtet wurde.

Die Dunker, eine andere Sekte, welche Pennsylvanien in früher Zeit zu ihrer Zufluchtsstätte wählte, ließen in Deutschland nur wenige ihrer Glaubensgenossen zurück und sind dort ausgestorben, während sie in Amerika an Zahl stets gewachsen sind. Sie selbst nennen sich Brüder; die Bezeichnung Dunker, zuerst von Spöttern ihnen beigelegt, rührt daher, daß sie den Taufact durch Eintauchen oder Eintunken vollziehen. Wie die Mennoniten sehen sie die Taufe als eine symbolische Beglaubigung der inneren Wiedergeburt und Sinnesänderung an und halten sie daher nur bei Erwachsenen für zulässig; jenen gleichen sie auch darin, daß sie sich des Eides und der Waffenführung enthalten, kein öffentliches Amt annehmen, keine Processe gegen Glaubensbrüder führen und in ihrer Lebensweise die größte Einfachheit beobachten. Die erste Dunkergemeinde entstand im J. 1708 in Schwarzenau bei Berleburg im Wittgenstein'schen auf Alexander Mack's Anregung, die zweite bald darauf in Marienborn (Isenburg-Büdingen). Letztere sah sich veranlaßt, einen andern Zufluchtsort zu suchen und wählte Crefeld. Aber schon im J. 1719 begab sie sich unter der Leitung ihres Predigers Peter Becker nach Pennsylvanien, wohin die Schwarzenauer Gemeinde nach einem zeitweiligen Aufenthalte in Friesland ihr im J. 1729 mit ihrem Stifter, Alex. Mack, nachfolgte.

In Amerika hatte diese Sekte, die jetzt an die 100,000 Mitglieder zählt, einen schwächlichen Anfang. Die zwanzig Familien, welche im J. 1719 ankamen, zerstreuten sich und ließen von ihrem alten Eifer nach; in Folge einer „Erweckung" gewann indeß die erste Gemeinde der Dunker in Germantown neues Leben; Peter Becker nahm am 25. December 1723 durch Taufe im Wissahickon eine Anzahl neuer Mitglieder auf; andere Gemeinden bildeten sich bald darauf in der Nachbarschaft. Einer der hervorragendsten Dunker war Christoph Saur, der jüngere, der bekannte Drucker in Germantown, und seine Zeitung, die nach allen von Deutschen angesiedelten Orten von Pennsylvanien ging, vertrat ganz entschieden die religiös-sittlichen Grundsätze seiner Genossenschaft, in welcher er selbst zum Predigeramte berufen wurde.

Eine Abart der Dunker ist die Ephrata-Sekte, welche nach dem Umstande, daß sie den siebenten und nicht den ersten Tag der Woche heilig hält, gemeiniglich mit dem Namen „Siebentäger" bezeichnet wird. Ihr Stifter ist Conrad Beissel, der im J. 1720 nach Amerika kam. Er war im J. 1690 in Ebersbach in der Pfalz geboren, erlernte das Bäckerhandwerk und wurde durch seinen Umgang mit Separatisten, Inspirirten und Pietisten zu einem Schwärmer von mystischer Färbung. Im J. 1724 ließ er sich von dem Dunkerprediger Peter Becker im Pequeaflusse in Lancaster County taufen, trat aber noch in demselben Jahre an die Spitze einer kleinen Schaar, die seinen eigenthümlichen Lehren Gehör lieh. Er führte die Feier des jüdischen Sabbaths ein, stellte das jungfräuliche Leben über den Ehestand und gab der Religion ein entschieden mystisches Gepräge. Nachdem er seiner Gemeinde etwa 8 Jahre am Conestoga vorgestanden, zog er sich im J. 1732 in die Einsamkeit am Cocalico zurück. Dorthin folgten ihm seine Anhänger und im J. 1735 errichteten sie das erste Gebäude für klösterliches Leben. Etwa um dieselbe Zeit erhielt die Ansiedlung den Namen Ephrata. Eine Anzahl ähnlicher Häuser mit Räumen für den Gottesdienst und Liebesmähler, und mit kleinen Zellen für den Aufenthalt von „Brüdern" und „Schwestern", wurden in den nächsten zehn Jahren aufgeführt. Zwei derselben, Bethania (das Brüderhaus) und Saron (das Schwesternhaus) nebst einigen kleineren Gebäuden und dem „Saal", d. h. dem Versammlungshause, sind noch heute zu sehen. In der Nachbarschaft bauten sich die „Hausstände" an, welche am Familienleben festhielten. Im Kloster wurde ein Ordenskleid, dem der Capuciner ähnlich, angenommen, die Tonsur eingeführt und das Privateigenthum als sündhaft abgeschafft. Das Leben der Klausner war ein mühevolles und der Entsagung geweihtes. Sie ernährten sich durch Ackerbau, das Erträgniß ihrer Mühlen und Handwerke. In der Zeit ihrer Armuth spannten sich die Brüder selbst vor den Pflug. Eine große Anzahl merkwürdiger Druckwerke lieferte die kleine Presse des Klosters. Dem gottesdienstlichen Gesange, der als sehr lieblich ge-schildert wird, widmeten die Brüder und Schwestern viel Aufmerksam-keit und sorgfältige Vorbereitung. Von den Dunkern behielten sie die Taufe durch Eintauchen, die Liebesmähler und das Fußwaschen als religiöse Ceremonie bei; sie unterschieden sich von ihnen durch die Sabbathsfeier am Samstage, die Nachtmetten, klösterliche Lebensweise, Bevorzugung des Cölibats und die Aufnahme der Mystik in ihre Religion, wovon ihre ekstatischen Lieder und Beissel's Vorträge stark durchdrungen sind. Conrad Beissel (Vater „Friedsam Gottrecht"), dessen geistliche Dichtungen und theosophische Reden auf der Klosterpresse gedruckt wurden, starb den 6. Juli 1768 und damit endete die Blüthezeit des Klosters, obschon dem Nachfolger im Vorsteheramte, dem gelehrten Peter Miller, weder Fähigkeit, noch redlicher Eifer abging.

Auch die Schwenkfelder suchten in dem freien Pennsylvanien Zuflucht, als ihnen das Vaterland durch herbe Zwangsmaßregeln ver-leidet wurde. Ihr Stifter war Caspar Schwenkfeld von Ossing, ein Zeitgenosse Luther's und, wie dieser, ein Bekämpfer des Papstthums. Aber seine Auslegung des Abendmahls und seine an die Quäkerlehre erinnernde Ansicht vom innern Lichte verhinderten eine Einigung

mit den Lutheranern. In Schlesien (Liegnitz) hatten die Schwenkfelder, zuweilen verfolgt, dann wieder in Ruhe gelassen, ein kümmer-
liches Leben geführt, bis ihnen im J. 1725 unter Kaiser Karl VI. bei
Strafandrohung zugemuthet wurde, in den Schooß der katholischen
Kirche zurückzutreten. Ein Theil derselben fand in Berthelsdorf, einer
Besitzung des Grafen von Zinzendorf, im J. 1726 gastliche Aufnahme.
Im J. 1733 zogen mehre Schwenkfeldische Familien nach Pennsylvanien und ihre günstigen Berichte brachten die Uebrigen zu dem Entschlusse, sämmtlich dorthin auszuwandern. Am 22. September 1734
langten sie auf dem Schiffe „St. Andrew" in Philadelphia an und
bis auf die Gegenwart wird der Tag ihrer glücklichen Ankunft mit
frommer Dankbarkeit feierlich begangen. Die Schwenkfelder haben
sich vornehmlich in Montgomery County angesiedelt, am zahlreichsten
in der Nachbarschaft von Goshenhoppen.

Lutheraner. — Ohne Zweifel befanden sich unter den deutschen
Einwanderern, die vor 1700 und bald darauf ins Land kamen,
auch manche Lutheraner und Reformirte, aber eine Zeitlang verschwanden sie unter der Ueberzahl der Mennoniten und wir hören
von ihnen nichts, bis sie zahlreich genug waren, Geistliche zu berufen
oder zugesandt zu bekommen.

Justus Falkner, welcher in der schwedischen Kirche zu Wicaco (jetzt
Southwark in Philadelphia) im J. 1703 ordinirt wurde, soll bald
darauf für die Deutschen in Falkner's Swamp (Neu-Hanover) gepredigt haben.

Da dies eine der ältesten deutschen Ansiedelungen ist, so verdient sie
einige Worte der Erwähnung. Wie vorhin erzählt, hatte die Frankfurter Gesellschaft einen Anspruch auf 25,000 Acker Land von Wm.
Penn erkauft; davon entfiel aber nur ein kleiner Theil, nämlich 2675
Acker auf Germantown und 500 Acker auf einen Platz am Schuylkill
oberhalb des Wissahickon. Als Pastorius seine Agentur im Jahre
1700 niederlegte, ernannte die Frankfurter Gesellschaft drei Bevollmächtigte an seine Stelle, nämlich Daniel Falkner, Johann Kelpius und
Johann Jawert. Kelpius, der Einsiedler am Wissahickon, nahm keine
Notiz von seiner Anstellung. Bald nach der Einsetzung der neuen
Agenten ließen sich diese das der Gesellschaft noch zustehende Land, nämlich 22 025 Acker, am Manatawny, der bei Pottstown in den Schuylkill

fließt, übertragen und vermeſſen. (Patent datirt 25. Oct. 1701.) Unter etwas verdächtigen Umſtänden verkaufte nun Daniel Falkner, ohne Wiſſen und Zuſtimmung ſeiner Mit-Bevollmächtigten, am 11. December 1708 das geſammte liegende Eigenthum der Geſellſchaft für £500 Pennſylvaniſche Währung ($1,333.33) an Johann Heinrich Sprögel. Dieſe bedeutende Strecke Landes umfaßte vom Schuylkill landeinwärts den größten Theil des jetzigen Pottsgrove, das ganze Hanover und einen Theil von Upper Hanover Township im nordweſtlichen Montgomery County, und hier dürften die Lutheraner zuerſt zu einer Gemeinde zuſammengetreten ſein. Hier predigte Juſtus Falkner, ehe er ſich nach New York und Albany begab, wie Acrelius in ſeinem Werke über Pennſylvanien (1759) berichtet. Eine beglaubigte Urkunde aus dem J. 1746 ſtellt feſt, daß Johann Heinrich Sprögel, ein Gemeindemitglied, im J. 1719 fünfzig Acker Land für einen Kirchenbau, eine Schule und einen Begräbnißplatz ſchenkte, und daß die Bauten bereits im J. 1721 vollendet waren.

Eine gleichfalls ziemlich alte Niederlaſſung von Lutheranern treffen wir vor dem J. 1729 in Trappe (Neu-Providence), das ſüdlich von Neu-Hanover zwiſchen dem Schuylkill und Perkiomen in Montgomery County gelegen iſt. Aber auch an der erſten Heimſtätte der Deutſchen in Amerika, in Germantown, ſammelten ſich die Lutheraner in genügender Zahl, um eine Gemeinde zu bilden. Sie legten den Grundſtein zu einer Kirche im J. 1730. Demnächſt kommt ſodann Philadelphia an die Reihe. Das älteſte Regiſter der Taufen, Copulationen und Begräbniſſe wurde von Johann Caspar Stöver im J. 1733 begonnen. Dieſem folgte Joh. Chriſtian Schulz, und, kurz vor Mühlenberg's Ankunft, der in Zweibrücken entlaſſene Valentin Kraft. Die gottesdienſtlichen Verſammlungen fanden in einem zuvor als Scheune benutzten Raume in der Arch Straße ſtatt, welchen die Lutheraner und Reformirten gemeinſchaftlich gemiethet hatten.

Aber der Sache der Lutheraner fehlte immer noch die Hauptſtütze, ein fähiger und achtbarer Predigerſtand. Mit der Ausnahme von J. C. Stöver, dem wenigſtens nichts Ehrenrühriges nachgeſagt werden kann, waren die ſogenannten Seelſorger ſehr leichten Calibers und zweifelhaften Rufes. Es einten ſich daher die drei Gemeinden von Philadelphia, Neu-Hanover und Trappe (Providence) im J. 1733

zur Absend·ung von Delegaten an den deutschen Hofprediger F. M.
Ziegenhagen in London, um sich durch dessen Vermittelung einen tüch-
tigen Prediger aus Deutschland und auch Geldunterstützung für kirchliche Zwecke zu verschaffen. Zwei der Delegaten erwiesen sich als un-
redliche Verwalter der ihnen anvertrauten Beisteuern und in Folge
früherer Enttäuschungen waren die Pennsylvanier sehr unschlüssig geworden, als es sich darum handelte, für die Anstellung eines Predigers
Verbindlichkeiten einzugehen. So zog sich die Sache sehr in die
Länge. Endlich, im J. 1741, nahm ein junger Prediger in Groß-
hennersdorf, Heinrich Melchior Mühlenberg, der in Göttingen studirt
und sich in Halle für seinen Beruf weiter ausgebildet hatte, die durch
Pastor Franke an ihn gelangte Berufung an. Der belebende Gedanke,
auf einem noch unbebauten und vielversprechenden Felde segensreich
zu wirken, die rathlosen Lutheraner in Amerika zu sammeln und zu
organisiren und die dortige Kirche in feste Bahnen zu lenken, überwand
die Bedenklichkeiten, die sich ihm entgegenstellten. In London, von·
wo Mühlenberg die Reise über den Ocean antrat, entschloß er sich
auf Ziegenhagen's Zureden, zunächst nach Ebenezer in Georgia, der
Niederlassung der Salzburger Emigranten, zu gehen, um dort mit
Pastor Bolzius zu conferiren. Am 2. October 1741 kam er in
Savannah an. Bolzius in Ebenezer wäre gerne bereit gewesen, mit
nach Philadelphia zu gehen, um seinem jüngeren Collegen beim Eintritt in sein Amt behülflich zu sein, aber bei der vorgerückten Jahreszeit und den sehr mangelhaften Verkehrsmitteln mußte er davon ab-
stehen. Schon in Charleston erfuhr Mühlenberg, daß der Graf Zinzendorf unter dem Namen Herr von Thürnstein mittlerweile in Philadelphia angekommen sei und daß es am 18. Juli einen Tumult in der
Kirche gegeben habe. Ihm ahnte nichts Gutes. Auf einer elenden
Schaluppe verließ er Charleston am 12. November und kam am 25.
in Philadelphia an. Hier ward ihm gesagt, die meisten Lutheraner
hielten es mit Graf Zinzendorf, die übrigen mit Valentin Kraft, dem
in Deutschland abgesetzten Prediger. In Neu-Hanover bediene ein
Zahnarzt, Namens Schmidt, die Kanzel. — Von einem Manne, Namens Brandt, begleitet, ritt nun der aus Deutschland berufene Seelsorger an einem rauhen Wintertage, den 26. November, auf abscheulichen Wegen nach dem 36 Meilen entfernten Neu·Hanover oder

Falkner's Swamp, um sich seiner dortigen Gemeinde vorzustellen. Schmidt nahm's nicht ungütig auf, als Mühlenberg ihm sagte, er sei gekommen, ihn abzulösen; einige Gemeindemitglieder aber meinten, man solle jenen doch nicht ganz verstoßen, wenn er auch nicht ordinirt sei und bisweilen ein christlich Räuschchen habe. — Kurz, Mühlenberg fand Alles in Zerrüttung und es ward ihm zu Muthe, als habe er nach seiner körperlichen Seekrankheit noch einmal eine „moralische" durchzumachen. In Trappe rieth man ihm, sich mit Herrn Kraft zu verständigen, und als er diesen in Philadelphia sah, erklärte der unver‑ schämte Herläufer mit der Miene eines herablassenden Gönners, er werde ihn schon an einen Platz setzen, wo sich's am besten schickte. Mühlenberg bestand darauf, daß seine Berufung an die drei Ge‑ meinden Philadelphia, Neu‑Hanover und Trappe laute, und nicht nur sein formelles Recht, sondern der siegreiche Eindruck, den sein persön‑ liches Auftreten und seine Predigt machten, hätte ihm ohne Weiteres die Wege geebnet, wäre nicht die Philadelphier Gemeinde durch die Dazwischenkunft des Grafen Zinzendorf getheilt gewesen. Zinzen‑ dorf's hochfliegende Entwürfe werden später zur Erwähnung kommen; sein Eindringen in die Philadelphier lutherische Gemeinde und seine Annahme einer Bestallung als Pastor aus den Händen eines Theils des Kirchenrathes bildete nur einen Schachzug in seinem kühnen und phantastischen Vorhaben. Mühlenberg bewies bei seinem Zusam‑ menprall mit dem Grafen (am 30. December 1742) ebenso viel Takt wie Festigkeit und wußte schließlich mit Hülfe der Obrigkeit und eines richterlichen Entscheides seine Stellung zu behaupten. Er war der rechte Mann für die äußerst schwierige Situation und besaß die Eigenschaf‑ ten, die ihn zur glücklichen Durchführung seiner großen, verantwortlichen und vielfach verwickelten Aufgabe befähigten. Mit wahrer Herzens‑ frömmigkeit verband er einen klaren Kopf, mit gelehrten Kenntnissen eine kluge Auffassung der Verhältnisse und nüchternes Urtheil, mit inniger Hingebung an seinen Beruf eine unerschütterliche Energie, die vor keinen Hindernissen zurückwich, und ein stiller Humor, der in seinen autobiographischen Aufzeichnungen durchschlägt, half ihm die klein‑ lichen und peinlichen Plackereien des täglichen Lebens überwinden.

Schon im nächsten Jahre wurde in Providence (Trappe) die jetzt noch stehende, obschon nicht mehr benutzte Kirche gebaut und in dem‑

selben Jahre der Grundstein zur Michaeliskirche in Philadelphia gelegt. Während damals Viele glaubten, daß die Kirche für eine so
kleine Gemeinde zu groß und zu kostspielig sei, wurde durch die rasch
wachsende Zahl der Mitglieder etwa 20 Jahre später der Bau einer
neuen Kirche nöthig. (Die Zionskirche angefangen 1766, eingeweiht
1769.) Mühlenberg zog im J. 1745 nach Trappe, von wo er auch die
Gemeinde von Neu-Hanover besorgte, während in Philadelphia und
Germantown seine ihm nachgesandten Genossen den Gottesdienst versahen. Mit den schwedischen Lutheranern, den Nachkommen der schon
vor Wm. Penn am Delaware heimischen Ansiedler, standen die Deutschen
in freundlichem Verhältniß und eine noch innigere Verknüpfung unter
derselben kirchlichen Verfassung schien erreichbar, wurde aber nicht
vollzogen. Später traten die schwedischen Lutheraner der englischen
Episcopal-Kirche bei.

Die Bildung neuer Gemeinden in Pennsylvanien nahm nun ihren
geregelten Gang. In Lancaster, York, Reading, Tulpehocken, Easton,
und vielen andern Orten entstanden Kirchen. Im J. 1763 gab es bereits 30 deutsche lutherische Gemeinden. Zur Zeit der Revolution
zählte die Zionsgemeinde in Philadelphia mehr Mitglieder als irgend
eine andere der Stadt. Eine Kirchenagende entwarf Mühlenberg im
J. 1762. Ihm wurde der Ehrenname „Patriarch der lutherischen
Kirche in Amerika" zu Theil, den er durch sein rastloses und erfolg-
reiches Wirken während seines langen Lebenslaufes verdient hat. Er
blieb in Trappe keineswegs ruhig sitzen. Seine Anwesenheit und seine
Dienste waren bei den zerstreuten Gemeinden in Pennsylvanien, Maryland, Virginien und New Jersey fortwährend erforderlich. Im Sommer 1751 und wiederum 1752 übernahm er in New York zeitweilig das
Pastorat der lutherischen Kirche. Zerwürfnisse der Philadelphier Gemeinde bestimmten ihn im J. 1762, dort die Zügel in die Hand zu
nehmen, und erst im J. 1776, als die Beschwerden des Alters sich einstellten, ward es ihm vergönnt, zu seiner alten Gemeinde im ländlichen
Trappe zurückzukehren, wo er die letzten zehn Jahre seines Lebens zu-
brachte. Er starb am 7. October 1787.

Die Reformirten. — In ähnlicher Weise, wie Heinrich Melchior
Mühlenberg auf der Seite der Lutheraner, so bemühte sich Michael
Schlatter, für die Reformirten kirchlich geordnete Zustände zu schaffen.

Ihn hatte die holländische Synode als Prediger an die deutsche reformirte Kirche in Philadelphia gesandt. Bei seiner Ankunft im September 1746 fand er nur 4 Prediger seiner Confession in Pennsylvanien
vor, während die Anzahl seiner Glaubensgenossen daselbst auf 15,000
angeschlagen wurde. Rüstig begab er sich an's Werk. Von einem
Orte eilte er an den andern. Whitpen, Germantown, Goshehoppen,
Tulpehocken, Lancaster, Falkner's Swamp, Indianfield erhielten seinen geistlichen Zuspruch, seine Rathschläge und Anordnungen; mit
seinen bereits anwesenden Collegen, zu denen im J. 1748 noch vier andere stießen, leistete er was möglich war, um den sich stets häufenden
Ansprüchen Genüge zu leisten. Im J. 1751 lieferte Schlatter an die
holländischen Synoden einen ausführlichen Bericht über seine bisherige
Thätigkeit und über den Zustand der deutschen reformirten Kirche in
Amerika. Seine Eintheilung umfaßt 15 Sprengel mit 46 Kirchen
(davon 13 Sprengel mit 58 Kirchen in Pennsylvanien), aber die meisten
hatten weder Pfarrer noch Lehrer und inständig bat Schlatter die Ehrwürdigen Väter in Holland, ihre helfende Hand zu leihen.

Die Reformirten in Pennsylvanien kamen fast alle aus der Pfalz.
Wie ging es zu, daß nicht von dorther, sondern aus Holland Fürsorge
und Geldmittel für sie erwartet wurden und daß die holländischen
Synoden die geistliche Oberaufsicht über sie ausübten? In der Pfalz
regierte damals Karl Theodor, der ebenso wie sein Vorgänger Karl
Philipp, ein Spielball in den Händen der Jesuiten war. Die Gegen-Re-
formation war in vollem Gange und die Protestanten sahen es für eine
glückliche Fügung des Schicksals an, wenn sie im Stande waren, ihr
Vaterland zu verlassen. So überwiegend waren die Pfälzer unter
denen, welche nach Pennsylvanien auswanderten, daß selbst in officiellen
Schriftstücken (z. B. in den Archives of Pennsylvania) „Pfälzer" und
„Deutsche" als gleichbedeutende Worte gebraucht wurden. Der reformirte Kirchenrath in der Pfalz war nicht allein schwach und machtlos,
sondern auch demoralisirt und nicht geneigt, für die eigenen Glaubensgenossen einen Finger zu rühren. Unter diesen Umständen übernahmen die holländischen Synoden eine väterliche Autorität über die
Reformirten in Pennsylvanien.

Es war Schlatter nicht vergönnt, wie seinem lutherischen Freunde,
H. M. Mühlenberg, sich der Aufgabe, die er sich gestellt hatte,

mit wachsendem Erfolge bis zum Ende seines Lebens zu widmen. Es traten Störungen ein, welche sein gutes Einvernehmen mit der Synode in Holland und seine Stellung in seiner eigenen Gemeinde ohne seine Schuld untergruben. Im Jahre 1757 legte er sein Predigeramt in Philadelphia nieder und erhielt von Oberst Loudon eine Anstellung als Feldcaplan bei dem königl. amerikanischen Regimente, dessen viertes Bataillon meistens aus Deutschen bestand. Während des Feldzuges gegen Nova Scotia war er bei der Belagerung von Halifax und bei der Einnahme von Louisburg zugegen. Während des Unabhängigkeitskrieges bekleidete er eine ähnliche Stelle in der amerikanischen Armee.

Einer besonders merkwürdigen Einwanderung, zu welcher sowol Lutheraner, wie Reformirte ihren Antheil stellten, ist hier noch zu gedenken, nämlich der deutschen Niederlassung am Tulpehocken im Lebanonthale von Berks County. Merkwürdig ist diese deshalb, weil die Ansiedler nicht auf dem gewöhnlichen Wege von der östlichen Seeküste her kamen, sondern aus der Provinz New York, wo sie am Schoharie, westlich von Albany, gesessen hatten. Sie gehörten nämlich zu den Auswanderern, die unter der Königin Anna im J. 1709 von London aus nach New York geschafft waren als ein Theil jener Schaar von Deutschen, die damals das englische Volk in Erstaunen und die Regierung in Verlegenheit setzten. Etwa 3000 derselben wurden bekanntlich nach New York transportirt und nach dem Livingston Manor, östlich vom Hudson, verpflanzt. Die Theerbereitung, wozu sie angehalten wurden, behagte ihnen schlecht, noch schlechter aber das äußerst kümmerliche Leben, das ihr Loos war. Daher begaben sich im J. 1714 etwa 150 Familien, des Kampfes mit der bittern Noth überdrüssig, auf das Land, das ihnen die Maqua-Indianer am Mohawk und Schoharie, westlich von Albany, freiwillig geschenkt hatten. Hier erblühten mehrere deutsche Ortschaften, aber den Anbauern wurde nach einigen Jahren seitens des Gouverneurs das Eigenthumsrecht auf die von den Indianern ihnen abgetretenen Ländereien bestritten, und die hieraus entstandenen Wirrsale veranlaßten einen Theil der unglücklichen Colonisten, im Jahre 1723 abermals fortzuziehen und zwar nach Pennsylvanien, dem Lande der Freiheit und der Bruderliebe. Durch unwegsame Wildnisse, von Indianern geführt, wander

ten sie mit Frau und Kind, mit Vieh und Hausrath, bis an den obern
Susquehannah, zimmerten sich dort Flöße und folgten dem Laufe des
Flusses, bis sie den Swatara erreichten, dem entlang sie aufwärts
ziehend in das herrliche Lebanonthal und die Nachbarschaft des Tul-
pehockenbaches gelangten. Hier ließen sie sich nieder und begannen
das Leben von Neuem. Die Indianer, auf deren Gebiete sie sich an-
bauten, beschwerten sich allerdings über das Eindringen der Fremden,
wurden aber bald darauf von der Regierung durch Ankauf des Landes
befriedigt. Einige Jahre später (1729) folgte Conrad Weiser, der
mit seinem Vater und seinen Geschwistern zu den Ansiedlern am
Schoharie gehört hatte. Ihm sollte bald eine sehr wichtige Rolle in
Pennsylvanien zufallen. Die Pfälzer nannten ihren Bezirk, der
nördlich vom South Mountain gelegen ist, „Heidelberg", und wie
dieser Name, so hat sich auch der Stamm und die Sprache der Ansiedler bis auf den heutigen Tag an der alten Stätte erhalten.

Ehe sich Mühlenberg's ordnende Hand dort fühlbar machte,
geriethen die kirchlichen Zustände in arge Verwirrung, wovon das
im J. 1742 gedruckte Pamphlet „Die Confusion in Tulpehocken"
Zeugniß gibt. Die Zionswächter Caspar Leutbecher (eigentlich ein
Schneider), Valentin Kraft, Caspar Stöver und der herrnhutisch ge-
sinnte Joh. Ph. Meurer geriethen heftig an einander und brachten Unfrieden in die Gemeinde. Erst mit der Anstellung des Pfarrers Kurtz
(1748) trat wieder Ruhe ein.

Auch die Reformirten von Tulpehocken hatten mit ihrem ersten
Geistlichen Unglück. Es war dies der wohlgeschulte Pfarrer Joh. Peter
Miller, aus dem Oberamt Lautern in der Pfalz, der im J. 1730 in
Philadelphia landete und das nächste Jahr nach Tulpehocken berufen
wurde. Vier Jahre hatte er mit gutem Erfolg seinem Amte vorgestanden, als er der von Conrad Beissel angestifteten Schwärmerei verfiel, erst Einsiedler wurde und dann ins Kloster von Ephrata zog, wo
er unter dem Namen Bruder Jaebez als Prior und nach Beissel's
Tode als Vorsteher das mönchische Christenthum durch Lehre und Beispiel 61 Jahre lang vertreten hat.

Die Herrnhuter, welche nach Amerika auswanderten, hatten
ursprünglich Georgia als das Ziel ihrer Missionsarbeit unter den
Indianern gewählt und dort im J. 1735 und 1736 Ansiedlungen

gegründet. Da ihnen aber während des Krieges zwischen England und Spanien zugemuthet wurde, die Waffen zum Schutz der Colonie zu ergreifen, was sich mit ihren religiösen Grundsätzen nicht vertrug, so verließen sie im J. 1738 und 1739 ihre blühenden Anpflanzungen und begaben sich nach Pennsylvanien. David Nitschmann kaufte für sie 500 Acker Landes an der Lecha (Lehigh) in einer „wüsten, waldichten Gegend", wo weit und breit nichts als zerstreute Hütten der Indianer zu sehen waren. Hier bauten sich die Herrnhuter an; das erste dort errichtete Haus wurde der Wohnsitz der mährischen Bischöfe. Der Graf Zinzendorf, der den Ort bald nach seiner Ankunft im J. 1741 besuchte, gab ihm den Namen Bethlehem. In demselben Jahre erwarben sie in der Nachbarschaft eine Strecke Landes von 5000 Acker, welche der bekannte Methodist Whitfield angekauft hatte, um eine Negerschule anzulegen, aus Geldmangel aber wieder losschlagen mußte. Es ist der Platz, wo Nazareth erbaut wurde. In den nächsten Jahren fand eine regelmäßige Einwanderung von Herrnhutern in Pennsylvanien statt; von 1741 bis 1762 mögen ihrer wol 700 bis 800 gekommen sein und zwar meistens auf Schiffen, die für sie gebaut oder gekauft waren.

Im Herbst 1741 kam Nikolaus Ludwig Graf von Zinzendorf nach Pennsylvanien, wo er sich Herr von Thürnstein oder auch „Bruder Ludwig" nennen ließ. Er war begleitet von seiner Tochter Benigna, der Frau Rosina Nitschmann, seinem Secretär Johann Jacob Müller und einigen Andern. Neben der Bekehrung der Indianer, worauf es die Herrnhuter vorzugsweise abgesehen hatten, schwebte dem Grafen als Ideal die Vereinigung aller Jesu liebenden Christen zu einem Bunde, zu einer „Gemeine Gottes im Geist" vor und er arbeitete mit allem Ungestüm, das ihm eigen war, auf dieses Ziel los. Auf einen Aufruf, den Heinrich Antes, ein frommer Reformirter, unterzeichnete, der aber von Zinzendorf ausging, versammelten sich Delegaten der verschiedenen Confessionen und Sekten in Germantown am 1. Januar 1742. Solcher Conferenzen fanden an verschiedenen Orten sieben statt, die letzte am 2. und 3. Juni 1742. Anfangs ging ein gefühlsinniger Ton durch die Verhandlungen, aber zum Nachgeben wollte sich Keiner verstehen. Zinzendorf und seine Anhänger führten das Steuer und zu den späteren Versammlungen kamen nur Solche, die es mit ihnen hielten.   Von dem Gedanken seiner hohen göttlichen Mission erfüllt, fand Zinzendorf sehr bald Veranlassung, über die Lauheit Derer, auf die er gerechnet hatte, bitter zu klagen.   Seine sanguinische Stimmung, die ihm die Worte eingab: „Kaum war ich in Pennsylvanien angelangt, so war mir nicht anders, als daß ich ins ganze Land rufen sollte: Her zu mir, was dem Heiland angehört", schlug in das Gegentheil um, wie er denn zu der Ueberzeugung kam, „Pennsylvanien sei ein completes Babel, daraus man erst die seufzenden Gefangenen erretten müsse".

Sein Plan, in jede Confession einen inneren Kreis, einen soge-nannten Tropos, als Kernpunkt einer neuen Entwickelung zu pflanzen, fand hie und da Beifall, aber diese Kerne verursachten nur wunde Stellen und fieberhafte Reactionen.   Am 19. März 1742 erhielt er von einem Theil der lutherischen Gemeinde in Philadelphia eine Berufung mit der Erlaubniß, Christoph Pyrläus, einen Herrnhuter, als seinen Nachfolger zu bestellen.   Die Sache führte zu argen Wirren.   Auch in Germantown, Lancaster und Tulpehocken kam es zu heftigen Auf-tritten zwischen Herrnhutern und den andern Confessionen. Diesen Con-flicten folgte eine sehr erbitterte literarische Fehde, die in den „Büdinger Sammlungen" auf Seite der Herrnhuter, in den „Hallischen Nachrich-ten" und Fresenius', „Bewährten Nachrichten" auf Seite der Lutheraner, sowie in einer Menge von Flugschriften jahrelang fortgeführt wurde.

Graf Zinzendorf, der durch seine drei Reisen unter die Indianer im Sommer und Herbst 1742 sein Interesse an deren Bekehrung be-kundet hatte, kehrte im Anfang des J. 1743 wieder nach Europa zurück. In Pennsylvanien stand seitdem August Gottlieb Spangenberg an der Spitze der Herrnhuter und leitete fast 20 Jahre ihre Anstalten mit ebenso viel Verstand, wie Hingebung.   Seine treuen Gehülfen waren J. Friedrich Cammerhoff und Peter Böhler.

Die Herrnhuter unterschieden sich von andern deutschen Einwan-derern wesentlich dadurch, daß sie nicht von Noth getrieben, oder um ihre eigene Lage zu verbessern, die Ferne suchten, sondern mit Missions-zwecken, die sie mit Eifer und Selbstverleugnung verfolgten.   Die In-dianer fanden in ihnen aufrichtige Freunde, geduldige Erzieher und hochherzige Schirmherren.   Um ihnen die Segnungen der Civilisation näher zu bringen, bauten sie Gnadenhütten und andere Posten in die

Wildniß hinaus. Ihre Missionäre Rauch, Heckewelder, Zeisberger, Jungmann, Post, Sensemann u. s. w. wählten ein Leben der Entbehrung und Gefahr, und fanden in ihrer treuen Berufserfüllung ihren einzigen Lohn.

Die Herrnhuter kamen, um zu erziehen und brachten eine gediegene Bildung mit. Ihre Unterrichtsanstalten in Bethlehem, Litiz und Nazareth gehörten zu den besten in Pennsylvanien. In ihren Einrichtungen hatten sie mancherlei Eigenthümliches, wodurch sie als ein besonderes, wenn nicht sonderbares, Volk erschienen: die strenge Trennung der Geschlechter während der Jugendzeit, die Ehestiftung durch die Alten ohne Rücksicht auf gegenseitige Zuneigung des Brautpaares, der Gebrauch des Looses als Gottesurtheil, die unmodische Tracht, z. B. die „Schnepfenhaube" der Frauen, und endlich die vom J. 1741—1762 aufrecht erhaltene gemeinschaftliche Oekonomie, die dem Communismus sehr ähnlich war.

Von katholischen Auswanderern aus Deutschland weiß die ältere Geschichte wenig zu berichten. Unter dem großen Schwarme von Deutschen, der im J. 1709 in London eintraf, um Transportation nach Amerika zu finden, waren über 4000 Katholiken. Diesen wurde anheimgegeben, entweder protestantisch zu werden und des königlichen Schutzes theilhaftig zu bleiben oder in ihr Vaterland zurückzukehren. Das Letztere wählten 3584; zur lutherischen Kirche traten 352, zur reformirten 188 über.*)

Die ersten Katholiken in Pennsylvanien waren schwerlich Deutsche. Im J. 1741 aber gründete der Ehrw. Theodor Schneider eine Gemeinde des „Heiligen Herzens" in Goshehoppen (Montgomery County) und vier Jahre später baute sich diese eine Kapelle. Von dort aus erhielten Katholiken in Philadelphia geistlichen Zuspruch. Die Sanct Marienkirche in Lancaster wurde im J. 1745 gegründet; ihre Priester waren die Väter Wappeler, Zeisler und Ferd. Farmer. Die im J. 1763 in Philadelphia erbaute Marienkirche an der 4. und Spruce-Str. war nicht ausschließlich für Deutsche bestimmt. Die deutschen Katholiken wurden aber bald zahlreich genug, um sich die Dreifaltigkeitskirche an der Ecke der 6. und Spruce-Straße zu bauen (1788), welche im J. 1860

---

*) Das Verlangte, nicht erlangte Canaan. Frankfurt u. Leipzig, 1711.

reparirt und verschönert wurde. Im Jahre 1757 gab es in Pennsylvanien etwa 900 deutsche Katholiken, von denen 500 zu Theodor Schneider's, die übrigen zu Ferdinand Farmer's und Mathäus Manner's Kirchsprengeln gehörten.

Furcht vor den Deutschen.

Nicht ohne Unruhe und Mißvergnügen sahen die englischredenden Bewohner von Pennsylvanien die deutsche Masseneinwanderung das Innere des Landes überfluthen. Schon James Logan, der berühmte Secretär Wm. Penn's, stellte es als eine Möglichkeit hin, daß aus Pennsylvanien am Ende eine deutsche Colonie werde, und der angelsächsische Theil der Bevölkerung demselben Schicksale verfalle, wie ehedem die Celten bei der Invasion Britanniens durch die Angeln und Sachsen.

Eine ähnliche Furcht ergriff die gesetzgebende und vollziehende Gewalt der Provinz. Im Jahre 1717 machte der Gouverneur Wm. Keith dem Provinzialrathe eine Mittheilung, des Inhalts, daß viele Einwanderer bald nach ihrer Ankunft sich über das Land ausbreiten, ohne über ihren Charakter und über ihre Absichten Ausweis zu geben. Auf diese Weise könnten sich ja Fremde ins Land einschmuggeln; die Leute sollten wenigstens von sich hören lassen und dem Könige von England den Treueid leisten oder, falls sie Gewissens halber nicht schwören wollten, das Gelöbniß der Treue ablegen. Dies geschah denn auch in der Folge. Alle Deutschen, oder wie sie insgemein genannt wurden, Pfälzer, wurden registrirt und leisteten den Unterthanen-Eid.

Aber die einmal wach gerufene Sorge wurde hierdurch nicht beschwichtigt und bei der Fortdauer der starken Einwanderung stellte die Assembly im Jahre 1728 an den Gouverneur Patrick Gordon die Anfrage, ob sich nicht Maßregeln ergreifen ließen, die fernere Einfuhr von Fremdlingen in die Provinz zu verhindern oder wenigstens zu beschränken. Hierauf Bezug nehmend, erklärte der Gouverneur am 17. Februar 1729, daß die Regierung jene Befürchtungen theile und ihn instruirt habe, durch ein geeignetes Gesetz dem übermäßigen Zuflusse

von Fremdlingen Einhalt zu thun. Man sei nicht gegen diese Leute
selbst eingenommen, von denen viele fleißig, friedsam und wohlge-
sinnt seien, aber man müsse es verhindern, daß aus einer englischen Anpflanzung eine Colonie von Fremdlingen
werde. Auch solle man der Einfuhr irländischer Katholiken und
Verbrecher ein Ende machen.

Aus diesen Besorgnissen entsprang das Gesetz vom 1. Mai 1729,
welches ein Kopfgeld von 20 Shilling für jeden Käufling (person of
redemption) und irländischen Dienstboten, von 40 Shilling für sonstige
„Fremdlinge" und von £5 für jeden Neger bei der Landung oder
beim Eintritte in die Provinz zu erheben befahl. In der letzten Bestimmung erkennen wir die Absicht, die Einfuhr von Sklaven zu er-
schweren. Vergebens versuchten die Deutschen (20. August 1729) eine
Ermäßigung des Kopfgeldes zu erwirken.

Die Gesetzgeber scheinen indeß bald inne geworden zu sein, daß
sie sich ganz unnützer Weise hatten ins Bockshorn jagen lassen und
daß die Einwanderungssperre ein empfindlicher Schlag gegen das Erblühen der jungen Colonie war. Im nächsten Jahre (am 14. Februar
1730) widerrief die Assembly das vorjährige Gesetz und substituirte
ein anderes, das nur arbeitsunfähige oder dem Gemeinwesen sonst
zur Last fallende Personen im Auge hatte. Ein Jahrzehnt später
wurde den Deutschen die Genugthuung, daß dieselbe Regierungs-
behörde, welche sich der Einwanderung zu erwehren gesucht hatte,
nunmehr deren Segen für die Colonie öffentlich anerkannte. Mit
Rücksicht auf die Deutschen, die aus den rauhen Waldungen Pennsylvaniens einen fruchtbaren Garten gemacht, erklärte Gouverneur
Thomas im J. 1738: „Diese Provinz ist seit einigen Jahren das
Asyl der bedrängten Protestanten der Pfalz und anderer Theile
Deutschlands; ich glaube, es kann der Wahrheit gemäß behauptet
werden, daß der jetzige blühende Zustand des Landes größtentheils
dem Fleiße dieser Leute zu verdanken ist, und sollte eine entmuthigende
Maßregel sie abhalten, hierher zu kommen, so steht zu befürchten,
daß der Werth der Ländereien fallen und der Wohlstand langsamere
Fortschritte machen wird; denn es ist nicht allein die Ergiebigkeit
des Bodens, sondern die Menge und der Fleiß der Bebauer, wodurch
ein Land zur Blüthe gelangt."

Der Menschenhandel.

Die Deutschen, welche in den ersten 30 bis 40 Jahren auswanderten, bezahlten in der Regel ihre Ueberfahrt und kauften von der Regierung das Land, worauf sie sich niederließen.

Als aber die Auswanderung große Dimensionen annahm und Tausende, von Noth getrieben, nach Amerika zu gehen verlangten, die Kosten der Ueberfahrt aber nicht erschwingen konnten, da erboten sich die Rheder, statt der Baarzahlung einen Schuldschein anzunehmen, der durch Arbeitsleistung in Amerika einlösbar war. Wie unverfänglich und zweckmäßig ein solches Einverständniß auch zu sein scheint, so entwickelte sich daraus allmählig doch ein System der Transportation, das Schlözer mit bitterer Anspielung auf den Sklavenhandel den „Deutschenhandel" genannt hat.

Daß diese Art der Passagierbeförderung etwa im J. 1728 ihren Anfang nahm, läßt sich nach einem Schreiben von Heinrich Kündig, Michael Kreibiel und David Kaufmann an ihre mennonitischen Glaubensgenossen in Amsterdam (März 1728) vermuthen, worin Jene erzählen, sie hätten Allen von der Auswanderung nach Pennsylvanien abgerathen, welche kein Geld hätten, um die Ueberfahrt selbst zu bezahlen, oder Freunde in Pennsylvanien, die dies thäten. „Nun hat uns aber Oswald Siegfried und Peter Siegfried zum 2 mal aus Amsterdam geschrieben, daß er einen gewissen Kauffmann in Amsterdam habe, der die Leit nach Benselfania führen wil, wenn sie schon die Fracht nicht haben, wenn sie nur durch einander die halbe Fracht ausmachen können; wenn auch Leit seien, die nichts haben, wenn sie nur im Stant seien, daß sie arbeiten können, werden auch mitgenommen, müssen darvor arbeiten, bis sie 7½ Bischtolen abverdient haben."

Die Schiffscapitäne fanden keine Schwierigkeit, die von ihren Passagieren eingegangenen Contracte, welche von der Provinzialregierung als bindend anerkannt wurden, in baare Münze umzusetzen und dadurch zu ihrem Gelde zu kommen. Die Dauer der Dienstzeit richtete sich nach dem Belauf der schuldigen Summe und dem Arbeitswerthe des Käuflings. Ein guter Arbeiter mochte nach drei Jahren wieder frei werden, aber unter besonderen Umständen dauerte die Dienstbarkeit

auch sechs oder sieben Jahre. Kinder blieben in diesem Abhängig-
keitsverhältniß bis zum 21. Jahre. Die Contracte waren über-
tragbar und der „verbundene Knecht", die „verbundene Magd",
der „Serve" (in officieller Sprache person of redemption oder re-
demptioner) ging, wie ein Handelsartikel, von Hand zu Hand.

Ueber die Art und Weise, wie dieses System gehandhabt wurde,
haben wir ausführliche Schilderungen von Zeitgenossen. In den
„Hallischen Nachrichten" (p. 997) spricht sich Pastor Mühlenberg
folgendermaßen darüber aus: „Nach langem Warten kommt endlich
ein Schiff nach dem andern im Philadelphischen Hafen an, wenn der
rauhe und bittere Winter vor der Thür ist. Ein und andere hiesige
Kaufherren empfangen die Liste von den Frachten (d. h. Passagieren)
und den Accord, welchen die Emigranten in Holland eigenhändig
unterschrieben, benebst den übrigen Rechnungen von der Rheinfracht
und dem Vorschuß der Neuländer für Erfrischungen, welche sie auf dem
Schiffe von ihnen auf Rechnung empfangen. In vorigen Zeiten war
die Fracht für eine einzelne erwachsene Person 6 bis 10 Louisd'or, nun
aber beträgt dieselbe 14 bis 17 Louisd'or. Ehe die Schiffe vor der
Stadt Anker werfen dürfen, müssen sie erst nach hiesigem Gesetz von
einem Doktore Medicinä visitirt werden, ob keine ansteckenden Seuchen
darauf grassiren. Nächstdem werden die Neuankommer in Procession
zum Landes-Rath Hause geführt und müssen allda dem Könige von
Großbritannien huldigen und dann werden sie wieder zurück aufs
Schiff geführet. Darauf wird in den Zeitungen kund gethan, daß so
und so viele teutsche Leute für ihre Fracht zu verkaufen sind. Wer aber
so viel Vermögen hat, daß er seine Fracht selber bezahlen kan, der wird
freigelassen. Wer vermögende Freunde hat, der suchet bei ihnen Vor-
schub, um die Fracht zu bezahlen, deren giebt es aber wenige.

„Das Schiff ist der Markt. Die Käufer suchen sich welche aus,
accordiren mit ihnen auf Jahre und Tage, führen sie zum Kaufherrn,
bezahlen die Fracht und übrigen Schulden, und lassen sie sich vor der
Obrigkeit durch ein schriftlich Instrument, auf die bestimmte Zeit als
ihr Eigenthum verbinden.

„Die jungen ledigen Leute beyderley Geschlechts gehen am ersten
ab und kriegen es entweder gut oder böse, besser oder schlimmer, je
nachdem die Käufer beschaffen sind und die Vorsehung oder Zulassung

Gottes es bestimmet." — — „Alte verehlichte Leute, Wittwen und Ge-
brechliche will Niemand kaufen, weil der Armen und Unbrauchbaren
schon zum Ueberfluß da sind, die dem gemeinen Wesen zur Last werden.
Wenn sie aber gesunde Kinder haben, so wird den Alten ihre Fracht
zu der ihrer Kinder geschlagen und die Kinder müssen desto länger
dienen, werden desto theurer verkauft und weit und breit von einander
unter allerley Nationen, Sprachen und Zungen zerstreut, so daß sie
selten ihre alten Eltern oder auch die Geschwister sich einander im Leben
wieder zu sehen bekommen, auch wol ihre Muttersprache vergessen."

In ganz ähnlicher Weise lautet der Bericht von Gottlieb Mittelberger, der im J. 1750 eine Orgel von Heilbronn nach Pennsylvanien
brachte, 3 Jahre in Trappe Organist und Schulmeister war und im
J. 1754 nach Deutschland zurückkehrte.

Mühlenberg's Bemerkung, daß die Ankunft verkäuflicher Dienstleute in den Zeitungen kund gethan werde, findet durch einen Einblick
in die Anzeigespalten deutscher und englischer Blätter volle Bestätigung.
Hier sind einige :

Deutsche Ankömmlinge.

Philadelphia, d. 9. November 1764.

Heute ist das Schiff Boston, Capitän Mathäus Carr, von Rotterdam hier angelangt mit etlichen Hundert Deutschen, unter welchen sind allerhand Handwerker,
Tagelöhner und junge Leute, sowohl Manns- wie Weibspersonen, auch Knaben und
Mädchen. Diejenigen, welche geneigt sind, sich mit dergleichen zu versehen, werden
ersucht, sich zu melden bei David Rundle in der Frontstraße.

Deutsche Leute.

Es sind noch 50—60 deutsche Leute, welche neulich von Deutschland hier ange-
kommen sind, vorhanden, so bei der Wittwe Kreiderin im goldenen Schwan logiren.
Darunter sind zwei Schulmeister, Handwerksleute, Bauern, auch artige Kinder, sowohl
Knaben als Mädchen. Sie möchten für ihre Fracht dienen.

(Pennsylv. Staatsbote, 18. Jan. 1774.)

Es waren nicht allein Feldarbeiter und Handwerker, die auf diese
Weise ihre Ueberfahrt abverdienten ; auch arme Studenten und Schulmeister kamen zuweilen auf den Arbeitsmarkt. Pastor Kunze bemerkt
naiv, daß er damit umgegangen sei, den ersten deutschen Studenten, der
an unserer Küste lande und seine Fracht nicht bezahlen könne, zu kaufen, um mit Hülfe desselben eine lateinische Schule anzufangen. (Hall.

Nachrichten p. 1477.) Und im Jahre 1793 sicherten sich die Vorsteher der lutherischen und reformirten Kirche in Hamburg, Berks County, auf diesem Wege einen Schulmeister, Johann Friedrich Schock, der ihnen 3 Jahre und 4 Monate für Zahlung seiner Ueberfahrt dienen mußte, worauf er mit der „gebräuchlichen Freiheitskleidung" ausgestattet wurde.

Die noch nicht abgelaufene Dienstzeit eines Redemptioners konnte wie ein Werthartikel verkauft werden und wurde nicht selten in Zeitungen ausgeboten. Hier einige Beispiele solcher Anzeigen:

„Es ist zu verkaufen einer Deutschen verbundenen Magd Dienstzeit. Sie ist ein starkes, frisch und gesundes Mensch und wird keines Fehlers wegen verkauft, sondern nur weil sie sich nicht für den Dienst schickt, in welchem sie jetzt ist. Sie versteht alle Bauernarbeit, wäre auch vermuthlich gut für ein Wirthshaus. Sie hat noch fünf Jahre zu stehen." (Pennf. Staatsbote, 4. August 1766.)

In der Ueberschrift ist vom Verkauf der Dienstzeit die Rede, im Texte aber ist es die Magd selbst, die verkauft wird. Augenscheinlich sträubte sich das Gefühl und die öffentliche Meinung nicht gegen diese Auffassung. Zuweilen spricht das Angebot ohne Umschweif und Phrase vom Verkauf eines Menschen, z. B.:

„Eine deutsche Dienstmagd, welche noch fünf Jahre zu stehen hat, ist zu verkaufen." (Philadelphier Correspondenz, 25. April 1785.)

"To be sold. A likely Servant Woman having three years and a half to serve. She is a good spinner." (Pennsylvania Gazette, June 1742.)

"To be sold. A Dutch apprentice lad, who has five years and three months to serve; he has been brought up to the taylor's business. Can work well." (Pennsylvanischer Staatsbote, 14. Dec. 1773.)

Einmal als Waare betrachtet, konnte der Einwanderer selbst unter den Hammer kommen und dem Meistbietenden zugeschlagen werden. Daß dies wenigstens in Maryland vorkam, ist aus einer Anzeige in Ch. Saur's Zeitung vom 10. Februar 1754 ersichtlich. Rosina Dorothea Kost, geborene Kaufmann, aus Waldenburg, im Hohenlohischen, die am 12. November 1753 in Patapsco angekommen war, wünscht ihren Schwager Spohr in Conetoga durch die Zeitung in Kenntniß zu setzen, daß sie „verservt" und zwar „auf der Vendu verkauft worden sei, wie daselbst dies Jahr andere mehr pflegten verkauft zu werden".

Die Verschiffung der Auswanderer, deren Arbeitskraft und Erwerbsfähigkeit für die richtige Bezahlung des Fahrgeldes u. s. w. bis auf Heller und Pfennig eine sichere Garantie bot, erwies sich als ein so profitables Geschäft für die Rheder und deren Agenten, daß ein abscheuliches System des Werbens, eine wahre „Seelenverkäuferei" daraus erwuchs.

Anfangs stellten die Rheder ihre Makler, die hübsche Commissionen erhielten, in den Hafenstädten auf die Lauer, um die eintreffenden Auswanderer abzufangen, aber dieser beschränkte Standpunkt wich einem förmlichen Treibjagen, wofür ganz Süddeutschland ein großartiges Feld bot. Diese Werber reisten in prunkvollem Aufzuge, nicht selten in elegantem Fuhrwerk, mit goldenen Ringen, Ketten und Uhren, umher und machten den Leuten Lust zum Auswandern nach Amerika. Am geschicktesten dazu waren solche, die schon in dem neuen Lande gewesen waren und darnach „Neuländer" hießen.

Aus der Darstellung dieser Werberei, die H. A. Rattermann seiner Geschichte des deutschen Elementes im Staate Maine einverleibt hat, geht hervor, daß die Frechheit und Gewissenlosigkeit der Seelenverkäufer wirklich maßlos war. Am schlimmsten trieb es ein gewisser Capitän Jakob Friedrich Heerbrand, spottweise „Höllenbrand" genannt, der zwanzig Unterwerber im Sold hatte, „darunter seine Brüder und Schwäher, abgedankte Soldaten, Jägersleute und allerley andere nichtsnutzige Gesellen". „Sie nehmen alle Sorten von Bettlern, so sie auf der Straße finden, an und veranstaltet er einen Transport nach dem andern, welche von seinen Werbern über Landt nach Heydelberg geführet werden. Es wird gesaget, daß er allbereits bey die 600 Frachten hat. Er beauftraget Reisende Handwerkspursche und verspricht denen Thorwächtern an den Stadtthoren zwey Gulden vor jeden Kopf so sie ihm liefern. Auff solche weis bekam er 20 in einem Tag."

Nicht ganz gleichgültig gegen diesen Unfug waren die Regierungen. Christoph Saur veröffentlicht in seiner Zeitung eine Nachricht aus Frankfurt vom 5. Februar 1751: „Der Churfürst von der Pfalz hat einen Befehl lassen ausgehen, daß in der ganzen Pfalz kein Neuländer soll geduldet werden; sie sollen (als die größte Schelmen von der Welt) eingezogen und in Gefängnissen verwahret werden." Trotzdem erreichte dieses nichtswürdige System gerade in den nächstfolgenden Jahren seinen Höhepunkt.

Hatte schon die Art und Weise, wie die Seelenverkäufer ihr Gewerbe betrieben, etwas Empörendes, so war die Verschiffung, man

möchte sagen Verpackung ihrer unglücklichen Opfer, geradezu eine
Sünde gegen die Menschheit. Den gewissenlosen und habgierigen
Schiffsherren, Maklern und Werbern war es einzig um den Gewinn
zu thun; ob für die herbeigelockten Schaaren auch Platz in den Schiffen sei, kümmerte sie wenig. So wurden denn die Armen rücksichts-
los in das niedrige, stockige, unsaubere Zwischendeck eingepfercht und
der schreckliche Würgengel, die Schiffspest, machte das Emigranten-
schiff während der langen Wasserfahrt zu einem Schauplatz des Jammers und Entsetzens.

Schon im Jahr 1738 schreibt ein Correspondent der „Geistlichen
Fama" aus Germantown: „Die Menge Menschen, so sich aufreitzen
lassen, diß Jahr ins Land zu kommen, bringen und machen keinen
geringen Jammer ins Land. Denn außerdem, daß so viele hundert
auf denen Schiffen zur See durch Krankheiten gestorben, dafür die
Hinterbleibende, so noch welche aus einer Familie übrig, zahlen und
dienen müssen, so ist ein ungemeiner Geldmangel und Noth unter den
Menschen, daß es kaum zu sagen." Weiterhin wird berichtet, daß auf
einem Schiffe 160, auf einem andern 150 Personen elend gestorben, auf
einem dritten nur 13 gesund geblieben seien. Die Schuld dieser großen
Sterblichkeit wird den Capitänen beigemessen, „welche die Leute so grau-
sam dick in einander stecken und legen." Christoph Saur fügt einem
Briefe vom 17. November 1738 als Nachschrift bei: „Es war auf der
See diß Jahr eine Seuche wie eine Pest. Daran starben wohl 2000
Reisende. Heinrich Keppele, der später ein angesehener Kaufmann in
Philadelphia und der erste Präsident der Deutschen Gesellschaft von
Pennsylvanien wurde, wanderte in eben diesem Jahre ein und zwar
als Passagier auf der „Charming Molly", Capitän Stedman. Er
erzählt in seinem Tagebuche, daß sich 312½ Frachten (ein Kind als
halbe Fracht gerechnet) auf dem Schiffe befanden und daß der Tod
während der Ueberfahrt 250 Seelen hinwegraffte, nicht derer zu gedenken, welche bald nach ihrer Ankunft erlagen.

Im Februar 1745 berichtet Christoph Saur's Zeitung: „Ein
ander Schiff ist in Philadelphia ankommen mit Teutschen; es wird
gesagt, es seyen 400 gewesen und es sollen nicht viel mehr über 50 am
Leben seyn." Besser lauten die Nachrichten im Jahre 1748: „Sieben
Schiffe sind zu Rotterdam mit teutschen Neukommern abgefahren, drei

sind davon in Philadelphia ankommen, das letzte in 31 Tagen von Land zu Land, alle frisch und gesund, so viel man weiß. Sie sind auch menschlich gehalten worden."

Aber schon im nächsten Jahre erklingt das alte Klagelied von Neuem.

„Von Reisenden aus Europa wird berichtet, daß dies Jahr wenigstens 20 Schiffe mit Teutschen von Rotterdam nach Pennsylvanien ankommen sollen. Bis jetzt sind nur 8 Schiffe angekommen mit Schweizern, Würtembergern, Pfälzern, Hanauern und Elsassern, welches letztgemeldt Schiff sehr viele Seelen hatte und beinahe die Hälfte gestorben sind und sterben noch täglich."

Bei der Auswanderung im J. 1749 ging es ebenso kläglich zu. „Schon viel Jahre", bemerkt Ch. Saur in seiner Zeitung, „ist mit Leidwesen angesehen worden, daß viele Teutsche Neukommer gar schlechte Seereisen gehabt, daß manche haben sterben müssen und absonderlich dieses Jahr sind über zwei Tausend gestorben, meistens weil sie nicht menschlich tractirt worden, hauptsächlich, weil sie zu dick gepackt worden, daß ein Kranker des andern Othem hat holen müssen und von dem Gestanke, Unreinigkeit und Mangel an Lebensmitteln sind Scharbock, Gelbfieber, Ruhr und andere ansteckende Krankheiten entstanden. — Einige Lebensmittel und Kleider wurden in andere Schiffe gepackt und kamen lange hernach, daß viele Leute mußten betteln und sich verserben*), weil sie das ihrige nicht bey sich hatten. Viele mußten bezahlen vor die, die Hungers und Durstes gestorben sind."

Hier treten uns neben der Ueberfüllung der Schiffe mit Passagieren und der schlechten Beköstigung zwei andere abscheuliche Mißbräuche entgegen, die Verladung des Passagiergutes auf andere Schiffe und die den Einwanderern abgenöthigte solidarische Garantie für die Bezahlung der Ueberfahrt. Das Eine geschah, um für die größtmögliche Anzahl von Passagieren Raum zu schaffen, das Andere, um den Rheder gegen den Verlust des Fahrgeldes durch Todesfälle schadlos zu halten.

Um diese Zeit (17. Januar 1750) wurde allerdings ein Gesetz erlassen, das den Einwanderern eine menschliche Behandlung während der Ueberfahrt sichern sollte, aber es blieb unbeachtet, weil die Aufsichtsbeamten, die schlecht bezahlt wurden, für ein gereichtes Douceur gerne

---

*) Verdingen, von dem englischen serve.

ein Auge zudrückten. Mehrere Jahre später (1754) geschah nochmals ein Versuch, dem schreienden Uebel abzuhelfen und ein Gesetz zum bessern Schutz der Einwanderer wurde dem Gouverneur Robert Hunter Morris zur Billigung vorgelegt. Dieser antwortete vorläufig am 7. Januar 1755, daß er dasselbe verschiedenen Mitgliedern seines Rathes zur Begutachtung unterbreitet habe. Trotzdem, daß die Assembly unter demselben Datum den Gouverneur dringend ersuchte, keinen Aufschub eintreten zu lassen, sondern dem wichtigen Gesetze durch seine Namensunterschrift Kraft und Gültigkeit zu verleihen, trotzdem, daß Christoph Saur in zwei Privatschreiben dem Gouverneur die Sache mit Freimüthigkeit und Wärme ans Herz legte und ihm dabei noch einmal den empörenden Zustand der Passagier-Beförderung zur See vor die Augen führte, fand dieser es für angemessen, nicht allein bis Mitte Mai zu verziehen, sondern die wichtigsten Bestimmungen des Gesetzes auszumerzen. Die von ihm gestrichenen Paragraphen waren gerade diejenigen, welche es verboten, das Passagiergut in andern Schiffen nachzusenden und Andere als Angehörige für das Fahrgeld der Gestorbenen verantwortlich zu halten. Die Assembly protestirte ernstlich gegen das Verfahren des Gouverneurs und erklärte, daß der Ausschuß, dessen Rath er eingeholt und befolgt hätte, größtentheils aus Personen bestehe, welche bei dem Passagier-Transport und dessen ärgsten Mißbräuchen persönlich interessirt wären.

Vorläufig war also der Versuch, diesen trostlosen Zuständen ein Ende zu machen, gescheitert. Im J. 1764 wiederholte sich der alte Jammer in eclatanter Weise. Mehre Schiffe langten in Philadelphia mit Kranken und Sterbenden an, deren klägliche Lage einen Stein hätte zum Erbarmen rühren können. Eine Unzahl deutscher Bürger trat zusammen, um für die Leidenden das Nöthigste zu thun. Zu gleicher Zeit kamen sie überein, ihren bedürftigen Landsleuten in der Zukunft mit vereinten Kräften Beistand zu leisten und bessern Rechtsschutz zu verschaffen. So entstand die Deutsche Gesellschaft von Pennsylvanien. Die ersten Mitglieder kamen auf vorausgegangenen Aufruf am 26. December 1764 im lutherischen Schulhause zusammen, unterzeichneten die entworfenen Regeln und schritten zur Beamtenwahl. Heinrich Keppele, ein angesehener Kaufmann, wurde

der erste Präsident der Gesellschaft und bekleidete, jährlich wiedergewählt, dieses Amt 17 Jahre lang.

Schon in der ersten Versammlung wurde beschlossen, die Assembly
zu ersuchen, den Transport deutscher Einwanderer in die Provinz durch
ein Gesetz besser zu regeln.

Damit wurde denn auch nicht gezögert. Am 11. Januar 1765 kam
die Sache in der Assembly zur Sprache und ein Gesetz, zu welchem die
Deutsche Gesellschaft den Entwurf geliefert hatte, und welches 9 Vorschläge zum besseren Schutze der Einwanderer während der Seereise
und nach ihrer Ankunft enthielt, fand trotz der Einsprache interessirter
Kaufleute am 13. Februar die Zustimmung der Assembly. Der Gouverneur, John Penn, lehnte es indessen ab, dasselbe zu unterzeichnen, da es ihm erst am letzten Tage der Sitzung vorgelegt werden
konnte und er Zeit zu reiflicher Ueberlegung forderte. In demselben Sommer wurde ein ähnliches Gesetz vereinbart und vom
Gouverneur (am 18. Mai 1765) gebilligt. Im Vergleich zur ersten
Vorlage war es allerdings in einigen Punkten abgeschwächt, im
Ganzen aber ein erfreulicher Schritt zum Besseren, indem es den
Mißbräuchen Gränzen zog und dem Einwanderer einen Rechts-
boden gab. Auch war die Deutsche Gesellschaft mit dem Erfolge
ihrer Bemühungen nicht unzufrieden, denn sie veröffentlichte das
Schutz-Gesetz vom J. 1765 in deutscher Uebersetzung unter dem Titel:
„Die erste Frucht der Deutschen Gesellschaft."

Die Gesellschaft nahm sich der Einwanderer, welche Klage zu
führen hatten, in gutem Ernste an. Schon dadurch, daß sie bestand
und bereit war, den ankommenden Landsleuten zu ihrem Rechte zu ver-
helfen, blieben die schlimmsten Sünden gegen die Einwanderer unge-
schehen. Von der abscheulichen Behandlung der Passagiere auf der
Seereise hören wir nichts mehr; nur dann und wann wird über
schlechte Beköstigung oder Uebervortheilung geklagt. Im J. 1785
hatten die Vorstellungen der Deutschen Gesellschaft bei der Legislatur
zur Folge, daß eine Registratur für deutsche Einwanderer in Philadelphia errichtet und die Anstellbarkeit zu diesem Amte an eine hin-
reichende Kenntniß der deutschen und der englischen Sprache geknüpft
wurde. Der Registrator hatte zu gleicher Zeit die Befugniß, die
Dienst-Contracte, womit die Einwanderer die Kosten der Ueberfahrt

ausglichen, zu legalisiren und auf die Ausführung der sie betreffenden
Schutzgesetze zu achten. Der Erste, welcher diese Stelle erhielt, war
Ludwig Farmer, Vice-Präsident und später Präsident der Deutschen
Gesellschaft.

Als die empörenden Zustände des Passagier-Transportes sich ums
J. 1817 erneuerten, bemühte sich die Deutsche Gesellschaft bei der Legislatur mit erfreulichem Erfolge, dem Uebel durch schärfer durch-
greifende Gesetze entgegen zu treten. (An act for regulating the im-
portation of German and other passengers, 1818.)

Das Käuflingssystem, das der Einwanderung im vorigen Jahrhunderte einen so eigenthümlichen Stempel aufdrückte, kam ums
J. 1820 ab, ohne gesetzlich aufgehoben zu werden.

Buchdruck und Zeitungen in Pennsylvanien während des vorigen Jahrhunderts.

Wer sich die deutschen Ansiedler in Pennsylvanien als ein un-
wissendes, ungeschultes Bauernvolk vorstellt, dem ist es schwerlich bekannt, daß im J. 1738 eine deutsche Verlagsbuchhandlung in Germantown gegründet wurde, aus welcher etwa 150 Schriften — darunter drei Quart-Ausgaben der Bibel — hervorgingen, daß sich diese
Buchhandlung eines 40jährigen Gedeihens erfreute und schließlich nur
in Folge einer gewaltsamen Katastrophe unterging. Andere deutsche
Druckereien bestanden vor der Revolution bereits in Philadelphia,
Ephrata und Lancaster. Auch diese lieferten einzelne Artikel von bedeutendem Umfange. Bei weitem die meisten freilich dienten der
Andacht und der Erbauung. Aber worin denn sonst suchte der schlichte
Mann des vorigen Jahrhunderts Befreiung von der Angst des Ir-
dischen?

Christoph Saur ist der Erste, der in Amerika mit deutscher Schrift,
nicht aber der Erste, der deutsche Bücher gedruckt hat, denn Benjamin
Franklin, welcher sich der Antiqua-Schrift bediente, hat diese Ehre
voraus. Aus der eben eingerichteten Druckerei Franklin's gingen

drei Bändchen mystischer Lieder in deutscher Sprache hervor, welche Conrad Beissel und dessen Freunde zu erbaulichen Zwecken gedichtet hatten, nämlich: „Göttliche Liebes- und Lobesgethöne" (1730), „Vorspiel der Neuen Welt" (1732), und „Jacobs Kampff- und Ritterplatz" (1736). Das erstgenannte Buch ist zugleich bibliographisch merkwürdig, da Benjamin Franklin's Name als Drucker darauf zum ersten Male ohne den seines Compagnons Meredith erscheint.

Christoph Saur, der Aeltere — sein Sohn und Nachfolger trug denselben Namen — war im J. 1693 in Laasphe, im Wittgenstein'schen, geboren und wuchs unter Einflüssen auf, die ihn zu einem strengen Separatisten, zu einem frommen Widersacher der bestehenden Kirchen machten. Diese galten ihm für grundverdorben, mit allen Fehlern der eiteln Welt behaftet und heuchlerisch obendrein. Er kam im J. 1724 mit seiner Frau und seinem 3 Jahre alten Knäblein nach Pennsylvanien, trieb eine Zeitlang Landbau in Lancaster County und ließ sich sodann in Germantown nieder. Mit Typen und einer Presse, die er sich aus Deutschland hatte kommen lassen, errichtete er im J. 1738 eine Druckerei und gab in diesem Jahre zum ersten Male den „Hochdeutsch-Amerikanischen Calender" heraus, der bis zum J. 1778 regelmäßig erschien. Schon im J. 1739 erhielt er einen bedeutenden Auftrag, nämlich den Druck eines Gesangbuches für die Klosterbrüder von Ephrata, dessen weitschweifiger Titel mit den Worten: „Zionitischer Weyrauchs-Hügel oder Myrrhen-Berg" anhebt. Der Band war 820 Seiten stark.

Bereits bei der Einrichtung seiner Druckerei hatte Ch. Saur im Sinne, für die Deutschen in Amerika die Bibel zu drucken. Diese erschien im Sommer 1743, in Luther's Uebersetzung; wie das Vorwort besagt, „die erste Ausgabe der Schrift auf dem westlichen Continente in einer europäischen Sprache." Es war ein stattlicher Quartband von 1272 Seiten; das vorzügliche Papier dazu hatte die Rittenhouse'sche Papiermühle in Germantown, die Typen Heinrich Ehrenfried Luther's Schriftgießerei in Frankfurt a. M. geliefert.

Eine zweite Auflage erschien im J. 1763 und eine dritte 1776. Außerdem gab Saur das Neue Testament und den Psalter in besonderen Ausgaben öfters heraus. Unter den Gesangbüchern, die er veröffentlichte, waren die älteren für die separatistischen Sekten bestimmt, der „Ausbund" (erste Ausgabe, 1742) für die Mennoniten, das „Kleine Davidische Psalterspiel" (erste Ausgabe, 1744) für Dunker und Andere, das „Neu-Eingerichtete Gesangbuch" (1762) für die Schwenkfelder. Die Reformirten und Lutheraner, welche für das Erscheinen der Bibel im feindlichen Lager kein Wort des Willkomms fanden, mußten am Ende doch ihre eigenen Katechismen und Gesangbücher bei Saur drucken lassen (Reformirtes zuerst im J. 1752, Marburger lutherisches 1770). Die Erbauungsschriften, die im Saur'schen Verlage erschienen, sind zu zahlreich, um angeführt zu werden; viele hatten einen mystischen Zug, wie Hoburg's „Postille" (1748), „Geistliches Blumengärtlein inniger Seelen" (1747), Lovigny's „Verborgenes Leben mit Christo" (1747), Schabalie's „Wandelnde Seele" (1763), „Paradiesische Aloe" (1770), u. a. Von Werken weltlichen Inhalts sind etwa zu erwähnen ein „Leben Friedrich's des Großen (1761), englische und deutsche Grammatiken und politische Streitschriften.

Am 20. August 1739 erschien in Saur's Verlage das Blättchen, welches als Erstling der deutschen Presse in Amerika einen denkwürdigen Platz in der Geschichte der Deutschen unseres Landes einnimmt. Es führte den Titel: „Der Hoch-Deutsch Pensylvanische Geschicht-Schreiber, oder Sammlung wichtiger Nachrichten aus dem Natur- und Kirchen-Reich."

Der Name wurde mehrmals geändert, im J. 1745 in „Berichte oder Sammlung wichtiger Nachrichten u. s. w.", im J. 1762 in „Germantowner Zeitung, oder Sammlung wahrscheinlicher Nachrichten u. s. w." Anfangs erschien das Blatt des Monats nur einmal, vom J. 1748 an zweimal und von 1773 an wöchentlich ohne Erhöhung des Preises, während das Format mehrmals vergrößert wurde. Die Zeitung hatte beträchtlichen Absatz, nicht nur in Pennsylvanien, sondern auch in Carolina, Virginien und Georgia. Sie unterstützte, Saur's Grundsätzen gemäß, die Friedenspolitik der Quäker und übte unter den Deutschen einen entschiedenen Einfluß aus.

Christoph Saur's Unternehmungsgeist rief in Verbindung mit seiner Druckerei verwandte Geschäftszweige ins Leben. Seine Binderei lieferte vorzügliche Arbeit, er fabricirte Druckerschwärze, legte Papiermühlen an und errichtete eine Schriftgießerei, welche die erste in Amerika gewesen ist.

Das Saur'sche Geschäft wurde im J. 1778 vom Strudel der Revolution verschlungen ; als eine Fortsetzung desselben kann der Verlag von Leibert und Billmeyer in Germantown angesehen werden.

Mittlerweile hatte auch an anderen Orten der deutsche Buchdruck begonnen. Zunächst auf Germantown folgt der Zeit nach Ephrata in Lancaster County, wo der „Orden der Einsamen Brüder", wie wir gesehen haben, sich klösterliche Einrichtungen geschaffen hatte. Die Klosterpresse hat eine große Anzahl, z. Th. sehr umfangreicher Werke zu Tage gefördert. Die ältesten, welche sich noch vorfinden, sind aus dem J. 1745. Von diesen ist das merkwürdigste ein Erzeugniß der mystischen Grübelei Conrad Beissel's mit dem Titel: „Zionitischen Stiftes Erster Theil, Oder eine wohlriechende Narbe, die nach einer langen Nacht in der herrlichen Morgenröthe ist aufgegangen." Ein anderer Titel desselben Buches ist „Urständliche und Erfahrungsvolle Hohe Zeugnüsse u. s. w." Versenkung in Gott, Sehnsucht nach der stillen Ewigkeit, die himmlische Jungfrauschaft, und Verläugnung des eigenen Willens sind einige Stichworte dieses sibyllinischen Werkes. Im J. 1747 folgte „Das Gesäng der Einsamen und Verlassenen Turteltaube", ein Quartband, worin die mystische Ekstase, die Gotttrunkenheit und die seraphische Liebe in Versen auftritt. Die meisten Lieder sind von Conrad Beissel gedichtet, der sich auf dem Titel einen friedsamen, nach der stillen Ewigkeit wandelnden Pilger nennt.

Auch für die Mennoniten arbeitete die Presse von Ephrata. Sie ließen im J. 1745 dort „Güldene Aepffel in Silbernen Schalen" drucken und bald darauf eine vom Prior des Klosters, Peter Miller, angefertigte Uebersetzung des großen Werkes von Tieleman Van Braght: „Der Blutige Schauplatz oder Märtyrerspiegel", ein Foliant von 1514 Seiten, das größte Druckwerk, das während des vorigen Jahrhunderts in Amerika ans Licht getreten ist. Das Papier dazu wurde in der Papiermühle in Ephrata angefertigt.

Unter den übrigen Verlagsartikeln des Klosters seien noch erwähnt: die „Theosophischen Lectionen" (1752); die "Deliciae Ephratenses" (1772), welche C. Beissel's Abhandlungen und Reden über mystisches Christenthum enthalten; das „Paradiesische Wunderspiel", eine vermehrte Sammlung der mystischen Lieder, das „Evangelium Nicodemi" (1748); das „Ganz Neue Testament" (1787), und das "Chronicon

Ephratense" (1786). Letzteres gibt eine Geschichte des Klosters im Anschluß an C. Beissel's Lebensbeschreibung.

In Philadelphia unternahm es Jos. Crell im J. 1743, eine deutsche Zeitung zu drucken, scheint damit aber keinen Erfolg gehabt zu haben. Ihm folgten Gotthard Armbrüster (1746), dessen jüngerer Bruder Anton Armbrüster (1751) und Johann Böhm (1749), mit der Herausgabe von Büchern und Zeitungen. Die beiden Letzteren waren zu verschiedenen Zeiten Benjamin Franklin's deutsche Geschäftstheilhaber. Franklin und Böhm's bedeutendstes Unternehmen war der Druck von Johann Arndt's „Sechs Bücher vom Wahren Christenthum", ein Octavband von 1388 Seiten. Franklin und Armbrüster dienten den Interessen einer Gesellschaft, die dem Einflusse Christoph Saur's durch Concurrenz einen Damm entgegenzusetzen versuchte. Nebst einer Anzahl von Erbauungsschriften, Kalendern u. s. w. publicirten sie im J. 1755 und in den folgenden Jahren eine Zeitung („Philadelphische Zeitung von allerhand auswärtigen und einheimischen merkwürdigen Sachen, gedruckt und zu finden bei B. Franklin, Postmeister und Anthon Armbrüster.") Diese Druckerei soll im J. 1760 in die Hände von Peter Miller und Ludwig Weiß übergegangen sein. Anton Armbrüster war in den Jahren 1760—1768 sehr thätig in der Veröffentlichung von Büchern und von deutschen und englischen Flugschriften. Nikolas Hasselbach, ein anderer Drucker, hat nur wenige Artikel verlegt.

Von weit größerer Bedeutung als die Genannten war der Herrnhuter Heinrich Miller, der sich im J. 1760 in Philadelphia niederließ. Er hatte schon im J. 1742 als Begleiter des Grafen Zinzendorf Amerika besucht und wiederum etwa 10 Jahre später; wie ihn denn sein Wanderleben auch in vielen Ländern Europa's umherführte.

Miller war ein berufsmäßiger Drucker und hatte als solcher bereits in Deutschland (Marienburg) und in London Geschäfte etablirt. Vom J. 1760 an blieb er fast zwanzig Jahre der angesehenste deutsche Drucker und Verleger in Philadelphia; auch in englischer Sprache lieferte er eine große Anzahl von Werken, die sich durch saubere Arbeit und gute Ausstattung empfehlen. Er gründete im J. 1762 den „Philadelphischen Staatsboten", der anfangs wöchentlich, nach dem 23. Mai 1775 aber zweimal die Woche erschien. Um 26. Mai 1779 nahm er

Abschied von seinen Freunden und dem Publicum, um sich nach Bethlehem zu begeben, wo er im J. 1782 starb.

Sein Geschäft scheint er schon im J. 1776 an Melchior Steiner und dessen Theilhaber Carl Cist abgetreten zu haben. Ersterer war in der Druckerei, der andere bei der Redaction des „Staatsboten" beschäftigt gewesen. Diese gaben erst gemeinschaftlich, nach dem J. 1781 aber getrennt, größere und kleinere Schriften heraus, worunter mehrere den Geist der revolutionären Periode wiederspiegeln. Bei Steiner & Cist erschienen z. B. Thomas Paine's zündende Hefte "The Crisis". Cist gründete im J. 1786 die vielgelesene Monatsschrift "The Columbian Magazine". Steiner widmete der deutschen Presse große Sorgfalt. Seine „Philadelphische Correspondenz" (begonnen im J. 1781), die nach dem 1. October 1790 als „Neue Philadelphische Correspondenz" zweimal die Woche herauskam, war besser redigirt, als irgend eine der vorausgegangenen deutschen Zeitungen.

Als General Howe nach der Schlacht am Brandywine Philadelphia besetzte (September 1777), fanden Miller, der Drucker des Congresses, und Steiner & Cist, die Verleger der „Crisis", es für gerathen, die Stadt zu verlassen und kehrten erst nach dem Abzug der Engländer zurück. Dagegen zogen die königlich gesinnten Söhne Christoph Saur's, Peter und Christoph (Enkel des ersten Saur), mit der Armee in die Stadt ein und setzten während ihres kurzen Aufenthaltes eine Druckerei in Betrieb. Ein anderer Sohn Saur's, Samuel, ließ sich im J. 1791 in Chestnut Hill als Drucker und Verleger nieder und siedelte im J. 1796 nach Philadelphia über. An beiden Orten gab er Bücher und eine Wochenschrift heraus; später begab er sich nach Baltimore. Andere deutsche Verleger in Philadelphia vor dem Jahre 1800 waren H. Kämmerer, der sich im J. 1792 mit Steiner associirte, bald darauf aber ein eigenes Geschäft führte, J. R. Kämmerer und H. Schweitzer.

Noch vor dem Schlusse des Jahrhunderts wurden auch Lancaster, Reading und Easton Stätten des deutschen Buchdruckes. In Lancaster soll schon im J. 1751 eine Zeitung in deutscher und englischer Sprache von Miller und Holland herausgegeben worden sein; bei F. Bailey erschien seit 1778 „Das Pensylvanische Zeitungsblatt", und neben oder nach diesem bei Albrecht & Co. „Die Unparthheiische

Lancaster Zeitung", welche im J. 1797 mit einfältiger Nachäffung von Wm. Cobbett's Beinamen (Peter Porcupine) den ungeheuerlichen Titel „Der Deutsche Porcupein" annahm. Bailey und Albrecht druckten auch deutsche Bücher. In Reading erschien im J. 1789 bei Johnson, Barton und Jungmann die „Neue Unpartheiische Readinger Zeitung", welche indessen keinen langen Bestand hatte, wogegen „Der Reading Adler" seit November 1796 bis auf die Gegenwart jede Woche regelmäßig erschienen ist. Durch ihren großen Einfluß erwarb sich diese Zeitung den Beinamen „Die Bibel von Berks County". Die erste deutsche Zeitung in Easton wurde im J. 1793 von Jakob Weygandt begonnen.

Deutsche und Indianer.

Als Wm. Penn von Pennsylvanien Besitz nahm, fand er zahlreiche Indianerstämme vor, deren Freundschaft er durch gerechte und humane Behandlung zu gewinnen wußte. Und so lebten denn auch die Deutschen, die in ihren vorgeschobenen Ansiedlungen mit den Lenni-Lenapes oder Delaware Indianern vielfach in Berührung kamen, mit diesen Söhnen der Wildniß in Frieden und Freundschaft. Bis zur Mitte des vorigen Jahrhunderts kam zwischen Deutschen und Indianern nur einmal ein ernstlicher Zusammenstoß vor, nämlich am Manatawny im Jahre 1728, als aus einem Zwiste Mord und Todtschlag auf beiden Seiten entstand. Die Provinzial-Regierung griff energisch dazwischen, strafte die Schuldigen und stellte das gute Einvernehmen wieder her.

Aber über ein friedseliges Verhalten und vorsichtiges Meiden kamen die Ansiedler kaum hinaus. Es war den Herrnhutern vorbehalten, einen Schritt weiter zu gehen. Bei ihrem lebhaften Missionsdrange sahen sie es als eine Christenpflicht an, die Indianer zu bekehren und zu civilisiren. A. G. Spangenberg hatte mehre Jahre (1735—1739) in Georgia und Pennsylvanien zugebracht und nach seiner Heimkehr im J. 1739 legte er es seinen Glaubensbrüdern in Deutschland ans Herz, den Heiden in Nordamerika das Evangelium zu predigen.

Von den ernannten Missionären kam Christian Heinrich Rauch im Juli 1740 in New York an und begab sich alsbald nach dem Indianer-dorfe Schekomeko, östlich vom Hudson, in Dutcheß County, an der Gränze von Connecticut. Ihm folgten im October 1741 Büttner, Pyr-läus und Zander und gegen Ende desselben Jahres der Graf von Zinzendorf. Bei der Conferenz in Oley (Berks County) am 11. Fe-bruar 1742 fand sich Rauch mit 3 Mohikanern aus Schekomeko ein, welche als die Erstlinge der herrnhutischen Heidenbekehrung die Taufe erhielten. Im Sommer unternahm Zinzendorf drei Besuchsreisen unter die Indianer in verschiedenen Richtungen über unwegsame Ge-birge, durch dichte Wälder und Wildnisse. Seine Tochter Benigna, die eben so enthusiastisch wie der Graf selbst war, befand sich in seiner Be-gleitung auf den zwei ersten Reisen, auf der dritten, nach Shamokin am Susquehannah, leistete ihm Conrad Weiser Gesellschaft, dessen Be-kanntschaft mit der Sprache und den Gewohnheiten der Indianer sehr zu statten kam.

Die Bekehrung und Taufe von 31 Indianern bis zum Ende des J. 1742 war der geringste Erfolg, den Zinzendorf und die übrigen Mis-sionäre verzeichnen durften. Die Wege zu den Wigwams und zu den Herzen der Wilden waren gefunden, und so verworren die Begriffe der-selben in Betreff der ihnen eröffneten Heilsbotschaft auch sein mochten, sie hatten sich doch überzeugt, daß die Herrnhuter mit keiner eigen-nützigen Absicht an sie herantraten. Zinzendorf war verständig genug, auf die äußerliche Taufe kein ungebührliches Gewicht zu legen; er wünschte vor allen Dingen unter den Indianern selbst Gehülfen zu er-wecken, welche den empfangenen Samen unter ihre Nation weiter tragen würden.

Nach Zinzendorf's Rückkehr nach Deutschland (1743) nahmen sich die zurückgebliebenen Missionäre ihres Liebeswerkes mit unermüd-lichem Eifer an. Und so sehen wir denn die trefflichen Männer A. G. Spangenberg, Johann Nitschmann, Johann von Watteville, Gottlob Büttner, Martin Mack, Nathanael Seidel, Friedrich Post, Johann Heckewelder, David Zeisberger, Friedrich Cammerhoff, Bernhard A. Grube in den nächsten Jahren unablässig bemüht, mit stiller Entsagung und Selbstaufopferung, unter Nöthen und Gefahren, die Indianer durch die milde Macht der Liebe zu gewinnen, zu erziehen, zu bekehren.

Im J. 1746 kauften sie am Mahoney, nicht weit von dessen Mündung in den Lehigh, 197 Acker Land und legten dort Gnaden-hütten als Heimstätte für bekehrte Indianer an. Die Gemeinde, in welcher viele Mohikaner aus Schekomeko Aufnahme fanden, zählte im J. 1749 500 Mitglieder. An das Kirchlein schlossen sich Schulen, worin die indianische Jugend je nach dem Geschlecht von weißen Män-nern und Frauen unterrichtet wurde. In dieser Hinsicht thaten also die Herrnhuter vor mehr als 100 Jahren eben dasselbe, wozu sich die Regierung der Vereinigten Staaten nach unzähligen und unseligen Missgriffen in unsern Tagen entschlossen hat. Gnadenhütten mußte im J. 1754 auf die Nordseite des Lehigh verlegt werden. Andere Aufenthaltsplätze der Indianer waren Bethlehem mit Friedenshütten, Nazareth mit Gnadenthal, und Shamokin (Sunbury), wo im J. 1747 ein Missionsposten errichtet wurde.

So wuchs und gedieh das gute und segensreiche Werk der Herrn-huter von Jahr zu Jahr. Selbst feurige Krieger beugten sich unter das sanfte Joch, das sich ihnen so anziehend und verheißungsvoll dar-bot. Ein Kriegsheld der Delawares von riesigem Körperbau und „berüchtigt als ein Ungeheuer der Bosheit" (wie Loskiel sich ausdrückt), wurde durch seinen Glauben gänzlich umgewandelt und erhielt den Namen Christian Renatus. Neposch, ehedem König der Delaware-Nation, nahm in hohem Alter Bekehrung und Taufe an. Selbst Schi-kellimi, der Häuptling der Irokesen, verlor sein Mißtrauen gegen die Weißen, fühlte sich von der Predigt angezogen und nahm die Herrn-huter in Schutz, wenn sie dessen bedürftig waren.

Aber furchtbare Stürme sollten über diesen Schauplatz des Friedens und der Liebe hereinbrechen. Die Ansprüche der Franzosen auf das Stromgebiet des Mississippi und St. Lawrence kamen mit denen der Engländer in Conflict und die Folge war ein Krieg, der, seit 1749 glimmend, im J. 1754 zum Ausbruch kam. General Edward Brad-dock, ein junger irländischer Kriegsmann, von der englischen Regierung mit dem Commando sämmtlicher Truppen betraut, überschritt an der Spitze von 2200 Mann die Alleghanies, um Fort Du Quesne (bei Pittsburg) anzugreifen. Seine Unbesonnenheit und sein Eigensinn verschuldeten die Niederlage seiner Armee, die im dichten Walde vom Feinde, Franzosen und Indianern, überfallen wurde (9. Juli 1755).

Schrecklich waren die Folgen dieser Katastrophe für die schutzlosen Ansiedler. Längst hegten die Delaware-Indianer einen Groll, weil sie sich durch den Ausfall des Dauerlaufs im Jahre 1737 bei der Bestimmung der Gränzen übervortheilt glaubten. Sie hatten sich dazu verstanden, daß das Gebiet des abgetretenen Landes anderthalb Tagemärsche weit nördlich von Wrightstown (Bucks County) reichen sollte, waren aber höchst verstimmt darüber, daß ein ausgesuchter Läufer am 19. und 20. September über die Blauen Gebirge hinaus bis an den Tobihanna-Bach in Carbon County gelangte, wodurch sie einen Theil ihrer alten Jagdgründe verloren. Es bedurfte daher nur einer Aufreizung und einer Gelegenheit, um sie auf den Kriegspfad zu führen. Mit schwarzer Farbe, dem Symbol des Krieges, betupft, erschienen sie schaarenweise im Herbste 1755, und die weiten Strecken nördlich und südlich von den Blauen Bergen, vom Susquehannah bis zum Delaware, wo so viele Deutsche sich eine glückliche Heimath begründet hatten, verwandelten sich in einen Mordgrund. Schonungslos wütheten Schawanesen und Delawares mit Feuerrohr, Tomahawk, Skalpirmesser und Brandfackel. Am 16. October verübten sie die erste Metzelei bei John Penn's Neck, vier Meilen südlich vom Shamokin. Fünfundzwanzig Personen, theils erschlagen, theils als Gefangene abgeführt, waren die ersten Opfer ihrer Rachsucht. Die Provinzial-Regierung, einerseits durch die Vorurtheile der Quäker gegen den Gebrauch der Waffen, andererseits durch Hader über die Ansprüche der Erbeigenthümer gelähmt, konnte sich selbst bei dieser Calamität nicht zu kräftigem Handeln aufraffen.

Die Mordthaten bei Shamokin waren nur das blutige Vorspiel zu schrecklichen Vorgängen in den dichter besiedelten Thälern südlich von den Blauen Bergen. Conrad Weiser in Tulpehocken that Alles, was in seiner Macht stand, die Bewohner zu organisiren, zu bewaffnen, zu ermuthigen. Ueberall herrschte Verwirrung und Schrecken, zu gleicher Zeit aber auch eine bittere Stimmung gegen die Regierung, die nichts zum Schutze der Einwohner that. Ein Brief aus Tulpehocken vom 20. November 1755, veröffentlicht in der „Philadelphischen Zeitung" am 27., sagt:

„Ich weiß jetzt Nichts zu schreiben, als von lauter Unglück und entsetzlichen Grausamkeiten. Den 15. d. M. geschah die erste Grausamkeit

dieffeits der Blauen Berge, 12 Meilen von meinem Haufe, ungefähr 4 Meilen von Weifer's. Samftag wurden 5—6 Mann, die auf
Wache zogen, überfallen und flohen in ein benachbartes Haus, wo ein
Theil derfelben gemordet und fcalpirt wurde. Um 8 Uhr Abends
kamen die Indianer an ein Haus 4 Meilen hierwärts. Ein Schuh-
macher ward durchs Fenfter in den Hals gefchoffen. Dann fteckten die
Indianer das Haus an. Den nächften Morgen wollten fich die Bewohner der einzeln gelegenen Häufer und Höfe nach Culpehocken begeben, fielen aber in die Hände der Indianer. Die Leute aus Culpehocken kamen zur Hülfe und trafen die Indianer beim Hauen, Metzeln
und Scalpen an. Von unfern Leuten find 14—15 todt, 2 Kinder,
eins von 7, das andere von 9 Jahren, fcalpirt, aber noch am Leben.
Ein Kind von 14 Tagen hat man noch lebendig unter feiner todten und
gefcalpten Mutter gefunden. In Culpehocken fieht es erbärmlich
aus. Faft Alle über den Blauen Bergen und dieffeits find zu uns geflohen. In manchen Häufern wohnen 20—70 Seelen beifammen.
Etliche beklagen ihre Männer, etliche ihre Weiber, andere ihre Kinder,
wieder andere ihre Eltern, ihre Freunde, andere ihr zerhauenes Vieh
und die Einäfcherung ihrer Gebäude, ihren verderbten Hausrath.
Denn die Feinde haben Alles verwüftet. Summa, der Jammer ift
unbefchreiblich."

Am 24. November wurde das Pilgerhaus der Herrnhuter am
Mahoney überfallen. Sie faßen eben beim Abendbrot, als das Bellen
der Hunde ihre Aufmerkfamkeit erregte. Bruder Senfemann ging zur
Hinterthüre hinaus, um nachzufehen; da fiel ein Schuß und Indianer drangen zur Vorderthüre hinein. Martin Nitfchmann blieb
auf der Stelle todt. Die erfchrockenen Bewohner flüchteten in das
Obergefchoß und verfperrten die Thüren mit Bettftellen. Nun fteckten die Indianer das Haus in Brand. In der Verzweiflung fpran-
gen einige zum Fenfter hinaus und zwei derfelben entkamen, andere
fielen den erbarmungslofen Feinden in die Hände, die im Haufe Zurückgebliebenen aber mußten jämmerlich verbrennen. In dem benachbarten Gnadenhütten, von wo man den Flammenfchein gewahren
konnte, langte die Schreckensbotfchaft zeitig genug an, um den bedrohten Bewohnern Gelegenheit zur Flucht zu geben. Die chrifli-
chen Indianer fanden Aufnahme in Bethlehem. Damals blieb

Gnadenhütten verschont, wurde aber am 1. Januar des folgenden Jahres ein Raub der Flammen.

Am 16. November 1755 sammelten Philipp und Peter Weiser, Conrad Weiser's Söhne, etwa hundert Mann, um die Indianer aus der Nachbarschaft zu verjagen. Auf ihrem Wege von einem Gehöfte zum andern fanden sie die traurigsten Spuren der unmenschlichen Kriegsführung der Wilden, todte und verstümmelte Männer, Frauen und Kinder.

Nun unternahm das Landvolk eine Massenpetition an die pflichtvergessenen Landesbehörden. „Am Dienstag d. 25. Nov.", erzählt die „Philadelphische Zeitung", „sind ungefähr 600 meistentheils Deutsche aus dem Lande in die Stadt friedlich und in geziemender Ordnung gekommen, zu vernehmen, ob sie, ihre Weiber, ihre Kinder, Plantagen und Religion länger in Gefahr der unbarmherzigen und blutdürstigen Wilden bleiben sollen oder Schutz vom Gouverneur erwarten können.

Der Gouverneur versicherte, daß er bereit und willig wäre, zu ihrem Schutze alles zu thun, was in seiner Macht stünde und sie möchten so oft zu ihm kommen, als sie etwas anzubringen oder Klage zu führen hätten."

Nach anderen Berichten lief diese Demonstration nicht so glatt ab. Die empörten Landbewohner hatten die Körper ihrer gemordeten und skalpirten Nachbarn mit in die Stadt gebracht, sie dem Volke gezeigt als Opfer der Quäkerpolitik und schließlich vor den Thüren des Assembly-Hauses niedergelegt.

Trotzdem geschah dem Morden und der Verwüstung während der nächsten Monate kein Einhalt; aus Berks, Lancaster, Lebanon, Northampton, Lehigh und Cumberland Counties liefen fortwährend Nachrichten von neuen Unthaten ein. Die zurückgebliebenen Landbewohner litten die bitterste Noth. In den ersten Monaten des neuen Jahres (1756) ergriff die Provinzial-Regierung endlich Maßregeln zum Schutze der Bevölkerung. Bewaffnete Mannschaft wurde an die bedrohten Plätze gesandt, eine Reihe von Pfahlwerken den Kittatinny-Hügeln entlang angelegt und Belohnungen für die Gefangennahme und Skalpe von Indianern ausgesetzt. Benjamin Franklin, der Philosoph und Drucker, zog an der Spitze eines Regimentes ins Feld, bei welcher Gelegenheit die von ihm herausgegebene deutsche „Philadelphische Zeitung“ (6. März 1756) bemerkt: „Und wir haben das Vergnügen gehabt, zu sehen, daß unsere teutschen Leute einen ansehnlichen Theil dieser Mannschaft ausgemacht haben.“ Es traten in die Miliz auch viele deutsche Dienstleute (Redemptioners) ein, deren Herren Schadenersatz für ihren Verlust von der Regierung erhielten. So zahlreich waren die Deutschen, welche dem Rufe zur Vertheidigung des Landes folgten, daß durch Parlamentsbeschluß die königliche Regierung ermächtigt wurde, ausländische Offiziere, welche deutsch sprachen, an ihre Spitze zu stellen.

Die Kriegsführung gegen die Indianer gipfelte in Oberst Armstrong's Zerstörung des indianischen Lagers bei Kittanning am 8. September 1756, bei welcher Gelegenheit eine Anzahl Deutscher aus den Händen der Wilden befreit wurde. Noch mehr als dieser Sieg brachten die Friedensunterhandlungen bei Easton im Juli und im October 1756 mit Teedyuskung, dem tapfern und beredten Häuptling der Delawares, unterstützt durch den diplomatischen Einfluß der „Sechs Nationen“, die blutige Fehde zu Ende. Freilich nicht auf einmal. Denn von den Franzosen aufgehetzt, überfielen auch noch in den Jahren 1757 und 1758 Indianerbanden einzelne Gehöfte, wobei wiederum die deutschen Ansiedler am schlimmsten zu leiden hatten.

Die Verschwörung, welche Pontiac, der stolze Häuptling der Ottowas, im J. 1763 anzettelte, mit der Absicht, den rothen Mann wieder zum Herrn des Landes zu machen, führte auch in Pennsylvanien, namentlich in Cumberland und Lancaster County, eine Erneuerung der schrecklichen Vorgänge von 1756 herbei. Die zweitägige Schlacht am Bushy Run (Westmoreland County), am 5. und 6. August 1763, durch welche der Schweizer Oberst Henry Bouquet, an der Spitze der Regimenter Royal Americans — größtentheils Deutsche — Royal Highlanders und Montgomery Highlanders, den Delawares und Schawanesen eine vernichtende Niederlage beibrachte, stellte indessen Ruhe und Sicherheit bald wieder her.

Die Erbitterung, welche gegen alle Indianer ohne Unterschied in Folge dieser wiederholten Ueberfälle bei der rohen Volksmasse entstanden war, bereitete den Herrnhutern viel Verlegenheit und Kummer, indem es ihnen verübelt wurde, daß sie Leute von dieser gefährlichen

Race als Brüder an ihr Herz schlossen, hegten und schützten. Was von
der blinden Wuth eines zügellosen Pöbels zu erwarten war, lehrte die
Ermordung der ungefährlichen, waffenlosen Conestoga-Indianer am
14. December 1763 durch die „Paxton Boys". — Angesichts dringender
Gefahr wurden die herrnhutischen Indianer mit Zustimmung des
Gouverneurs nach Philadelphia abgeführt, wo sie am 11. November
anlangten. Die bedenkliche Stimmung des Volkes veranlaßte die Regierung, sie zunächst auf eine Insel im Delaware und dann nach Amboy
zu transportiren, um sie auf dem Gebiete des Staates New York in
Sicherheit zu bringen. Aber da der Gouverneur von New York ihnen
die Aufnahme versagte, kehrten sie nach Philadelphia zurück. Hier war
die Regierung genöthigt, vor dem Quartier der Indianer zu ihrem
Schutz eine Brustwehr zu errichten und Kanonen aufzupflanzen. Am
4. Februar zog ein Haufe bewaffneter Banden, die „Paxton Boys" und
ihre Genossen, aus dem Lande heran, um den Indianern den Garaus
zu machen. Die Stadt war in einer unbeschreiblichen Aufregung; selbst
der ruhige Quäker griff zur Wehr. Die Aufrührer kamen bis nach
Germantown und wurden theils durch die Kriegsbereitschaft der Regierung, theils durch beschwichtigende Zusicherungen bestimmt, wieder heim
zu ziehen.

Conrad Weiser, von welchem öfters die Rede gewesen ist, war viel
mehr als der zuverlässige Dolmetscher zwischen den Weißen und den
Indianern; vollständig vertraut mit den Gebräuchen, den Vorurtheilen,
den Handlungsmotiven, mit dem inneren und äußeren Leben der Rothhäute, eignete er sich ganz vorzüglich zum diplomatischen Verkehr mit
den Wilden, die viel gescheiter waren, als diese gebräuchliche Bezeichnung
vermuthen läßt.

Er war am 2. November 1696 in Afstätt, Amt Herrenberg, in
Würtemberg, geboren und kam mit seinem Vater und 7 Geschwistern
im J. 1710 nach New York. Die Familie gehörte zu dem großen Aus-
wanderungszuge, der sich im J. 1709 in London ansammelte und seiner
beispiellosen Massenhaftigkeit wegen eine geschichtliche Berühmtheit erlangt hat. In Schoharie gewann Quagnant, der Häuptling der Maquas, den Knaben lieb und dieser erhielt die Erlaubniß seines Vaters,
den vornehmen Indianer zu begleiten und dessen Sprache zu lernen.
Acht Monate verblieb er unter den Maquas oder Irokesen, dann kehrte

er ins Vaterhaus zurück, wo eine Stiefmutter waltete. Conrad zog die
Gesellschaft der Irokesen vor und lebte von 1714—1729, mit Ackerbau
beschäftigt, in einer Niederlassung derselben unweit Schoharie. Ein
Theil der Deutschen war mittlerweile von dort nach Tulpehocken in
Pennsylvanien gezogen (1723) und Conrad Weiser folgte im J. 1729.
Schon zwei Jahre darauf konnte er der Provinzial-Regierung wichtige
Dienste als Dolmetscher zwischen ihr und Shikellimy, einem Häuptling
der „Sechs Nationen", leisten und damit begann seine merkwürdige Laufbahn, die ihn in der Colonialgeschichte von Pennsylvanien zu einer so
hervorragenden Person gemacht hat. Als diplomatischer Agent diente
er zum ersten Male im J. 1737, als Gouverneur Gooch von Virginien
ihn nach Onondaga sandte, um mit den „Sechs Nationen" zu unterhandeln. Wiederum unternahm er die lange Reise von 500 Meilen im
nächsten Jahre mit Spangenberg, und nochmals mit Spangenberg und
Zeisberger im J. 1745.

Er hatte seine Heimath etwa eine halbe Meile östlich von Womelsdorf in Berks County, wo er den Ackerbau betrieb, einen Laden hielt
und die ihm übertragene Stelle als Friedensrichter bekleidete. Aber
wieder und wieder mußte er Frau und Kinder verlassen, um im Auftrage der Regierung durch Wildnisse nach Shamokin, nach Onondaga,
nach dem Ohio zu wandern und keine wichtige Zusammenkunft oder
Verhandlung der Weißen und Indianer fand statt, ohne daß Conrad
Weiser's Dienste dabei zur Verwendung kamen. Canassatego, ein Delaware-Indianer, gab ihm das Zeugniß, daß die eine Hälfte seines
Herzens dem rothen Manne gehörte, die andere dem weißen, und zwar
zum Vortheil beider. Bei den Indianern hieß er Tarachawagon. Als
die Delawares und Shawanesen im J. 1755 den Kriegspfad gegen die
Weißen beschritten, unterzog sich C. Weiser, obschon in seinem 59.
Jahre stehend, als Schaarenführer und Obrist den größten Anstrengungen, um Maßregeln zur Vertheidigung zu treffen. Bei den Friedensverhandlungen der nächsten Jahre in Easton und Lancaster war er
wieder an seinem gewohnten Platze. Er starb im J. 1760 und liegt
auf seiner alten Heimstätte bei Womelsdorf begraben. Von den fünfzehn Kindern, womit seine Ehe gesegnet war, überlebten ihn sieben.
Eine seiner Töchter, Anna Maria, vermählte sich im J. 1745 mit
dem Ehrw. Heinrich Melchior Mühlenberg.

Freischulen und Nativismus.

Bald nach der Mitte des vorigen Jahrhunderts bildete sich, auf Anregung von Pennsylvanien aus, in England eine wohlthätige Gesellschaft zu dem ausdrücklichen Zwecke, die hiesigen Deutschen mit Freischulen zu versehen. Wäre es auf weiter Nichts abgesehen gewesen, so hätte ja Niemand etwas dagegen einwenden können, und die Deutschen wären die Letzten gewesen, ein so hochherziges Anerbieten von der Hand zu weisen. Aber hinter dem Projekte lauerten noch andere Absichten und sobald man diese merkte, war man auch verstimmt.

Die Sache ging ursprünglich von Michael Schlatter, dem energischen Prediger der reformirten Kirche, aus. Dieser begab sich im J. 1751 nach Europa, um für die Errichtung und den Unterhalt von Schulen und Kirchen Geldmittel aufzubringen. Seine Bemühungen waren erfolgreich. In Holland, noch mehr aber in England, steuerten hochgestellte, darunter fürstliche Personen, zu dem mildthätigen Zwecke reichlich bei. Im Jahre 1753 erschien ein anderer Mann auf der Schaubühne und mit den neuen Kräften, welche er der Sache zuführte, gab er derselben auch eine neue Wendung. Es war dies der Ehrw. William Smith, der als erster Provost des College (jetzt Universität von Pennsylvanien), als geistreicher Kanzelredner, als rüstiger Agitator gegen die Quäkerpolitik, und als entschiedener Parteigänger der anglikanischen Kirche in der Geschichte von Pennsylvanien eine berühmte Persönlichkeit geworden ist.

Smith war ein geborener Schotte, der nach zweijährigem Aufenthalte in New York im J. 1753 nach Philadelphia kam und sogleich eine Berufung an das neugegründete College erhielt. Da er Veranlassung hatte, England noch einmal zu besuchen, schiffte er sich nach wenigen Wochen (13. October) dorthin ein und, kaum in London angelangt, legte er der „Gesellschaft zur Ausbreitung des Evangeliums" ein ausführliches Memorial vor, um darzuthun, daß die Deutschen von Pennsylvanien einer gründlicheren Erziehung bedürften. Das mochte immerhin der Fall sein, nur hatte Smith von den Deutschen, die er nur vom Hörensagen kannte, höchst abenteuerliche Vorstellungen. Er spricht von ihrer trübseligen Lage, ihrer Unfähigkeit, Lehrer zu unterhalten (während doch mit den Kirchen überall Schulen verbunden waren), von der zu befürchtenden Entartung der Einwanderer zu urwüchsigen Wilden (wood-born savages), von ihrer Gefahr, in Finsterniß und Götzendienst zu versinken (d. h. katholisch zu werden), und spielt als letzten Trumpf die Prophezeiung aus, daß, wenn man seinem Rathe nicht folge, die Deutschen mit den Landesfeinden, den Franzosen, gemeine Sache machen würden. Alles das war reine Windbeutelei und um so widerwärtiger, da der Verfasser seine weitläufige Abhandlung mit allen Künsten der Rhetorik aufschminkte und herausputzte. Natürlich waren die Deutschen, die bald darauf in die Lage kamen, im Kriege gegen die Indianer und die Franzosen ihre Haut zu Markte zu tragen, über diese aus der Luft gegriffenen Anschuldigungen sehr entrüstet. Die deutschen Kirchen hielten es für angemessen, der Regierung ihre pflichtmäßige Loyalität in bündigster Weise zu erklären.

Der für die Leitung der Schulangelegenheit in Pennsylvanien ernannte Ausschuß beschloß am 10. August 1754, sobald wie möglich Schulen in Reading, Easton, Lancaster, Neu-Hanover und Schippack zu eröffnen, und im Mai 1755 wurde damit der Anfang gemacht.

Aber der Verdacht, daß humane Fürsorge für die verwahrlosten Fremdlinge nicht der letzte Endzweck dieser Bemühungen sei, sondern daß mittelst der Schulen eine Handhabe zur politischen Bevormundung der Deutschen gewonnen werden solle, lastete hemmend und lähmend auf dem Unternehmen. Dies fühlten die Ausschußmitglieder sehr wohl und klagten darüber als eine schreiende Undankbarkeit der Deutschen. „Ich bin überzeugt", schreibt Wm. Parsons an Richard Peters, „daß die, welche an der Errichtung und Leitung der Schulen betheiligt sind, Schimpf und Schmach von denen erfahren werden, für deren Bestes sie arbeiten."

Daß dem so war, kann freilich bei den Auslassungen des Ehrw. Wm. Smith über die Deutschen nicht Wunder nehmen. Kaum war er in Philadelphia wieder angelangt (22. Mai 1754), so fuhr er fort, bittere Anklagen auf sie zu häufen. „Wenn die Franzosen", schreibt er an den Erzbischof Herring, „ein wenig näher kommen, so werden sich die Deutschen ihnen unterwerfen und des Schutzes halber zu ihnen übergehen; denn es ist ihnen an Nichts gelegen, als das Land, worauf sie sich niedergelassen haben, in Besitz zu behalten." Gegen diese drohende Gefahr empfiehlt er sodann die Errichtung der Schulen.

Smith's verdrießliche Stimmung gegen die Deutschen hatte ihren Grund vermuthlich in der Parteinahme der Mehrheit derselben für die Quäker. Die Jugend glaubte er durch gehörig beaufsichtigte Schulen auf bessere Wege leiten zu können, gegen die unverbesserlichen Alten aber hatte er eine gewaltsamere Maßregel in petto. In einem Pamphlet, das im J. 1755 in London erschien, griff er die Quäker mit großer Bitterkeit an und goß die Schale seines Zornes dann auch über die ihnen geneigten Deutschen aus. „Sie sind", sagt er, „auf dem besten Wege, uns Gesetz und Sprache vorzuschreiben, oder sich mit den Franzosen zu verbünden und die englischen Einwohner aus dem Lande zu treiben." — — „Die Quäker bedienen sich eines deutschen Druckers, der ehemals einer der französischen Propheten in Deutschland war und bei scharfblickenden Leuten im Verdacht steht, ein französischer Emissär zu sein. Er druckt eine Zeitung, ganz in deutscher Sprache, die allgemein von den Deutschen gelesen wird und bei ihnen Glauben findet."

Christoph Saur stempelte die gegen ihn erhobene Anschuldigung in seiner Zeitung als boshafte Lüge. Allerdings war er es, der hinter den Freischulen ein Danaer-Geschenk witterte und die Deutschen dagegen warnte. Aber weder Franzosen noch Quäker hatten mit seinen Ueberzeugungen und Vorschlägen das Geringste zu thun.

Die Radicalcur, womit Smith dem politischen Einflusse der Deutschen ein Ende zu machen wünschte, war die Entziehung des Stimmrechts.

„Was kann unverständiger und unpolitischer sein, als einem Haufen unwissender, aufgeblasener und halsstarriger Lümmel, die mit unserer Sprache, unseren Sitten, unseren Gesetzen und unseren Interessen unbekannt sind, das Recht anzuvertrauen, fast jedes Mitglied der Assembly zu wählen? Im Verlauf von zwanzig Jahren könnten sie sich mit diesen Dingen bekannt machen." Selbst dies genügte ihm noch nicht. Er schlug nämlich vor, Verschreibungen, Verträge, Testamente und Urkunden jeglicher Art, die nicht englisch abgefaßt seien, für ungültig zu erklären, und endlich den Druck und die Verbreitung fremdsprachiger Zeitungen, Kalender und sonstiger periodischer Schriften zu verbieten. Finde man das zu strenge, wozu indessen kein vernünftiger Grund vorliege, so solle man wenigstens darauf bestehen, daß in nebenlaufenden Spalten eine ordentliche englische Uebersetzung beigefügt werde. Zum Schluß kommt noch einmal die alte Leier, ohne solche Maßnahmen werde die Provinz unfehlbar in die Hände der Franzosen fallen. Dies unbesonnene Auftreten brachte nicht allein den Verfasser, sondern das ganze Schulprojekt, welches Smith so lebhaft befürwortete, bei den Deutschen in Mißcredit. Auch Schlatter, der es gut genug meinte, mußte darunter leiden, daß sein Vorstands-College, der Ehrw. Wm. Smith, die Deutschen, wie Ch. Saur sich ausdrückt, als eine „schelmenmäßige Nation" denuncirt hatte. Sein Ansehen und sein Einfluß waren in Folge dieser Anschwärzungen so erschüttert, daß er sich veranlaßt sah, im J. 1755 seine Pfarrstelle in Philadelphia aufzugeben.

Der Ehrw. H. M. Mühlenberg, welcher der Schulangelegenheit die wärmste Theilnahme widmete, sah in Ch. Saur den Spielverderber und Querkopf, der die wohlthätigen Entwürfe edler Menschenfreunde hintertreibe. Der fromme Prediger ahnte nicht, daß während er Smith's Pläne unterstützte und empfahl, dieser auf die Absorption aller Lutheraner in die Hochkirche sann. „Ich werde", schrieb Smith am 1. November 1756 an den Bischof von Orford, „einen Plan unter-breiten, um alle deutschen Lutheraner in diesem Lande mit der Kirche zu vereinen, was sich, meiner Ueberzeugung nach, leicht wird bewerk-stelligen lassen."

Zu den seltsamen Widersprüchen, in welche sich die Leiter des Schul- und Civilisationsprojektes verwickelten, gehörte auch der, daß sie den unwissenden, in Barbarei versunkenen Deutschen auf dem Wege der Presse beizukommen versuchten. Unter ihren Auspicien wurde eine Anzahl von Druckschriften, sowie eine Zeitung, und zwar ohne englische Uebersetzung, herausgegeben. Es war ein ironischer Zug der rächenden Nemesis, daß der Ehrw. Wm. Smith in Folge eines Artikels in dieser deutschen Zeitung, wofür er verantwortlich ge-halten wurde, in die Klemme und sogar ins Stadtgefängniß gerieth. Die Quäker, denen er so manchen Fußtritt versetzt hatte, ließen ihn als Libellanten arretiren und er mußte trotz alles Sträubens elf Wochen in Haft sitzen.

Die deutsch-englischen Schulen, für welche das meiste Geld in England aufgebracht war, hielten sich nur kurze Zeit. Die Auflösung der Gesell-schaft und der Abschluß der Rechnungen erfolgte aber erst im J. 1769.

En anderes Unternehmen, welchem Ch. Saur seine Unterstützung lieh, trat im J. 1760 in Germantown ins Leben, nämlich die jetzt noch bestehende „Akademie". Die ersten Verwalter derselben waren Ch. Saur, Thomas Roß, John Jones, Daniel Blasius Mackinet, Jacob Keyser, Johann Baumann, Thomas Levezey, David Deschler, Georg Alfenz, Joseph Galloway, Charles Bensell, Jacob Nagle und Benjamin Engel. Fürs Deutsche wurde Hilarius Becker, fürs Englische James Dove angestellt. Während der Revolution kam die Schule in Verfall und als sie später neu organisirt wurde, erhielt das Deutsche darin nur eine geringe Berücksichtigung.

Die Deutschen und die Revolution.

Heftige politische Kämpfe gingen der Revolution voraus und die Deutschen nahmen daran mit ebenso viel Feuer Antheil, wie die Anglo-Amerikaner. Dies war namentlich der Fall, als im J. 1764 die Frage zur Entscheidung vorlag, ob die englische Krone ersucht werden solle, das bisherige System der Erbeigenthümerschaft zu beseitigen und die Regierung der Provinz selbst in die Hand zu nehmen. Die Deutschen waren in ihren Ansichten getheilt, wie denn eine Flugschrift aus jener Zeit zum Motto hat: „Gedruckt zur Zeit und in dem Jahr, da Einer wider'n Andern war." Benjamin Franklin, von den Gegnern der Erbeigenthümer als Candidat für die Assembly, worin er 14 Jahre gesessen hatte, wieder aufgestellt, blieb mit 25 Stimmen in der Minderheit und durfte seine Niederlage der Ungunst der Deutschen zuschreiben. Zu den erfolgreichen Candidaten gehörte Heinrich Keppele, der Schatzmeister der Zionsgemeinde und bald darauf Präsident der Deutschen Gesellschaft. Aber ehe das Jahr zu Ende ging, traten ganz andere Fragen in den Vordergrund und verdrängten die alten Parteirufe. Die Stempel-Acte, vom englischen Cabinet und Parlamente genehmigt, änderte, wie mit einem Schlage, die politische Situation und die Gestaltung der Parteien. Wie andere Colonien, remonstrirte auch Pennsylvanien und schickte Franklin als seinen Wortführer nach London. Als nun im folgenden Jahre die Philadelphier Kaufleute als Antwort auf

die Stempel·Acte den Beschluß faßten, keine englischen Waaren mehr
zu importiren, da fanden sich die deutschen Kaufleute, welche jene fol-
genschwere Erklärung unterzeichneten, darunter auch Heinrich Keppele,
mit Franklin wieder unter demselben Banner zusammen.

Es war das erste Grollen des nahenden Ungewitters. Die Stempel-
Acte wurde widerrufen, aber die englische Regierung hatte keine Weisheit
gelernt. Sie begegnete dem Widerstande der Colonisten gegen die Be-
steuerung des Thees im J. 1774 durch Schließung des Bostoner Hafens.
Bald darauf ernannten die Bürger von Philadelphia ein Correspondenz-
Committee, um mit den Bürgern anderer Colonien gemeinsame Maß-
regeln zu vereinbaren. Die Deutschen waren darin durch Christoph
Ludwig, Georg Schlosser, Paul Engel und Michael Hillegaß vertreten.
In der Provinzial-Convention des nächsten Jahres saßen die Deutschen
Ch. Ludwig, G. Schlosser, Isaak Melcher und Franz Hasenclever; zum
städtischen Committee gehörten im J. 1776 Ch. Ludwig, G. Schlosser,
Philipp Bosen, Jacob Schreiber, Michael Schubart, Friedrich Deschong
und Georg Leib. — In den Sicherheitsrath wurden in demselben
Jahre gewählt H. Keppele jun. und Friedrich Kuhl; Michael Hillegaß
war der erste Schatzmeister der Vereinigten Colonien, Isaak Melcher
Aufseher der Casernen. Doch dies waren immerhin nur Einzelne.
Bezeichnender für die politische Stimmung der gesammten deutschen
Bevölkerung beim Ausbruch der Revolution ist eine von H. Miller im
J. 1775 gedruckte Flugschrift mit dem Titel: „Schreiben des Evangelisch-
Lutherischen und Reformirten Kirchenrathes, wie auch der Beamten
der Teutschen Gesellschaft in der Stadt Philadelphia an die Teutschen
Einwohner der Provinzen von New York und Nord-Carolina."

Der Zweck, zu dem sich diese Schrift bekennt, war kein anderer,
als die Deutschen allerorts über die politische Sachlage zu belehren
und für die Maßregeln des Congresses zu gewinnen, der die „Rechte
eines zahlreichen, freigeborenen Volkes mit den Waffen in der Hand
gegen alle Anschläge und Handlungen der mächtigen Feinde und
Unterdrücker zu vertheidigen" gesinnt sei. Welche Gesinnungen die
Deutschen in Pennsylvanien damals hegten, geht aus folgenden
Worten deutlich genug hervor:

„Wir haben von Zeit zu Zeit täglich mit unseren Augen gesehen,
daß das Volk in Pennsylvanien durchgehends, Reiche und Arme, den

Entschluß des Congresses approbiren; sonderlich haben sich die Teutschen in Pennsylvanien nahe und ferne von uns sehr hervorgethan und nicht allein ihre Militzen errichtet, sondern auch auserlesene Corpos Jäger formirt, die in Bereitschaft sind, zu marschiren, wohin es erfordert wird; und diejenigen unter den Teutschen, welche selbst nicht Dienste thun können, sind durchgehends willig, nach Vermögen zum gemeinsamen Besten zu contribuiren."

In Miller's „Staatsboten" erschien eine beredte Aufforderung an alle Deutschen, für die Freiheit einzustehen; wie bitter die Knechtschaft sei, hätten sie ja in Deutschland erfahren. Steiner und Cist veröffentlichten Thomas Paine's "Common Sense" in deutscher Uebersetzung und desselben Verfassers "Crisis" in der Originalausgabe.

Aber kommen wir nun auf die Theilnahme der Deutschen am Kampfe selbst, durch den die Unabhängigkeit der Vereinigten Staaten gewonnen, die westliche Republik ins Leben gerufen wurde.

Als die Anzeichen sich mehrten, daß es zum Kriege kommen werde, bildeten sich zunächst freiwillige militärische Vereine, die sogenannten Associators. Ein deutscher Waffenbund dieser Art in Philadelphia hatte zahlreiche Mitglieder, rückte regelmäßig zum Exerciren aus und hielt Versammlungen im lutherischen Schulhause.

Zu den pennsylvanischen Regimentern der Continental-Armee lieferten die Deutschen ein sehr ansehnliches Contingent nicht allein von Gemeinen, sondern auch von Officieren. Außerdem genehmigte der Congreß am 25. Mai 1776 die Errichtung eines ausschließlich deutschen Bataillons, wozu Pennsylvanien und Maryland je vier Compagnien stellen sollten. Pennsylvanien hatte aber schon am 17. Juli eine fünfte vollzählig. Das Bataillon wurde anfangs von Oberst Nicholas Hausegger, dann von Baron von Arendt und schließlich von Ludwig Weltner befehligt. Um 1. December 1776 stieß es zu Washington's Armee bei Bristol, nahm am Ueberfall bei Trenton Theil und schloß sich im Mai 1777 der Brigade des Generals P. Mühlenberg an. Ohne Zweifel machte es die Schlachten am Brandywine und bei Germantown mit, denn wir finden es in Valley Forge (Winter 1777—1778) noch immer unter Mühlenberg's Commando. Später wurde es zum Schutze der Ansiedelungen am Susquehannah gegen die Indianer verwendet.

Viele Deutsche, namentlich aus Lancaster County, dienten im Ersten Continental-Regimente unter Oberst Philipp de Haas, und auch in andern Regimentern finden sich deutsche Namen in großer Anzahl. Die Legion des Marquis Armand de la Rouerie, mit welcher das unabhängige Jägercorps des Freiherrn von Ottendorf vereint wurde, bestand fast ausschließlich aus Deutschen, ebenso die Truppe leichter Dragoner, welche Bartholomäus Von Heer, ein verdienter Officier Friedrich's des Großen, in Pennsylvanien rekrutirt hatte.

Es wäre leicht, aus der Zeitgeschichte viele andere Beweise dafür beizubringen, daß die Deutschen in Pennsylvanien, abgesehen von den „wehrlosen" Sekten, freudig und bereitwillig am Unabhängigkeitskriege Theil nahmen. In Berks, Lancaster, York und anderen Counties traten sie zahlreich in die Armee ein oder schlossen sich der Miliz an. Von welchem Geiste sie beseelt waren, mag ein Vorfall in Reading veranschaulichen. Dort hatte die jüngere Bevölkerung drei Compagnien Bürgergarden errichtet, die sich in den Waffen übten. Das ließ den Graubärten keine Ruhe. Es bildete sich eine vierte Compagnie der „Alten Männer". „Sie besteht", erzählt der „Staatsbote", „aus etwa 80 Hochdeutschen von 40 Jahren und darüber; viele von ihnen sind in Deutschland im Kriegsdienst gewesen. Ihr Anführer ins Feld ist 97 Jahre alt, ist 40 Jahre in Kriegsdiensten gewesen und bei 17 Hauptschlachten; ihr Trommelschläger ist 84 Jahre alt." In Philadelphia gaben die deutschen Metzger, etwa 60 an der Zahl, schon gegen Ende des J. 1774 eine öffentliche Erklärung ab, welche über ihre Hingebung an die Sache der Freiheit keinen Zweifel läßt. Als die Engländer nach der Schlacht am Brandywine Philadelphia occupirten, ließen sie sich die Gelegenheit nicht entgehen, ihr Müthchen an den revolutionären Deutschen zu kühlen. Die Kirchen der Lutheraner und Reformirten wurden trotz aller Proteste in Lazarethe verwandelt; aus dem Material, das die Deutsche Gesellschaft zum Bau einer Halle bereit liegen hatte, Pferdeställe gebaut, H. Miller's Druckerei geplündert, David Schäffer's Zuckersiederei demolirt, das Eigenthum H. Keppele's, Adam Zantzinger's, Jacob Schreiner's und vieler Anderer geschädigt. Die deutschen Geistlichen, die Partei gegen die Engländer genommen, wie F. A. Mühlenberg, Ernst H. Mühlenberg und Johann Friedrich Schmidt, hielten es für gerathen, die Stadt zu verlassen; M. Schlatter und C. Weyberg, die sich zu freimüthig geäußert hatten, wurden ins Gefängniß geworfen.

Die „wehrlosen Sekten", wie die Mennoniten, Dunker und Herrnhuter, hatten eine sehr schwierige Stellung. Ihre Religion verbot ihnen nicht allein active Betheiligung am Kriege, sondern auch jegliche Beihülfe zu Thaten der Gewalt. Die Herrnhuter nahmen es in letzterer Hinsicht nicht so genau, sie förderten die Sache der Freiheit, so gut sie's vermochten, ohne selbst in den Kampf zu ziehen. Unterfingen sich doch selbst die zarten Nonnen in Bethlehem, dem feurigen Pulaski ein prachtvolles seidenes Banner, das sie mit Stickereien verziert hatten, zu überreichen. Anders die Mennoniten und Dunker. Ein Theil der erstern mißbilligte H. Funk's Vorschlag, die Kriegssteuern bereitwillig zu bezahlen und es entstand aus dieser Gewissensfrage eine Spaltung. Der Dunker Christoph Saur, der sich nicht entschließen konnte, den Treueid zu leisten, verlor darüber Alles, was er besaß: Druckerei, Häuser, Vorräthe, Mühlen, Land, und mußte es sich obendrein gefallen lassen, daß diese unbarmherzige Plünderung als Strafe für Landesverrath proklamirt wurde.

Sehr schmerzlich war es den Deutschen in Pennsylvanien, daß deutsche Fürsten ihre Landeskinder für schnöde Silberlinge an England als Miethstruppen verschachert hatten. Am liebsten hätten sie ihre Landsleute auf ihre Seite gebracht und an Versuchen dazu hat es nicht gefehlt. Eine Flugschrift, die bei Carl Cist erschien, unter dem Titel: „Wahrheit und guter Rath an die Einwohner Deutschlands, besonders Hessen", fordert die deutschen Söldlinge mit ernsten Worten dazu auf, sich nicht länger zu diesem „henkermäßigen Mordhandwerk" gebrauchen zu lassen, sondern gute pennsylvanische Bauern zu werden.

> „Kommt zu uns frey von Groll und Trug
> Und eßt das Freundschaftsmahl.
> Wir haben hier der Hütten g'nug
> Und Länder ohne Zahl.
>
> Vergessen soll die Feindschaft sein,
> Vergessen dann das Schwert;
> Wir wollen uns wie Brüder freu'n
> Uns freu'n an einem Heerd."

In der That lag der Gedanke, die als Feinde importirten Hessen zu Freunden und Mitkämpfern zu machen, so zu sagen, in der Luft.

Vom Bäcker Christoph Ludwig, einem Hessen-Darmstädter, wird erzählt, er habe sich als angeblicher Ueberläufer ins Lager der Hessen auf
Staten Island begeben und den Leuten so ins Herz geredet, daß ihrer
Hunderte bei erster Gelegenheit ihren Fahnen Ade gesagt hätten. Ein
Brief Benjamin Franklin's an General Gates bespricht einen Plan,
den Hessen deutsche Aufrufe auf Tabakspaketen in die Hände zu spielen,
um sie zum Desertiren aufzufordern. Viele derselben sind ohne Zweifel
aus eigenem Antriebe fortgelaufen. Der Vorschlag, aus hessischen
Ueberläufern und Gefangenen, die sich freiwillig dazu verständen, eine
Schaar unter den Fahnen der Republik zu bilden, wurde von den
Kriegsbehörden anfangs gutgeheißen, schließlich jedoch verworfen. Am
3. September 1778 beschloß der Congreß, ein Corps von Ueberläufern
auf 3 Jahre oder die Dauer des Krieges in Dienst zu nehmen und
stellte die Lieutenants Führer und Kleinschmidt als Werber, den Major
Klein als Oberstlieutenant an. Am 5. December desselben Jahres
wurde dieser Beschluß indeß zurückgenommen. Der Sicherheitsaus-
schuß von Pennsylvanien trug sich mit einem ähnlichen Plane und
betraute den Oberst E. Lutterloh mit der Ausführung desselben. Washington aber erklärte sich mit gewichtigen Gründen dagegen und die
Sache unterblieb.

Bei einem Berichte über den Antheil der Deutschen in Pennsylvanien am Revolutionskriege muß, wenn auch nur in flüchtiger Weise,
an einige Personen erinnert werden, die damals einen bedeutenden
Einfluß auf den Gang der Ereignisse hatten.

Johann Gabriel Peter Mühlenberg, der Sohn Heinrich M.
Mühlenberg's, war am 1. October 1746 in Trappe (Montgomery
County) geboren. Mit seinen zwei jüngeren Brüdern, Friedrich August
und Heinrich Ernst, ging er im J. 1763 nach Halle, um sich für den
geistlichen Stand vorzubereiten, trat aber bald nach seiner Ankunft bei
dem Kaufmann Leonhard Heinrich Niemeyer in Lübeck in die Lehre
und kehrte im J. 1766 nach Philadelphia zurück, wo er Unterweisung
und praktische Anleitung zum Predigeramte erhielt. Zur Zeit, als
die Revolution ausbrach, war er Pastor der deutschen lutherischen Gemeinde in Woodstock, Virginien. Er betheiligte sich aufs Lebhafteste
an den vorbereitenden Schritten zum bewaffneten Widerstande gegen die
ungerechten Beschlüsse des Parlaments, und erhielt auf Washington's

und Patrick Henry's Empfehlung die Obristenstelle im Achten (oder deutschen) Regimente Virginiens. Im Januar 1776 sprach er zum letzten Male zu seiner Gemeinde und zwar über die Pflichten, die der Bürger seinem Vaterlande schuldet. Er schloß mit dem Satze, Alles habe seine Zeit: Beten, Predigen, aber auch Kämpfen. Die Zeit des Kampfes sei jetzt gekommen. Kaum hatte er den Segen gesprochen, so warf er seinen Chorrock ab und stand da im Schmucke des Kriegers. Eine unbeschreibliche Scene patriotischer Begeisterung folgte, und viele seiner Gemeindeglieder drängten sich heran, entschlossen, ihrem Seelenhirten aufs Schlachtfeld zu folgen. Am 21. Februar 1777 avancirte ihn der Congreß zum Brigade-General.

Die Verdienste Peter Mühlenberg's sind in der Geschichte des Unabhängigkeitskampfes verzeichnet. Nach der Niederlage, welche die amerikanische Armee am Brandywine erlitt, deckte seine Brigade mit unerschütterlicher Tapferkeit den Rückzug. In der Schlacht bei Germantown that er seine volle Schuldigkeit. Er brachte den ihm gegenüberstehenden rechten Flügel des Feindes zum Weichen, konnte aber das Geschick des Tages nicht wenden. Es war ihm vergönnt, bei dem letzten Schlage gegen die englische Heeresmacht, der Erstürmung der Schanzen von Yorktown, eine hervorragende Rolle zu spielen. Er commandirte die leichte Infanterie, welche die linke Redoute der britischen Befestigungswerke stürmte und die Entscheidung herbeiführte.

Nach dem Schlusse des Krieges hat er als Vice-Präsident des Obersten Vollziehungsraths von Pennsylvanien und als Vertreter dieses Staates im Ersten, Zweiten und Sechsten Congresse werthvolle Dienste geleistet. — Die Deutsche Gesellschaft von Pennsylvanien wählte ihn acht Mal zu ihrem Präsidenten und er bekleidete dies Amt. als er am 1. October 1807 starb.

Von den zwei Standbildern, welche Pennsylvanien für die amerikanische Walhalla in Washington liefert, stellt eins Peter Mühlenberg dar, wie er in Woodstock sein geistliches Gewand abstreift und in der Uniform eines Obristen erscheint.

Friedrich August Mühlenberg. — Wie Peter Mühlenberg von der Kanzel auf das Kampfroß stieg, so verließ sein Bruder Friedrich August (geb. in Trappe d. 2. Januar 1750) den geistlichen Stand, um in den Staatsdienst zu treten. Schon als Prediger an der Christkirche in New York (N. W. Ecke der Frankfort- und William-Straße) in den Jahren 1773—1776, nahm er so entschieden Partei für die Sache der Freiheit und Unabhängigkeit, daß er beim Einrücken der Engländer nach der Schlacht auf Long Island die Flucht ergreifen mußte. In den Jahren 1779 und 1780 wählte ihn die Assembly von Pennsylvanien in den Continentalen Congreß, 1781 und 1782 war er Mitglied und Sprecher der Assembly, 1787 Vorsitzer der Convention von Pennsylvanien, welche über Annahme oder Ablehnung der Constitution der Vereinigten Staaten entscheiden sollte. Er warf das Gewicht seines Einflusses und seiner Beredtsamkeit in die Wagschale für deren Ratification. Im Ersten, Zweiten, Dritten und Vierten Congresse war er der Repräsentant Pennsylvanien's; im Ersten und Dritten der Sprecher des Hauses. Auch Friedrich August Mühlenberg stand der Deutschen Gesellschaft eine Reihe von Jahren (1789—1797) als Präsident vor.

Der jüngste Mühlenberg, Heinrich Ernst (1753—1815), blieb seinem geistlichen Amte treu; er starb als Prediger an der lutherischen Kirche in Lancaster. Zu gleicher Zeit erwarb er sich als Schriftsteller über Botanik so große Verdienste, daß man ihn den amerikanischen Linné nannte. Mit den bedeutendsten Männern dieser Wissenschaft stand er in Correspondenz.

Eine prächtige Figur unter den Deutschen in Philadelphia war zur Zeit der Revolution der Bäcker Christoph Ludwig. Er war im J. 1720 in Gießen geboren und wurde von seinem Vater, einem Bäcker, zu demselben Handwerk angehalten. Aber schon im Alter von 17 Jahren ging er unter die Soldaten, focht unter den Oesterreichern gegen die Türken und unter Friedrich dem Großen gegen Oesterreich, war 3½ Jahre in Ostindien und befuhr 7 Jahre die See. Seine abenteuerlichen Fahrten und Erlebnisse kamen erst zu Ende, als er sich im J. 1754 in Philadelphia als Bäcker niederließ. Die Revolution fand ihn als Mann von 55 Jahren, aber mit jugendlichem Feuer warf er sich in den wogenden Strudel des Freiheitskampfes. Auf den meisten revolutionären Committees erscheint sein Name; das Volk nannte ihn den „Gouverneur von Lätitia Court", wo er seine Bäckerei hatte. Als in der Convention vom J. 1776 der Vorschlag gemacht wurde, zum Ankauf von Waffen eine Geldsammlung zu veranstalten und einige Mitglieder Bedenken über den Erfolg äußerten, trat Ludwig auf und sagte: „Herr Präsident, ich bin zwar nur ein armer Pfefferkuchen-Bäcker, aber schreiben Sie mich auf mit 200 Pfund." Das brachte die kleinlauten Stimmen zum Schweigen. Auf Beschluß des Congresses (3. Mai 1777) wurde Christoph Ludwig General-Bäcker der Armee. Als solcher erwies er sich ehrlicher, als seine Vorgänger. Diese hatten für 100 Pfund Mehl 100 Pfund Brod geliefert und mehr wurde auch von Ludwig nicht verlangt. Dieser aber sagte: „Christoph Ludwig will durch den Krieg nicht reich werden: aus 100 Pfund Mehl bäckt man 135 Pfund Brod und so viel werde ich abliefern." Die pfiffigen Bäcker vor ihm hatten das Gewicht des Wassers, das vom Mehl aufgenommen wird, nicht in Anschlag gebracht und die Inspectoren waren zu dumm — wenn nicht vielleicht zu gerieben — gewesen, um den Betrug zu entdecken. Washington hatte an seinem wackern General-Bäcker Gefallen, zog ihn öfters zur Tafel und nannte ihn seinen „ehrlichen Freund". Ludwig hinterließ sein nicht unbedeutendes Vermögen als Stiftungs-Capital für eine Freischule, zu welcher arme Kinder ohne Unterschied des Glaubens und der Abstammung Zutritt haben. Er starb den 17. Juni 1801.

Nach der Revolution.

Während der Dauer des Unabhängigkeitskrieges erlitt die Auswanderung eine zeitweilige Unterbrechung. Nach dem Friedensschlusse, heißt es, hätten die zurückgekehrten Söldlinge die Lust, nach Amerika auszuwandern, in Gegenden geweckt, wo früher nicht daran gedacht wurde, und ganz unbegründet mag diese Nachricht nicht sein, da der Herzog von Braunschweig im J. 1784 eine Verordnung erließ, welche den Auswanderer mit dem Verlust seines Vermögens bedrohte. In größerem Maßstabe indessen hob die Einwanderung erst nach dem Ende der Napoleonischen Aera wieder an.

So stark war die deutsche Bevölkerung in Pennsylvanien beim Beginn der Revolution, daß sich die Abnahme der Zufuhr erst einige

Jahrzehnte später bemerkbar machte. Im J. 1785 war die Zionsgemeinde in Philadelphia die zahlreichste in der Stadt und keine andere
Kirche begrub im J. 1793 so viele Opfer des Gelben Fiebers. Pastor
Helmuth erging sich im J. 1782 in ganz überschwänglichen Erwartungen von der Fortdauer einer deutschen Nationalität in Amerika.
„Ich weiß nicht, ob meine Vermuthung gegründet ist", schreibt er
an Dr. Freylinghausen in Halle, „wenn ich denke, daß Philadelphia
in wenig Jahren einer deutschen Stadt ähnlicher sehen wird, als
einer englischen." Daß er sich darin geirrt habe, erkennt er dreißig
Jahre später an, indem er klagend ausruft: „Wenn nur die Deutschen
deutsch geblieben wären!"

Auf dem Lande aber hatte die deutsche Sprache festen Boden gewonnen. Germantown, Lancaster, Reading, Bethlehem, Allentown,
York und hundert kleinere Plätze durften als deutsche Ortschaften gelten.
Auf der Militärstraße, welche der Schweizer Oberst Bouquet im J.
1758 durch den Urwald nach Fort Duquesne hatte bauen lassen, zogen
deutsche Ansiedler dem Westen Pennsylvaniens zu. In Somerset
County gründeten sie Berlin (1769), Meyersdale (1793), Stoystown
u. s. w. In der Stadt Somerset wurde im J. 1813 in deutscher Sprache
die erste Bibel gedruckt, die westlich von den Alleghanies ans Licht trat.
Selbst in Pittsburg, das im J. 1773 aus etwa 30 Häusern bestand, gab
es bereits 1782 eine kleine deutsche Gemeinde und in der Nachbarschaft
drei andere, welche der Pfarrer Joh. Wilhelm Weber besorgte. Ebenso
ließen sich viele deutsche Ansiedler westlich vom Susquehannah in
York, Adams, Union und Centre Counties nieder.

Mit bester Absicht und hohen Erwartungen wurden im östlichen
Pennsylvanien mehre Versuche gemacht, das Deutschthum als solches
durch Bildungsanstalten zu heben und zu kräftigen. Pastor Kunze
hatte schon im J. 1773 in Philadelphia ein deutsches Seminar mit
Vorbereitungsschule gegründet, aber der Ausbruch der Revolution erstickte es im Keime.

Ins Curatorium der Universität von Pennsylvanien berufen, setzte
Kunze es im J. 1780 durch, daß für deutsche Schüler der Unterricht in
den klassischen Sprachen deutsch ertheilt und zu diesem Behufe eine
besondere Professur errichtet wurde. „Ich stellte", schreibt er nach
Halle, „diesem Ausschuß die Nothwendigkeit vor, die Deutschen in

besondere Betrachtung zu nehmen und ihnen eine Gelegenheit zu verschaffen, mit Sprachen und Wissenschaften zugleich ihre Muttersprache
zu cultiviren. Ich führte zur Ursach an, daß ganze Counties (Graf-
schaften) im Lande sind, wo lauter Deutsche wohnen, deren Kinder kein
Wort englisch verstehen." — — „Nach einiger Zeit wurde beschlossen,
— — daß alle gelehrten Sprachen und Anfangswissenschaften von dem
deutschen Professor in deutscher Sprache vorgetragen werden sollten."

Die Legislatur bestätigte diese Neuerung am 22. September 1785.
Pastor Kunze war der Erste, der die Stelle des deutschen Professors bekleidete und als er im J. 1784 einen Ruf nach New York erhielt, wurde
Pastor Helmuth sein Nachfolger. Die Berichte, welche dieser über die
neue Einrichtung nach Halle sandte, lauten sehr sanguinisch. Von der
Feier am 20. September 1784 sagt er: „Heute wurde unser Actus
oratorius, der erste von der Art in Amerika, unter unsern Deutschen sehr
feyerlich gehalten. Die gesamten Mitglieder der Assembly, des Hohen
vollziehenden Rathes und Censoren dieser Stadt, die Magistratsper-
sonen, die ganze Facultät und Deutsche Gesellschaft, samt vielen andern
Herren und Damen beehrten uns mit ihrer Gegenwart. Die Deutsche
Gesellschaft hatte Musik bestellt, welche in den Zwischenzeiten aufgeführt wurde." Dann folgt eine Besprechung der Vorträge, welche
sowol in Prosa als auch in Versen gehalten worden waren. Auch
im folgenden Jahre (1785) ging Alles vortrefflich; Helmuth berichtet, daß seine Abtheilung sechzig Schüler zähle und stärker sei, als
die englische. Nach den Universitäts-Protocollen war die Anzahl der
deutschen Schüler im J. 1786 noch 54, im nächsten Jahre aber nur 6.
Ueber die Ursache dieses plötzlichen Sinkens läßt sich nur eine Vermuthung aufstellen. Im J. 1786 wurde nämlich die „Deutsche Hohe
Schule und Freischule" unter dem Namen „Franklin College" in Lancaster durch ein Incorporations-Gesetz der Assembly ins Leben gerufen
und im nächsten Jahre mit großer Feierlichkeit eröffnet. Pastor Helmuth, einer der Trustees, wandte dieser neuen Anstalt sein ganzes Herz
zu und suchte deren Gedeihen zu fördern. Man darf also wohl annehmen, daß die Absicht vorlag, die akademische Fortbildung deutscher
Schüler nunmehr dem „Franklin College" anzuvertrauen. In dem
„Allgemeinen Plan der Hohen Schule" lautet der erste Satz: „Nachdem eine Anzahl Herren dieser Republik die Nothwendigkeit und den

Vortheil, die Gelehrsamkeit unter ihren deutschen Mitbürgern auszubreiten, in Erwägung gezogen haben, so sind sie zu dem Entschluß gekommen, Eine Deutsche Hohe Schule und Freischule in Lancaster zu errichten." Als Lehrgegenstände werden in dem Freibriefe namhaft gemacht: „Die hochdeutsche, englische, lateinische, griechische und andere gelehrte Sprachen, Gottesgelahrtheit und andere nützliche und gelehrte Wissenschaften und Künste." Benjamin Franklin, nach welchem das Institut getauft wurde, war damals Präsident der Executive von Pennsylvanien und legte selbst den Grundstein. Nach dem Freibriefe mußten von den 40 Trustees 14 zu der lutherischen und 14 zu der reformirten Kirche gehören, während die übrigen aus andern Confessionen gewählt werden konnten. Der Staat gab das Gebäude und eine Dotation von 10,000 Acker Land. Eine Anrede an die deutschen Einwohner von Pennsylvanien, wahrscheinlich von Pastor Helmuth verfaßt, geht von so bescheidenen Voraussetzungen des beschränkten Verstandes der Angeredeten aus und sucht den Einfältigen in so täppischem Tone beizukommen, daß der Rückschluß auf den Bildungsstand der Betreffenden kein günstiger sein kann. Professor A. L. Schlözer, der in seinem „Staatsanzeiger" den Freibrief und die Anrede abdruckt, geht zu weit, in letzterer ein Bekenntniß zu sehen, daß die Deutschen in Nordamerika in Barbarei zurückgefallen seien. An deutschen Schulen fehlte es zwar nicht, aber es mochte wol eine verzweifelte Aufgabe sein, den gemeinen Mann zur Unterstützung einer klassischen Bildungsanstalt zu überreden. Es gelang auch nicht. Der Staat ließ die „Hohe Schule" im Stich und die Deutschen waren nicht geneigt, tief genug in den Säckel zu greifen, um deren Fortdauer zu sichern. So verkümmerte denn das Franklin College in wenig Jahren aus Mangel am nervus rerum. Von den Professoren scheinen die meisten in Lancaster als Geistliche ansässig gewesen zu sein; es waren H. E. Mühlenberg, Wilhelm Händel, F. V. Melsheimer, J. Ch. W. Reichenbach und Hr. Hutchins. Reichenbach, welchen H. von Bülow bei seinem Besuch in Amerika für Emanuel Swedenborg's Lehre gewonnen hatte, soll der Erste gewesen sein, der für dieselbe in Amerika als Schriftsteller auftrat und zwar in dem im J. 1813 deutsch und englisch veröffentlichten Buche: „Agathon. Ueber den wahren Gottesdienst."

Während Franklin College als höhere Lehranstalt Fiasco machte, diente das Gebäude geraume Zeit für Schulzwecke; der Freibrief aber und die Landschenkung fristeten das latente Leben des College lange genug, um im J. 1853 eine Neugestaltung desselben durch die Vereinigung mit dem reformirten Marshall College zu gestatten. Es ist dies ein theologisches Seminar mit einer akademischen Vorbereitungsschule. Zu den Lehrgegenständen gehört das Deutsche.

Auf einer andern Grundlage versuchte es die „Mosheim'sche Gesellschaft" in Philadelphia, welche im J. 1789 gestiftet wurde und größtentheils aus gut geschulten Söhnen deutscher Einwanderer bestand, deutsche Bildung zu pflegen und zu fördern, aber die Leistungen dieser Epigonen erhoben sich kaum über das Niveau eines jugendlichen Debatten-Clubs und der Verein erlosch bereits im J. 1796. Eine zweite „Mosheim'sche Gesellschaft", im J. 1804 gestiftet, erhielt sich bis 1825 und scheint sich vornehmlich die Wahrung der deutschen Sprache beim Gottesdienst in der lutherischen Zionskirche zur Aufgabe gestellt zu haben.

Der Sprachenkampf, der seit dem Anfange des laufenden Jahrhunderts in vielen deutschen Kirchen entbrannte, war eine Erscheinung, welche das Ermatten des in die Defensive gedrängten deutschen Elementes kennzeichnete. Der jüngeren, hier geborenen Generation war das Englische geläufiger, als die Sprache der Eltern und bei der Ebbe, die in der deutschen Einwanderung seit der Revolution eingetreten war, verlor die deutsche Sprache allmählig an Boden. In der Zionskirche hat sie, obschon schwer bedroht, die kritische Periode glücklich überstanden; in andern Kirchen gewann das Englische die Oberhand und die Deutschen mußten sich, als sie wieder zu Kräften gelangten, neue Kirchen bauen. Wie kleinmüthig man zu Anfang des laufenden Jahrhunderts über den Fortbestand des Deutschen in Pennsylvanien urtheilte, geht recht schlagend aus der Vorrede zu der im J. 1805 in Reading gedruckten deutschen Bibelausgabe hervor. Es wird darin das baldige Aussterben der deutschen Sprache als wahrscheinlich hingestellt und die Vermuthung ausgesprochen, daß fernerhin keine Bibel in deutscher Sprache in Amerika erscheinen werde.

Uebrigens war es nicht allein die Sprache, welche durch die Unterbrechung inniger Beziehungen zum Vaterlande in Frage gestellt wurde. In der lutherischen Kirche zeigte sich eine Erschlaffung des Lehrbegriffes, seit Halle keine Geistlichen mehr nach Amerika sandte. Pastor J. F. Weinland, der im J. 1786 die Gemeinde in German-town übernahm, war der letzte, der unter den Auspicien der Halli-schen Anstalten nach Pennsylvanien kam. Auch die reformirte Kirche wurde, nicht zu ihrem Vortheil, im J. 1792 von der holländischen Synode unabhängig. Es gab damals noch keine Prediger-Seminare, und die durch den Unterricht bei einem Pfarrer herangebildeten oder vielmehr angelernten Geistlichen ließen an Tüchtigkeit und Kennt-nissen viel zu wünschen übrig. Unter diesen Umständen konnte es denn auch geschehen, daß die reinen Gränzlinien der Bekenntnisse unsicher wurden, die symbolischen Bücher in Mißachtung geriethen, allerlei Uebergänge, Mischungen und Neubildungen günstigen Boden fanden und „neue Maßregeln", dem Methodismus entlehnt, wie Lagerversammlungen, lange Betstunden und Angstsitze, in Aufnahme kamen. Aus jener Zeit, der Wende der beiden Jahrhunderte, stam-men die „Vereinigten Brüder" von Wilhelm Otterbein, die „Evan-gelische Gemeinschaft" oder „Strabbler" von Jakob Albrecht gestiftet, und der Zweig der lutherischen Kirche selbst, der an der krampf-haften Frömmigkeit Gefallen findet.

Die Abnahme der Einwanderung führte allmählig auch den Verfall des Buchhandels und der Presse in Philadelphia herbei. Der „Amerikanische Beobachter", den C. Zentler und Johann Geyer in den ersten Jahrzehnten des laufenden Jahrhunderts herausgaben, war sehr unbedeutend und als er endlich einging, scheint jahrelang keine andere deutsche Zeitung an seine Stelle getreten zu sein. In Germantown war M. Billmeyer, der sich an die Saur'sche Zeit anlehnt, der letzte deutsche Verleger. Auf dem Lande, wo die deutsche Sprache von der eingeborenen Bevölkerung geredet wurde, machte sich der Ausfall der Einwanderung nicht in gleicher Weise fühlbar; nicht nur behaupteten sich die früheren Druckereien in Reading, Lancaster, Ephrata und Easton, sondern es kamen neue hinzu in York, Carlisle, Lebanon, Hanover (York County), Harrisburg, Somerset, Neu-Berlin, Allen-town, Chambersburg, Selins Grove, Bath und Sumnytown.

Die Vorwehen der Revolution, die Störungen, welche Handel und Gewerbe durch die tyrannischen Maßregeln des britischen

Ministeriums erlitten, bereiteten dem industriellen Unternehmen eines
Deutschen, zu deſſen Erwähnung ſich bis jetzt keine Gelegenheit bot,
ein vorzeitiges Ende. Heinrich Wilhelm Stiegel, auf den ſich dieſe
Bemerkung bezieht, kam etwa im J. 1757 nach Amerika. Im Jahre
1758 war er in Lancaſter County und kaufte ein Drittel-Intereſſe an
einem Grundſtück von 714 Acker Land; die beiden anderen Drittel
nahmen Carl und Alexander Stedman. Auf dieſem Lande gründete
Stiegel das Städtchen Manheim und in der Nachbarſchaft legte er
Eiſenſchmelzen und Glashütten an. Er war der Erſte, der Flintglas
in Amerika fabricirte. Auch an anderen Orten gründete und beſaß
er Schmelzöfen und Gießereien, ſo die Eliſabeth Forge im nördlichen
Lancaſter County und Charming Forge in Berks County, etwa 5
Meilen von Womelsdorf. Eine Zeitlang waren dieſe Unterneh-
mungen ſehr erfolgreich; ſeine Glashütten in Manheim ſollen ihm
jährlich £5000 eingetragen haben. Dabei konnte er freilich wie ein
Edelmann leben. Sein Haus in Manheim war aufs Eleganteſte
eingerichtet, die Geſimſe und Vertäfelungen von feinſter Arbeit, die
Wände mit Arras-Tapeten, worauf Jagdſcenen gemalt waren, be-
hangen, die Oefen aus Kacheln von decorirtem Porcellan gebaut.
Auch bei Eliſabethtown hatte er ein „Schloß", das die Landleute
"Stiegel's Folly" nannten. Man erzählt, er habe jedesmal mit zwei
Kanonen ſalutiren laſſen, wenn er mit Gäſten anlangte und ein
Muſik-Corps, aus einem Theile ſeiner Arbeiter beſtehend, habe bei
ſolchen Gelegenheiten aufgeſpielt. Er galt denn auch für einen
Baron und mit dieſem Titel hat die Localgeſchichte ſeinen Namen
verknüpft. Seine eigenhändige Unterſchrift verleiht indeſſen einer
ſolchen Annahme keine Beſtätigung und ſeine methodiſch gehaltenen
Bücher laſſen auf einen erfahrenen Geſchäftsmann ſchließen. H. W.
Stiegel gehörte, wiewol nicht in Philadelphia wohnhaft, zu den
Gründern der Deutſchen Geſellſchaft, und zu den Ankäufern des
erſten Grundſtückes, das dieſe erwarb. Im J. 1773 verheirathete
ſich ſeine Tochter Eliſabeth mit Wm. Old, Gießereibeſitzer in
Speedwell. Bald darauf ging es mit ſeinem Wohlſtande bergab.
Er hatte ſich bei ſeinen Unternehmungen überſtürzt und konnte bei
den eintretenden politiſchen Wirren die dringenden Anſprüche ſeiner
Creditoren nicht befriedigen. Ein großer Theil ſeiner Beſitzthümer

ging in Coleman's Hände über und dieser soll ihn bei seinen
Eisenwerken als Vormann angestellt haben. Ueber die letzten
Lebensschicksale dieses merkwürdigen Mannes haben wir keine ver-
läßliche Kunde.

Die Landdeutschen.

Die Nachkommen der auf dem Lande angesiedelten deutschen Einwanderer, spöttischer Weise "Pennsylvania Dutch" geheißen, haben so
viel Eigenartiges, daß sie als besondere Species des Amerikaners mehr
als einmal zum Gegenstande der Beobachtung und Sittenmalerei
geworden sind. Mit einem Auge für den guten Kern unter der
rauhen Schale hat der bekannte Dr. Benjamin Rush im J. 1789
im "Columbia Magazine" ein recht anziehendes Charakterbild derselben entworfen. Man könnte ihn den Tacitus der Deutsch-Pennsylvanier nennen.

Er spricht von ihrer einfachen Lebensweise, dem verständigen
System des Landbaues, das sie befolgen, von ihren stattlichen Scheunen und warmen Stallungen neben dem schlichten Wohnhause, von
ihren gut gedüngten und sorgfältig bebauten Feldern, üppigen Wiesen
und vortrefflichem Viehstande. Den Deutschen, die neben ihrem
Hause fast immer einen Gemüsegarten haben, sei es zu verdanken,
daß man in Pennsylvanien jetzt etwas vom Gartenbau verstehe.
Früher sei in Philadelphia kaum ein anderes Gemüse als Rüben
und Kohl auf den Markt gekommen. Warmes Lob zollt er ihrem
Fleiße, ihrer Genügsamkeit, ihrem Biedersinne und ihrer Gastfreundschaft. „Der Deutsche sorgt dafür", sagt Dr. Rush, „daß seine Kinder
sich nicht allein an die Arbeit gewöhnen, sondern sie lieben. Beim
Einheimsen leisten die Frauen ihren Männern und Brüdern red-
lichen Beistand. Ohne dringende Gründe veräußern die Pennsyl-
vanier-Deutschen ihren vererbten Grundbesitz nicht." Daraus erklärt
sich, daß in den deutschen Counties die Namen der ersten Ansiedler
sich bis auf den heutigen Tag erhalten haben. „Sie genießen",
bemerkt Dr. Rush ferner, „wenig Fleisch; ihre Nahrung besteht

hauptsächlich aus Pflanzenkost. Gebrannter Getränke bedienen sich Wenige zu Haus; sie ziehen Cider, Bier, Wein und klares Wasser vor."

Weiter spricht sich Dr. Rush sehr anerkennend über ihre Rechtlichkeit und ihre bürgerlichen Tugenden aus. Als Beweis dafür erwähnt er die Thatsache, daß sich in 19 Jahren nur ein Deutsch-Pennsylvanier eines Vergehens schuldig gemacht habe, das Schande und Strafe zur Folge hatte. Im Revolutionskriege gab es ihrer nur Wenige, die ihre Schuldscheine mit entwerthetem Papiergelde einlösten.

Hofrath Friedrich Herrmann, der die Vereinigten Staaten zu Anfang unseres Jahrhunderts besuchte und seine Erfahrungen im J. 1806 drucken ließ, stimmt in seinen Schilderungen wesentlich und oft wörtlich mit Dr. Rush überein, betont aber stärker als dieser die mangelhafte Schulbildung der Pennsylvanischen Bauern. „Sie sind leere Köpfe", sagt der Professor, „die von Nichts auf der Welt Begriffe haben, als von der Landwirthschaft, und selbst diese sind ungeläutert. Ihre Gespräche drehen sich um die allergemeinsten Dinge. Zum Erstaunen unwissend, zeigen sie auch nicht die geringste Lust, sich unterrichten zu wollen, nicht den geringsten Sinn für das, was edle Seelen erhebt."

Allerdings mochten die Pennsylvanier ihren Standesgenossen in Deutschland an Bildung nicht überlegen sein und schwerlich eigneten sie sich in ihren Kirchenschulen andere weltliche Kenntnisse an, als Lesen, Schreiben und Rechnen. Auch beschränkte sich ihre Büchersammlung meistens wol auf Bibel, Gesangbuch, Habermann's Gebete, Arndt's „Wahres Christenthum" und ähnliche Schriften. Aber bei ihrer mangelhaften Erziehung waren sie nichts weniger als einfältig oder dumm. Sie hatten und sie haben heute noch einen gesunden Mutterwitz, der ihnen die Schulweisheit ersetzt und ihr Urtheil über Menschen und Verhältnisse richtig leitet. Ihre muntere Schlagfertigkeit erinnert an ihre Herkunft von Rheinländern. So kam es denn auch, daß sich die Söhne der schlichten Deutschen im Verständnisse politischer Fragen den übrigen Bürgern des Staates ebenbürtig erwiesen und nicht Wenige derselben zur Bekleidung der verantwortlichsten Aemter berufen werden konnten. Eine ganze Reihe pennsylvanischer Gouverneure war deutschen Stammes: Simon Snyder, Joseph Hiester, J. A. Schulze, Georg Wolf, Joseph Ritner, Franz R. Schunk, W. Bigler, J. W. Hartranft. Von diesen waren Snyder und Ritner bei der Feldarbeit aufgewachsen und verdankten ihre Befähigung wie ihren Erfolg ganz und gar eigener Strebsamkeit. Auch waren mehrere Männer, welche im vorigen Jahrhunderte der Wissenschaft ausgezeichnete Dienste geleistet haben, von deutscher Herkunft, obschon nicht aus dem Bauernstande hervorgegangen, so die Botaniker E. H. Mühlenberg und Adam Kuhn, der Astronom David Rittenhouse und der Anatom Caspar Wistar.

Ein Grundzug des rheinischen Temperamentes, die Frohnatur, ist den Deutsch-Pennsylvaniern verblieben. Das zeigt sich in ihrer Neigung zum Scherz, zur Neckerei, zum lustigen Fabuliren. Dem heitern Sonnenstrahl verhängen sie die Wege nicht und gern würzen sie die ernsten Aufgaben des Lebens mit geselligen Freuden. Das Erndtefest ist für die „Buwe und Mäd" eine Zeit ausgelassener Fröhlichkeit und derber Späße. Das Enthülsen der Maiskolben („Welschkorn-Baschte") gab ehedem Anlaß zu Schäfereien, von denen H. L. Fischer im pennsylvanisch-deutschen Dialekt erzählt:

> „Am Welschkorn-Baschte war's die Rule
> So bei die junge Leut,
> Hot een' 'n rothen Kolwe g'funne,
> Danu hot'r a'h'n Schmuzer (Kuß) g'wunne
> Vom Mädel bei d'r Seit;
> Die rothe Kolwe hen m'r g'schpaart
> Vor Soome (Samen) — 's war so 'n gute Art."

Auch beim Cidermachen gings heiter zu:

> „Un wann die Geig noch gange isch,
> War'n ganse Nacht ken Ruh,
> D'r Seider hot uns usgewacht,
> Die Geig die hot uns danze g'macht,
> In Schtiffel odder Schuh;
> Wann Schuh und Schtiffel war v'rranzt,
> Dann hen m'r in die Schtrümp gedanzt."

Wurde das Apfelmuß oder die „Latwerge" eingekocht, so trieb das junge Volk dabei allerlei Schwänke. Das Einschlachten war wiederum ein Fest, bei welchem die Alten und Jungen sich bei Metzel-suppe, „Panhaas", „Knackworscht und Lewerworscht" recht gütlich thaten. Beim Weihnachtsfest spielte der „Pelznickel", ein grotesker Knecht Ruprecht, die Hauptrolle. Das gemeinschaftliche Arbeiten an Steppdecken (Quilting parties) gab den Frauen Gelegenheit, ihrer

Redseligkeit zu fröhnen. Unser pennsylvanischer Dichter weiß nicht viel davon zu rühmen:

> „Es war so'n druckne Parti, g'macht
> Von Weimer von b'r Nachbarschaft —
> Ken Mannskerl war dabei."

Um so heiterer wurden Hochzeit (Hochzig) und Kindtaufe gefeiert. Da füllte sich die Tafel mit „gerooschte Welschhohnen", „Gäns und Hinkel", gekochte „Rickmessel" (Rückenstücke), „Schunkefleesch", Sauerkraut, „Krumbeere" (Kartoffeln), „Schnitz und Knepp" (Aepfelschnitte und Knödel), schmackhaften „Pies" und was sonst noch zum deutschpennsylvanischen Speisezettel gehören mochte, da wurde dem Cider und Landwein tapfer zugesprochen und nach dem Schmause kam Spiel und Tanz mit ungebundener Lustigkeit. Unser „Plumpsack" ist durch Vererbung von Geschlecht zu Geschlecht noch jetzt in Pennsylvanien im Gange und „Blinde Kuh" oder „Blinds Meisel" (Blindes Mäuschen) die ergötzliche Kurzweil der lieben Jugend.

Die Bevölkerung der südöstlichen Counties von Pennsylvanien — Bucks, Montgomery, Berks, Lancaster, Lebanon, York, Adams, Franklin, Northampton, Lehigh, Monroe, Carbon, Schuylkill, Dauphin, Northumberland, Snyder und Union — enthielt einen so zahlreichen Bestandtheil von Deutschen, daß sich auch bei der Nachkommenschaft die Sprache des Vaterlandes erhalten hat. Im Verlaufe der Zeit hat sie ein eigenthümliches Colorit bekommen und ist als das Pennsylvanisch-Deutsche bekannt, das auch in Virginien und hie und da im Westen Schößlinge getrieben hat. Es ist oft genug Gegenstand bitteren Spottes gewesen, wie es denn schon Schöpf im J. 1788 als einen „erbärmlich geradbrechten Mischmasch der englischen und deutschen Sprache" bezeichnet. Andererseits haben es gelehrte Sprachkenner, wie Haldeman und Ellis, als ein Beispiel berechtigter Dialektbildung gelten lassen. Dem Pennsylvanisch-Deutschen liegt die pfälzische Mundart zu Grunde, die aber durch die Schweizer und Würtemberger, welche sich neben den Pfälzern niederließen, eine mehr oder minder allemannische und schwäbische Färbung erhalten hat. Dem gebräuchlichen Hochdeutsch nähert es sich, wo die sächsischen Herrnhuter sich angesiedelt und durch ihre Schulen Einfluß geübt haben. Der Verkehr mit den englischredenden Einwohnern brachte es

mit sich, daß eine Menge englischer Worte und Wendungen Eingang
fanden. Unter ähnlichen Verhältnissen ist ja die englische Sprache
selbst entstanden, als den Angeln und Sachsen das Verständniß und der
Gebrauch des Französischen von ihren Eroberern aufgedrängt wurde.

Mag nun das Pennsylvanisch-Deutsche dem Kritiker, der die hochdeutsche Schriftsprache als mustergültigen Maßstab anlegt, ohne freilich
durch französische Einmengsel „cholirt" zu werden, als eine häßliche
Veranstaltung vorkommen, es bewahrt trotzdem den Reiz der mund-
artlichen Ausdrucksweise, jenen naiven, volksthümlichen, traulichen
Ton, der dem regelrechten Schriftdeutsch versagt ist, dieselbe natur-
wüchsige und liebenswürdige Herzlichkeit, die uns in Hebel's und
Reuter's Dichtungen anmuthet. Man muß nur nicht die absichtlich
übertriebenen Zerrbilder, welche des komischen Effectes wegen in Um-
lauf gesetzt werden, als ächte Beispiele des Deutsch-Pennsylvanischen
hinnehmen. Verkehrt ist es auch, sich an dem „Du" zu stoßen, das
in der Anrede allgemein gebräuchlich ist. Die Vorfahren der Deutschen in Pennsylvanien verließen ihr Vaterland zu einer Zeit, als
das unnatürliche „Sie" noch nicht in alle Volksschichten eingedrungen
war und wohlweislich haben sie es sich vom Halse gehalten.

Das Deutsch-Pennsylvanische hat die Prophezeiungen seines bal-
digen Aussterbens so hartnäckig überlebt, daß die Zeit seines Hintritts,
der ja bevorstehen mag, sich schwer voraussagen läßt. Den empfind-
lichsten Schlag erlitt es dadurch, daß bei der Einführung der öffentlichen Schulen, im Jahre 1834, so gut wie gar keine Rücksicht auf
die deutschredende Bevölkerung genommen wurde, ein Mißgriff, wogegen der „Deutsche Preßverein" ernstlich, aber ohne erheblichen Erfolg
agitirt hat.

Uebrigens sind seit jener Zeit fünfzig Jahre verflossen und doch
wird auf dem Lande, allerdings in beschränkterem Maße als ehedem,
noch immer Deutsch gesprochen, nicht etwa von den Alten allein, sondern
auch von den Kindern. Eingeborene, die des Englischen unkundig
sind, findet man jetzt selten. Es mag nicht überflüssig sein, zu bemerken, daß sich der Gebrauch der Mundart auf den persönlichen Verkehr beschränkt und daß in der Kirche und der Presse das schriftgemäße
Hochdeutsch, obschon mit vielen Mängeln behaftet, seine bevorzugte
Stelle auch in Pennsylvanien einnimmt.

Wie nahe das Pennsylvanisch-Deutsche dem pfälzischen Dialekte
steht und wie frei von englischen Wörtern es sich bei gehobener Stimmung zu halten weiß, mögen folgende Auszüge aus Harbaugh's und
Fischer's Gedichten bezeugen.

Aus "Die Schloffchtub." Von H. Harbaugh.

Als Pilger geh ich widder hin
Ins Haus, wo ich gebore bin —
　　Do tret m'r awer leis!
Mei Herz tregt wie 'n heilig Ding
Die G'fiehle, die ich mit mir bring
　　Heem run der lange Reis!

Sell fenschter dort - guck juscht mol hi,
Die Läde, g'macht run Lättcher grie,
　　Wie immer sin noch zu;
Un 's Owetlicht fallt in d'r Gang
So schputig bleech - 's werd m'r schier
　　Was ich doch fiehle thu!　[bang —

Bal bin ich froh, bal dhuts m'r leed;
So halb in Forcht, so halb in Freed,
　　Geh ich die Treppe nuf!
De Dheer grad owe an der Schteeg —
Mit Seifze ich die Schlenk a'reg,
　　Mit Dhreene mach ich uf!

Du alte Schtub! wie manche Nacht
Hab ich im Schlof do zugebracht,
　　Wo ich noch war en Kind!
In sellem Eck, dort war mei Bett;
Wann ich's vergesse kennt — wär's net
　　'n arge Schand und Sind!

Aus "Die alte Zeit." Von H. L. Fischer.

Es war ken schönere Heemet g'west
　　In sellem schöne Dhal,
Ach! wenn ich dort daheem könnt sei,
Wär widder jung, wohluf und frei,
　　So wie ich e' mohl war!
Uf Erde kan nix besser's sei,
Als jung, daheem, wohluf un frei.

Es isch en Haus net g'macht mit Händ
　　Dort ewig in d'r Höh;
Ach wan ich dort daheem kan sei,
Glückselig, sind- un kummerfrei,
　　Wie herrlich un wie schö!
Dort ist ken Ernet meh zu dhu
In jener ungeschtörte Ruh.

Vater un Mutter wohne dort
　　Uf selle schöne Hügel;
Sie leest im Wahre Chrischtethum,
Un beet, daß ich doch a'h bal kumm,
　　Und er leest in d'r Biwel;
So hen sie g'lese und gebeet.
Im alte Haus, wu nimme schteht.

Die Deutschen in Maryland und Virginien.

Maryland.

Zum Aergerniß für die englische Hochkirche schenkte Karl I. von England im J. 1632 das Gebiet, welches das heutige Mary-land und den District Columbia umfaßt, dem der katholischen Kirche ergebenen Cecilius Calvert, Lord Baltimore, dessen Vater es vier Jahre vorher theilweise erforscht hatte. In der Schenkungs-Acte wurde es "Terra Mariæ, Mary's Land" genannt, zur Ehre der Königin Henrietta Maria. Unter der Führung Leonard Calvert's eines Bruders von Lord Baltimore, ging am 22. November 1663 eine Expedition von 200 Colonisten, lauter Katholiken und zudem vermög-liche Leute, auf zwei Schiffen von England ab, um von dem neuen Lande Besitz zu nehmen, und erreichte nach einer Reise von vier Mo-naten die neue Welt. Die Pioniere blieben von den meisten Leiden und Entbehrungen, denen die ersten Einwanderer in anderen Colonien aus-gesetzt waren, verschont. Die Ansiedlung erfreute sich mehre Jahre lang des besten Gedeihens, und schon im J. 1639 versammelte sich eine aus der Wahl der Einwohner hervorgegangene Colonial-Gesetzgebung. Die Geschichtschreiber Chambers und Ramsay behaupten, daß „nie eine Bevölkerung zufriedener gelebt habe, als die Bewohner von Mary-land unter dem Schutze von Lord Baltimore und der Verwaltung seines Bruders." Im J. 1642 siedelte sich eine Anzahl Puritaner, die von den Anhängern der englischen Kirche aus Virginien ver-trieben worden, in Maryland an, und damit war der Feuerbrand der Unzufriedenheit in die junge Colonie geworfen. Sie weigerten sich, das Recht Baltimore's auf die Provinz anzuerkennen, widersetzten sich der Verwaltung Calvert's und vertrieben ihn schließlich nach Vir-ginien. Im folgenden Jahre kehrte er jedoch an der Spitze einer

191

Militärmacht zurück. Im J. 1649 proclamirte die Gesetzgebung die berühmte Acte, welche den Christen aller Sekten Glaubensfreiheit bewilligte und den Verbannten und Flüchtlingen anderer Colonien innerhalb der Gränzen von Maryland ein Asyl gewährte. Während Quäker, Lutheraner, Katholiken und Herrnhuter in Neu-England und New York verhindert waren, ihre Religionshandlungen zu verrichten, auf Ausübung des katholischen Gottesdienstes sogar Todesstrafe stand, gewährte die Colonial-Gesetzgebung von Maryland der Glaubensfreiheit den Schutz der Gesetze. Aber die Freiheits-Acte war nicht von langer Dauer. Es kamen immer mehr Puritaner ins Land, und als das Königthum in England gestürzt wurde, verlangten sie die sofortige Anerkennung der neuen Ordnung der Dinge. Sie vertrieben die bestehende Regierung, und nun entstand ein Kampf, in dem abwechselnd die eine oder die andere Partei die Oberhand bekam. Wenn immer die Puritaner siegten und sie und ihre Anhänger die Mehrheit in der Gesetzgebung hatten, wurde die Glaubensfreiheit wieder abgeschafft, im J. 1654 Quäker und Katholiken als außerhalb der Gesetze stehend erklärt, bald darauf die proscribirenden Satzungen dann wieder zurückgenommen. Der Wechsel der Gewalten auf dem englischen Throne hatte jedesmal seine Rückwirkung auf die Colonie. Auf die Thronbesteigung des Prinzen von Oranien ging es in Maryland ähnlich wie in New York, doch hatte die Revolution dort einen unblutigen Verlauf. Lord Baltimore's Schenkung wurde nunmehr ignorirt, 24 Jahre später aber, nachdem sie sich auf seinen Enkel protestantischen Glaubens vererbt hatte, wieder anerkannt. Im J. 1666 erließ die Assembly ein Naturalisations-Gesetz, unter dem Lockerman und Hesselius, die von New York gekommen waren, die Rechte als Colonisten erhielten. Um diese Zeit kamen viele Einwanderer vom europäischen Continente an, aber es ist nichts Näheres bekannt, welcher Nationalität sie angehörten. Im J. 1691 wurde auf Betreiben des Bischofs von London die englische National-Kirche in Maryland eingeführt. Zum Unterhalt derselben wurden die Colonisten besteuert, und durch ein Gesetz vom J. 1718 ward den katholischen Einwohnern das Stimmrecht entzogen. Zehn Jahre später wurde die Stadt Baltimore gegründet. Bald entstanden in der Provinz Unzufriedenheit mit den beschränkenden Gesetzen des

Mutterlandes, Gränzstreitigkeiten mit den benachbarten Colonien, Krieg mit Frankreich und den Indianern, so daß fortan die unglücklichen Bewohner ihres Lebens nicht mehr froh wurden, bis die Unabhängigkeit errungen und Freiheit in Politik und Religion übers ganze Land proclamirt wurde.

Es ist wahrscheinlich, daß die Einwanderung vom europäischen Continent in den sechziger Jahren des 17. Jahrhunderts, deren die Historiker erwähnen, auch manche Deutsche nach Maryland führte, und deren Nachkommen es waren, welche schon in den vierziger Jahren des vorigen Jahrhunderts, wie die Chronik erzählt, dort den Weinstock pflanzten und die Rebe kelterten und da, wo jetzt die Stadt Baltimore steht, Gemüse zogen; aber die meisten der vielen Deutschen, welche vor hundert Jahren oder früher in Maryland wohnten, waren entweder über Pennsylvanien dahin gekommen oder Nachkommen von DeutschPennsylvaniern. Manche Deutsche und Niederländer zogen nach der Einführung der englischen Herrschaft in New York von hier nach Maryland, um der Bedrückung der hiesigen Gouverneure zu entgehen, und aus Virginien entwichen deutsche Familien der Tyrannei der englischen Hochkirche, um an den Ufern des Patapsco ihren Gott nach ihrer Weise verehren zu können. Schon im J. 1758 wurde in Baltimore eine deutsche Kirche gebaut und sechzehn Jahre später entstand eine zweite, beide dem protestantischen Glauben gewidmet, indem die deutschen Katholiken nicht zahlreich genug waren, eine Kirche bauen und unterhalten zu können. Und als der Unabhängigkeitskrieg ausbrach, schickten die Deutschen Baltimore's ganze Compagnien Freiwilliger ins Feld. Die Deutschen, welche von Pennsylvanien nach Maryland zogen, ließen sich größtentheils in Frederick County nieder, welches damals den westlichen Theil der Colonie umfaßte. Ein Engländer, der beim Ausbruche des Krieges in Frederick Unannehmlichkeiten erdulden mußte, war um so mehr ungehalten darüber, als es Deutsche waren, die sich an seiner Verfolgung betheiligten. „Die größere Mehrzahl der Einwohner von Frederick County", schreibt der Baltimorer Localhistoriker Scharff, „waren entweder in Deutschland geboren oder stammten von deutschen Eltern ab. Luxus und Bequemlichkeiten waren diesen Ansiedlern fremd, sie bestellten ihre kleinen Farmen und begnügten sich mit Wenigem. Ihren

Gottesdienst hielten sie in der Sprache ihrer Väter, und die alten in Pergament gebundenen Bibeln, welche aus Deutschland stammten, wurden hoch in Ehren gehalten. Als beim Ausbruche des Unabhängigkeitskrieges der Aufruf um Soldaten an Maryland erging, stellte die Colonie ein vollständiges deutsches Regiment und eine deutsche Compagnie Artillerie." Schon im J. 1748 ließ ein Deutscher in Baltimore Bier brauen, ein Anderer selbstverständlich ein Wirthshaus bauen, und ein Dritter wurde „Alderman"! Um dieselbe Zeit practicirte dort ein deutscher Arzt, Namens Wiesenthal. Im zweiten Kriege mit England waren die Deutschen in Baltimore zahlreich genug, eine volle Jäger-Compagnie ins Feld stellen zu können, und ein Deutsch-Virginier, Major Armstädt, leitete die Vertheidigung des Hafens gegen die Flotte des Admirals Cockburn.

Nach dem Friedensschlusse, der dem Unabhängigkeitskriege ein Ende machte, wurde Baltimore nach und nach ein beliebter Einfuhrshafen. Kaufleute in Deutschland waren im Verlaufe des Krieges durch die amerikanischen Commissäre in Europa, namentlich durch deren Mittheilungen an Friedrich den Großen, mit den Vortheilen des Handels nach Nord-Amerika bekannt geworden. Bis dahin hatte England das Monopol des Handels mit dem Norden der neuen Welt, jetzt sandte auch das übrige Europa seine Boten aus, um die transatlantischen Märkte zu sondiren. Wie begierig war Friedrich während des Krieges gewesen, gegen schlesische und westphälische Leinwand amerikanischen Tabak einzukaufen! Jetzt sandten Bremer und Hamburger Handelsfirmen ihre Söhne in die Hafenstädte der neuen Welt, um Zweiggeschäfte zu errichten und Tabak und andere Erzeugnisse gegen Leinwand einzutauschen. Eine Firma mit solchem Zwecke, Von Kapff & Ausbach, wurde im J. 1795 in Baltimore gegründet. Leider brach nicht lange nach dem Friedensschlusse die französische Revolution aus, und die dadurch entstandenen Kriege hinderten abermals den Verkehr zwischen Deutschland und der nordamerikanischen Republik und drängten den Strom der Einwanderung um ein Vierteljahrhundert zurück. Doch waren in den neunziger Jahren des vorigen Jahrhunderts schon zahlreiche deutsche Handelshäuser und Rhederfirmen in Baltimore vertreten, und als es im J. 1796 zum Range einer City erhoben wurde, waren unter den ersten sieben

Aldermännern drei Deutsche. Die Masseneinwanderung der Deutschen über Baltimore begann erst nach den Napoleonischen Kriegen, erst dann entfaltete sich der Handel mit Deutschland und den Niederlanden zu seltener Blüthe. Der Weg über Baltimore nach dem Westen, wohin sich nach und nach die Einwanderung lenkte, war nicht beschwerlich; sowol Staats- als föderal-Behörden wirkten für die Verbesserung der Land- und Wasserwege; eine Nationalstraße ward von Baltimore nach Wheeling angelegt, und als Gottfried Duden im J. 1824 diese Straße zog, erklärte er, sie sei so gut und werde ebenso sehr frequentirt, wie irgend eine Chaussee in Europa. Viele Tausende unserer Landsleute sind seit jenen Tagen in Baltimore gelandet, viele von ihnen da geblieben und haben nicht wenig dazu beigetragen, den Handel und die Industrie jener Stadt zu beleben. Außerhalb Baltimore gibt es Gegenden in Maryland, wo zwar heute wenige aus Deutschland Eingewanderte wohnen, denen man es aber ansieht, daß sie ursprünglich deutsche Ansiedlungen waren. In Frederick, Hagerstown und Cumberland leben, oft mit verändertem Namen — denn ihre Namen zu verändern haben manche unserer Landsleute sich damals so wenig nehmen lassen wie heute, viele Nachkommen von Deutschen.

Im J. 1817 wurde in Baltimore eine „Deutsche Gesellschaft", nach dem Muster der Philadelphier und New Yorker gegründet. Die unmittelbare Veranlassung dazu war folgende: Der Winter von 1817 war beispiellos kalt, der Hafen von Baltimore zugefroren, der nöthige Transport zu und von den eingefrorenen Schiffen ward durch Wagen auf dem Eise besorgt. Da kam ein nach Baltimore bestimmtes Schiff mit deutschen Einwanderern die Chesapeake Bay hinauf und mußte bei Annapolis anlegen. Auf dem Schiffe herrschte Noth und der Ruf nach Hülfe drang nach Baltimore; sie wurde schnell und mit Liebe gereicht. Aber das Ereigniß sollte dauernde Folgen haben; denn am 2. Februar brachte die "Federal Gazette" einen von Major Frailey unterzeichneten Aufruf zu einer Versammlung der Deutschen Baltimore's zum Zwecke der Gründung einer „Deutschen Gesellschaft". Die Versammlung war am folgenden Tage. Christian Mayer, ein Kaufmann, der sich vom Geschäfte zurückgezogen hatte, führte den Vorsitz. In einer Versammlung vom 18. desselben Monats wurden die mittlerweile vorbereiteten Statuten angenommen und am

3. März die ersten Beamten der Gesellschaft gewählt, nämlich: Prä-
sident: Christian Mayer; Vice-Präsidenten: Dr. A. O. Schwartze,
B. O. von Kapff, Henry Schröder, General Stricker; Verwalter:
Justus Hoppe, Lewis Brantz, Conrad Schultz, Jacob Small, F. L.
E. Emelung, William Krebs, John Frick, Samuel Keerl, John
F. Friese, Peter Sauerwein, Michael Kimmel, Jesse Eichelberger.
Secretär der Gesellschaft: Lewis Mayer; Secretär der Beamten:
Lawrence Thomson; Schatzmeister: Frederick Waesche. Nun trat
die Gesellschaft in Thätigkeit. Es wurden Mittel beschafft, theils
durch regelmäßige Beiträge, theils durch freiwillige Gaben für
temporäre Unterstützung sowol als zur Anlage eines Capitals.
Zwei Anwälte wurden ernannt, „um Schutz und Recht für die durch
diese Gesellschaft beabsichtigten Personen zu erhalten, welche in irgend
einem Hafen dieses Staates ankommen oder darin wohnen." Auch
wurden zwei Aerzte angestellt, „die ihre berufsmäßige Hülfe denjenigen in der Verfassung beabsichtigten Personen leisten sollen,
welche ihnen von den Präsidenten oder Verwaltern anempfohlen
werden." „Die Verbindung wird errichtet", heißt es in der Verfassung der Gesellschaft, „in der Absicht, Ausgewanderte aus Deutschland oder aus der Schweiz, welche irgendwo im Staate Maryland
ankommen, oder darin wohnen, und die Rath oder Beistand be-
dürfen und dessen würdig sind, damit zu versehen." Im darauffolgenden Winter wurde die Gesellschaft von der Staatsgesetzgebung
incorporirt. Ein großer Theil ihrer Thätigkeit ward auf Fälle von
Mißbräuchen gerichtet, welche aus dem Unwesen des auf Zeit-Ver-
kaufens Derjenigen, die ihre Ueberfahrt nicht bezahlt hatten, entstanden. Dieser aus England herstammende Gebrauch, wo der
Gläubiger noch jetzt ein gewisses Unrecht auf den Leib des Schuldners
hat, führte oft zu herben Mißverständnissen und Mißbräuchen. Fürstenwärther erzählt in seinem Berichte an Gagern, er habe gehört,
es sei in Maryland vorgekommen, daß freie Neger Deutsche gekauft
hätten, was ihre Landsleute in Baltimore so empört habe, daß sie
den Kauf rückgängig gemacht hätten. Die Deutsche Gesellschaft
veranlaßte, daß die Legislatur von Maryland am 18. Februar 1818
ein Registrir-Gesetz annahm, welches eine Controle des Redemptions-
Wesens ermöglichte. Die Hauptbestimmungen desselben waren:

„1. und 2. Der Gouverneur soll das Recht haben, in jedem Hafen Marylands einen der deutschen und der englischen Sprache mächtigen Registrator zu ernennen, der über alle von deutschen und schweizerischen Einwanderern eingegangenen Lehrlings- oder Dienstbarkeits-Verträge für rückständiges Ueberfahrtsgeld ein genaues Register zu führen hat. — 3. Jeder von dem Registrator approbirte und registrirte Vertrag muß dem betreffenden County Clerk zugeschickt und von demselben ebenfalls recordirt werden. — 4. Minderjährige können nur mit Zustimmung der Eltern oder Verwandten, oder in Ermanglung dieser des Waisengerichtes als Lehrlinge oder Arbeiter ausgemiethet werden. — 5. Jeder einen Minderjährigen betreffende Vertrag soll die Verpflichtung des künftigen Brodherrn enthalten, dem resp. Lehrlinge oder Arbeiter mindestens zwei Monate des Jahres bis zur Volljährigkeit Schulunterricht zukommen zu lassen. — 6. Kein Einwanderer soll auf länger als vier Jahre überbunden werden können, es sei denn ein minderjähriger Knabe unter siebzehn, der dann mit seinem 21. Jahre frei wird, oder ein Mädchen unter vierzehn Jahren, das mit dem 18. volljährig und frei wird. — 7. und 8. Kein deutscher oder schweizer Einwanderer soll länger als dreißig Tage auf dem Schiffe zurückgehalten werden, während welcher Zeit er gut zu verpflegen ist, ohne daß ihm der Schiffseigner oder Führer deßwegen etwas anrechnen darf. Im Falle von schlechter Behandlung, oder längeren Zurückhaltens oder von Krankheit soll der Betreffende, auf gerichtliche Entscheidung hin, nebst seinem etwaigen Eigenthum freigegeben werden. — 9. und 10. Eltern und Kinder sind nicht verantwortlich für das Ueberfahrtsgeld auf der See gestorbener Angehörigen. Etwaiges Eigenthum auf der Ueberfahrt verstorbener Einwanderer muß dem Registrator zur gesetzlichen Verfügung eingehändigt werden."

Motivirt ist dieses Gesetz in der Einleitung damit, daß Einwanderer von Deutschland und der Schweiz, welche sich zur Deckung ihrer für die Ueberfahrt eingegangenen Schuld hier einer zeitweiligen Dienstbarkeit oder Lehrlingschaft zu unterziehen haben, oft grausam behandelt werden, sowol von den Schiffsführern oder Eignern, als auch von den Dienstherren.

Die Deutsche Gesellschaft mußte oft mit Energie einschreiten, um Gerechtigkeit für Opfer der Brutalität und des Betruges zu erzielen.

Natürlich lag der Hauptgrund brutaler Behandlung im Charakter der Zeit. Nach wenigen Jahren schon fiel der Uebelstand selbst weg, indem die Schiffs-Agenten zur Selbstsicherung gezwungen wurden, die Ueberfahrts-Beträge im Voraus zu erheben.

Der „Deutschen Gesellschaft von Maryland" gebührt ferner das Verdienst, es durchgesetzt zu haben, daß von den Gerichten in Baltimore schon seit dem J. 1841 des Deutschen kundige Dolmetscher ange-stellt sind, auch errichtete sie im J. 1843 ein Intelligenz-Bureau, durch dessen Vermittelung Einwanderern Arbeit verschafft wird. Seit ihrem Bestehen hat die Gesellschaft nur fünf Präsidenten gehabt, nämlich Christian Mayer, Justus Hoppe, Carl W. Karthaus, Albert Schu-macher und H. Willens.

Baltimore war namentlich in den dreißiger und noch im Anfange der vierziger Jahre ein beliebter Hafen für deutsche Einwanderer, und es herrschte damals in jener Stadt ein regeres Leben unter den Deut-schen, als in New York. Dann schlug die Einwanderung allmählig einen andern Weg ein, und in den zehn Jahren von 1861—'70 kamen nicht so viele Deutsche dort an, wie in den Jahren 1841—'50. Von dem Jahre 1855 bis 1869 sind in Baltimore 218,243 deutsche Ein-wanderer gelandet. Die Zahl der in Deutschland Geborenen, welche sich im J. 1855 in Baltimore aufhielten, ward von J. G. Wesselhöft auf 14,000 veranschlagt.

Dr. J. G. Büttner, der im J. 1847 in Baltimore war, erzählt, daß die deutschen Lutheraner damals drei Kirchen besaßen. Die gebildetste und bedeutendste deutsche Gemeinde war die des Pastors Scheib. Ihre Kirche war die schönste, ihre Orgel die größte vielleicht in den Vereinig-ten Staaten. Pastor und Gemeinde waren rationalistisch. Von einer früheren ansehnlichen, ja blühenden deutsch-reformirten Gemeinde war keine Spur mehr vorhanden. Ihre Kirche war durch den Pfarrer Otterbein in die Hände der „Vereinigten Brüder" gefallen, doch ver-suchte die reformirte Synode damals, sie wieder zu bekommen. Die Schule unter der Leitung des Pastors Scheib war ausgezeichnet und beschäftigte fünf Lehrer. Auch war ein geselliger Verein dort, der den Namen „Germania" führte, desgleichen mehrere Musikvereine, welche Concerte gaben. Die Einwanderung über Baltimore war damals sehr lebhaft. Büttner glaubte, es müßten mindestens 20,000 Deutsche dort wohnen. Nach dem letzten Census zählte die Stadt 34,000 Personen, die in Deutschland geboren waren.

Gegen Ende der dreißiger und im Anfange der vierziger Jahre wurden in Baltimore die ersten Versuche zur Herausgabe deutscher Zeitschriften gemacht; im J. 1836 ward ein Nachdruck von Schiller's Werken veranstaltet. Am 2. März 1841 erschien zum ersten Mäle „Der Deutsche Correspondent", welcher drei Jahre später zum täglichen Blatte und im Laufe der Zeit zu einem in politischer und socialer Hinsicht einflußreichen Organe wurde. Er wird von einem seiner Gründer, Friedrich Raine aus Minden in Westphalen, noch jetzt herausgegeben und redigirt. Der „Wecker", ebenfalls ein tägliches Blatt, welches eine andere politische Richtung verfolgt, als der „Correspondent", wurde später gegründet. Die „Katholische Volkszeitung" vertritt die religiösen Anschauungen ihrer zahlreichen Leser. In den Freischulen Baltimore's wird der Jugend deutscher Unterricht ertheilt, wahrscheinlich wie in den Freischulen an anderen Orten in so ungenügender Weise, daß die Kinder, welche ihre Muttersprache lernen wollen, anderweitigen Unterricht suchen müssen. Aber die Deutschen bleiben bei der Forderung, daß der deutsche Unterricht in den Freischulen fortbestehe, des Princips wegen. In den Pfarrschulen der deutschen Kirchengemeinden wird natürlich die deutsche Sprache gepflegt, und als eine vorzügliche Schule dieser Art wird die „Zionsschule" genannt. Das kaufmännische Element ist unter den Deutschen von Baltimore vorherrschend, die zahlreichen Handelsfirmen, welche sich im ersten Viertel unseres Jahrhunderts größtentheils als Zweige größerer Häuser in den Hansastädten niederließen, später zu selbständigen Geschäften wurden, haben den gesellschaftlichen Ton unter den dortigen Deutschen gehoben, und Männer, wie Schumacher, der viele Jahre Präsident der Deutschen Gesellschaft, Ehrenbürger der Stadt Bremen und Präsident des Handels-Directoriums von Baltimore war, und außerdem mehre Vertrauens- und Ehrenposten bekleidete, trugen dazu bei, den Deutschen der Stadt ihren anglo-amerikanischen Mitbürgern gegenüber eine gewisse Achtung zu verschaffen und erstere selbst in den Schranken politischer und socialer Mäßigung zu erhalten. Eine eigenthümliche Erscheinung ist es, daß der liberale, ritterliche Geist der Colonisten, die vor 250 Jahren an den Gestaden der Chesapeake Bay landeten

und Maryland als das Land der Verheißung begrüßten, zum Theil
noch heute die Bevölkerung durchweht. Die Gesetzgebung jedoch ist
nicht frei geblieben von dem Sauerteig des Puritanismus, der einen
maßgebenden Theil der englisch-amerikanischen Bevölkerung aller unserer Staaten durchsäuert.

Virginien.

Die Geschichte Virginiens kann bis in das Jahr 1584 zurückgeführt werden, als die Königin Elisabeth dem Sir Walter Raleigh
und Adrian Gilbert über das Gebiet, welches zur Ehre der jung-
fräulichen (Virgin) Königin Virginien genannt wurde, zwei Patente
verlieh, unter der Bedingung, daß sie das Land binnen 6 Jahren
in Besitz nehmen sollten. In Folge dessen wurden wiederholt Schiffe
mit Colonisten dahin abgeschickt, aber wenn die einen ankamen, waren
die früher abgesandten verschwunden — von den Indianern ermordet
oder verhungert. Die Colonisten einer zweiten Expedition von 7
Schiffen, die nach Virginien fuhr, wurden von dem berühmten Seefahrer Drake, der in der projectirten Colonie landete, vom Hungertode
gerettet und in ihr Vaterland zurückgebracht. Zweiundzwanzig Jahre
nach der Ausstellung des Patentes seitens der Königin, nach wiederholten verunglückten Colonisations-Unternehmungen, gab der König
Jakob I. einer Londoner Compagnie ein neues Patent, und diese sandte
im folgenden Jahre drei Schiffe mit Auswanderern nach der Chesapeake Bay, an der sie am 13. Mai landeten und Jamestown gründeten. Der Capitän der Expedition kehrte im folgenden Monat nach
England zurück, nachdem er 105 Personen in der Colonie gelassen
hatte. Die Colonisten sollen aber faules Gesindel und wieder dem
Verhungern nahe gewesen sein, als zum Glück im J. 1609 Capitän
Smith mit neuen Einwanderern und Lebensmitteln in Jamestown
ankam. Dieser gerieth in Streit mit den Indianern am Jamesflusse
und sollte getödtet werden, als Pocahontas, die Tochter des Häuptlings Powhattan, die sich in ihn verliebt hatte, ihn rettete. Im Blu-
mengarten auf einer Pflanzung, einige Meilen unterhalb Richmond,

zeigt man noch den Stein, auf dem Smith geopfert werden sollte. Smith kehrte bald darauf nach England zurück. Die Colonie war wieder ohne Führer und der Verzweiflung nahe, als Lord Delaware mit neuen Ansiedlern und Vorräthen ankam und die Leitung der Ansiedlung übernahm. Erst jetzt fing dieselbe an, zu gedeihen. Im April 1613 heirathete John Rolfe, ein tapferer junger Mann, Pocahontas, was den Grund zu einem freundschaftlichen Verkehr zwischen den Weißen und Indianern legte, und drei Jahre später nahm er sie mit nach England, wo sie mit der Aufmerksamkeit und Beachtung behandelt wurde, die ihr wegen ihrer Verdienste um die Colonie gebührten. Sie starb im folgenden Jahr, gerade als sie sich wieder nach Amerika einschiffen wollte und jenem Smith begegnete, dem sie das Leben gerettet und den Rolfe für todt ausgegeben hatte, um ihre Hand zu gewinnen. Die Ueberraschung und Enttäuschung soll ihr das Leben gekostet haben. Sie hinterließ einen Sohn, der, nachdem er in England erzogen worden, nach Virginien zurückkehrte und daselbst in Reichthum und Ehren starb.

Das waren die ersten Schritte zur Gründung der später so berühmten Colonie Virginien. Wenn dereinst eine Geschichte der deutschen Einwanderung Nordamerika's geschrieben werden sollte, dürfte Virginien keine unbedeutende Rolle darin spielen. Aber ihre Spuren müssen mühsam erforscht werden, was schon jetzt schwieriger ist, als es vor dem Kriege gewesen wäre, der Virginien verheerte und viele historische Erinnerungen verwischte. Herr R. A. Brook, Secretär der Historischen Gesellschaft von Virginien, schreibt uns: „Unsere Geschichtschreiber erwähnen kurz der deutschen Einwanderung nach Virginien von der Zeit der Ansiedlung von Jamestown, aber es ist, meines Wissens, nirgends eine befriedigende Mittheilung über ihre Lage zu irgend einer Zeit. Eine Durchsuchung unserer Land-Register müßte aus der Eigenthümlichkeit der Namen in den Urkunden auf das Geburtsland ihrer Träger schließen lassen, besonders die Namen Derer, welche sich auf dem Jost Hite-Grant im Thale ansiedelten. Auch sollte ich glauben, die früheren Urkunden von Madison, Orange, Augusta, Rockbridge, Northingham und Frederick Counties, könnten Auskunft geben." Virginien (oder, wie die Deutschen es nannten, Spottsylvanien, nach dem Gouverneur Spottswood so bezeichnet, der viele

Deutsche mit herüber brachte, mißachtete längere Zeit im 17. Jahrhunderte die englische Navigations-Acte, indem es mit den Holländern
und anderen fremden Handel trieb. Dies soll manche Deutsche ins
Land geführt haben, namentlich Deutsche aus Neu-Niederland, welche
den hiesigen Verhältnissen sich entzogen, um unter der weiter vorge-
geschrittenen Cultur und den milderen Gesetzen Virginiens ihre neue
Heimath zu gründen. Im J. 1743 kam ein Schiff mit deutschen Einwanderern auf der Rhede von Hampton an; von 200, die an Bord
gewesen, waren 160 gestorben. Der amerikanische Biograph James
Parton erzählt, daß um die Mitte des achtzehnten Jahrhunderts viele
Deutsche in Folge der damaligen Unduldsamkeit der englischen Kirche,
die eine Zeitlang in ihrer Verfolgungswuth gegen Andersgläubige
den Puritanern nicht viel nachgab, aus Virginien wegzogen und sich
nach der Colonie Lord Baltimore's wandten. Deutsche Pennsylvanier
machten sich mit vielen ihrer in Philadelphia noch ankommenden
Landsleute nach dem berühmten Shenandoah Thale auf, welches im
letzten Kriege so oft genannt, und von General Sheridan mit Feuer und
Schwert verwüstet wurde. Eine beträchtliche Anzahl Ortschaften in
Virginien sind von Deutschen angelegt worden. Besonders viele Deut-
sche aus der Schweiz waren unter den ersten deutschen Ansiedlern. Im
J. 1734 bestanden im nördlichen Virginien schon viele deutsche lutheri-
sche Gemeinden, und im J. 1733 reiste einer ihrer Prediger, Johann
Caspar Stöver, nach Deutschland und sammelte dort eine bedeutende
Summe Geld, um Kirche, Pfarrei und Büchersammlungen für seine
Gemeinde einzurichten. „Jenseits der Eisenschmelze des Obersten
Spottswood", heißt es in einem im J. 1724 in London erschienenen
Werke über die damalige Lage Virginiens, „oberhalb der Fälle des Rap-
pahannock und angesichts der großen Gebirge begründete er (Spottswood) eine Stadt Germanna, nach etlichen Deutschen genannt, welche
die Königin Anna herübersandte, die jedoch gegenwärtig weiter fluß-
aufwärts gezogen sind. Hierher hat er Knechte und Arbeiter von fast
allen Gewerben geschickt, und hier erbaute er sich eine Kirche, ein Ge-
richtsgebäude und eine Wohnung für sich selber; auch hat er mit
seinen Knechten und Negern Plantagen rings-um geklärt, um den
Leuten, welche er hierher, in diesen unbewohnten Theil der Welt,
zur Ansiedlung einladet, ermuthigende Meinungen von dem Lande

beizubringen. Noch weiter hinauf liegt die Colonie der Deutschen aus der Pfalz, denen bedeutende Strecken reicher Ländereien gegeben wurden, die gut fortkommen, glücklich leben und besonders gastfrei sind. Sie sind ermuthigt worden, den Weinbau zu betreiben, welcher dort leicht und in großen Quantitäten gedeiht, nicht bloß mittelst der Züchtigung der wilden Traube, sondern ebenfalls aus dort angepflanzten spanischen, französischen und deutschen Trauben." — Es war die deutsche Kirchengemeinde in Germanna, welche ihren Prediger nach Deutschland schickte, um unter den dortigen Glaubensbrüdern zu sammeln.

Einige Colonisationsversuche von Schweizern und Deutschen seit dem Kriege sind in Virginien nicht gelungen. In den größeren Städten, wie Norfolk, Richmond und Danville, wohnen viele Deutsche. In Richmond war im J. 1852 eine zahlreiche, intelligente Bevölkerung, die sich eines bedeutenden politischen Einflusses erfreute. Sie ist jetzt zahlreicher, als damals, hat aber auf die öffentlichen Angelegenheiten wenig Einfluß mehr. Die älteren Bewohner, welche die Leiden und Gefahren der sechziger Jahre überlebt haben, geben sich viele Mühe, deutsches Leben zu erhalten; aber es gelingt ihnen nur zum Theil und unter Hindernissen. In der deutschen Kirche wird schon englisch gepredigt. Der neuere Theil der deutschen Bevölkerung, von dem freilich nur Wenige direct von Deutschland gekommen sind, widmet sich der Aufgabe eines Gesangvereins und dessen geselligen Zwecken.

Wenngleich die deutschen Einwanderer auf die ältere Cultur Virginiens keinen großen Einfluß gehabt haben, so standen doch die dortigen Deutschen, und stehen heute noch bei dem englischredenden Theile der Bevölkerung in hoher Achtung. Verächtliche Ausdrücke gegen Deutsche, die in mehr von Deutschen bevölkerten Gegenden etwas Alltägliches sind, hört man dort nicht. Deutsche von Talent und Charakter haben dazu beigetragen, den deutschen Namen hoch zu halten. So war B. William Wirth, dessen Vater ein geborener Schweizer und dessen Mutter eine Deutsche, gegen Ende des vorigen und im Anfange dieses Jahrhunderts einer der größten Rechtsgelehrten des Landes. Karl Minnigerode, im J. 1828 in Arnsberg in Westphalen geboren, ein Mann von klassischer Gelehrsamkeit, ist schon seit vielen Jahren Rector der St. Paulskirche in Richmond, der berühmtesten bischöflichen Kirche im Süden. Während Richmond der Sitz der Conföderirten

Regierung war, wurde Minnigerode öfters genannt, weil die Spitzen jener Regierung dem Gottesdienste in der St. Paulskirche beiwohnten und seinen geistreichen Predigten zuhörten. An einem schönen Sonntagsmorgen, den 2. April 1865, war die Kirche gedrängt voll. Während des Gottesdienstes wurde dem Präsidenten Jefferson Davis eine telegraphische Depesche gebracht. Er las sie, wartete aber, bis die Gemeindemitglieder, zum Gebete aufgefordert, auf den Knien lagen und er sich unbemerkt entfernen konnte. Es war die Nachricht von dem Falle Petersburg's und dem Durchbrechen der Linien, die Richmond deckten, welche Davis gelesen hatte. Die andern anwesenden Beamten bekamen jetzt ebenfalls Telegramme. Die Gemeinde wurde unruhig, ahnte nichts Gutes und wollte sich zur Kirche hinausstürzen; doch gelang es Minnigerode, der seine Fassung nicht verlor, den Gottesdienst zum ruhigen Schlusse zu bringen. — Maximilian Schele de Vere, der in Schweden geboren, aber in Deutschland erzogen wurde, nach Amerika gekommen erst eine Zeitlang die „Alte und Neue Welt" in Philadelphia redigirte, ist schon seit dem J. 1844 als Professor der neueren Sprachen an der Universität von Virginien thätig.

Schließlich sei noch erwähnt, daß ein Virginier, Henry A. Wise, es war, der im J. 1854, als sich die den Eingewanderten feindliche KnowNothing Bewegung wie eine Epidemie über das Land verbreitete, durch einen offenen Brief die denkwürdige Wahlagitation jenes Jahres eröffnete und durch zahlreiche Reden in allen Theilen Virginiens der den Interessen der Eingewanderten gefährlichen Bewegung die Spitze brach.

Fünfter Abschnitt.
Die Deutschen in den Carolinas.
Nord-Carolina.

Zu der Zeit, als die nach England gezogenen Pfälzer bei London lagen und auf Hülfe der englischen Regierung warteten, kam ein Schweizer, Namens Christoph Graffenried, mit Auswanderern nach London, wo er Louis Michel traf, der sich im Auftrage des Cantons Bern zum Zwecke der Untersuchung des Landes und der Verhältnisse mehre Jahre in Amerika aufgehalten hatte. Die beiden Männer traten zum gemeinschaftlichen Zwecke der Gründung einer Colonie mit den Eigenthümern des Landes in den amerikanischen Carolinas in Unterhandlung, ließen sich von diesen 10,000 Acker Land zwischen dem Neuse-Flusse und dem Cap Fear anweisen, und sicherten sich überdies das Recht auf weitere 100,000 Acker, wofür sie Grundtitel erhalten sollten, sobald sie 5,000 davon bezahlt haben würden. Nach vorheriger Verständigung zwischen der englischen Regierung, den Landeigenthümern und den Schweizer Emigrantenführern sollten sich eine Anzahl Pfälzer in Nord-Carolina ansiedeln, und demgemäß wurden ihrer 630 auf zwei Schiffen dahin abgeschickt. Im December 1710 landeten sie mit ihren Führern an dem Zusammenflusse der Neuse und der Trent in Nord-Carolina und legten den Grund zu einer Stadt, die sie Neu-Bern nannten.

Im J. 1711 begannen die Tuscaroras mit ihren Verbündeten einen Vertilgungskrieg gegen die Weißen, woran einige schlechte Weiße (unter denen jedoch keine Deutschen) selbst Schuld waren. Graffenried fuhr eines Tages mit einem Landvermesser, Namens Lawson, und einem Neger in seinem Boote die Neuse hinauf, um die oberen Gegenden zu untersuchen. Sie ahnten keine Feindseligkeiten seitens der Indianer und wollten in einem ihrer Dörfer übernachten;

als sie aber eine Anzahl derselben bewaffnet sahen, trauten sie dem
Frieden nicht und beschlossen, den Fluß weiter hinauf zu fahren. Als
sie wieder ins Boot steigen wollten, wurden sie von etwa 60 bewaffneten Indianern umringt und ins Dorf vor ihren König geführt.
Dieser versammelte auf den Abend des folgenden Tages einen Rath,
vor dem die Weißen erscheinen mußten. Die Berathung nahm einen
für diese günstigen Verlauf, bis am nächsten Morgen ein Indianer
dazu kam, der Lawson kannte und von ihm schon einige Male nicht
gut behandelt worden war. Dieser gab der Sache eine ungünstige
Wendung, indem er seinen Stammesgenossen die Unwahrheit mittheilte, er habe aus einem Gespräche der Weißen vernommen, daß sie
die Vernichtung des Stammes beschlossen hätten. Dies versetzte die
Wilden so in Wuth, daß sie den Tod der drei Weißen beschlossen. „Am
folgenden Tage", schrieb Graffenried an den Gouverneur der Provinz,
„wurden wir nach dem großen Hinrichtungsplatze geschleppt, gefesselt
und auf den Boden geworfen. Ein großes Feuer wurde angerichtet,
ein Kreis darum gezogen und derselbe mit Blumen bestreut. Hinter
uns lag mein unschuldiger Neger, der auch gebunden war. In
dieser schmerzlichen Lage blieben wir den Tag und die ganze Nacht.
Mit dem Aufgange der Sonne kam eine große Volksmenge aus
allen Gegenden, dem Schauspiele unserer Hinrichtung beizuwohnen.
Hinter uns stand eine bewaffnete Garde, in einem Kreise rings
herum saßen die Häuptlinge in zwei Reihen, hinter diesen das Volk,
über 300, welches schrie und tanzte wie besessene Teufel. Zwei
Scharfrichter, die bestimmt waren, uns den Garaus zu machen, waren
wie abscheuliche Gespenster bemalt und schnitten schreckliche Gesichter.
Da fiel mir plötzlich ein rettender Gedanke ein: Ich wendete mich
an die Häuptlinge mit der Frage, mit welchem Rechte sie einen
unschuldigen Menschen verurtheilten und wie sie es wagen könnten,
einen König hinzurichten; denn ich sei der König der Pfälzer. Der
gute Gott hatte das Herz der Wilden besänftigt, so daß sie nach einer
abermaligen Berathung meine Bande zerschnitten." Der Neger aber
ward hingerichtet, desgleichen der Landvermesser. Letzterem wurden
scharfe Tannenstäbchen ins Fleisch geschlagen und diese angezündet.
Graffenried mußte noch fünf Wochen in Gefangenschaft bleiben und
einen Vertrag unterschreiben, worin er sich als König der Pfälzer

verpflichtete, daß im Falle eines Krieges zwischen den Engländern und
Indianern die Pfälzer sich neutral verhalten und künftig ohne vorherige Einwilligung der Indianer kein Land mehr vermessen wollten.
In Folge dieses Vertrages blieben die schweizer und pfälzer Ansiedler, welche gemeinsam den Namen „Palatines" führten, wirklich
neutral, und die Ansiedlung Neu-Bern wurde in dem furchtbaren
Gränzkriege, der in Nord-Carolina ausbrach, verschont.

Noch ehe der Indianerkrieg vorüber war, kehrte Graffenried in
seine alte Heimath zurück, ohne vorher den Pfälzern die ihnen ver-
tragsmäßig versprochenen Besitztitel auf das von ihnen bebaute Land
zu geben, verpfändete es vielmehr an einen Engländer zur Deckung
einer Schuld. Die geprellten Colonisten wandten sich an die ursprünglichen Landeigenthümer um Hülfe und scheinen solche auch erhalten zu
haben. Ob Graffenried seine Familie in Carolina zurückließ und
später dahin zurückkehrte, ist nicht bekannt; aber Thatsache ist, daß
Leute dieses Namens noch heute zerstreut in den Carolinas wohnen.
Den ersten schweizer und pfälzer Einwanderern nach Nord-Carolina
folgten andere nach. Aus den Zeiten dieser Einwanderungen stammt
die Sage vom „Feuerschiffe", welche man wohl ein Jahrhundert lang
in den Carolinas erzählte und die noch jetzt nicht ganz verklungen ist:

„Alljährlich an einem bestimmten Tage erschien an der Küste von
Nord-Carolina ein Naturbild, welches genaue Aehnlichkeit mit einem
brennenden Schiffe hatte. Die Erscheinung kam von Osten her, immer
näher, immer deutlicher, bis sie dicht vor dem Hafen von Wilmington
plötzlich verschwand, um abermals und abermals in der Ferne sichtbar
zu werden und in der Nähe zu verschwinden. Alles schien in hellen
Flammen zu stehen: Rumpf, Wände, Masten und Takelwerk. Aber
es brannte, und brannte dennoch nicht. Keine Funken sprühten, kein
Rauch stieg auf, kein Takel platzte, kein Mast stürzte nieder. Das Schiff
war allgemein bekannt als das „Feuerschiff" oder das „Schiff der armen
Pfälzer". Es wird erzählt, daß unter dem ersten Georg von England,
als die englische Regierung sich für die Besiedelung der südlichen Colonie sehr interessirte, eine Anzahl Pfälzer in London eingetroffen sei,
mit dem Begehren, nach Carolina befördert zu werden. Sie wurden
eine Weile auf öffentliche Kosten verpflegt, bis ein Fahrzeug zu ihrer
Uebersiedlung gemiethet werden konnte. Die Auswanderer waren weit

wohlhabender, als sie schienen, waren mit Geld und Geldeswerth reichlich versehen, hielten solches aber geheim. Endlich miethete die Regierung ein Schiff: ein altes gebrechliches Fahrzeug, mit einer Bemannung und einem Führer, die wenig Gutes verhießen. Die Fahrt war eine langwierige. Tage, Wochen und Monde vergingen, ehe man Land erblickte. Alles war knapp, selbst Brod und Wasser spärlich; um so größer war die Freude, als Land in Sicht kam. In dieser Freude vergaßen die Pfälzer ihre lang gewahrte Vorsicht; was sie in London und auf der langen Reise geheimnißvoll verborgen hatten, kam jetzt zum Vorschein. Jeder packte aus und ein und ordnete Alles, um die Landung nicht um einen Augenblick zu verzögern. Da war altes Silberzeug, manches reich verziert nach den üppigen italienischen Moden des Mittelalters, Goldgeschmeide, womit schon die Urgroßmütter sich geschmückt haben mochten, schwere Goldkatzen mit Goldmünzen, die um den Leib geschnallt wurden. Das Schiffsvolk war außer sich vor Staunen, und eiligst gelangten geheimnißvolle Winke an den Capitän. Plötzlich wendete sich die Barke weiter vom Lande; es hieß, man befürchte Riffe und Untiefen und habe den rechten Hafen verfehlt. In jener Zeit war Raub und Mord nichts Ungewöhnliches auf Passagierschiffen. Die Küste entschwand nach und nach den sehnsüchtigen Blicken der armen getäuschten Pfälzer, und die Sonne ging unter. Die Nacht mahnte zur Ruhe, und nach einem klagenden Abendgesange begaben sich Alle in ihre Schlafstätten. Einige der jungen Männer legten sich auf dem Verdeck hin, um mit dem ersten Strahl der Morgensonne das Land zu begrüßen. Mitternacht war vorüber, und Alle schliefen, als sich die Cajütenthüre leise öffnete und Gestalten mit blitzenden Waffen herausschlichen, die sich den arglos auf dem Verdecke Schlummernden näherten. Ein jeder Seemann wählte sein Opfer, ein flüsterndes Wort und die Streiche fielen auf Commando. Ein Sturz nach dem andern ins dunkle Meer beschloß die blutige Scene. Sachte, sachte schlichen die Mörder nun hinab in den Binnenraum. Von Lager zu Lager wüthete das bluttriefende Morden, bis keine Seele mehr am Leben war. Dann wurde die reiche Beute getheilt, die Boote wurden ausgesetzt, das Schiff angezündet, und die Unholde ruderten der Küste zu. Die Flammen schlugen hell auf und liefen von Raa zu Raa bis zu den Spitzen der Masten. Die Mörder erreichten das Land, aber als sie sich umschauten, erschraken sie, da sie sahen, daß das brennende Schiff sich dem Lande näherte. Der Brand war gelöscht, und Masten und Takel in aller Ordnung, aber eine gespensterartige unerklärliche Gluth, wie Höllenfeuer, lag auf den Wänden und Tauen. Vor Entsetzen flohen die Mörder in die Wälder, die Einen gen Norden, die Anderen gen Westen. Mit ihrem Reichthume siedelten sie hier und da sich vortheilhaft an; doch hatten sie keinen Frieden und, als ob sie von einem strafenden Verhängniß getrieben würden, fand der Jahrestag ihres gräßlichen Verbrechens sie wieder am Strande, und das Gespensterschiff blieb nie aus. Sie starben nach einander, aber so lange noch einer ihrer Nachkommen am Leben war, erschien das Feuerschiff am Jahrestage des Ereignisses an der Küste und wurde erst vermißt, nachdem der letzte Enkel des letzten Mörders ein Verbrechen am Galgen verbüßt hatte."

Wol manche Schiffe mit Einwanderern mögen im vorigen Jahrhundert an der Küste von Nord-Carolina angekommen sein, von denen die Geschichte nichts erzählt. Die neuen Ankömmlinge ließen sich meistens in den Küstenstrichen nieder. Von der Mitte des vorigen Jahrhunderts an wanderten viele Deutsche aus Pennsylvanien nach dem Innern von Nord-Carolina. Der erste Zug dieser Pioniere soll im Herbste des J. 1745 angekommen sein, aber die meisten kamen später. Die Einwanderer waren meistens Ackerbauer und nicht vertraut mit der englischen Sprache, weßhalb sie auf dem Lande sich ansiedelten und die Städte mieden. Im J. 1751 kauften die Herrnhuter von der englischen Regierung 900,000 Acker Land in Nord-Carolina und gründeten im Laufe der Zeit viele Ansiedlungen, die noch jetzt bestehen. Eine höhere Töchterschule dieser Religionsgemeinschaft, welche im J. 1804 in Salem gebaut wurde, erfreut sich eines guten Gedeihens.

Im J. 1764 bildete sich in Helmstädt eine Gesellschaft deutscher Professoren, die „zur Verbesserung der in den Carolinas unter den Deutschen eingerissenen religiösen Verwilderung und des obwaltenden Aberglaubens" das Abfassen passender Schulbücher und die Uebermittlung guter Schriften nach Amerika übernahm. Die Kosten wurden von den Braunschweigischen Fürsten und Adeligen und menschenfreundlichen Handelsherren der Hansastädte bestritten. Mittelst dieser Gesellschaft und der Pfarrer der deutschen Gemeinden in den Carolinas wurde zwischen den Deutschen in Amerika und dem Vaterlande ein reger Verkehr unterhalten. Eine Colonie am Yadkin, welche die Buffalo Creek Gemeinde genannt wurde, sandte einmal $384 für den Ankauf deutscher Bücher nach Europa. Diese Gemeinde soll sich noch bis auf den heutigen Tag erhalten haben. Was die Deutsch-Pennsylvanier anbetrifft, die sich westlich von den Niederlassungen Derer, welche direct von Europa angekommen, angesiedelt haben, so sollen diese ihr eigenthümliches Sprachgemisch noch lange erhalten und ihren Gottesdienst in deutscher Sprache fortgeführt haben, aber jetzt ist sie in diesen Ansiedlungen erloschen. Die directe Einwanderung aus Deutschland nach den Carolinas hatte während der ersten vierzig Jahre unseres Jahrhunderts fast gänzlich aufgehört; erst im Anfange der vierziger Jahre hob sich dieselbe wieder. In den Städten wohnen jetzt viele Deutsche — freilich nicht so viele wie in denen des Nordens und Westens —, aber es ist kein Städtchen oder Flecken in Nord-Carolina, wo nicht Deutsche ihre Heimath gefunden hätten, die von ihren Mitbürgern geachtet sind und sich eines gewissen Wohlstandes erfreuen.

Süd-Carolina.

Wann die ersten Deutschen nach Süd-Carolina gekommen sind, ist nicht bekannt; wahrscheinlich ist, daß auf den Schiffen, welche mit Einwanderern anderer Nationalitäten Anfangs des vorigen Jahrhunderts in Charleston landeten, auch Deutsche waren; denn, als die Salzburger, von denen später die Rede sein wird, im J. 1734 in Charleston ankamen, fanden sie Deutsche dort, die sie herzlich bewillkommneten und sich über ihre Ankunft freuten. Schon im J. 1674 entzogen sich Lutheraner der bedrückenden Herrschaft der englischen Colonial-Beamten in New York und ließen sich am Ashley-Flusse nieder, einige Meilen von der Stelle, wo später Charleston angelegt wurde. Wahrscheinlich waren unter ihnen manche Deutsche. Bereits im J. 1663 begleitete ein deutscher Schweizer, Peter Fabian aus Bern, die von der englischen Carolina Compagnie ausgesandte Expedition, welche im Herbst des genannten Jahres von Barbados absegelte, um das Land zu erforschen. Der Bericht dieser Expedition, der von Fabian geschrieben wurde, wie aus dem Umstande zu entnehmen, daß die Entfernungen darin nach deutschen und nicht nach englischen Meilen berechnet sind, erschien im J. 1665 in London im Druck. Fabian war daher wahrscheinlich der erste Deutsche, der den Boden der Carolinas betrat. Im J. 1669 wurde ein Deutscher, Namens Johann Lederer, vom Gouverneur Berkeley von Virginien beauftragt, die Gebiete südlich und westlich vom James-Flusse zu erforschen und zu vermessen.¹ Aus seinem Tagebuche und seiner Karte ging hervor, daß er in Süd-Carolina bis an den Santee-Fluß vordrang. Die Expedition bestand aus Lederer, einem Major Harris, zwanzig Reitern und fünf Indianern. Sie zog am 20. Mai 1670 von den Fällen des James, oberhalb des heutigen Richmond in das Land der Monakins, wo sie zwei Tage später ankam und mit einer Ladung Pfeilschüssen empfangen wurde. Am 5. Juni kehrten die Engländer mit den Indianern zurück, nur ein Indianer blieb bei Lederer, und mit ihm setzte dieser seine Reise fort. Zum Abschied gab Major Harris ihm eine Flinte, und da dieser sicher erwartete, daß Lederer von wilden Menschen oder Thieren zerrissen werden würde, erzählte er nach seiner Rückkehr in Virginien Nachtheiliges von ihm, um seine voreilige Rückkehr zu rechtfertigen. Lederer kam aber wider Erwarten nach Virginien zurück, wo er in Folge der von seinen Kameraden über ihn ausgesprengten Gerüchte vom Gouverneur und der Bevölkerung schlecht aufgenommen wurde, so daß er nach Maryland ging und dem dortigen Gouverneur Talbot die Resultate seiner Reise vorlegte. Dieser war ebenfalls durch die über Lederer ausgesprengten Gerüchte gegen ihn eingenommen, gab ihm aber Gehör und fand in ihm, wie er schreibt, „eine bescheidene, geistreiche Person und ziemlichen Gelehrten", so daß er die ungünstigen Vorurtheile, die er gegen ihn gehabt, aufgab und sogar das Tagebuch des jungen deutschen Gelehrten aus dem Lateinischen ins Englische übersetzte und veröffentlichte.

Im J. 1679 wurde Charleston gegründet, das sich im Laufe der Zeit nächst Baltimore zum wichtigsten Hafen an der südatlantischen Küste aufschwang. Im November 1732 kamen 170 Schweizer, unter der Führung von Johann Peter Purry aus Neuenburg, nach Süd-Carolina und gründeten Purrysburg am Savannah; auf diese folgten im ersten oder zweiten Jahre noch 200 Schweizer, die sich dort niederließen. Sie verlegten sich auf die Seidenzucht und den Weinbau. Eine andere Colonie von deutschen Schweizern und Pfälzern, welche um jene Zeit gegründet wurde, war Orangeburg, wo zwei Prediger, Namens Giesendanner, nach einander thätig waren und durch ihre Berichte aus jener Zeit der Nachwelt ein ziemlich vollständiges Bild der damaligen Zustände in jener Colonie geliefert haben. Orangeburg liegt am Edisto-Flusse; die ganze Gegend, welche jenes Städtchen umgibt, wurde ursprünglich von Deutschen und Schweizern bewohnt. Nächst Orangeburg, weiter im Innern des Landes, gründeten unter der Regierung des Königs Georg II. von England deutsche Einwanderer eine Niederlassung, die sie, wahrscheinlich zu Ehren der Gemahlin des damaligen Prinzen von Wales, Sachsen-Gotha nannten, welchen Namen der District, über den sich die Ansiedlung verbreitete, bis zum Revolutionskriege führte. Dann wurde er zum Andenken an das Treffen bei Lexington von der Colonial-Gesetzgebung in Lexington umgeändert.

Im J. 1742 gründeten Deutsche eine Niederlassung auf der St. Simons-Insel, südlich von Savannah. Im J. 1763 kamen zwei Schiffe voll deutscher Einwanderer von London nach Charleston; da diese arm waren, so schenkte ihnen die Colonial-Gesetzgebung £500, lieh ihnen 200 Musketen mit Munition und bewilligte ihnen Land im Sachsen-Gotha-Districte. Als der in der Geschichte Süd-Carolinas berühmt gewordene Capitän Wagner im J. 1850 die Gegend besuchte, fand er noch deutsche Bibeln und deutsche Gesangbücher, aber keine deutsche Sprache mehr, keine Spur des deutschen Lebens, wohl aber allgemeinen Wohlstand und deutsche Festtagsgebräuche. Im ersten Viertel des vorigen Jahrhunderts waren in einer Ansiedlung der Carolinas, wo es weder Kirchen noch Schulen gab, die Deutschen so verwildert, daß ein Deutscher aus der Schweiz, Namens Weber, als Jesus Christus auftrat, seine Frau für die Jungfrau Maria und einen Andern für den heiligen Geist ausgab. Ein armer Teufel wurde gemiethet, den leibhaften „Gottseibeiuns" vorzustellen. Weber bekam einen großen Anhang und verordnete, daß der Satan in einer düstern Höhle angekettet werde. Endlich befahl er, Satanas müsse aus der Welt. Der arme Teufel ward nun in ein Federbett gelegt und mit Kissen und

Decken umhüllt, worauf etliche der Frommen sich auf ihn setzten, andere auf ihm herumtanzten, bis er erstickte. Die Leiche wurde auf einen Scheiterhaufen gelegt und verbrannt. Die Behörden ließen die Unholde verhaften und nach Charleston transportiren, wo ihnen der Proceß gemacht und Weber gehängt wurde. Seine Frau und seine Jünger wurden vom Gouverneur begnadigt.

Bis zum Ausbruche der Revolution wanderten Deutsche, bald einzeln, bald in größeren Gesellschaften in Süd-Carolina ein. In 16 Kirchen dieser Colonie wurde deutsch gepredigt. Beim Ausbruch des Krieges im J. 1775 bildete sich eine ganz aus Deutschen und Schweizern bestehende Compagnie Freiwilliger, die den Namen „Deutsche Füsilier-Compagnie" annahm und bis auf den heutigen Tag besteht. Schon im J. 1766 wurde in Charleston eine „Deutsche Gesellschaft" zur Unterstützung deutscher Einwanderer und der Deutschen überhaupt gestiftet. Die Deutschen hatten schon damals, als zu den ersten Ansiedlern des Landes gehörend, in Charleston und andern Orten von Süd-Carolina sich eine geachtete Stellung erworben, hatten ihre Gemeinden, Prediger und Schulen, und hielten deutsches Wesen aufrecht. Zur Zeit der Revolution zählte die Deutsche Gesellschaft in Charleston 100 Mitglieder und konnte der Colonie £2000 zu patriotischen Zwecken vorschießen, nach dem Frieden eine eigene Schule errichten und alljährlich zwanzig Kindern der ärmeren Klasse freien Unterricht ertheilen lassen. Michael Kalteisen war der erste Präsident der Deutschen Gesellschaft und bekleidete diesen Posten acht Jahre lang; er starb im November 1807 im Alter von 79 Jahren.

Wie überall in Amerika, so gerieth mit dem Beginn des Unabhängigkeitskrieges auch in Charleston die deutsche Einwanderung ins Stocken und hörte während der Napoleonischen Kriege fast ganz auf. Es kamen noch dann und wann über England einige Deutsche an, aber lange nicht genug, um das deutsche Leben so zu erhalten, wie bisher. Die alte Kirche wurde englisch, die alte Gesellschaft ging in die Hände der Nachkommen der alten Einwanderer über. Im J. 1819 begann abermals ein beträchtlicher Strom deutscher Einwanderung sich nach Charleston zu wenden, aber sie bestand aus andern Elementen, als die frühere. Im vorigen Jahrhunderte waren es Süddeutsche und Schweizer, die das deutsche Leben in Süd-Carolina repräsentirten; jetzt

kamen größtentheils Norddeutsche herüber, die, dem Handels- und dem
Handwerkerstande angehörend, sich fast ohne Ausnahme in Charleston
niederließen.   Im J. 1828 fand die alte Gesellschaft sich veranlaßt,
einen besonderen Fond für arme deutsche Einwanderer zu stiften. Dann
und wann kamen Abenteurer ins Land, und es verletzte den Stolz der
betriebsamen ansässigen Landsleute und deren Nachkommen, daß aus
ihrem Volke Vagabunden in Charleston umherstreiften. Es traf
sich auch wol, daß ein Neuangekommener gleich krank wurde. Die
Vagabunden wurden zurückgeschickt und die Kranken verpflegt. Im
J. 1844 gründete J. A. Wagner, der im J. 1816 in Bremerhafen
geboren, als sechzehnjähriger Jüngling ausgewandert war, in Charleston eine deutsche Zeitung, die später an F. Melchers überging, unter
dessen Redaction sie heute noch erscheint. In Bezug auf die neuere Zeit
in Charleston verdanken wir diesem Herrn folgende Mittheilung:

„Als ich im Jahre 1846 hieher kam, waren kaum 50 deutsche
Familien mehr hier, aber eine große Anzahl junger Leute, die in den
letzten 10 bis 15 Jahren hauptsächlich aus Nord-Deutschland eingewandert und meistens im Kleinhandel beschäftigt waren. Von der
früheren Einwanderung vor der Revolution fand man noch Spuren
vor. Deutsche Namen, wie Mückenfaß, Pappenheim, Hacker u. s. w.
waren in Charleston, bezw. in Süd-Carolina, zahlreich vertreten, aber
wenige ihrer Träger dachten daran, daß sie von Deutschen abstammten.
Von den 200 Mitgliedern der Deutschen Gesellschaft (German Friendly
Society) konnte keines mehr Deutsch sprechen. Von jener Zeit an
vermehrte sich jedoch die Zahl der Deutschen ziemlich rasch, und es entstanden eine Menge deutscher Geschäfte, die theilweise noch jetzt existiren,
obgleich nach dem Kriege die Einwanderung fast gänzlich aufhörte.
Das Deutschthum Charlestons besteht jetzt aus ungefähr 2000 Personen. Vor zehn Jahren gelang es mir mit Hülfe einiger Freunde,
eine deutsche Schule zu gründen, die von etwa 125 Schülern besucht
wird. Als der Krieg ausbrach, hielten die hiesigen Deutschen zum
Süden. Sie hatten hier eine freundliche Aufnahme gefunden und
rückten zur Vertheidigung ihrer neuen Heimath ins Feld. Die Zustände in Süd-Carolina nach dem Kriege, in der Reconstructionsperiode,
sind in weiteren Kreisen bekannt. Unter der Herrschaft der Neger, die
von einigen auswärtigen Weißen mißleitet und gegen die einheimische

weiße Bevölkerung aufgestachelt wurden, gerieth der Staat an den
Rand des Bankerottes. Diese traurigen Zustände dauerten von 1865
bis 1876, als für uns die Stunde der Erlösung schlug. Wir erwählten
einen Deutschen, General John A. Wagner, zum Mayor der Stadt
und Wade Hampton zum Gouverneur; der Präsident zog die Bundestruppen zurück und die Verwaltung des Staates war wieder in den
Händen seiner eigenen Bürger. Seit jener Zeit hat der Staat und mit
ihm die Stadt Charleston sich sehr gehoben; zahlreiche Fabriken sind
entstanden, das Alte stirbt ab, und die junge Generation tritt mit denselben Ideen ins Leben ein wie das junge Volk des Nordens. Durch
Nacht zum Licht, durch freie Arbeit zur Freiheit!"

Nach dem letzten Kriege machten Landeigenthümer und Pflanzer
im Newberry-Districte Versuche, deutsche Landarbeiter in jene Gegend
zu ziehen, und stellten zu diesem Zwecke einen deutschen Agenten an;
aber die Sache hatte keinen dauernden Erfolg. Abgesehen davon, daß
das anhaltend warme Klima in den Niederungen der südatlantischen
Staaten dem deutschen Arbeiter im Freien nicht zuträglich ist, kann er
auf dem Felde mit dem Neger nicht concurriren und will auch nicht
neben ihm arbeiten. Der Neger hat weniger Bedürfnisse, als der civilisirte Weiße, kann billiger dienen und braucht die heiße Sonne nicht zu
fürchten, weil er für den Sonnenstich nicht empfänglich ist. Die Hoffnungen auf Eröffnung des Südens für die deutsche Einwanderung in
Folge der veränderten Lage haben sich nicht erfüllt. Vor fünf Jahren
schrieb die „Deutsche Zeitung" in Charleston zur Beantwortung vieler
Anfragen bezüglich der Verhältnisse in Süd-Carolina: „Das Klima des
Oberlandes ist prachtvoll und für den Europäer geeignet, während an
der Küste und unten im Staate kalte Fieber herrschen. Der Sommer
ist nicht heißer als im Norden, nur dauert er länger, etwa 6 Monate.
Der Winter ist unbedeutend, kaum zwei Monate etwas Frost und Schnee.
Der Boden ist ergiebig, aber nicht so reich, wie im Westen. Unbemittelte
Leute können übrigens nichts hier anfangen, da es Arbeiter genug gibt.
Die Neger miethet man als Feldarbeiter um geringen Lohn beim
Tage oder beim Monate."

Wie die Farmer aus Neu-England den großen Nordwesten als das
Ziel ihrer Sehnsucht ansehen, weil sie dort unter einem ihrer bisherigen
Heimath ähnlichen Himmel einen grundverschiedenen Boden finden, so

zieht er auch die zweitwichtigste Gattung von Colonisten, die deutschen
Einwanderer, am meisten an, deren Heimath ungefähr, wenn auch
nicht unter denselben Parallelen, doch ziemlich genau unter denselben
Jsothermen liegt. Von Deutschland und seinen sprach- und stammver-
wandten Ländern aus über den Ocean nach New York, und von Neu-
England aus über die Seen nach Chicago und den nordwestlichen
Staaten und Territorien bleibt der große Wanderzug von Ackerbauern
und Allen, die sich ihm unterwegs anschließen, fast immer auf der
gleichen Jsotherme. Der Deutsche bleibt da innerhalb des germanischen
Elementes. Jenseits des Missouri ändert sich die Lage; von da aus
ziehen sich Viele in südlicher Richtung nach Kansas, Colorado und
Texas bis an die mexikanischen Gränzen, weil in jenen Längengraden
Wind und Wetter viel weniger durch die Breitengrade bedingt werden,
als östlich vom Missouri und Mississippi, und die Bevölkerungsver-
hältnisse ihren Neigungen nicht widerstreben.

Sechster Abschnitt.

Die Salzburger in Georgia.

Im J. 1739 begann im Erzbisthum Salzburg eine jener religiösen Verfolgungen, welche das sechzehnte und siebenzehnte Jahrhundert als ein krankes Zeitalter in der Geschichte Europa's kennzeichnen. Das Erzbisthum hatte eine Einwohnerzahl von etwa 150,000 Seelen. Die Reformation fand in diesem Lande viele Anhänger, namentlich unter den Bewohnern der Alpendistricte, welche von den Waldensern abstammten. In den Jahren 1684 bis 1686 waren sie unbarmherzig verfolgt worden, bis der Churfürst von Brandenburg beim Erzbischof Einsprache dagegen erhoben und das Verfahren gegen sie für eine Verletzung des Westphälischen Friedens erklärt hatte. Vierzig Jahre verlebten sie darauf im Frieden, bis der Erzbischof Leopold, Graf von Firmian, von Neuem versuchte, die Glaubenseinheit in seinem Lande wieder herzustellen. Mehr als 30,000 Protestanten verließen hierauf das Land; sie wanderten nach Franken, Schwaben, die meisten nach Preußen und Litthauen und einige nach Holland und England. Um diese Zeit, am 9. Juni 1732, bevollmächtigte König Georg II. von England einundzwanzig Herren, den südlichen Theil der Carolinas unter dem Namen Georgia als Colonie zu organisiren, um armen Einwohnern Englands eine Heimath zu schaffen und „den bekümmerten Salzburgern und andern Protestanten einen Zufluchtsort zu liefern". General James Edward Ogletorpe ging in demselben Jahre mit dem ersten Transport englischer Colonisten in See und kam am 20. Januar 1733 am Savannah an, wo er den Grund zu der Stadt dieses Namens legte. Mit der Colonisations-Gesellschaft setzte sich die Society for promoting Christian knowledge in London im Interesse der Salzburger in Verbindung. Erstere machte liberale Bedingungen, und die Religions-Gesellschaft übernahm es, die Reisekosten der Auswanderer bis Rotterdam zu

217

bestreiten und einen Pastor für sie zu unterhalten. Der erste Zug
bildete sich in Berchtesgaden und erreichte am 27. November 1733
Rotterdam, wo die für sie bestimmten geistlichen Lehrer Bolzius und
Gronau die Auswanderer erwarteten. Ersterer war Superintendent
des Lateinischen Waisenhauses in Halle uud Letzterer Lehrer in demselben Institute gewesen. Nach einem drei Wochen langen Aufenthalte in Amsterdam fuhren die Leute nach England, wo sie die Weih-
nachtsfeiertage verlebten und am 28. December unter Anführung eines
Barons von Reck, der ihren Zug von den bayerischen Alpen bis nach
London geführt hatte, mit dem Schiffe Purrysburg die Reise nach dem
fernen Georgia antraten. Nach einer Fahrt von zwei Monaten erreichten
sie am 6. März 1734 Charleston, das damals Charlestown genannt
wurde. Von da fuhren sie weiter und kamen am 12. März vor
Savannah an, wo die gesammten Einwohner sie an der Landung
begrüßten und mit Kanonensalven bewillkommneten. Sie trafen hier
bereits mehre Deutsche an, unter denen auch zwölf jüdische Familien
waren. General Oglethorpe überreichte dem Herrn von Reck eine
Karte von der Colonie Georgia und überließ es ihm und seinen Gefährten, selbst die Ländereien auszusuchen, auf denen sie sich ansiedeln
möchten. Von Reck und einige Andere der Einwanderer wählten die
Ländereien am rechten Ufer des Savannah, etwa zwanzig Meilen
von der Stadt dieses Namens und dreißig Meilen vom Meere entfernt.
Hier mündete ein kleiner Fluß in den Savannah, dem man den Namen
Ebenezer gab. Auch die Ansiedlung bekam denselben biblischen Namen.
Nachdem die ganze Gesellschaft an der Stelle angekommen war, die
ihre zukünftige Heimath werden sollte, wurden jeder Familie ein Stück
Land zugetheilt und dann kleine Wohnungen gebaut, wozu ihnen die
Colonisations-Gesellschaft die Bretter lieferte. Die Unbequemlichkeiten
und Leiden, welche die Ansiedler an andern Orten in der ersten Zeit
ihrer Niederlassung erfahren mußten, blieben auch den Salzburgern
nicht erspart. Sie hatten weder Boote, noch Wagen und waren daher
bezüglich des Transportes ihrer Lebensmittel durchaus auf die Hülfe
der Colonial-Regierung angewiesen. Außerdem hatten sie viel von
Krankheiten auszustehen, die Klärung des Bodens, die damit verbundenen Strapazen und das warme Klima forderten zahlreiche Opfer.
Im Anfange des folgenden Jahres kamen mit dem Schiffe „Prince of

Wales" 57 weitere Einwanderer in Savannah an und begaben sich von da nach Ebenezer, wo sie freundlich aufgenommen wurden; sie konnten den dortigen Ansiedlern beträchtliche Hülfe leisten, da viele Handwerker, insbesondere einige Zimmerleute, unter ihnen waren.

Es scheint, daß von Reck nach Deutschland zurückkehrte; denn am 20. October 1735 reiste er abermals mit 80 Salzburgern von England ab. Auf dem Schiffe, mit dem sie in See gingen, war John Wesley, der Gründer der Methodistenkirche; auf einem zweiten Schiffe, das zur selben Zeit die Anker lichtete, kam General Oglethorpe von einer Reise nach England zurück. Außer den Salzburgern und einer Anzahl Engländer und Schottländer reisten auf einem dieser beiden Schiffe 27 Herrnhuter unter der Führung ihres Bischofs David Nitschmann nach Georgia. Die Expedition kam Anfangs Februar 1736 in Savannah an. Oglethorpe wünschte eine Anzahl der neuen Colonisten weiter nach Süden zu schicken, wo sie auf St. Simon's Island das Städtchen Frederica gründen und ein Fort anlegen sollten, das zum Schutze der Ansiedlungen gegen die Spanier in Florida bestimmt war. Die Salzburger aber zeigten wenig Neigung, sich zum Schutze der Gränzen gebrauchen zu lassen; sie erklärten, daß ihre Religion eine Religion des Friedens sei, und sie lieber zu ihren Landsleuten in Ebenezer ziehen wollten. Ihrem Wunsche wurde kein Hinderniß in den Weg gelegt, eine Anzahl der Neuangekommenen erbot sich jedoch, mit einem der Ihrigen, Hauptmann Hermsdorf, Frederica gründen zu helfen. Laut einer Angabe soll im J. 1740 auch der Graf Zinzendorf mit einer Anzahl Herrnhuter in Savannah angekommen sein und etwa vier Meilen nordwestlich von Savannah sich niedergelassen haben, aber schon im darauffolgenden Jahre nach Pennsylvanien gezogen sein. Die Herrnhuter verließen Georgia beim Ausbruche des nächsten Krieges zwischen England und Spanien bis fast auf den letzten Mann. Zwei Jahre nach der Gründung von Ebenezer gaben die Salzburger es auf, weil sie sich überzeugten, daß die Lage eine ungünstige und ungesunde war, und legten 8 Meilen abwärts am Savannah eine neue Ansiedlung mit dem alten Namen an. Es scheint, daß sie auch hier mit Krankheiten zu kämpfen hatten, in anderer Hinsicht dagegen ihre neue Lage eine günstigere war. Dem neuen Ebenezer gegenüber am Savannah-Flusse war auch die schweizer Ansiedlung Purrysburg, und mehre der Schweizer siedelten sich von hier aus um das Städtchen der Salzburger an, wo sie vornehmlich den Seidenbau cultivirten. Im Juli 1739 reiste Samuel Augsburger nach England und von da nach seiner Heimath, dem Canton Bern, zurück, und nahm ein Paket Rohseide mit, die in England als von guter Qualität bezeichnet wurde. Augsburger bewog darauf viele seiner Landsleute zur Uebersiedlung nach Georgia.

Die Salzburger und die beiden Pastoren, von denen sie geleitet wurden, waren gegen das Kaufen von Neger-Sklaven. Als Ursache dieser Opposition gab von Reck die Nähe der spanischen Besitzung an, und weil die Negersklaverei dazu führen würde, den armen weißen Arbeitern ihr Brod zu nehmen. Da die englischen Colonisten in Georgia auf Einführung von Negern drängten und den Deutschen wegen ihrer Opposition dagegen Vorwürfe machten, wandten sich die Pastoren an den Herrn S. Urlsperger, ihren Protector und Berather in Augsburg, um dessen Meinung. Dieser rieth zum Nachgeben, und mit Zögern und Zweifeln willigten sie endlich in die Einführung einer Einrichtung, die für ihre Nachkommen so verhängnißvoll werden sollte. Bis zum J. 1741 waren über 1200 Protestanten in Georgia angekommen, für die meisten von ihnen hatten deren Freunde in Deutschland und England die Reisekosten bezahlt. Andere verpflichteten sich, nach ihrer Ankunft in der neuen Welt für die Ueberfahrtskosten zu dienen. Unter Denen, welche auf diese Weise sich und ihre Kinder auf Zeit verkauften, war Einer Namens Friedrich Helfenstein. Wenn das, was von ihm erzählt wird, wahr ist, so stammt er in directer Linie vom Grafen Helfenstein ab, der mit seiner Gemahlin, einer Tochter des Kaisers Maximilian, ihrem Kinde und siebzig Mann unter seinem Commando im Bauernkriege ermordet wurde. Im J. 1741 besuchte der Pastor H. M. Mühlenberg Ebenezer, ehe er sich nach Philadelphia begab, wohin er berufen war; er blieb nur sechs Tage am Savannah. 33 Jahre später kam er abermals nach Georgia und blieb drei Monate bei den Salzburgern, brachte Ordnung in deren kirchliche Angelegenheiten und war auch anderweitig im Interesse der verschiedenen Ansiedlungen thätig, die bis dahin entstanden waren.

Beim Ausbruche der Revolution herrschte, wie überall, auch unter den Salzburgern Meinungsverschiedenheit. Während der ersten drei Jahre des Krieges wurden sie von Verheerungen verschont. Als im J. 1779 der englische General Clinton nach Savannah kam, begab sich der damalige Pastor Triebner von der St. Mathäus-Gemeinde in Ebenezer in die Stadt, leistete den Eid der Treue und lud die Engländer ein, die Colonie der Salzburger zu besetzen. Dies geschah, und manche Gemeindeglieder folgten dem Beispiele und Rathe ihres Pastors. Die große Mehrheit der Salzburger war aber der republikanischen Sache ergeben, und viele von ihnen eilten zu den Fahnen des Generals Wayne, um für die Unabhängigkeit ihres Adoptiv-Landes zu kämpfen. Am Ende des Krieges zog Triebner mit den britischen Truppen nach England und kehrte nie nach Georgia zurück. Sein Nachfolger war Ernst Bergmann aus Sachsen. Die Pastoren Gronau und Bolzius waren längst zu ihren Vätern versammelt. Bergmann fand die verschiedenen Colonien der Salzburger in kümmerlichem Zustande. Im Kriege waren sie verarmt. Die Geldunterstützungen für Kirchen und Schulen, welche von ihren Religionsgenossen aus Deutschland und England nach Ebenezer geflossen waren, hatten mit dem Kriege aufgehört, die englische Quelle war auf immer versiegt. Bis zum J. 1796 wurde noch eine deutsche Gemeindeschule unterhalten. Eine deutsche lutherische Kirche in Savannah wurde von Zeit zu Zeit von Bergmann bedient, der übrigens eine Weile presbyterianisch und dann wieder lutherisch wurde. Im Anfange der zwanziger Jahre unseres Jahrhunderts ward in der Kirche zu Ebenezer noch deutsch gepredigt, nachdem die Kirchen an den andern kleinen Orten längst aufgehört hatten, der Erhaltung der deutschen Sprache zu dienen. P. A. Strobel spricht in seinem Werke über die Salzburger und ihre Nachkommen sein Bedauern aus, daß ihre Prediger sich nicht eher entschlossen hätten, die deutsche Sprache im Gottesdienste aufzugeben, weil die Folge davon gewesen, daß die Nachkommen der Salzburger, die kein Deutsch verstanden, der lutherischen Gemeinde untreu geworden seien und sich in englische Kirchen anderen Glaubens verlaufen hätten. Die Salzburger aus der ersten Hälfte des 18. Jahrhunderts blieben ihrer Sprache und ihrem Glauben treu. Mit der Revolution hörte die Einwanderung nach Georgia ganz auf. Nur gelegentlich erinnern deutsche Namen, meist verstümmelt und unkenntlich, noch an die alte Zeit. Die Nachkommen der Salzburger zerstreuten sich im Laufe der Zeit nach allen

Richtungen, sie sind über Georgia und den angränzenden Staaten verbreitet. Wenige von ihnen wissen, wer ihre Väter waren und woher sie kamen. Als die Unterstützungen für die Unterhaltung deutscher Pfarrer und Lehrer von Europa ausblieben, erkaltete der Eifer der Ebenezerer für die Sprache, die Sitten und den Glauben ihrer Väter. Von dem ehemaligen Städtchen war schon vor dem Kriege nichts mehr zu sehen, als die alte Kirche und der Kirchhof, worauf die Salzburger begraben liegen. Die Gegend ist verödet, die alten Pflanzstätten sind verlassen und auf den früher sorgfältig cultivirten Feldern wächst wieder ein üppiger Wald. Es sind zwar andere Deutsche nach Georgia gekommen, und in Savannah wohnen deren genug, um ein deutsches Wochenblättchen erhalten zu können, auch in Atlanta und in andern Städten von Georgia sind Deutsche. Aber von der alten Einwanderung sind wenige Spuren geblieben und was von der neueren Einwanderung dorthin verschlagen wurde, hält viel weniger zähe an den vaterländischen Erinnerungen fest, als die Pioniere des vorigen Jahrhunderts.

Siebenter Abschnitt.

Die Deutschen in Kentucky.

Man kann das Wort „Kentucky" (welches in der Indianer-
sprache „blutiger Grund" bedeuten soll und wegen der zahl-
reichen Indianerfehden in den südlich vom Ohio gelegenen
Wildnissen dem Gebiete beigelegt wurde, welches den heutigen Staat
dieses Namens umfaßt) nicht nennen, ohne an Daniel Boone, den
Pionier von Kentucky, zu denken. In Bucks County, in Pennsylvanien, geboren, wanderte derselbe in seinem 18. Jahre nach Nord-
Carolina aus, wo er heirathete und einige Jahre lang ein zufriedenes
Farmerleben führte. Um das Jahr 1769 unternahm er mit einigen
Gefährten einen abenteuerlichen Zug nach dem Westen und kehrte
erst nach zweijähriger Abwesenheit, während der er zahlreiche Gefahren erlebte, nach Nord-Carolina zurück, um zwei Jahre später
mit Frau und Kindern und zweien seiner Brüder und deren Familien
nach dem neuen Lande überzusiedeln. Unterwegs trafen sie mit fünf
andern Familien und 40 wohlbewaffneten Männern zusammen, die
sich seiner Leitung anschlossen. In der Nähe des Cumberland-Passes
wurden sie von Indianern angegriffen und bis an den Clinch River
zurückgetrieben, wobei sechs seiner Gefährten, und darunter sein ältester
Sohn, getödtet wurden. Einige Jahre später ward er von der
Transylvania-Compagnie zur Leitung einer Vermessungs-Partie
engagirt, welche weit im Innern am Kentucky, eine Stockade errichtete und eine Ansiedlung gründete, die sie ihrem Führer zu Ehren
Boonesborough nannte. Dahin holte er im J. 1755 seine am Clinch
River zurückgebliebene Frau, Kinder und Gefährten. Bald erfolgten
blutige Kämpfe mit den Indianern, welche nach dem Ausbruche des Revolutionskrieges die westlichen Ansiedlungen bedrängten; am 7. Februar
1788 wurde er selbst von ihnen gefangen genommen, entkam aber und
erlebte noch viele andere Abenteuer. Ein zweiter Sohn wurde ihm

223

von Indianern erschlagen und ein Bruder schwer verwundet. Nach dem Friedensschlusse widmete er sich dem Ackerbau und der Jagd, und lebte bis in sein 88. Jahr. Durch seinen Muth und seine Erfahrung leistete er der Bundesregierung und den jungen Ansiedlungen in Kentucky werthvolle Dienste.

Nachdem George Washington um das Jahr 1770 von der englischen Regierung 10,000 Acker südlich vom Ohio gelegenes Land für seine im Kriege gegen die Franzosen im Westen geleisteten Dienste erhalten, und außerdem Landgebiete im Umfange von mehren Quadratmeilen am Kanawha und Ohio erworben hatte, suchte er deutsche Ansiedler für dasselbe zu gewinnen. Er schrieb im Februar 1774 von Mount Vernon an James Tilghman in Philadelphia, daß „Beweggründe des Interesses wie der Politik" eine rasche, erfolgreiche und wohlfeile Besiedelung dieser Ländereien nothwendig machten, daß aber von den ihm dieserhalb gemachten Vorschlägen keiner bessere Aussicht auf Erfolg böte, als „die Uebersiedelung von deutschen Pfälzern." Er fragte, wie solche Uebersiedelung am besten zu bewerkstelligen wäre, ob er einen intelligenten Deutschen nach Deutschland senden solle, um dort die Auswanderung, die Einschiffung in Holland und Dergleichen zu leiten. In derselben Angelegenheit wandte er sich an den Rheder Henry Riddle in Philadelphia und versprach den deutschen Bauern kostenfreie Reise nach dem Potomac und Ohio, Unterhalt mit Lebensmitteln bis zur ersten Ernte und vierjährige Befreiung vom Pachtzins, wenn bei Uebernahme des Landes kein Haus darauf sei. Aber diesem und anderen Plänen zur Besiedlung des Ohio-Thales machte die Revolution ein Ende. Schon lange vor dem Ausbruche derselben waren gleichzeitig mit Abenteurern und Flüchtlingen vor der Justiz Deutsche aus Nord-Carolina und dem östlichen Virginien in die Wildnisse am Ohio gezogen; aber man kann diese kaum Einwanderer nennen, obgleich sie dazu beitrugen, diesen den Weg zu eröffnen. Erst nach dem Pariser Frieden von 1782 entwickelte sich die Auswanderung aus den alten Staaten nach den westlichen Gebieten. Im J. 1783 siedelte sich am linken Ufer des Ohio, etwa 20 Meilen unterhalb des heutigen Cincinnati, eine Familie Tanner an, deren Haupt Johannes Tanner, Prediger einer Dunker-Gemeinde in Pennsylvanien gewesen. Er hatte zwei Söhne, welche beide von Indianern geraubt wurden. In

der von ihm begründeten Niederlassung siedelten sich mehr deutsche
Dunker-Familien an, durch welche sich die Nachricht von äußerst
fruchtbaren Ländern und herrlichen Wäldern in Kentucky nach
Pennsylvanien und Virginien verbreitete. In den nun folgenden
Jahren erfolgte eine zahlreiche Auswanderung aus Pennsylvanien,
Virginien und den Carolinas nach den neuen Gebieten im Westen.
Agenten von Besitzern großer Ländereien in Kentucky waren im Osten
thätig, Ansiedler für dieselben zu gewinnen. In den neunziger Jahren
des vorigen Jahrhunderts waren schon viele Deutsche über das Gebiet
zerstreut. Die Pennsylvanier „Whiskey-Rebellion“, an der unsere
Landsleute betheiligt waren, veranlaßte viele von ihnen, nach dem
Westen auszuwandern. Im Herbst von 1805 zogen 14 Familien aus
einer deutschen Gemeinde am Rapidan, in Virginien, nach Kentucky
und ließen sich in der Gegend des heutigen Covington nieder, wo sie
eine kirchliche Gemeinde stifteten. Von Europa direct kamen bis
zum Anfange der zwanziger Jahre wol Engländer, Irländer und
Schotten, aber verhältnißmäßig wenige Deutsche in die südlich vom
Ohio gelegenen neuen Gebiete, desto zahlreicher aber Nachkommen
von Deutschen aus den älteren Staaten. „Die älteren deutschen Gemeinden, die sich früher noch reichlich in den Gebirgslanden zeigten“,
schreibt Löher, „sind verenglischt und haben zum Theil auch ihr
lutherisches und reformirtes Kirchenwesen verloren. Die neuen Einwanderer sitzen in den Städten am Ohio entlang und beginnen von
da aus ins Innere vorzudringen.“ So war es vor vierzig Jahren.
Im Einzelnen hat sich seitdem zwar Vieles verändert, im großen
Ganzen sind aber die Verhältnisse noch wie damals. Als Ackerbauer
sind seit einem Jahrzehend viele Schweizer nach Kentucky gezogen. In
den Städten im Innern des Staates wohnen viele deutsche Krämer
und Handwerker, die Masse der Deutschen aber heute noch am Ohio
und insbesondere in Louisville. Von den 30,413 im deutschen Reiche
Geborenen, die in Kentucky wohnen, kommen 13,463 auf die Stadt
Louisville. Die große Einwanderung deutscher Ackerbauer und Pioniere,
welche die Cultur im Westen verbreiten, berührt Kentucky wenig
wie sie am südlichen Indiana, dem südlichen Illinois und Missouri
vorüberzieht. Die seit dem Kriege veränderte Lage hat in dieser Hinsicht in Kentucky nichts geändert.

Die Stadt Louisville macht durch ihre gesunde und günstige Lage
am Ohio in dieser Hinsicht von anderen Theilen des Landes eine Aus·
nahme. Dort wohnten schon in den dreißiger Jahren viele Deutsche.
Im J. 1838 ward die erste deutsche Kirchengemeinde gegründet, und
die katholische St. Bonifacius-Kirche gebaut, zwei Jahre später ent·
stand die protestantische St. Paulus-Kirche. Die Stadt hat durch ein
Ereigniß im Jahre 1855 sehr gelitten. Ihre Bevölkerung war von
je her sehr verschieden von der im Innern des Staates. Letztere ge·
hörte in überwiegender Anzahl der demokratischen, die Louisville's
dagegen der Whig-Partei an. Bei den Wahlen kam es oft zu
Friedensstörungen. Schon im Jahre 1844, als die Whig-Partei eine
den Eingewanderten feindliche Stimmung unter den Eingeborenen
hervorrief, und in Folge dessen in mehren Städten des Landes, beson·
ders in Philadelphia, an den Wahltagen blutige Fehden entstanden,
blieb Louisville von Ausschreitungen des Pöbels nicht verschont. Der
Redacteur einer deutschen Zeitung, welcher damals die Tactlosigkeit
beging, die Deutschen zur Bewaffnung aufzufordern, mußte nach In·
diana flüchten, und nur mit Mühe gelang es, die Druckerei des Blattes
vor der Zerstörung zu retten.

Nach den mißlungenen Revolutionsversuchen in Europa war
Louisville eine Zeitlang der Sammelplatz vieler intelligenter, aber
auch phantastischer Elemente, welche die Wogen der Reaction an unsere
Küsten geworfen hatten. Sie geberdeten sich, als ob sie nicht blos ihre
deutschen Mitbürger, sondern die Politik der ganzen amerikanischen
Union beherrschten, entwarfen die radikalsten aller radikalen Pro·
gramme und stellten die tollsten Forderungen. In der verhältnißmäßig
kleinen Stadt mußten dadurch Aergernisse entstehen. Die älteren Be·
wohner schüttelten zu dem an sich harmlosen Treiben bedenklich die
Köpfe, indem sie üble Folgen befürchteten, wie sie sich leider bald
einstellten. Das größte englische Blatt der Stadt, das "Louisville
Journal", welches von einem in Connecticut geborenen und erzo·
genen, ebenso charakterlosen wie talentvollen Manne, Namens Geo.
D. Prentice, redigirt wurde, führte eine den Eingewanderten feindliche
Sprache. Alle der damaligen demokratischen Partei feindlichen Ele·
mente sammelten sich unter den Fahnen eines als „Know Nothings"
bekannten Geheimbundes, der sich über den größten Theil des Landes

verbreitete. Die Bewegung bemächtigte sich der zerfahrenen Elemente der aufgelösten Whig-Partei und fand in Louisville einen günstigen, durch deutsche Schwärmer und irische Taktlosigkeiten vorbereiteten Boden. Ein presbyterianisches Committee erließ eine Aufforderung, die dortigen „Deutschen zu retten, sie durch verschiedene evangelische Kirchen in diesem Lande zu wahren Christen zu machen und gründlich zu amerikanisiren." Ein ganzes Jahr lang wurde an dem Brande geschürt, bis er zum Ausbruche kam. Die deutschen Phantasten spielten mit dem Feuer ruhig weiter, ohne die Gefahr zu ahnen, die sie heraufbeschworen. Das irische Element gab in einer andern Richtung der gereizten Stimmung Nahrung, die im Sommer des Jahres 1855 von politischen Demagogen für ihre Zwecke ausgebeutet wurde. Schon vor der Wahl entstanden Reibereien, am Wahltage (4. August) kam es zu beklagenswerthen Auftritten. Jeder Deutsche und Irländer, der sich den Stimmkästen näherte, wurde mit Steinwürfen und Messern zurückgetrieben; selbst Eingeborene, welche die geheimen Zeichen und Signale der Verschworenen nicht kannten, wurden abgewiesen. Bewaffnete Banden zogen durch die Straßen, mißhandelten wehrlose Deutsche, tödteten mehre, plünderten und verbrannten Läden deutscher Bürger. „Der Pöbel führte zur Befriedigung seiner wilden Zerstörungslust Scenen auf", schreibt L. Stierlin in seiner Pionier-Geschichte Kentucky's, „die aller Beschreibung spotten. Arme Frauen, ihre Kinder auf den Armen und mit theuren Andenken aus der Heimath beladen, flohen nach allen Seiten, um sich vor der Wuth des Pöbels zu retten. Ein Deutscher, Namens Johann Vogt, ward erschossen, seine Frau, die ihren Säugling auf den Armen hielt, erhielt einen Stich in die Brust, das Kind wurde verwundet. Ein anderer Deutscher, Namens Kaiser, ward im Kampf getödtet, ein deutscher Seiler zu Tode geprügelt. In dem Stadttheile, wo die meisten Irländer wohnten, ging es noch schlimmer her, mehre Irländer wurden getödtet und viele mißhandelt". Der Know Nothing Stadtrath ernannte ein Committee, über die blutigen Vorgänge am Wahltage Bericht zu erstatten, um durch Unwahrheiten nach Außen zu täuschen. Das Committee berichtete, die von den Irländern und Deutschen bewohnten Häuser seien Arsenale gewesen, von denen auf harmlose Amerikaner geschossen worden, und kam zu dem Schlusse, daß „alle Störungen am Wahltage durch Fremde und noch

dazu durch Anhänger des Papstes von Rom und durch Ungläubige
verursacht gewesen, und daß Amerikaner, die im Augenblicke der
Aufregung Neigung zur Wiedervergeltung gefühlt, nicht zu tadeln
seien."

Auch in einigen anderen Städten des Landes kam es damals zu
feindlichen Auftritten der Eingeborenen gegen die Eingewanderten,
aber nirgends durchbrach der Fanatismus die Schranken der Vernunft und des Gesetzes in solchem Maße, wie in Louisville. Zehn
Tage nach der Wahl beriefen die Deutschen eine Versammlung, um sich
über Schritte zur gemeinschaftlichen Auswanderung nach Kansas zu
berathen, und ein Verein zu diesem Zwecke ward gegründet. Aber
die Massenauswanderung nach Kansas kam nicht zu Stande, weil
sich inzwischen gewichtige Stimmen dagegen erklärten, indem gerade
damals in jenem Territorium feindliche Parteien sich befehdeten; doch
zogen etwa hundert Familien auf einmal dahin; aber viele Deutsche
verließen die Stadt und wandten sich nach Milwaukee, Chicago, St.
Louis und andern Plätzen im Westen. Mit der Weltverbesserung war
es in Louisville auch vorüber. Handel und Verkehr der Stadt geriethen
ins Stocken. Das Grundeigenthum fiel um 50 Procent. Viele Läden
waren ein Jahr später noch geschlossen. Louisville hat sich von den
Folgen des blutigen Wahltages von 1855 nie wieder erholt. Da der
Urheber des Aufruhrs von damals, Prentice, beim Ausbruche des
Krieges entschieden gegen die Secessionisten Partei nahm, und die
Deutschen im Allgemeinen dasselbe thaten, so verschwand die frühere
feindselige Stimmung gegen letztere. Nach dem Kriege wurde sogar
ein Deutscher, Namens Comppert, zum Mayor der Stadt gewählt.

Achter Abschnitt.
Die Deutschen in Ohio und Indiana.
Die ersten Spuren der Deutschen.

Das ursprünglich zu Frankreich gehörende Gebiet der heutigen Staaten Ohio und Indiana hat vor seiner Abtretung an England im Jahre 1763 wol kaum eine andere Geschichte, als die der Ureinwohner, der Indianer-Race, aufzuweisen. Nicht blos daß die Franzosen nur einen einzigen festen Punkt in diesem ganzen Gebiete inne hatten, den Posten St. Vincennes am Wabash-Flusse, wo eine geringe französische Niederlassung von etwa einhundert Seelen sich befand, sondern auch die Spuren der waghalsigen Kaufleute und Händler, die man sonst überall antrifft, wo nur der Indianer Pelze zu vertauschen hat, sind hier kaum wahrnehmbar. Verfolgt man aber die Fußtapfen der Weißen in jener Zeit wo immerhin man will, so kann man mit Sicherheit darauf rechnen, daß auch Deutsche darunter waren, die hier als Vorläufer der Civilisation die Wege bahnen halfen.

Der erste Deutsche, von welchem wir sichere Kunde haben, daß er im Weichbilde der genannten Staaten damals gewesen ist, war ein Deutsch-Pole, Anton Sodowsky. Derselbe hatte im Anfange des vorigen Jahrhunderts, jedenfalls bereits vor 1728, einen Handelsposten am Süd-ufer des Erie-See's, an der Mündung des seinen Namen verewigenden Sandusky-Flusses und der gleichnamigen Bay, dort wo heute die Stadt Lower Sandusky sich befindet. Sodowsky oder, wie sein Name später verstümmelt wurde, Sandusky, hatte von den französischen Behörden in Fort Pontchartrain (jetzt Detroit) die Erlaubniß erhalten, an der gedachten Bay, wo damals ein Dorf der Miamis-Indianer sich befand, eine Handels-Station zu errichten, die er auch mehre Jahre lang fortführte. Zu gleicher Zeit hatte er in Philadelphia ein Kaufhaus, wo er die erhandelten Pelze wieder in den Markt brachte. Es ist nicht mehr

229

zu erklären, wie es Sodowsky ermöglichen konnte, eine dermaßen doppelte
Stellung zu behaupten, den mit so entschiedener Eifersucht überwachten
Handel zugleich in französischem und englischem Gebiete zu betreiben.
Lange Zeit ging dies an, allein im J. 1743 kam ein damals in Phila-
delphia ansässiger Franzose, Peter Charties, nach Ohio, um die zur
Zeit hier lebenden Irokesen zu einem Kriege aufzure'zen. Vom Gou-
verneur von Pennsylvanien darüber scharf getadelt, entfloh Charties
zu den Franzosen in Detroit, wo er ein Hauptmann in französischem
Dienste wurde, und dann einen Vertrag mit den damals mit England
befreundeten Schawanesen-Stämmen abschloß. Trotzdem aber blieb
„Sandosket" immer noch ein englischer Handelsposten und wurden die
Söhne Sodowsky's durch den Huronen-Häuptling Nicholas, der zu
„Sandosket" lebte, nicht nur geschützt, sondern auch ihre Anwesenheit
vor den Franzosen geheim gehalten. Im Gegentheil, es wurde .später
durch den Verkehr mit den pennsylvanischen Händlern der Häuptling
Nicholas ganz von den Franzosen abwendig gemacht, worauf er dann
einen Anschlag mit den umwohnenden Indianerstämmen plante, die
westlichen Niederlassungen der Franzosen zu vernichten (1747), was
indessen mißlang, weswegen Nicholas im folgenden Jahre Sandusky-
Station zerstörte und nach dem White River in Indiana fortzog.

Von den französischen Händlern, die sich im Gebiete südlich vom
Erie-See damals aufhielten, sind nur wenige Namen bekannt; doch
auch unter ihnen finden wir einen Deutschen, Martin Hertel, der im
J. 1759 in der Gegend des heutigen Toledo eine Handels-Station besaß.

Die Sodowsky'sche Handelsverbindung, die erste, welche von den
englischen Colonien aus im Ohio-Gebiete angeknüpft worden war,
reizte aber zu weiteren Versuchen an, und als ein Vorläufer derselben
ist wol die abenteuerliche Fahrt des Johann Salling zu betrachten. Im
J. 1740 beschlossen zwei deutsche Ansiedler von Winchester in Virginien, eine Handelstour nach dem Indianergebiete zu unternehmen.
Der Eine, Thomas Morlin (Klauprecht nennt ihn Mehrlin), war ein
Hausirer, der bereits früher die Pelzschätze der Rothhäute gegen Brannt-
wein, Pulver und Spielsachen eingetauscht hatte. Der Andere, Johann
Salling, betrieb in Winchester das ehrsame Handwerk eines Webers.
Bei ihrer Wanderung durch die unbekannte Wildniß am Holston-Flusse
wurden sie von Cherokesen überfallen und Salling, von den Indianern

gefangen genommen, in ihre Dörfer in Ost-Tennessee geführt, wo er, nach Sitte der Wilden, von einer Squaw aufgenommen und dem Stamme einverleibt ward. Nachdem Salling drei Jahre unter den Wilden verlebt hatte, nahmen ihn diese mit sich auf eine Büffeljagd nach Kentucky, wo sie von einer Schaar Illinois-Indianer überfallen wurden. Salling hatte das Unglück, in die Hände der Feinde zu gerathen, die ihn mit nach Kaskaskia im heutigen St. Clair County, Illinois, nahmen, wo er abermals von einer alten Squaw als Sohn adoptirt und in den Stamm aufgenommen wurde. Nun machte er zwei Jahre lang Jagdzüge nach Osten und Westen mit, wobei er bis nach dem jetzigen Staate Ohio sowol, als auch bis zum Golf von Mexico kam. Von seiner indianischen Adoptiv-Mutter ward er auf einem dieser Züge an eine spanische Handelskarawane verkauft, die ihn mit sich nach dem Norden nahm und als Dolmetscher verwandte. So gelangte er nach Detroit und von dort später nach seiner Heimath, Winchester, zurück, wo er den alten Nachbarn die seltsamen Erlebnisse seiner sechsjährigen Wanderschaft mittheilte.

Obwol die Franzosen das ganze Gebiet westlich von dem Alleghany-Gebirge als ihr Eigenthum beanspruchten, so waren doch auch die englischen Colonisten nicht minder bemüht, Rechte darauf zu gewinnen. So erwarben die Commissäre von Pennsylvanien, Virginien und Maryland, bei einer im J. 1744 zu Lancaster, Pennsylvanien, abgehaltenen Zusammenkunft, wobei Conrad Weiser als Dolmetscher diente, von den „Sechs Nationen" des Irokesenbundes eine unbestimmte Strecke Land, welche sie „Indiana" nannten. Auf diesen Vertrag waren später die Ansprüche der Engländer auf das Ohio-Thal allein basirt. Die Weißen aus den englischen Colonien, Allen voran eine große Zahl Deutscher, drangen nun in immer größeren Schaaren über die Berge vor, und als die Indianer darüber murrten, daß man sich tiefer und tiefer in ihre Jagdgründe einnistete, wurde im J. 1748 Conrad Weiser aufs Neue zu den Wilden nach Logstown gesandt, um diese durch Geschenke zu beschwichtigen.

Weiser's Besuch galt aber noch einer anderen Angelegenheit. Eine Gesellschaft Virginier, an deren Spitze Oberst Thomas Lee stand, hatte sich mit der Absicht organisirt, den bisher von einzelnen Individuen betriebenen Pelzhandel im Westen zu monopolisiren. Sie nannte sich die „Ohio-Gesellschaft", zu welcher auch die Gebrüder Lorenz, Augustin und später George Washington gehörten. Während Weiser für sie zu Logstown das Privilegium gewann, im Gebiete der „Sechs Nationen" Handel zu treiben, erwarben sie außerdem vom Könige von England einen ungeheuren Landstrich im Ohio-Thale, den sie nach und nach durch Weiße zu besiedeln gedachten.

Die Franzosen aber waren diesen Bewegungen der Engländer gegenüber keineswegs blind, und versuchten nun, ihre Positionen im Westen zu verstärken, indem sie am oberen Ohio mehrere Forts erbauten, um die englischen Händler fern zu halten. Daraus entspann sich dann eine längere Reihe von Kämpfen, wechselseitigen Morden und Zerstörungen von Niederlassungen, in Folge deren viele Weiße, darunter auch Deutsche, theils als Händler, theils als Soldaten und Gefangene, nach den heutigen Staaten Ohio und Indiana kamen.

Ehe jedoch diese Kämpfe recht in Gang gelangten, finden wir im Februar 1751 bereits den Agenten der „Ohio-Gesellschaft", Christopher Gist (Guest) aus Frederick in Virginien, im Westen, wo er mit den Twigtwees (oder Tuigtuis)-Indianern, die am großen Miami-Flusse, 120 Meilen nördlich von dessen Mündung (in der Nähe des heutigen Piqua, Ohio) wohnten, eine Berathung pflegte und das Land nördlich vom Ohio untersuchte. Gist's Reise dauerte vom 31. October 1750 bis Mai 1751. Von den Quellen des Potomac ging er bis zu den Gabeln des Ohio (Pittsburg), dann quer durch den heutigen Staat Ohio bis zur Mündung des Scioto-Flusses, von dort nach den Twigtwee Dörfern am Miami, darauf wieder zurück nach dem Scioto, und schließlich fuhr er auf dem Ohio-Flusse hinab bis in die Nähe der Fälle desselben. Dann kehrte er jenseits des Kanawha-Flusses zurück, um vorerst die Ansiedlungen, welche die „Ohio-Gesellschaft" hier zu machen gedachte, zu leiten.

Kurz darauf ward von englischen Händlern ein Handelshaus bei den Twigtwees am Miami errichtet, welches aber im J. 1752 von den Franzosen wieder zerstört wurde. Dieses Fort, welches von den Engländern „Pickawillany" genannt wird, stand an der Stelle des heutigen Städtchens Piqua. Die dort stationirten englischen Händler wurden nach Canada in die Gefangenschaft geführt.

Da die Twigtwee-Indianer es mit den Engländern hielten und ihrem Vertrage treu blieben, so kam es zum heftigen Kampfe zwischen diesen und den Miami-, Wyandot- und Pottawatamie-Indianern, wobei eine Anzahl Twigtwees getödtet wurde. Der Krieg war also zwischen den beiden Parteien entbrannt, wenn er auch noch nicht sogleich fortgesetzt ward. Statt daß die Virginier nämlich den ihnen befreundeten Stämmen zu Hülfe kamen, versuchten sie zuerst, um ihre allzu fadenscheinigen Rechte zu stärken, oder wie Perkins sich ausdrückt, „um auf ehrliche oder unehrliche Weise einen Besitztitel auf das Land zu erlangen", es noch mit einer neuen Unterhandlung. Sie sandten deshalb im Frühjahr 1752 eine Commission, bestehend aus dem Obersten Frey und den Herren Lomax und Patton nach Logstown zu einer Conferenz mit den „Sechs Nationen". Diese waren jedoch entschieden abgeneigt, den Weißen irgend welche Rechte auf Land westlich von den Alleghanies einzuräumen. Da die Commission auf dem geraden Wege nichts auszurichten vermochte, so gewannen sie den Dolmetscher, Montour, mit klingenden Ueberzeugungen für sich, welcher dann die Indianer überredete, ein Document zu unterzeichnen, das nominell blos ein Freundschaftsvertrag sein sollte, in Wirklichkeit aber eine bedingte Verkaufs-Urkunde betr. das Land zwischen den Alleghanies und dem Erie-See war. Die Indianer hatten unterschrieben, ohne zu wissen, was ihre Unterschrift zu bedeuten hatte.

Wie von Seiten der Virginier auf solche Weise ein Besitzrecht auf das Ohio-Thal erschlichen worden war, das freilich keinen Werth hatte, außer daß es als Vorwand für den sich vorbereitenden Krieg dienen konnte, so suchten auch die Erbeigenthümer von Pennsylvanien durch Verträge ihre Gränzen gegen Westen hin auszudehnen. Hier bildeten vornehmlich Deutsche die Vorhut der Colonisten. Um diese in ihren Besitzungen sicher zu stellen, war es nöthig, die Indianerstämme zu einem offenen Bunde mit den englischen Colonien und zum Abfall von Frankreich zu bewegen. Man wußte, daß die Herrnhuter Missionäre großen Einfluß auf die Indianer ausübten, und so wählte man denn einen dieser Leute, Christian Friedrich Post, und betraute ihn mit der höchst gefährlichen Mission, die „Sechs Nationen" zu einem neuen Vertrage mit der Provinz zu bewegen. Post war ein Mann, der sich bereits früher unter den Indianern, besonders den Delawares, einen guten Ruf erworben hatte. Siebzehn Jahre lang

hatte er mit Erfolg als Diener des Evangeliums unter den Wilden
gewirkt und bis zum Ohio war sein Name als der eines Freundes der
rothen Race gedrungen, ein Ruf, den seine Heirath mit einer Delaware-
Indianerin noch befestigt hatte. Diese Heirath war gegen den Wunsch
des Directoriums in Bethlehem geschehen und Post deswegen in
Ungnade gefallen. Er durfte auch nur mehr als Helfer und Lehrer im
Missionsdienste wirken und ward nicht länger als ordinirter Glaubensbote anerkannt, doch blieb er noch dem herrnhutischen Bekenntnisse treu.

Dem Aeußern nach war Post ein würdiger Sprößling der mann-
haften, kriegerischen Hussiten, eine in Drangsalen und Wettern gestählte
Riesengestalt, aber die herkulische Brust barg ein weiches Herz voll auf-
opfernder Nächstenliebe. Es war auch nicht der bloße Zelotismus, der
ihn zu seinem Missionsberufe anhielt; sondern ein innerer, der reinsten
religiösen Ueberzeugung entsprungener Drang, die Söhne der Wildniß
der Gesittung und Cultur zu gewinnen, trieb ihn unter die Stämme
der Delawares und Mingoes in einen Dienst voller Gefahren, Mühen
und Beschwernisse. Post hat ein Tagebuch seiner Erlebnisse geschrieben, das im J. 1759 in London im Drucke erschienen ist. Ueber die
gedachte Sendung zu den „Sechs Nationen" erhellt daraus, daß er am
15. Juli 1758 Philadelphia verließ und, die Vorstellungen des Mingo-
häuptlings Tadeuskund nicht achtend, der ihm das Tollkühne seines
Wagnisses recht dringend ans Herz legte, in Begleitung zweier Delaware-
Krieger nach dem Westen zog. Am 7. August erreichten sie den Alle-
ghany-Fluß in der Nähe des French-Baches. Der Weg führte dicht
am Fort Venango vorbei, wo sie von den französischen Wachen angehalten wurden. Der diensthabende Offizier ließ sie jedoch unangefochten weiter ziehen. In Kuschkuschky, einem Delawaren-Dorfe, in
der Nähe des Big Beaver-Flusses, fand Post zweihundert Krieger versammelt, die zwar seinen Friedensvorstellungen ein geneigtes Ohr
schenkten, allein ihre Besorgniß zu erkennen gaben, daß es dadurch zu
einem Bruche zwischen ihnen und den westlichen Stämmen kommen
würde, die mit den Franzosen verbündet waren. Sie forderten ihn deshalb auf, einer gemeinsamen Berathung der Irokesen-Stämme mit den
westlichen Stämmen der Wyandots, Miamis, Ottawas u. s. w., die
auf einer Anhöhe dem Fort Du Quesne (dem heutigen Pittsburg)
gegenüber stattfand, beizuwohnen. Auf das Versprechen eines sichern

Geleites bauend, ging Poſt dahin. „Am 25. Auguſt", ſchreibt Klauprecht, „demſelben Tage, an welchem Englands großer Bundesgenoſſe in
Europa, König Friedrich II. bei Zorndorf in furchtbarer Schlacht
ſeinen blutigen Sieg über die Ruſſen errang, ſtand der beſcheidene, ame-
rikaniſche Kämpe Englands, der Herrnhuter Poſt, auf der Wahlſtadt in
Schußweite der feindlichen Kanonen, umringt von den indianiſchen
Kriegern der Franzoſen, und forderte dieſe Angeſichts der vom Fort
flatternden Lilienfahne in einer feurigen Rede zum Bruch mit ihren
Verbündeten auf." Es gelang Poſt, die verſammelten Stämme zum
Abſchluß eines Friedens-Tractates zu bewegen, worauf er, von den
Delawaren geleitet, wohlbehalten wieder in die heimiſchen Anſiedlungen
gelangte.

Der bereits ſeit 1754 geführte Krieg, welcher zwar mit abwechſeln-
dem Glück auf beiden Seiten hin und her gewogt, in Braddock's Niederlage (1755) aber ſich zum entſchiedenen Nachtheil der Engländer gewandt hatte, erhielt hierdurch eine neue Wendung zu Gunſten der
letztern. Da die „Sechs Nationen" ſich nicht länger auf Seite der
Franzoſen activ am Kriege betheiligten, und Crevecoeur, um den Engländern in Canada den Entſcheidungskampf zu liefern, alle nur dispo-
nibeln Truppen aus dem Weſten dorthin führte, ſo war der Befehlshaber im Ohio-Thale, de Lignery, nicht mehr im Stande, es mit dem
Heere des Generals Forbes, der gegen ihn manövrirte, aufzunehmen.
Trotzdem ſchlug er noch die engliſchen Befehlshaber, Grant und Lewis,
am 21. September 1758, indem er ſie getrennt, Einen nach dem Andern,
angriff. Da er aber um dieſe Zeit die Nachricht erhielt, daß der engliſche Oberſt Bradſtreet die Feſtung Frontenac (das heutige Kingſton)
erobert hatte, mit allen Proviant- und den Kriegs-Vorräthen, die für
die franzöſiſchen Truppen am Ohio beſtimmt waren, ſo ſprengte er das
Fort Du Quesne in die Luft und fuhr mit ſeinem Heere den Ohio-
Fluß hinab nach Illinois, wo er das Fort Maſſac errichtete. Forbes
baute das Fort wieder auf und nannte es zu Ehren des damaligen
engliſchen Premier-Miniſters „Fort Pitt".

Jetzt waren die Engländer zum erſten Male im Beſitz der ganzen
oberen Ohio-Region. Im Frühjahr 1759 errichteten ſie mehre Poſten
am Oſtufer des Ohio, darunter das „Redſtone Old Fort" in der Gegend
von Brownstown in Virginien. Sie erlangten bald Beſitz von Presque

Isle, und nun fühlten sich die Ansiedler westlich von den Bergen endlich frei von den durch die Franzosen so häufig aufgestachelten Wilden, die bisher ihre Niederlassungen beständig belästigt hatten. Auch die Ansiedlungslust der Weißen, die bisher durch die drohenden Kriegswolken stark zurückgehalten worden war, brach aufs Neue hervor. Die alten Landgesellschaften erhielten frisches Leben und neue wurden gebildet. Zahlreiche Flugschriften wurden verbreitet, welche die Vortheile der Ländereien am Ohio in den lebhaftesten Farben schilderten.

Während sich nun die Blicke der Spekulanten und Pioniere nach den unbewohnten Jagdgründen des Ohio-Thales richteten, hatte sich der verwegene Post, der Erschließer des Ohio-Gebietes, bereits im J. 1761 mitten unter den Tuscaroras im obern Muskingum-Thale, in dem heutigen Stark County, Ohio, ein Blockhaus errichtet und ein Stück Land urbar gemacht. Es war dies das erste von einem Weißen in Ohio errichtete Wohnhaus, wenn wir die Stationen der Jesuiten-Missionäre oder die der Händler ausnehmen. Hier in Tuscaroratown wohnte er mitten unter den Indianern, mit der Absicht, eine Mission anzufangen. „Die Brüder", schreibt Loskiel, „wünschten ihm Gottes Segen dazu, und als er sie um einen Gehülfen bat, der ihm in seiner äußeren Wirthschaft beistehen und dabei die Delawaren-Sprache erlernen könnte, machten sie es in der Gemeinde in Bethlehem bekannt, worauf sich der Bruder Johann Heckewelder freiwillig dazu entschloß, sich dahin begab und auch wirklich die Sprache erlernte." Post und sein Genosse hatten indessen viele Mühsale zu erdulden. Anfangs wollten die Indianer es nicht einmal leiden, daß sie Land urbar machten. Nur einen kleinen Gemüsegarten von fünfzig Schritt im Geviert durften sie anbauen, womit sie sich vorderhand zufrieden erklärten. Während des Sommers 1762 bauten sie nun ihren Garten, lehrten die Indianerkinder und predigten den Alten das Evangelium. Ihre Lage wurde indessen bald äußerst gefährlich. Schon zeigten sich nämlich die Vorboten des Indianer-Aufstandes, der unter dem Namen „Pontiac's Verschwörung" bekannt ist. Die Indianer wollten zwar den Herrnhutern wohl, aber das Vordringen der anderen Weißen in ihre Jagdgründe sagte ihnen nicht zu. Um die Unzufriedenen zu besänftigen, berief der Gouverneur von Pennsylvanien eine Conferenz nach Lancaster, wozu Post als Dolmetscher herbestellt wurde. Die Herrnhuter wollten zwar den jungen, erst zwanzigjährigen Heckewelder nicht allein unter den Wilden zurück lassen, allein dieser hatte so viel Muth, daß er bat, bleiben zu dürfen, was ihm denn auch gestattet wurde.

Die Conferenz in Lancaster verlief ohne besonderes Resultat. Die Indianer suchten durch ausweichende Erklärungen und leere Worte die Berathungen hinzuhalten, da sie unzweifelhaft von dem sich vorbereitenden Ausbruche gegen die Weißen Kunde hatten. Hatte doch der große Kriegshäuptling der Delawaren, Shingask, sich geweigert, an der Conferenz überhaupt theilzunehmen. Im Westen mehrten sich diese drohenden Anzeichen auch täglich, was Heckewelder's Aufenthalt unter den Wilden sehr gefährdete, besonders als die Frau des Häuptlings Shingask starb, wie nach dem abergläubischen Wesen der Indianer angenommen wurde, in Folge eines bösen Zaubers, den ein feindlicher Magiker gegen sie herauf beschworen haben sollte. Heckewelder mußte nun allen Ernstes besorgt sein, ermordet zu werden, weshalb er so rasch als möglich aufbrach und zu Fuß nach Pittsburg eilte, wo er am zwanzigsten Tage nach seiner Flucht ankam. In der Nähe begegnete ihm Post, den er vor einer Rückkehr nach Tuscaroratown warnte, was diesen jedoch nicht abhielt, den Weg dorthin zu machen, da er die Gefahr für nicht so dringend hielt. Post war jedoch kaum wieder in seiner Wohnung am Tuscarawas-Flusse angekommen, als er, ohne sich auch nur einen Tag aufhalten zu können, zurück flüchten mußte, um sein Leben zu retten, und zwar auf geheimen Waldwegen.

Pontiac's Krieg.

Am 10. Februar 1763 war der Frieden zwischen Frankreich und England abgeschlossen worden, wodurch das ganze französische Besitzthum in Nordamerika östlich vom Mississippi in britische Hände überging, während der Theil westlich vom Mississippi an Spanien abgetreten ward. Sofort wurden alle Festungen im Westen, bis nach Green-Bay hinauf, mit britischen Truppen besetzt, aufs Neue ausgebessert und kräftig armirt; Landvermesser wurden beschäftigt, das Gebiet östlich vom Ohio zu vermessen, um das Land in den Markt zu bringen. Auch die Indianer schienen damit zufrieden zu sein, daß nunmehr das Land unter einer Gewalt vereinigt war, und ungehemmt konnten die Engländer sich der Herrschaft über das ganze Gebiet bemächtigen. Allein diese vermeintliche gute Gesinnung der Indianer war nichts Anderes, als eine sorgsam mit Asche bedeckte Gluth, welche, zu geeigneter Zeit angefacht, in helle Flammen emporlodern sollte.

Um diese Zeit trat auf der Geschichtsbühne der merkwürdigste Indianer auf, den die Annalen dieser Völker aufzuweisen haben. Dieses war Pontiac, der Häuptling des Ottawa-Stammes und der erste Sachem des Algonquin-Bundes. Er war gleich ausgezeichnet durch seine imposante Figur, seine einnehmenden Manieren und sein stolzes Auftreten. Mit diesem vereinte er noch einen hohen Muth und eine glänzende Beredtsamkeit, welches ihm das Zutrauen der gesammten Indianerstämme gewann, die an den Seen wohnten. Dieses verlieh ihm eine Hoheit und Charaktergröße, wie sie zuweilen unter den wilden Bewohnern der amerikanischen Urwälder hervortritt.

Mit Eifersucht hatte Pontiac den Fortschritt der englischen Waffen beobachtet und das unaufhaltsame Vordringen dieses Volkes in die Jagdgründe des rothen Mannes geschaut, und als er vernahm, daß Rogers, der neue Befehlshaber von Fort Detroit, mit einer Abtheilung britischer Truppen anmarschirte, da brauste er auf wie ein Löwe aus seiner Höhle. Er sandte sogleich einen Boten an Rogers ab, welcher diesen an der Mündung des Chogage-Flusses traf und an ihn die Aufforderung erließ, nicht weiter vorzurücken, bis Pontiac, der Herr des Landes, kommen würde. Beim ersten Empfang verlangte Pontiac von Rogers zu wissen, auf welche Autorität hin er käme und wie er sich unterfangen könne, in sein Land einzuziehen, ohne vorherige Erlaubniß. Rogers theilte ihm nun mit, daß er keinerlei feindliche Absichten gegen die Indianer hegte, und daß seine einzige Aufgabe die sei, die Franzosen aus dem Lande zu vertreiben, welche das Hinderniß gewesen seien, um den Frieden zwischen den englischen Ansiedlern und den Indianern zu wahren und den Handelsverkehr derselben zu fördern. Am nächsten Morgen rauchten Pontiac und Rogers abwechselnd das

„Calumet" und ein gegenseitiger Friedensvertrag wurde nun abgeschlossen, worauf Rogers ungehindert Besitz von Detroit nehmen konnte.

Pontiac und sein Volk betrachteten die Briten nichtsdestoweniger
als Eindringlinge, und der Frieden, den er an den Ufern des Erie-Sees
einging, war nur bestimmt, seinen unbändigen Haß zu verbergen, wie
der letzte Strahl der untergehenden Sonne die heraufsteigende Donner-
wolke noch in glühenden Farben malt. Seine vorgebliche Freundschaft
sollte nur das Mittel sein, um unter dieser Maske die gänzliche Aus-
rottung der englischen Herrschaft desto sicherer bewerkstelligen zu können;
und der Plan zur Erreichung dieses Zweckes gibt klares Zeugniß von
dem außergewöhnlichen Genius, dem hohen Muth und der thatkräf-
tigsten Energie seines Urhebers, Pontiac. Er bestand in der Idee, daß
mit einem simultanen Angriff auf alle britischen Werke an den Seen
und im Flußgebiete des Mississippi und seiner Nebenflüsse die englische
Herrschaft mit einem Schlage zertrümmert werden könne. Konnte die
Ueberraschung gleichzeitig und allgemein ins Werk gesetzt werden, so
sank die britische Flagge auf dem ganzen, Tausende von Meilen weiten
Gebiete in den Staub, da die Truppen außer Stande waren, sich gegenseitig Hülfe zuzusenden. Sollte aber auch die eine oder andere Abtheilung der Wilden erfolglos sein, so würde es auf die Uebrigen keinen
Einfluß haben und diese könnten dann nachträglich zur Reduction der
noch nicht gefallenen Posten herbei eilen. Möglicherweise würde aber
der Krieg mit einem Schlage beendigt sein, und dann wäre Pontiac Herr
und König des großen weiten Landes seiner Ahnen.

Er berief zuerst die Ottawas zu einer Berathung zusammen und
theilte ihnen seine Pläne mit aller ihm zu Gebote stehenden Beredtsamkeit mit. Er appellirte an ihre Besorgniß, ihre Hoffnungen, ihren Ehrgeiz, ihren Patriotismus, ihren Haß gegen die Engländer und ihre
Anhänglichkeit und Liebe zu den Franzosen, und nachdem er so seinen
eigenen Volksstamm gewonnen, versammelte er alle benachbarten
Stämme um ein gemeinsames Berathungsfeuer am Ecorces-Fluß.
Vollständig vertraut mit dem Charakter der Indianervölker und der
Gewalt, welche Aberglaube auf diese ausübt, erzählte er unter Anderem
den Traum eines Delaware-Kriegers, worin der Große Geist diesem
mittheilte, was er von seinen rothen Kindern erwarte. Dieser Traum
hatte eine auffallende Aehnlichkeit mit den Plänen des Häuptlings, wie

er sie ursprünglich entworfen hatte. „Und weshalb", schloß der Redner, „weshalb, so sprach der Große Geist voll Unmuth zu dem Delawaren, duldet ihr, daß diese Hunde in rother Kleidung in euer Land kommen, in dieses Land, das ich euch und euren Kindern geschenkt habe? Jagt sie hinaus, vertreibt sie! Und wenn ihr in Gefahr kommen solltet, so will ich euch helfen!"

Der Eindruck, den diese Rede machte, war unbeschreiblich. Der Name Pontiac's war allein ein Heer und nun, da der Große Geist für sie sei, war ein Mißlingen unmöglich. Ein Plan wurde auf der Stelle entworfen und die gesammten Stämme des Westens bis nach Nord-Carolina und Georgia hinab schlossen sich dieser ungeheuren Verschwörung an.

Mittlerweile herrschte tiefer Friede den gesammten Gränzen entlang. Der arglose Händler wanderte von Dorf zu Dorf; der Soldat in den Festungen lagerte sich außerhalb derselben in dem Schatten des grünen Waldes, um der sengenden Junisonne zu entgehen; der Gränzansiedler sang in eingebildeter Sicherheit sein frohes Lied, indessen er ruhig seine Ernte säete und die Sonne durch die gegürteten Bäume beobachtete. Er träumte bereits von einem abermaligen friedlichen und ergiebigen Herbste, und erzählte seinen Kindern von den Greueln des langen Krieges, der nun, Dank dem Himmel! vorüber sei. Von den apalachischen Bergen bis zu den Seen, von Pennsylvanien bis zum Mississippi hatten sich die Bäume aufs Neue belaubt und ringsum war ruhiges Leben, Friede und Freude. Durch die dunkeln Wälder aber wanderten zahlreiche Schaaren finsterer, mürrischer Gestalten der tückischen Rothhäute und sammelten sich hierhin und dorthin, wie sich dunkle Wolken vor dem kommenden Sturme ansammeln.

Die verschiedenen Festungen der Engländer wurden bald darauf umlagert von vielfältigen und gemischten Indianervölkern, welche in scheinbar friedlicher Absicht bald Handel trieben, bald ihre Spiele machten, dann auf Jagdzüge abschweiften und dann wieder Zechgelage feierten, bis ihre Anwesenheit schließlich nicht mehr besonders auffiel. Endlich kam der festgesetzte Tag, des Königs Geburtstag (3. Juni 1763). Ueberall wurden die Händler mit ihren Waaren ergriffen und viele Hundert derselben getödtet. Neun britische Festungen fielen in die Hände der Wilden und diese tranken, aufgeschöpft mit hohlen Händen, das

Blut der erschlagenen Engländer. Mehr als zwanzigtausend Menschen wurden aus ihren Besitzungen vertrieben und mußten sich über die Berge flüchten, um ihres Lebens sicher zu sein. Ungeheure Verwüstungen wurden unter den Gränzansiedlungen in Pennsylvanien, Virginien und New York angerichtet, die Häuser und Getreidefelder niedergebrannt und Alles zerstört, was nur irgend zerstörbar war.

Fast überall fielen die befestigten Plätze durch List in die Hände der Wilden, wie es der meisterhafte Genius Pontiac's vorher bestimmt und verabredet hatte. Gewöhnlich wurden die Befehlshaber durch Abtheilungen, welche unter irgend einem geschäftlichen oder freundlichen Vorwande in die Forts gelassen worden waren, zuerst ergriffen und getödtet oder anderweitig sicher gestellt. Es ist hier natürlich des gedrängten Raumes halber nicht möglich, alle die Greuelscenen zu schildern, die sich in jenem Kriege abgespielt haben. Nur ein paar Beispiele, darunter diejenigen, an welchen Deutsche betheiligt waren, müssen genügen. In einer Stockade an der Mündung des St. Joseph-flusses, im nördlichen Indiana, befehligte Hauptmann Schlosser eine kleine Besatzung von 36 Deutsch-Pennsylvaniern. Eine Horde Pottawatomies mit Pelzen beladen und scheinbar zum Handel gekommen, gewannen auf diese Weise Einlaß zum Fort. Auf ein gegebenes Zeichen überfielen sie die nichts Böses ahnende Mannschaft, metzelten die Garnison nieder und führten den Hauptmann als Gefangenen nach ihrem Dorfe in der Gegend des heutigen Chicago.

Das Fort Sandusky wurde von Lieutenant Pauly commandirt. Auch dieses fiel auf ähnliche Weise in die Gewalt der Wilden. Die Truppen wurden sämmtlich niedergehauen und skalpirt und Pauly, an Händen und Füßen gebunden, nach Detroit geführt. Die Indianer stellten ihm unterwegs die freudige Aussicht, daß sie ihn zum Gegenstand einer ihrer beliebten Torturen ausersehen hatten. Bei seiner Ankunft im Lager Pontiac's wurde er von einer Rotte Weiber und Kinder unter wüthenden Verwünschungen empfangen und mit Steinwürfen und Ruthenstreichen tractirt. Sie führten einen wilden Kriegstanz um ihn auf und zwangen ihn, mitzutanzen. Grausenvolleres stand ihm noch bevor, als plötzlich ein altes Weib, deren Mann kürzlich gestorben war, zu dem Verzweifelnden schritt und ihn an Stelle des verblichenen Kriegers adoptirte. Da ihm nur die Alternative

gegönnt war, entweder das Anerbieten anzunehmen, oder am Brand-
pfahl marterwoll zu enden, so ließ er sich die Wahl der Alten gefallen.
Nun ward ihm, nach Indianerart, von einem alten Krieger das
Haupthaar ausgerupft, bis auf ein Büschel in der Mitte des Scheitels,
in welchen ihm Federn und sonstige Zierrathen eingeflochten wurden.
Dann stürzte ein Rudel Indianermädchen über ihn her, zog ihn
lachend und scherzend nach dem Flusse und tauchte ihn mehrmals
unter, damit das weiße Blut aus seinen Adern gewaschen würde.
Hierauf führten sie den so in herkömmlicher Weise naturalisirten In-
dianer in das Wigwam der Alten, und wurde er seitdem mit aller
Ehrerbietung, die einem Krieger des Stammes gebührte, behandelt.
Diese gezwungene Heirath fand am 20. Juni und im folgenden
Juli bereits die Scheidung statt. An einem schönen Morgen sahen
nämlich die Wachen auf den Wällen des Forts Detroit einen Mann,
verfolgt von Indianern, mit der Schnelligkeit eines Rehes auf das
Fort zu eilen. Als sie in Schußweite angekommen waren, gaben die
Wilden die Jagd auf und der Flüchtling kam schweißtriefend an den
Thoren der Festung an, die sich zum Empfange des Erschöpften öffneten.
Es war der jugendliche Commandant von Sandusky, der die erste
günstige Gelegenheit benutzt hatte, um aus den Armen der Ottawa-
Wittwe zu entfliehen.

Am Maumee wurde der Befehlshaber durch eine Squaw ver-
leitet, einige hundert Schritte mit ihr zu gehen, um, wie sie sagte,
einem schwerverwundeten Manne beizustehen, wobei er von den Indianern, die im benachbarten Gehölze versteckt lagen, erschossen wurde.
Auf Presque Isle erschienen drei Indianer in Festtagsanzügen und
überredeten den Commandanten und dessen Secretär, mit nach ihren
Booten zu gehen, die, wie sie angaben, etwa eine Meile entfernt
waren, um eine Ladung Pelze zu besichtigen und zu kaufen. In deren
Abwesenheit zogen etwa hundertundfünfzig Indianer, jeder mit einem
Bündel Felle beladen, welche der Commandant gekauft und hierher
zu bringen angeordnet haben sollte, in das Fort. Die List war erfolgreich. Als sie Alle im Fort waren, war es das Werk eines Augen-
blickes, die Bürde abzuwerfen sowie die kurzen Mäntel, welche ihre
Tomahawks und Skalpirmesser, wie auch Büchsen, deren Läufe abgesägt
waren, deckten. Widerstand war fruchtlos und das Werk des Todes

und der Tortur begann, bis alle Einwohner des Forts, bis auf zwei, welche in den Kellerräumlichkeiten der Garnison sich mehre Tage versteckt hielten, in die Ewigkeit hinüber spedirt worden waren.

Eine ähnliche List, welche Pontiac für das Fort Detroit vorbereitet hatte, schlug nur deshalb fehl, weil eine Indianerin dem Befehlshaber, Major Gladwyn, den Anschlag verrieth.

Das Fort Michilimackinac wurde von den Chippeways und Sacs genommen. Diese feierten anscheinend des Königs Geburtstag und veranstalteten zu dem Ende das Indianer-Ballspiel „Bagataway". Auf der einen Seite standen sämmtliche Krieger der Chippeways, auf der andern die der Sacs. Ein Feld, etwa eine Meile lang, wurde abgegränzt und der Ball mittelst eines etwa fünf Fuß langen Hickory-steckens, womit Jeder bewaffnet war, und an dessen unterem Ende sich eine lederne Schlinge befand, gefaßt — mit der Hand durfte Keiner denselben anrühren — und weiter geworfen. Das Spiel endet damit, daß die eine Partei den Ball über die Gränze der Gegenpartei hinaus bringt. Die Zweckmäßigkeit dieses Spieles als ein Mittel, um die Garnison zu überrumpeln, wird gleich klar werden, wenn man weiß, daß das Spiel mit einer großen Portion Wildheit und vielem Lärmen verknüpft ist. In dem Eifer des Spieles konnte die Aufmerksamkeit der Zuschauer leicht nach irgend einer Seite hin gelenkt werden, wohin die gewinnende Partei den Ball nur hinzutreiben beliebte. Unter dem Vorgeben, daß das Spiel um einen hohen Preis gespielt werde, hatten sie viele Zuschauer aus dem Fort herausgelockt und unter diesen den Major Etherington, den Befehlshaber, welcher selber auf den Sieg der Chippeways wettete. Es waren nicht weniger als vierhundert In-dianer an dem Spiel betheiligt. In der Hitze des Spieles wußten sie es nun zu bewerkstelligen, daß der Ball über die Pfahleinfriedigung des Forts geworfen wurde, worauf sie Alle unter großem Geschrei in das Fort drangen, und einmal drinnen, waren sie Herren der Situation. Schnell, wie der Blitz, zogen sie ihre Skalpirmesser hervor, und ehe noch die Soldaten sich bewaffnen konnten, war bereits die ganze Besatzung getödtet und skalpirt.

Durch derartige listige Anschläge geriethen sämmtliche Festungen des ganzen Westens in die Hände der Indianer, mit alleiniger Aus-nahme von Detroit, wo der Plan verrathen worden war, und der drei

forts in Pennsylvanien: Bedford, Ligonier und Pitt. Im ganzen
Lande, von den apalachischen Bergen bis jenseits der Seen, weit
nach Canada hinein, waren alle Niederlassungen niedergebrannt oder
anderweitig zerstört, und was sich nicht hatte flüchten können, das war
ohne Gnade unter dem Tomahawk der Wilden gefallen. Es war ein
blutiger Sommer, der blutigste, der überhaupt in der Geschichte
der amerikanischen Indianerkriege verzeichnet ist. Der Verlust an
Menschenleben war ein ungeheurer. Und doch war Alles vergebliche
Mühe gewesen. Die rothe Race war einmal bestimmt, ihrem unabweisbaren Geschicke entgegen zu gehen, der allmähligen Vernichtung.
Das Ohio-Thal mußte den Weißen zufallen. Freilich, wären Pontiac's Pläne bei Detroit nicht durch Verrath zerstört worden, so
würde es höchst fraglich sein, ob England sich westlich vom Gebirge
überhaupt noch auf lange Zeit hin hätte festsetzen können. Nachdem
aber die Sache mißlungen war, zerfiel auch das Bündniß der Wilden
rasch wieder, und Pontiac ward bald darauf von einem Indianer des
Peoria-Stammes erschossen. Mit ihm ging ein merkwürdiger Mann
zu Grunde, denn er war unzweifelhaft der bedeutendste Führer, den die
Indianer-Race aufzuweisen hat. Seine Geschichte ist eine der ereigniß-
reichsten des ganzen Indianervolkes.

Bouquet's Feldzug nach Ohio.

Der Schutz, welchen die Erhaltung der Festungen im oberen Ohio-
Thale den Colonisten in Pennsylvanien, New York und Virginien
gewährte, war von der höchsten Wichtigkeit, denn ohne diese würde der
Fall von Detroit nur eine Frage der Zeit gewesen sein. Lord Amherst,
welcher den Oberbefehl in den englischen Besitzungen hatte und der in
Canada commandirte, hätte seine Aufmerksamkeit sicherlich nach New
York, Pennsylvanien und Virginien lenken müssen, wo die vorgeschobenen Ansiedlungen gewiß in die bedrängteste Lage gerathen
wären, statt, wie es nun geschehen konnte, seine Kräfte zur Befreiung
von Detroit zu verwenden. So aber waren die drei wichtigsten Posten
im oberen Ohio-Thale durch einen Meistergeist erhalten worden, der

von hier aus im Stande war, nicht nur das verlorene Terrain wieder zu gewinnen, sondern auch die Macht der rothen Krieger im Westen auf lange Zeit total zu brechen. Es war dies der Schweizer, Oberst Heinrich Bouquet.

Geschult in den Kriegen der kaiserlichen Armeen in den Niederlanden und Italien, war er ein Soldat im wahren Sinne des Wortes, und Ordnung und Mannszucht bildeten die ersten Regeln seines Commando's. Die strengen Vorschriften, die er den unter ihm stehenden Befehlshabern der Forts Pitt und Ligonier ertheilt hatte, verhinderten es, daß die Wilden diese Werke durch List einnahmen; sie mußten dieselben also, wenn überhaupt, durch Sturm oder Belagerung gewinnen. Das Stürmen von Festungen war aber gegen den Gebrauch der Indianer, die es gewohnt waren, von Verstecken aus zu kämpfen und nur in Feldgefechten, und dann sehr selten, sich des Sturmangriffes zu bedienen. Sie belagerten also die beiden Forts, deren Befehlshaber aber von Bouquet Instructionen hatten, ihre Posten unter allen Umständen zu behaupten. So leisteten denn auch die Commandanten von Fort Pitt und Ligonier nach Kräften Widerstand gegen die überwältigenden Schaaren der sie belagernden Wilden. In Fort Pitt war bereits Hungersnoth eingetreten, als Oberst Bouquet, der von Philadelphia herbei eilte und das Commando eines kleinen Heeres zum Entsatze von Ligonier und Pitt selber übernahm, die Wilden in einer zweitägigen und hartnäckig gefochtenen Schlacht am Bushy Run besiegte und zerstreute. Dann eilte er auf Fort Pitt zu, dessen Belagerung von den Indianern in aller Eile aufgehoben wurde.

Nachdem der Erfolg, den die Wilden vorausgesetzt hatten, nicht eingetreten, ließen sie in ihren Angriffen nach. Viele waren entmuthigt worden, Andere wünschten wieder nach ihren heimathlichen Dörfern zurückzukehren, da der Winter vor der Thüre war, und noch Andere hatten ihre Rache genugsam abgekühlt. Nur die Hoffnung hatte sie vereinigt, daß sie mit einem Schlage sich wieder zum Herrn des ganzen Landes machen könnten, und da der Erfolg ausblieb, so fielen sie wieder in ihre alten gegenseitigen Feindseligkeiten und Eifersüchteleien zurück. Der Bund war gebrochen und Pontiac stand mit seinem kleinen Anhange allein. Auch ließ es die britische Regierung nicht an Beschwichtigungsmitteln fehlen. Eine Proclamation ward erlassen, worin den

Indianern versprochen wurde, daß sie nicht mehr durch die habsüchtigen Landspeculanten beläftigt werden sollten, indem sie alle Landkäufe außer durch die Regierung, verbot. Auch ward das Monopol des Handels mit den Indianern aufgehoben, wodurch die Wilden bisher so abscheulich geprellt worden waren. Dahingegen sollten die Indianer in ihre Districte zurückkehren und unter sich sowol als auch den Weißen gegenüber im Frieden leben.

Um dieser Proclamation kräftigen Nachdruck zu verleihen, ward beschlossen, daß im Sommer 1764 zwei Züge unternommen werden sollten, indem General Bradstreet nach der Gegend des Erie-Sees und den Niagara-Fällen, Oberst Bouquet aber nach Ohio beordert wurden. Während Bradstreet an den Seen die Indianer bezwang und zu einem Frieden nöthigte, rückte Bouquet mit einer starken Truppe über den Ohio-Fluß in das Nordwestgebiet ein und marschirte im Herbste 1764 nach dem oberen Muskingum, in die Gegend, wo der White Woman's River mit dem Muskingum zusammenfließt. Hier schlug Bouquet ein Lager auf, und forderte die Häuptlinge der Seneca-, Delawaren- und Schawanesen-Indianer und der mit diesen verbündeten Stämme zu einem Friedensvertrage auf, welcher am 12. November 1764 auch zu Stande kam. Eine der Vorbedingungen zur Anbahnung dieses Vertrages war, daß die Indianer alle ihre weißen Gefangenen, ohne Ausnahme, sobald als dieses nur möglich sei, an Bouquet auszuliefern hatten. „Ich gebe euch zwölf Tage von heute (17. October) an", sagte Bouquet zu den Häuptlingen, „während welcher Zeit ihr alle weißen Gefangenen, die sich in euren Händen befinden mögen: Engländer und Franzosen, Weiber und Kinder, zu Wakatamake an mich auszuliefern habt, mögen diese nun in eurem Stamme adoptirt und verheirathet sein oder nicht, oder unter irgend welchem Namen und Vorwande bei euch leben; und ebenfalls alle Neger. Auch müßt ihr solche Gefangene mit Kleidern und Lebensmitteln versehen und mit Pferden, um sie nach Fort Pitt zu bringen. Wenn ihr alles dieses zu meiner vollkommenen Befriedigung erfüllt habt, dann sollt ihr die Bedingungen erfahren, unter welchen euch der Friede gewährt werden wird, um den ihr bittet."

Diese kühne Sprache übte einen tiefen Eindruck auf die Wilden. Nur ein Ausweg blieb ihnen übrig: Frieden auf solcher Basis oder

Krieg. Sie beschlossen, dem Verlangen Bouquet's zu willfahren, und am 9. November lieferten sie im Lager alle Weißen ab, die sich im Ohio-Gebiete befanden, zusammen 206 Personen, darunter 81 Männer und 125 Frauen und Kinder. Viele der Gefangenen waren so vollständig an das Indianerleben gewöhnt, daß sie nur mit Mühe bewogen werden konnten, unter die Weißen zurückzukehren. Rhoda Boyd und Elisabeth Studebecker (letztere eine Deutsche) entflohen später wieder zu den Indianern. Marie Jameson, die mit einem Indianer-Krieger verheirathet war, versteckte sich mit ihren Halbblut-Kindern, bis die Truppen das Land verlassen hatten.

Auf der andern Seite war die Freude unbeschreiblich, wenn sich Männer und Frauen, Eltern und Kinder wieder fanden. Einem der virginischen Volontäre in Bouquet's Armee waren sein Weib und ein zwei Jahre altes Kind sechs Monate zuvor von einer Indianer-Streifpartie geraubt worden. Welch' Entzücken erfüllte das Herz des ängstlich besorgten Kriegers, als er seine Frau mit einem drei Monate alten Säuglinge wieder in seine Arme schließen konnte. Er führte sie sofort nach seinem Zelte, wo er beide mit passenden Kleidern versah. Was aber war aus dem zwei Jahre alten Kinde geworden? Die Mutter wußte keine andere Auskunft zu geben, als daß dasselbe gleich nach der Gefangennahme von ihr getrennt worden wäre. Einige Tage später ward ein Kind gebracht, von welchem man vermuthete, daß es das verlorene sei. Die Mutter ward herbei geholt, konnte aber anfänglich nicht mit Sicherheit darin ihr Kind erkennen; nach genauer Betrachtung aber erkannte sie es wieder und ließ dann voller Freude den Säugling zu Boden fallen, um das wiedergefundene Kind an ihre Brust zu drücken. Der Vater hob nun den fallengelassenen Säugling auf und folgte mit diesem der überglücklichen Mutter in das Zelt nach.

Die Gemüthsstimmung der Indianer contrastirte in seltsamster Weise mit ihrem gewohnten wilden Hasse und erhöhte die Wirkung des rührenden Auftritts. Mit Widerwillen lieferten sie ihre geliebten Gefangenen aus, empfahlen mit bewegten Worten und Geberden sie der Sorgfalt des commandirenden Obersten und vergossen bei ihrem Abschied bittere Thränen. Während sie noch im Lager waren, brachten sie ihnen Lebensmittel und Geschenke. Damit begnügten sie sich aber noch nicht, sondern Viele baten den Obersten, als die Armee abzog, sie bis Fort Pitt begleiten und durch Jagen mit frischem Wildpret versehen zu dürfen. Ein junger Mingo-Krieger ging noch weiter und legte so rührende Beweise der innigsten Liebe ab, daß es Stoff für einen Roman sein würde. Eine junge Virginierin befand sich unter den Gefangenen, welcher er eine so treue Anhänglichkeit bezeigte, daß er sie sein Weib nannte und inständigst darum bat, sie bis in ihre Heimath begleiten und unter den Weißen leben zu dürfen. Obwol ihm davon abgerathen wurde, indem man ihn auf die Gefahr aufmerksam machte, der er sich dadurch aussetzen würde, weil er ja von den Verwandten Derjenigen getödtet werden könnte, die unter dem Tomahawk der Wilden ihr Leben verloren hatten, und obgleich ihm die Mittheilung gemacht wurde, daß die Erbitterung gegen die Rothhäute in den Ansiedlungen noch ungeheuer sei, so bestand er dennoch auf seinem Vorhaben und folgte seiner Geliebten.

Es mag hier vorübergehend eingefügt werden, daß wol reichlich die Hälfte aller dieser Gefangenen von deutschem Blut und Stamme waren, wie ja auch das Heer Bouquet's zum großen Theile aus Deutschen bestand. Außerdem waren die Besatzungen sämmtlicher Festungen im Westen während des Pontiac'schen Aufstandes, Detroit und Niagara ausgenommen, mit Abtheilungen vom „Royal American Regiment", das aus lauter Deutschen bestand, besetzt gewesen.

Diejenigen Gefangenen, deren Verwandte nicht mit der Armee gekommen waren, wurden nach Carlisle, Pa., gebracht, wohin viele Leute zusammenströmten, um zu sehen, ob sich nicht ihre Angehörigen darunter befinden möchten. Eine deutsche Frau aus Ost-Pennsylvanien kam auch dahin, um ihre Tochter zu suchen, welche vor neun Jahren als Kind von den Wilden entführt worden war. Sie identificirte eines der jungen Mädchen als ihr so lange verlorenes Töchterlein, allein dieses gab keinerlei Zeichen des Erkennens als Erwiederung auf die ihr entgegengetragene mütterliche Liebe zurück. Die alte Frau jammerte, daß das Kind, welches sie so oft an ihrem Herzen gewiegt und in den Schlaf gesungen, sie nun in ihren alten Tagen vergessen habe. Bouquet, ein Mann mit warmem Gefühl und humaner Einsicht begabt, empfahl der Frau, sie solle eines ihrer alten Wiegenlieder singen, vielleicht würde die Tochter daran ihre Mutter wieder erkennen. Frau Hartmann, die Mutter, gehorchte, und sang so gut sie konnte, einige Strophen einer alten Kirchenhymne:

> Allein und doch nicht ganz alleine
> Bin ich in meiner Einsamkeit,
> Denn wenn ich ganz verlassen scheine,
> Vertreibt mir Jesus selbst die Zeit.
> Ich bin bei ihm und er bei mir,
> So kommt mirs gar nicht einsam für.

Als sie die folgende Strophe gesungen hatte:

> Wer wollte dann nicht recht erkennen,
> Daß ich stets in Gesellschaft bin?
> Und will die Welt mich einsam nennen,
> So thu' sie es nur immerhin.
> G'nug, daß bei mir, wann ich allein,
> Gott und viel tausend Engel sein.

da fielen die der Tochter in Erinnerung gebliebenen deutschen Worte auf ihre beglückten Ohren wie Seraphsgesang, und freudig an das Herz der so lange verlorenen Mutter sinkend stimmte sie mit ein:

> G'nug, daß bei mir, wann ich allein,
> Gott und viel tausend Engel sein.

Das Kind war Regina Hartmann, und ein deutsches Lied hatte unter den seltsamsten Verhältnissen das Wunder geübt, daß es Mutter und Tochter nach jahrelanger Trennung wieder vereinte.

Oberst Bouquet erhielt für seinen erfolgreichen Feldzug den Dank der Gesetzgebung von Pennsylvanien, und bald darauf (3. März 1765) ließ er sich als Bürger der englischen Provinzen in Amerika naturalisiren. Zur selben Zeit war seine Ernennung zum General und Befehlshaber aller Truppen in den südlichen englisch-amerikanischen Colonien bereits unterwegs, eine Beförderung, die er sicher verdient hatte. War er doch der bestgeschulte Officier der Briten in den Provinzen. Andererseits war aber auch die Ehre eine um so größere, da Bouquet ja kein Engländer war und bis dahin die Regel gegolten hatte, daß nur geborene britische Unterthanen eine Befehlshaberstelle bekleiden konnten.

Heinrich Bouquet oder Bouguet war zu Rolle im schweizer Canton Waadt im J. 1719 geboren, hatte im J. 1736 in dem kaiserlich niederländischen Regimente Constant in den Niederlanden als Cadet Dienste genommen und war 1738 zum Fähndrich avancirt. In dem im J. 1739 zwischen dem Königreiche Sardinien und den alliirten Mächten Frankreich und Spanien ausgebrochenen Kriege nahm er Dienste in der Armee des italienischen Königs. Er zeichnete sich hier so sehr durch Kühnheit und Umsicht aus, daß ihm im österreichischen Erbfolgekriege (1747) ein Hauptmanns-Commando im Solde der General-Staaten der Niederlande übertragen wurde, mit dem Range eines Oberstlieutenants. Sein älterer Bruder, Ludwig Bouquet, war zur Zeit General-Quartiermeister der holländischen Armee. Nach Schluß des Krieges machte Heinrich Bouquet als Begleiter des Lord Middleton eine Reise durch Frankreich und Italien, von welcher zurückgekehrt er sich im Haag niederließ, wo er, neben dem Militärdienste, philosophischen Studien unter den dortigen Gelehrten Hemsterhuys und König oblag. Als im Jahre 1754 die englische Regierung das sogenannte „Royal American Regiment" ins Leben rief, das zumeist aus Deutschen bestand, die in Maryland und Pennsylvanien angeworben wurden — es kamen auch deutsche Soldaten aus Europa mit herüber — da ward Bouquet durch den englischen Gesandten im Haag, Sir Joseph Yorke, bewogen, das Commando eines der drei Bataillone dieses Regiments zu übernehmen. Er kam mit einem Theil der angeworbenen Truppen im J. 1755 nach Amerika und war dann in den Feldzügen in Pennsylvanien und Virginien thätig. Nach Beendigung des Ohio-Feldzuges zum Befehlshaber der Süd-Armee ernannt, segelte er im Sommer 1765 nach Pensacola, Florida, wo er am 23. August ankam und wenige Tage darauf (2. September) an einem Fieber starb.

Die Herrnhuter Ansiedlungen.

Die ersten Weißen, welche sich im Gebiete des jetzigen Staates Ohio niederließen und Ansiedlungen gründeten, waren die deutschen Herrnhuter, welche am Tuscarawas-Flusse und oberen Muskingum vier Städte erbauten: Schönbrunn, Gnadenhütten, Lichtenau und Salem. Bereits im Anfange des achtzehnten Jahrhunderts hatten die aus Mähren und Böhmen vertriebenen, streng ascetischen Brüder in Pennsylvanien und Nord-Carolina Niederlassungen gegründet, die sich rasch mehrten und zu wohlhabenden Baronien anwuchsen. Zunächst wandten sie sich dem „Bekehrungswerke der Heiden" zu und etablirten dann Missionen unter den amerikanischen Wilden, wie von Europa aus bereits früher derartige Missionen in Grönland und auf den Bermuda-Inseln eröffnet worden waren. Vielfach hatte man sie in ihrem Wirken in New York und Pennsylvanien unterbrochen, indem die von ihnen errichteten Indianer-Stationen durch rohen Fanatismus wieder zerstört wurden. Durch die Eifersucht der englischen protestantischen Geistlichkeit — auch die deutschen und holländischen Prediger waren ihnen feindlich gesinnt — die sie als verkappte Papisten verschrieen, sowie durch den Haß der selbstsüchtigen Händler unablässig angefeindet, mußten sie sich mit ihren Schützlingen, den bekehrten Indianern, immer weiter nach dem Westen zurückziehen. So hatten Post und Heckewelder es bereits im J. 1761 versucht, mitten im damals französischen Gebiete eine neue Missionsstätte vorzubereiten, die aber, wie wir gesehen haben, durch den Aufstand Pontiac's wieder vernichtet wurde. Erst im Herbste 1767 wanderte Post abermals nach dem Westen, zu seiner rothen Gemeinde.

Im darauffolgenden Jahre 1768 gründete David Zeisberger eine Indianer-Gemeinde zu Goshocking, am Alleghany-Flusse, nicht weit von der jetzigen Westgränze von Pennsylvanien, allein die wilden Indianer blickten mit Scheu auf dieses Eindringen der friedlich gesinnten Deutschen in ihre Wigwams, wodurch ihre Krieger dem unbändigen Waldleben entwöhnt und zum Ackerbau angetrieben wurden. Mehrfache Anschläge auf Zeisberger's Leben mißlangen jedoch und im Jahre 1770 hatte sich seine Gemeinde so sehr vermehrt, daß sie weiter wanderten und am Big Beaver-Flusse, etwa zwanzig Meilen von dessen Mündung in den Ohio, ein neues Städtchen anlegten, welches sie Friedensdorf nannten. Kurz darauf aber verkauften die „Sechs Nationen" den größten Theil ihres Landbesitzes in Pennsylvanien und die armen christlichen Indianer geriethen abermals zwischen zwei Feuer. Die Weißen wollten sie nicht länger in ihrem Lande dulden und die rothen Senecas verweigerten ihnen Aufnahme in ihrem Gebiete. Bei den Delawaren und Mingos aber hatten sie sich durch ihre friedliche Gesinnung viele Freunde erworben und diese luden sie nun ein, sich am Muskingum niederzulassen, welcher Einladung sich die

Wyandots anschlossen. Die Einladung wurde lange in Erwägung gezogen und schließlich angenommen, worauf am 3. Mai 1772 Zeisberger und 27 seiner dunkelfarbigen Jünger Schönbrunn gründeten, die erste christliche Niederlassung im Staate Ohio. Bereits im selben Jahre kam Johann Georg Jungmann und seine Frau von Bethlehem, in Pennsylvanien, hierher. Frau Jungmann war die erste verheirathete weiße Frau, welche unter die christlichen Indianer kam.

Ueber die Gründung und städtische Verordnung schreibt Klauprecht nach Heckewelder wie folgt: „Am 14. April verließ der Patriarch (Zeisberger) mit fünf indianischen Familien Friedensdorf und langte am 3. Mai in dem ihm zugewiesenen Landstriche, einer anmuthigen, fruchtbaren Gegend am Tuscarawas-Flusse, dem Ostarme des Muskingum, an. Der Wald war hier reich an vortrefflichem Nutzholze. Durch die mit den nahrhaftesten Gräsern und Futterkräutern bedeckten Wiesen rieselte ein krystallheller Quellenbach dem Flusse zu. „Hier ist gut Hütten bauen!" rief Zeisberger aus, „hier laßt uns niederlassen und den Ort „Schönbrunn" nennen"! Mit rastlosem Eifer ging es sofort an die Errichtung einstweiliger Blockhütten, die Klärung und Anpflanzung des Landes. Am 5. August langte die erste Abtheilung aus Friedensdorf mit Johann Ettwein, und einige Tage später eine zweite Abtheilung mit dem Missionär Roth an. Gleich nach ihrer Ankunft verfaßten die Aeltesten, Zeisberger, Ettwein und Heckewelder, in Berathung mit den Nationalhelfern die Gesetze, welche die neue Ansiedlung leiten sollten. Diese denkwürdige Municipal-Verfassung der ersten Pionier-Gemeinde Ohio's lautet:

Städtische Verordnung von Schönbrunn.

§ 1. Wir erkennen und verehren keinen anderen Gott, als ihn, der uns erschaffen und mit seinem kostbaren Blute erlöset hat. § 2. Der Sonntag ist uns der Ruhe nach der Arbeit und dem Gottesdienste geweiht. § 3. Wir wollen Vater und Mutter ehren und sie in Alter und Noth unterstützen. § 4. Ohne Erlaubniß unserer Lehrer ist Niemandem die Niederlassung unter uns gestattet. § 5. Diebe, Mörder, Trunkenbolde, Ehebrecher und Wüstlinge werden nicht unter uns geduldet. § 6. Wer an Tänzen, heidnischen Opfern und Festen Theil nimmt, ist von unserer Gemeinde ausgeschlossen. § 7. Ebenso, wer bei der Jagd Tschappich (heidnische Zaubersprüche) anwendet. § 8. Alle Gaukelkünste, Lügen und Tücken Satans seien verbannt. § 9. Unseren Lehrern wollen wir Gehorsam erzeigen, ebenso den Nationalhelfern (so wurden die auserlesenen Aeltesten der Indianer genannt), die ernannt sind, um Ordnung in- und außerhalb der Stadt aufrecht zu erhalten. § 10. Trägheit, Verleumdung und Gewaltthätigkeiten seien aus unserer Mitte verbannt — wir wollen in Frieden und Eintracht wohnen. § 11. Wer eines Andern Herde, Güter oder Effecten schädigt, soll Schadenersatz leisten. § 12. Ein Mann soll nur ein Weib haben, sie lieben und für sie und ihre Kinder sorgen. Ingleichen soll ein Weib nur einen Mann haben und ihm gehorchen. Sie soll für die Kinder Sorge tragen und reinlich sein in allen Dingen. § 13. Rum oder geistige Getränke dürfen nicht nach unserer Stadt gebracht werden. Kommen Fremde oder Händler mit solchen an, so sollen die Helfer sie in Besitz nehmen, sorgfältig aufbewahren und sie ihnen erst bei der Abreise wieder zustellen. § 14. Kein Einwohner soll bei Händlern Schulden machen oder Güter in Commission nehmen für Händler ohne Zustimmung der Nationalhelfer. § 15. Ohne Erlaubniß des Kirchenvorstandes oder der städtischen Verwalter darf sich Niemand auf Reisen oder einen langen Jagdzug begeben. § 16. Ohne Erlaubniß und den guten Rath ihrer Eltern dürfen sich junge Leute nicht verheirathen. § 17. Wenn die städtischen Verwalter oder Helfer die Hülfe der Einwohner zu öffentlichen Bauten und Arbeiten, wie Versammlungsorte oder Schulen, für Klären und Einzäunen von Land und dergleichen fordern, so sollen sie Gehorsam finden. § 18. Alle für das Gesammtwohl nothwendigen Beiträge sollen freudig geleistet werden.

Diese Verordnungen waren in der Zeit des tiefsten Friedens entworfen worden. Als aber während des Revolutionskrieges einzelne Krieger der Delaware-Nation sich den Kriegszügen gegen die amerikanischen Colonisten anschlossen, wurden folgende Zusätze zu den Verordnungen erlassen:

§ 19. Wer in den Krieg ziehen, das heißt, Menschenblut vergießen will, kann fürder nicht unter uns wohnen. § 20. Wer von Kriegern Kriegsartikel kauft mit dem Vorwissen, daß dieselben gestohlen oder erplündert, muß uns verlassen. Denn es ist dieses nicht Anderes, als eine Ermuthigung zu Mord und Diebstahl.

Diese Verordnungen wurden alljährlich in öffentlicher Versammlung verlesen und kein neues Mitglied wurde ohne das feierliche Gelübde des Gehorsams gegen dieselben in die Gemeinde aufgenommen.

Im nächsten Frühjahre siedelten die bekehrten Indianer vom Susquehannah- und Big Beaver-Flusse nach dem oberen Muskingum über und gründeten zwei weitere Städte, Gnadenhütten und Salem. In Gnadenhütten übernahm der Bruder Johannes Roth die geistliche Obhut der Gemeinde, indessen Bruder Gottlob Sensemann die der

Salem-Gemeinde erhielt.   In Gnadenhütten wurde auch das erste
weiße Kind in Ohio geboren, Johann Ludwig Roth, Sohn des
genannten Herrnhuter Missionärs, welcher am 4. Juli 1773 das
Licht der Welt erblickte und am nächsten Tage von dem Missionär
Zeisberger getauft ward.   Das zweite Kind, welches von weißen
Eltern im Ohio-Gebiete geboren wurde, war Johanna Maria
Heckewelder, Tochter des Missionärs Johann Heckewelder, welche am
16. April 1781 in Schönbrunn das Dasein erhielt.   Auch das dritte
Kind weißer Eltern, das wir mit Sicherheit als in Ohio geboren
bezeichnen können (da das im vorigen Abschnitte erwähnte Kind der
Virginierin ebensowol in Michigan oder Canada, als in Ohio oder
Indiana geboren sein mag), ist ein deutsches, Christian David
Sensemann, Söhnlein des Missionärs Sensemann, geboren in Salem
am 30. August 1781.

Diese drei christlichen Indianerdörfer, welche bald in blühendstem
Zustande waren, lagen je etwa fünf englische Meilen von einander
entfernt, in der Gegend, wo der Tuscarawas-Fluß in den Muskingum
mündet.   In der Nähe derselben lagen nördlich davon die Dörfer der
Mingoes und Delawaren, westlich die der Mohawks und südlich die der
Schawanesen.   Nach Nordwesten hin, am Sandusky-Flusse, hatten die
Senecas ihre Jagdgründe, wie denn die Miamis und Wyandots noch
weiter westlich angesiedelt waren.   In den Gabeln des Muskingum-
flusses, nicht weit von Gnadenhütten, lag das Dorf der Mohawks,
Goshocking, in welchem der Häuptling White Eye residirte.   Obwol
in Gnadenhütten die christlichen Mohawk-Indianer wohnten, so bat
White Eye doch die Missionäre, in der Nähe von Goshocking noch
ein anderes christliches Dorf anzulegen, und diese begründeten dann im
Jahre 1776 das Dorf Lichtenau am Ostufer des Muskingum, etwa
drei Meilen unterhalb Goshocking.   Hierhin zogen Zeisberger und
Heckewelder selber, während Jakob Schmick als Missionär in die
Gemeinde von Gnadenhütten kam.

Nun war der Gipfelpunkt der Blüthe der christlichen Indianer-
Gemeinden erreicht.   In Schönbrunn und Gnadenhütten wurde um
diese Zeit das von Zeisberger in der Delawaren-Sprache verfaßte und
in Philadelphia gedruckte „Buchstabir- und Lesebuch" eingeführt und
erweckt unter den Schülern große Freude, da sie nunmehr neben dem

Lesen und Schreiben in Englisch und Deutsch auch dieses in ihrer eigenen Muttersprache erlernen konnten. Bisher war, außer den Predigten und einigen Gebeten, der Gottesdienst noch vorwiegend in englischer und deutscher Sprache abgehalten worden, hauptsächlich waren die gesungenen Kirchenlieder in der deutschen Mundart. „Während die englische Sprache im Westen noch nirgends eine feste Stätte errungen hatte", schreibt Klauprecht, „ertönten hier in der Ohio-Wildniß deutsche Hymnen aus den Kehlen der Delawaren-Kinder."

Die Gemeinden zählten am Ende des Jahres 1775 zusammen 414 Personen. In Schönbrunn und Salem wohnten die Delawaren, und in Gnadenhütten die aus dem Staate New York hierher übergesiedelten Mohawks, und Lichtenau ward die zweite Mohawk-Gemeinde, die sich aus dem am Muskingum angesiedelten Stamme rekrutirte. Alles war nun Frieden und Ruhe. Neben dem Feldbau und der Viehzucht waren fast alle Handwerke in den Dörfern vertreten. Selbst an Künstlern, an Instrumentenmachern und Musikanten, meint Heckewelder, habe es nicht gefehlt. Liest man das handschriftliche Tagebuch, welches von Zeisberger sorgfältig in deutscher Sprache während seines dreißigjährigen Wirkens am Muskingum geführt wurde und das sich gegenwärtig im Besitze der „Historischen und Philosophischen Gesellschaft von Ohio", in Cincinnati befindet, so glaubt man sich in ein rein deutsches Gemeinwesen versetzt. Die indianischen Jäger und Krieger dünken uns Gestalten, wie sie Auerbach in seinen „Dorfgeschichten" zeichnet, treuherzige deutsche Landleute und Schwarzwälder Dorfbewohner, die mit ihren neuen Taufnamen Johann, Anton, Konrad, Joseph, Christian, Maria, Rosina, Crescentia, Anna u. s. w. durchaus nicht an die rothen Urvölker des amerikanischen Westens erinnern. Nur die „Heiden" der wilden Stämme, die sie umgaben, treten mit ihren Indianernamen auf und erscheinen uns wie die Riesen, Räuber und bösen Geister neben den guten Feen und fleißigen Heinzelmännchen in den Märchen von Musäus oder Grimm.

Das Massacre von Gnadenhütten.

War der Frieden im Innern der Gemeinde in einem so zufrieden-
stellenden Zustande, so zeigte sich ihre Lage von Außen desto bedroh-
licher, als die Feindseligkeiten durch den ausgebrochenen Unabhängigkeitskrieg auch im Westen heftiger wurden. Bald kamen Botschafter
im Namen des Königs, die alle Indianer aufforderten, sich nicht auf
Seite der Colonien an dem Aufstande zu betheiligen. Dann erhielten
sie eine andere Botschaft von Seiten des Congresses in Philadelphia,
in sehr freundschaftlichen Ausdrücken, daß ein Indianer-Agent vom
Congreß ernannt worden sei, an den sie in Zukunft allein ihre
Angelegenheiten vorzubringen hätten. Nicht lange darauf erfuhren
sie, daß die Schawanesen sich zu den Engländern geschlagen hätten
und plündernd und mordend in die Ansiedlungen der Weißen eingedrungen seien. Endlich kam noch die Nachricht, daß der Bund der
„Sechs Nationen" an dem Kriege theilnehmen und auf die Seite
der Engländer treten würde. Hierdurch geriethen die christlichen
Dörfer in eine höchst gefährliche Lage, indem sie sich halbwegs zwischen
den Gränzansiedlungen der Weißen und den feindlichen Indianer-
dörfern am Sandusky-Flusse befanden, und überdies noch der Weg
zwischen beiden hier vorbei führte. Blickten auch die christlichen
Indianer mit Grausen auf das entsetzliche Blutvergießen, welches
während dieser Zeit an den Gränzen stattfand, so war es doch ganz
natürlich, daß die strenge Neutralität, welche sie zu bewahren strebten,
ihnen beiderseitig Feinde zuzog. Sie mußten bald der einen, bald
der andern Partei Obdach und Lebensmittel verabreichen, wodurch sie
schließlich in eine gleiche Lage kamen, wie das Weizenkorn zwischen
zwei Mühlsteinen, welches von beiden zermalmt wird. Nichtsdestoweniger harrten die opferwilligen deutschen Missionäre und ihre braunen
Zöglinge aus bei ihrem „Beten und Arbeiten".

Die herannahende dunkle Wolke verkündete jedoch bald heftigen
Sturm. Südlich vom Ohio bestrebten sich die wilden Gränzjäger
die Meinung zu befestigen, die christlichen Indianerdörfer seien Stationen der feindlichen Krieger auf ihren Mord- und Raubzügen gegen
die Ansiedlungen der Weißen und empfahlen die Vertilgung derselben

mit Feuer und Schwert. Auf der andern Seite meldeten die britischen Commissäre McKee und Elliot und der Renegat Girty dem Befehlshaber in Detroit, daß Zeisberger und seine Gefährten Spione der Amerikaner seien. Auf dieses hin erschien eines Tages Schingask, der Halbkönig der Delawaren, an der Spitze einer großen Anzahl seiner Krieger vor Gnadenhütten, umzingelte dieses und forderte die Auslieferung der friedlich gesinnten Häuptlinge. Auch forderte er die Bewohner auf, mit ihm in die Dörfer am Sandusky zu ziehen, wo sie unter den Miamis friedlich leben könnten. Die deutschen Indianer — denn diese christlichen Rothhäute sprachen, außer ihrer eigenen Sprache, alle deutsch — lehnten es jedoch ab, ihre mit so vieler Mühe aufgebauten und im schönsten Gedeihen stehenden Ansiedlungen zu verlassen, und blieben. Die Vereitelung des friedlichen Versuches Schingask's schrieben Girty und der Häuptling „Pipe" dem einflußreichen Ansehen Zeisberger's und der Missionäre zu. Sie schritten zum Aeußersten und dangen Meuchler, um die Patriarchen aus dem Wege zu räumen, doch mißlangen die Mordversuche in allen drei Städten. Damit nicht zufrieden, begaben sich die englischen Commissäre zu einer Berathung des Irokesen-Bundes am Niagara, wo sie abermals die Zerstörung der Dörfer am Muskingum forderten. Die „Sechs Nationen" aber wollten diese Blutsarbeit gegen ihre Stammesgenossen nicht selber ausführen, und sie sandten deshalb eine Botschaft an die Chippeways und Ottawas: „Wir schenken euch die Christengemeinden, macht Suppe daraus!" was so viel hieß als ein Gebot, diese niederzumetzeln.

Aber auch die beiden westlichen Stämme weigerten sich, dieser brutalen Aufforderung Folge zu leisten. Statt dessen zog Pomoacan, der Halbkönig der Wyandots, im August 1781 gegen die deutschen Indianerdörfer und führte die gesammte Einwohnerschaft mit Gewalt nach Upper Sandusky. Hier bauten sich die Heimathlosen kleine Hütten aus Baumstämmen und Rinde, um sich gegen die grimmige Kälte des Winters 1781—'82 zu schützen. Das Jahr 1781 war ihnen ein herbes gewesen, aber das neue Jahr 1782 sollte ihren Leidenskelch noch mehr füllen. Zu der bitteren Kälte, welche Ende Januar eintrat, gesellte sich Hungersnoth. Ihr noch übrig gebliebenes Vieh crepirte aus Mangel an Futter, und der Vorrath an Mais war so

gering, daß der tägliche Lebensbedarf auf eine Pinte per Kopf beschränkt werden mußte. Welschkorn kaufen war nicht möglich, da
der Preis auf einen halben Dollar das Quart gestiegen war. In
ihrer Noth beriethen sie sich mit dem Halbkönig, der ihnen dann auch
verstattete, einen Theil der Leute nach dem Muskingum zurückzusenden,
um das auf den Feldern verbliebene Mais zu ernten, im Walde zu
vergraben und je nach Bedarf in Säcken nach der Stätte des Elends
zu holen. Nun zogen etwa 150 derselben, Männer, Weiber und
Kinder nach den verlassenen Dörfern in dieser Absicht, wo sie Anfangs
Februar anlangten.

Durch die Streifzüge der Wyandots unter Girty waren mittlerweile am oberen Ohio und Monongahela große Verwüstungen unter
den Gränzansiedlungen angerichtet worden. Durch böswillige Menschen
wurde nun das Gerücht ausgestreut, die christlichen Indianer, die nach
dem Muskingum gekommen waren, hätten sich an diesen Plünderungen
betheiligt. Von den Gränzern ward also beschlossen, die deutschen
Dörfer zu zerstören, und so versammelte sich denn in den ersten Tagen
des Monats März 1782 eine Schaar Freiwilliger in der Mingo-
Niederung, eben unterhalb des heutigen Steubenville, unter dem
Befehle des Obersten David Williamson, von wo sie am 5. März auf
die Dörfer am Tuscarawas losmarschirten.

Hier waren die dahin gesandten christlichen Indianer eben mit
ihrer Arbeit zu Ende gelangt und packten ihre Säcke mit Mais, um
nächsten Tages nach dem Sandusky aufzubrechen. Im Felde, etwa
eine Meile von Gnadenhütten entfernt, war gerade der junge Schebosch,
der Sohn des Missionärs, mit dem Einfangen eines Pferdes beschäftigt,
als die Williamson'sche Truppe heranrückte. Da sprang einer der
rohesten der Weißen, Karl Bilderbach, leider ein im Waldleben ver-
wilderter Deutscher, vom Pferde, stürzte sich auf den armen Halbblut-
Knaben und schlug ihn mit seinem Tomahawk nieder. Obgleich der
junge Schebosch sich auf den Knieen erhob und um sein Leben mit den
Worten flehte, daß er ja der Sohn eines Weißen sei, riß ihm doch
der Unmensch mit seinem Jagdmesser den Skalp vom Kopfe und
tödtete ihn dann vollends mit einem Stich durchs Herz. Jakob, der
Schwager des unglücklichen Knaben, band gerade seine Kornsäcke vor
der Stadt am Flusse, als die Mörderrotte herankam; etliche der

Pittsburger waren ihm perfönlich bekannt, und er wollte fie eben freundlich grüßen, als er zu feinem Entfetzen fah, daß fie einen Bruder, der in einem Canoe über den Fluß fetzte, um nach dem Kornfelde zu gehen, kaltblütig niederfchoffen. Der Anblick raubte ihm alle Geiftesgegenwart, fo daß er, ftatt feine Freunde vor den Mördern zu warnen, in den Wald floh, wo er fich Tage lang in einer Höhle verbarg.

Als die Mörderfchaar in Gnadenhütten einzog, fand fie die meiften Indianer im Felde zerftreut und mit dem Auflefen des Mais befchäftigt. Sie theilten den Indianern mit, daß fie gekommen feien, um fie auf freundliche und friedliche Weife in Schutz zu nehmen und nach Fort Pitt zu bringen, wofelbft fie vor den mörderifchen Schaaren Girty's Schutz genießen würden, welcher, wie fie fagten, auf einem Streifzuge gegen die chriftlichen Indianerdörfer begriffen fei. Die arglofen Indianer trugen nun ihre Jagdgewehre zufammen, bereiteten für fich und die Weißen Frühftück und packten dann ihre Sachen, um den Zug nach Fort Pitt zu beginnen. Ein Indianer wurde als Bote nach Salem gefandt, um den dortigen Brüdern von der neuen Anordnung Nachricht zu bringen. Auch diefe packten nun ihre Habfeligkeiten zufammen, um fich ihren Brüdern in Gnadenhütten anzufchließen.

Bei der Ankunft der Brüder von Salem warfen die Mordbuben ihre heuchlerifchen Masken von fich und nun wurden alle ergriffen und gefeffelt und wie eine Heerde Schafe in zwei große Scheunen getrieben, die Männer in die eine und die Frauen und Kinder in die andere. Dann rief man den Unglücklichen zu, daß fie keine Chriften, fondern verdammte heidnifche, rothhäutige Hunde feien; daß fie Diebe und Räuber feien und daß ihre geftohlenen Pferde die Merkzeichen der Weißen trügen. Vergebens ftellten die armen Opfer ihnen vor, daß fie ihre Füllen und Pferde, wie die Weißen, mit den Anfangsbuchftaben ihrer Namen zeichneten und daß fie für ihr ganzes Eigenthum genauen Ausweis zu geben im Stande feien, jedoch man lieh ihren Vorftellungen kein Gehör.

Um aber doch wenigftens den Schein zu bewahren, berief der Anführer der Mordbande alle Officiere und Gemeine zu einem fo-genannten Kriegsgerichte zufammen. „In diefem felbftconftituirten

Militärgerichte", sagt der Geschichtsschreiber Doddridge, „stellte Oberst Williamson die Frage, ob die Herrnhuter-Indianer als Gefangene nach Fort Pitt geführt oder ermordet werden sollten? Er forderte Diejenigen auf, welche für Schonung des Lebens derselben seien, aus den Reihen zu treten und ein hinteres Glied zu bilden". Nur achtzehn Mann aus der ganzen Anzahl traten hervor und bekannten sich so als Vertreter der Humanität. Schade, daß die Geschichte ihre Namen nicht aufbewahrt hat. Die Mehrheit sprach in stummer Apathie das Todesurtheil über die Unglücklichen aus. Ihre Ermordung (kein anderes Wort läßt sich für diesen barbarischen Act substituiren) war bereits vor dieser Farce von Kriegsgericht eine beschlossene Sache.

Jetzt begann eine Scene, wie sie selbst in jenen Tagen der rohen blutdürstigen Kriegsführung wol kaum ihres Gleichen findet. Nachdem das Todesurtheil gesprochen war, beriethen sich die Cannibalen aber die Art und Weise der Ausführung dieses Massenmordes. „Manche waren dafür", sagt Klauprecht in seiner deutschen Chronik, „Feuer an die Blockhäuser zu legen und die Unglücklichen bei lebendigem Leibe zu verbrennen. Andere wollten jedoch Siegeszeichen mit nach Pittsburg nehmen und waren deshalb für Erschlagen und Skalbiren, eine Henkerarbeit, die den allgemeinen Beifall fand."

Die Indianer hatten in den Mienen ihrer Wächter bereits ihr Schicksal gelesen, und als die Ungeheuer hereintraten, um ihre Blutarbeit zu beginnen, baten sie um eine kurze Frist, sich zum Tode vorzubereiten. Nach langem Zögern gewährte man ihnen diese. Unter den dem Tode Geweihten befanden sich Männer und Frauen, welche einen für ihre Naturanlagen ungewöhnlichen Bildungsgrad erlangt hatten und die den deutschen Missionären als wirksame Gehülfen zur Seite gestanden hatten. Mabet, eine hochherzige Frau, die fertig englisch und deutsch sprach, drang durch die Rotten und warf sich dem Anführer Williamson zu Füßen und flehte ihn an, bei allem, was ihm theuer sei, seine Familie, sein Weib, seine Kinder, doch Gnade zu üben an den unschuldig Verurtheilten; doch den Ihrigen das Leben zu schenken. Das Scheusal stieß sie aber mit den kalten Worten zurück, daß er ihr nicht helfen könne. Unter einer Fluth von Thränen stürzten sich nun die Geschwister in die Arme und nahmen Abschied von einander. Dann stimmten sie eine von Vater Zeisberger's

Gnadenhymnen an und erwarteten ruhig den Tod. So sehr auch der bevorstehende Tod manchen Bösewicht erschreckt hätte, diese armen verlassenen, betrogenen Indianer waren wirkliche Christen und beschämten mit ihrer Faffung und ihrem Heroismus manchen Weißen, welcher die Religion nur auf der Zunge, nicht aber im Herzen trägt.

Als das Gebet verhallt war, zog einer der Henker das Wamms aus und streifte die Hemdsärmel auf. Dann ergriff er eine zur Hand liegende Keule, trat jauchzend in das eine „Schlachthaus", wo die Weiber und Kinder zusammen verwahrt waren und erschlug der Reihe nach vierzehn der mit gefalteten Händen auf den Knieen liegenden Frauen. Judith, eine achtzigjährige, fromme Greiſin, war das erste Opfer. Des Mordknechtes Arm ermüdete endlich bei der gräßlichen Arbeit und er reichte darauf die Keule einem anderen Blutgesellen hin mit den Worten: „Das heißt tüchtig gearbeitet. Fahre Du fort, ich bin müde". In dem anderen „Schlachthauſe" wurden die Männer ebenso widerstandslos hingemordet. In Allem fielen dreiundneunzig Menschenleben dieſem scheußlichen Cannibalismus zum Opfer, darunter fünf in der deutschen und englischen Sprache gebildete sogenannte „Nationalhelfer", drei über sechzig Jahre, darunter Glickhican, der Held und Redner der Delawaren und treue Freund der amerikanischen Coloniſten.

„Hier wurden sie schändlich hingeschlachtet", schreibt Heckewelder, „Mann und Weib, ſammt ihren Kindern, denselben lieben Kindern, deren harmonische Stimmen sich oft so herrlich in unserer Schule zu Dankeshymnen an den Schöpfer erhoben hatten. Ihr zartes Alter, die unschuldigen Gesichter, ihr Flehen, ihre Thränen vermochten die Scheuſale nicht zu rühren." „Nur zwei Knaben entkamen lebendig aus der Schlächterei", schreibt Klauprecht, „denn, ehe dieselbe begann, hatte einer derselben ein Brett des Fußbodens aufgehoben und sich im Keller versteckt, wo das Blut von oben durch die Ritzen auf ihn herabfloß. Als es dunkelte, schlich er nach der Thür und erſah sich die Gelegenheit, um unbemerkt nach dem Walde zu entkommen. Der andere Knabe, obschon niedergeschlagen und theilweise skalpirt, hatte sich am Abend erholt und hinreichend Stärke gewonnen, um seinem Kameraden zu folgen."

„Als die barbarische Schlächterei zu Ende war", schreibt Klauprecht weiter, „zogen sich die Mörder ermüdet von der Blutſtätte zurück, um sich mit Whisky und dem Rest des aufgefundenen Opferweins zu betrinken. Bald kehrten sie jedoch wieder, um die Leichen zu zählen, und da ein armer Junge, Namens Abel, obgleich niedergeschlagen und skalpirt, sich noch einmal bluttriefend unter dem Leichenhaufen aufgerichtet hatte, tödteten sie ihn vollends. Dann setzten sie die Schlachthäuser in Flammen und zogen jubelnd und singend ab, als hätten sie Wunder welche große Siegesthat verübt. Den Hyänen, welche in so entsetzlicher Weise im Blute der besten Freunde geschwelgt hatten, geschah nichts. Das Gesetz verstummte bei einer Schandthat, die in den Annalen der völkergeschichtlichen Verbrechen nicht ihres Gleichen hat, die einen unauslöschbaren Schandfleck in der Geschichte des Ohio-Thales bildet."

Am Abend schickten die Henker noch eine Abtheilung nach dem oberen Orte, Schönbrunn, allein hier waren die Zurückgelassenen durch zwei der Ihrigen, welche die Ermordung Schebosch's erfahren hatten, rechtzeitig gewarnt worden, und als die Rotte dort ankam, waren die Schönbrunner bereits auf dem Wege nach Sandusky.

Im Jahre 1799, als die Ueberreste der Herrnhuter Indianer seitens der Vereinigten Staaten Regierung wieder nach dem Flecken ihrer ehemaligen Wohnungen am Tuscarawas-Flusse zurückgerufen worden waren, ging ein alter Indianer in Gesellschaft eines jungen Weißen, Namens Carr, über die Schreckensstätte und zeigte diesem in einer Höhle, welche ehemals der Keller eines dieser Schlachthäuser gewesen war, noch die Gebeine der armen Opfer dieser menschlichen Hyänen, welche siebenzehn Jahre nach jener tragischen That unbestattet bleichten. Die Thränen rollten dem alten Sohne des Tuscarawas-Thales die Wangen hinab.

David Ziegler und die Kriege von 1788—1795.

Nach Schluß des Friedens von Versailles (1783) hatte es eine Zeitlang das Ansehen, als ob auch für die westlichen Niederlassungen der Friede nun endgültig hergestellt sei, da der mehr als fünfzigjährige Kampf um den Besitz des Landes im Westen, zuerst zwischen

Frankreich und England, und dann zwischen England und den Colonien geführt, nunmehr für alle Zeit geschlichtet schien. Der Anschein
sowol als auch das Factum waren wol da, aber das Resultat war
noch keineswegs endgültig gesichert, weil England immer noch hoffte,
durch ein oder das andere Mittel das Nordwest-Gebiet wieder zurück-
zugewinnen, — hatte es in Canada doch einen starken Anhaltspunkt
dazu. Auf der andern Seite unterließen es die Colonisten ebensowenig,
sich des Gebietes, in welchem noch mehre Forts, z. B. Detroit, Sandusky, Maumee ꝛc., von britischen Truppen besetzt waren, angeblich um die zugleich in Canada und dem Nordwest-Gebiete seßhaften
Indianervölker zu schirmen, durch Verträge mit den Indianern
gänzlich zu sichern. So wurde im J. 1784 ein Vertrag mit dem
Irokesen-Bund oder den „Sechs Nationen" zu Fort Stanwix abgeschlossen, wonach diese das ganze südliche Gebiet des heutigen Staates
Ohio an die Weißen abtraten, welcher Vertrag durch den Delawaren-
Stamm zu Fort McIntosh im nächsten Jahre bestätigt wurde. Diesen
Verträgen standen jedoch die westlichen Indianer des Algonquin-
Bundes, namentlich aber die Miamis, Wyandots, Ottawas und andere
Stämme entgegen, mit der Behauptung, die „Sechs Nationen" hätten
kein Recht, das fragliche Land zu veräußern, welches sie freilich seit
der Vertilgung des Erie-Stammes, und nachdem sie aus den Staaten
New York und Pennsylvanien verdrängt worden seien, als Jagdgründe und Wohnung innegehabt hätten, allein nur gemeinsam
mit den westlichen Stämmen. Diese aber würden durch den Verkauf
an die Weißen, sowie dadurch, daß die „Sechs Nationen" das Land
räumten und nach Canada zögen, in allzu große Gefahr gerathen,
von den weißen Colonisten ganz und gar verdrängt zu werden, denn
wenn diese einmal Boden im Nordwest-Gebiete gefaßt, so würden sie
nicht ruhen, bis sie die Jagdgründe aller Indianer ebenfalls verschlungen
hätten. Den rothen Völkern aber sei das Land nordwestlich vom Ohio-
flusse als unbestrittenes Eigenthum auf ewige Zeiten verbürgt worden,
und wenn die Colonisten sie in diesem Rechte beeinträchtigen wollten,
so würden sie sich dagegen wehren, und England müßte und würde
die rothen Bewohner in ihrem Besitze des Landes in Schutz nehmen.

Auf die Verträge von Fort Stanwix und McIntosh sich stützend,
drangen aber sofort die weißen Ansiedler in das Territorium ein, sich

im J. 1788 zu Marietta und im Herbste desselben Jahres zwischen den beiden Miami-Flüssen festsetzend. Nun entspann sich eine Reihenfolge von Kriegen, Verwüstungen und Grausamkeiten aller Art, die erst mit dem Siege des Generals Wayne am Maumee-Flusse im J. 1794 und der gänzlichen Niederlage der vereinten Indianer ihr Ende erreichten. In diesen Kriegen spielt eine Anzahl Deutsch-Amerikaner Rollen, die freilich im gewöhnlichen Sinne des Wortes nicht zu den Culturbestrebungen gezählt werden können: die deutschen Indianer-jäger, mit dem in den Annalen des Westens vor allen Andern berühmt gewordenen Ludwig Wetzel an der Spitze. Außer diesem wurde noch als deutscher Indianer-Tödter (Indian-Killer) im Westen genannt dessen Bruder Jakob Wetzel, der in den Kämpfen um „Fort Washington" (das jetzige Cincinnati) eine hervorragende Figur bildet. Ueberhaupt standen die Brüder Wetzel bei den Pionieren von Cincinnati in sehr hohem Ansehen, drohten doch die Ansiedler im J. 1791, als Ludwig wegen Ermordung von Indianern im Fort Washington in Haft saß, das Fort zu stürmen, bis der Commandant ihn losgab, worauf ihm von der Bevölkerung ein Ehrenmahl gegeben wurde, das erste Bankett, welches in der Chronik der Stadt Cincinnati verzeichnet steht.

In den Ansiedlungen am Scioto, dem heutigen Chillicothe, wohnten die deutschen Indianerjäger Georg Rufner, David Bolaus und Friedrich Behrle; und ohne seßhafte Heimath werden noch die Namen Peter Nieswanger, Jakob Weiser, Johann Warth, die Brüder Christopher und Joseph Miller und Wilhelm Wells ge-nannt, die in den Feldlagern der Heere Harmar's, St. Clair's und Wayne's als Späher und Kundschafter ihr Wesen trieben. Das weite Ohio-Thal hallt noch heute wieder von den Wagnissen und Abenteuern dieser Rinaldi's des Westens, worin Morde und Grausamkeiten, Kühnheit und Verschlagenheit aller Art ein Haupt-thema bilden. Es kann indessen nicht geleugnet werden, daß in jenen rauhen Pionierzeiten der Eroberung und ersten Besiedlung des Nordwest-Gebietes diese Männer wesentliche Dienste geleistet haben, und in der Geschichte jenes Landestheiles nehmen sie die Stelle eines Tell und einer Johanna d'Arc ein, wenn auch in brüskere Formen gekleidet.

Eine civilifirte Gestalt in der Eroberungsgeschichte des Nord-westens aber, als diese wilden Waldsöhne, bietet sich in einem andern Deutschen unsern Blicken, der als Militär sowol als auch als Bürger eine hochwichtige Rolle hier gespielt hat, David Ziegler. Derselbe wurde zu Heidelberg am Neckar am 18. August 1748 geboren, wo sein Vater zur Zeit eine Gastwirthschaft betrieb, in der die Studenten viel verkehrten. Der junge Ziegler, der von Jugend auf einen Hang zum Militärleben hatte, trat in seinem zwanzigsten Jahre in den Dienst der Kaiserin Katharina II. von Rußland ein und machte die russisch-türkischen Feldzüge unter dem General Weismann mit, bis der Krieg im Jahre 1774 mit der Eroberung der Krim sein Ende fand. Was Ziegler nach Eintritt des Friedens trieb, als er seinen ehrenvollen Abschied aus der Armee der Czarina erhielt, in der er mit Auszeichnung gedient und sich zum Offizier emporgeschwungen hatte, ist nicht bekannt.

Soldat vom Scheitel bis zur Sohle kam ihm das damals, für eine kurze Periode wenigstens, friedfertige Europa jedenfalls höchst prosaisch vor, und so wanderte er noch im selben Jahre nach Amerika aus. Er ließ sich darauf in Lancaster County, Pa., nieder, wo wir ihn im Frühjahr 1775 antreffen, als der erste Nothschrei von Lexington sich über die Colonien verbreitete. Bei einer Versammlung, die zu Carlisle im Februar 1775 abgehalten wurde, um Maßregeln des Widerstandes der Colonien gegen die Uebergriffe Englands zu treffen, war Ziegler anwesend; und als es beschlossen wurde, ein Bataillon zur Vertheidigung des Landes aufzubringen, da gehörte er zu den ersten der sich einreihenden Patrioten. Das hier auf-gebrachte Bataillon, welches unter dem Commando des Obersten und späteren Generals William Thompson in wenigen Wochen marsch-bereit stand, erschien bereits am 2. August 1775 vor Boston, wo es sich unter den Befehl des Generals Washington stellte. David Ziegler war der Adjutant und die eigentliche Seele des mehr als zur Hälfte aus Deutschen bestehenden Bataillons, welches als das Zweite Regiment unter Washington's Fahnen eingereiht wurde; das Erste Regiment war aus Massachusetts.

Ziegler machte nun als Offizier den ganzen Unabhängigkeitskrieg mit, in welchem er sich so sehr auszeichnete, daß alle Berichte ohne

Ausnahme seiner lobend erwähnen. Seine militärischen Fachkennt-
nisse wurden bald in weiteren Kreisen bekannt und so ward er im
J. 1779 von General St. Clair zum General-Commiſſär des Departments von Pennſylvanien ernannt, ein Poſten, den er so zur Zufriedenheit der Provinzial-Behörden von Pennſylvanien bekleidete, daß
man ihn nur ungern daraus entließ, als er im J. 1780 darum bat, in
den activen Dienſt, der ihm beſſer zuſagte, zurückkehren zu dürfen. Er
war mittlerweile der Senior-Hauptmann im Erſten pennſylvaniſchen
Continental-Regimente geworden. Auch galt er als der beſte Exercier-
meiſter des Heeres, und häufig wurde er auserwählt, um nachläſſige
oder halsſtarrige Truppenabtheilungen zu dreſſiren, wenn es den
eigenen Offizieren nicht gelingen wollte, denſelben Zucht und Ordnung
beizubringen. Zahlreich ſind die Anerkennungen, die ihm in dieſer
Hinſicht gezollt wurden und die in den officiellen Berichten und
Documenten des Unabhängigkeitskrieges aufgezeichnet ſind. Major
Denny ſchreibt in ſeinem Tagebuche darüber: „Als Disciplinar gibt es
im ganzen Heere Keinen, der ihm (Ziegler) voranſteht.“

Nach Schluß des Krieges begründete Ziegler zu Carlisle, Pa.,
einen Kaufladen, allein das mercantiliſche Fach war nicht nach
ſeinem Geſchmack. Um so mehr freute es ihn, als der Krieg gegen
die weſtlichen Indianer ausbrach, daß ihm eine Hauptmannsſtelle
in dem zur Zeit einzigen Bundesregimente unter Oberſt Harmar
verliehen wurde. Es iſt natürlich, daß die durch ihn in dem deutſchen
Theile von Pennſylvanien angeworbene Compagnie zumeiſt, wenn
nicht ganz, aus Deutſchen beſtand; alle bisher entdeckten Namen der
Soldaten dieſer Compagnie ſind unzweifelhaft deutſch.

Ueber den Separat-Antheil, den Ziegler und ſeine kleine Schaar,
die anfänglich den achten Theil des ganzen Heeres bildete, an jenen
Kriegen nahm, läßt ſich, des beſchränkten Raumes halber, nur wenig
ſagen. Sie bildete zuerſt einen Theil der Beſatzung des Forts Harmar
(Marietta, Ohio); dann wurde Ziegler beordert, das Fort Finney
an der Mündung des Großen Miami-Fluſſes zu erbauen; darauf
nahm er an der Expedition des Generals George Rogers Clark gegen
die Kickapoos, am Wabaſh, und im Herbſte 1790 an dem unglücklichen
Feldzuge Harmar's gegen die Indianer am oberen Miami Theil. In
der Schlacht am Maumee zeichnete er ſich durch Tapferkeit und Umſicht

vor allen Anderen aus, so daß Gouverneur St. Clair, als die über-
müthigen Wilden nach der Niederlage Harmar's die Niederlassungen
mit Feuer und Schwert, und besonders Marietta mit Vernichtung
bedrohten, Ziegler mit zwei Compagnien den Bedrängten zu Hülfe
sandte. Durch dessen zweckmäßige und energische Maßregeln wurde
das Muskingum-Gebiet bald von den drohenden Indianerhorden
gesäubert, wodurch sich Ziegler einen so hohen Ruf bei den Bewohnern
des Nordwest-Gebietes erwarb, daß er bei der Bevölkerung der belieb-
teste Offizier des ganzen Heeres wurde.

Im Herbste 1791 nahm Ziegler an dem blutigen und mit so
unheilvollem Ausgange beendeten Feldzuge St. Clair's Theil, in
welchem er ein Bataillon regulärer Truppen befehligte. Da er zu
einem Specialdienst von der Hauptarmee detachirt war, so konnte
Ziegler an der eigentlichen Schlacht nicht theilnehmen. Dafür wurde
ihm nach der gräßlichen Niederlage die Deckung des auf der wildesten
Flucht befindlichen Heeres übertragen, und es gelang ihm, vermöge
der unausgesetztesten Wachsamkeit und strengen Disciplin, die er hand-
habte, die Bruchstücke des Heeres angesichts der sie von allen Seiten
umschwärmenden siegestrunkenen Wilden sicher in das Fort Washington zurückzuführen. Nun war Ziegler der gefeiertste Held des Tages,
und allseitig wurde ihm das höchste Lob gespendet. War er für seine
ein Jahr zuvor bewiesene Bravour und Tüchtigkeit bereits zum
Major der regulären Armee befördert worden, so stand ihm jetzt eine
noch größere Anerkennung bevor. Als General St. Clair, der
Obergeneral des Bundes, nach Philadelphia eilte, um sich vor dem
Congreß in Bezug auf seine Kriegsführung zu verantworten, übertrug er an Ziegler, mit Uebergehung der höher stehenden Offiziere
Wilkinson, Butler und Armstrong, interimistisch den Oberbefehl des
Heeres und das Commando von Fort Washington.

So war denn ein Deutscher, wenn auch nur auf kurze Zeit (sechs
Wochen), der Oberbefehlshaber der Vereinigten Staaten Armee, freilich
nur in stellvertretender Capacität. Das rief indessen den Neid des
nativistischen Offizier-Corps wach, das nun die Fäden der Intrigue
zu spinnen begann, um den verhaßten "Foreigner" aus dem Wege
zu räumen. Besonders waren es Oberst Jacob Wilkinson (der spätere
General und Bundes-Oberbefehlshaber) und Oberst Armstrong, die

es sich angelegen sein ließen, Ziegler durch Verdächtigungen zu entfernen. Man warf ihm Insubordination*) gegen die Befehle des
Kriegsministers (General Knox) und Trunksucht vor. Angeekelt
von diesem beschränkten, gemeinen Getriebe des Neides, legte Ziegler nicht nur sein Commando nieder, sondern trat auch zugleich aus
der Armee aus.

Die Bürger ließen es sich aber nicht nehmen, den gefeierten
Helden zu rechtfertigen. Als im J. 1802 Cincinnati von der Gesetzgebung des Territoriums zu einem Dorfe incorporirt wurde, erwählten ihn seine Mitbürger mit großer Mehrheit zum ersten
Bürgermeister des Ortes und im darauf folgenden Jahre wurde er
einstimmig wiedergewählt, „eine Anerkennung", sagt Richter Bur-
nett in seinen "Notes on the Settlement of the Northwestern Territory", „sowol seiner Verdienste um den Schutz der Niederlassung
in den Jahren 1791 und 1792, als auch, um ihn für die ungerechte
Behandlung zu entschädigen, die er seitens der Bundesregierung
erfahren hatte". David Ziegler, das erste bürgerliche Oberhaupt der
jetzigen Metropole des Ohio-Thales, starb zu Cincinnati am 24.
September 1811, allgemein betrauert von der gesammten Bevölkerung
der aufblühenden Stadt.

Das deutsche Element vor 1830.

Durch die Schlacht an den Fällen des Maumee, welche General
Anthony Wayne den verbündeten Indianern am 14. August 1794
lieferte und in der die Wilden eine totale Niederlage erlitten, ward
deren Macht im Nordwest-Territorium endgültig gebrochen und der
daraus erfolgte Vertrag von Greenville (5. August 1795) bestätigte
den Weißen den alleinigen Besitz des ganzen südlichen Ohio-Gebietes.
Nun strömten Ansiedlungslustige in großen Schaaren nach dem neueröffneten Lande, das als ein wahres Kanaan im Osten gerühmt
wurde, und bereits in weniger als einem Jahrzehnt hatten sich in

---

*) Die allseitig anerkannte vorzügliche Disciplin Ziegler's, die durch hundertfache
Documente bestätigt wird, reimt sich freilich schlecht mit dieser Anschuldigung.

allen Theilen des abgetretenen Bezirks die Pioniere der Civilisation niedergelassen und ihre Blockhütten inmitten der mächtigen Wälder Ohio's errichtet. Ganz gefahrlos war das Gebiet, trotz des Friedens, noch keineswegs, und obwol es nicht mehr zum Kriege kam, so ist doch mancher weiße Ansiedler der mörderischen Kugel tückischer Wilden, aus heimlichem Versteck entsandt, zum Opfer gefallen; aber Gefahren liebte der Pionier des Westens und Abenteuer waren ihm Lust und Leben. Kräftig erscholl der Axtschlag in den dunkeln Forsten, und Stamm auf Stamm sanken sie dahin, die mächtigen Riesen des Urwaldes, in welchem bisher nur Bären und Pumas und Luchse gehaust und die rothen Männer der amerikanischen Urzeit. Lichtung an Lichtung erstand und bald hallten fröhliche Weisen der emsigen Farmer zum lustigen Sensengeklirr im Chor, wo vordem nur der Schrei des Wildes und Indianergeheul das Echo des Waldes wachgerufen hatten. Daß auch deutscher Gesang und die deutsche Sprache hier gleichzeitig mitwarben und strebten, um ebenbürtiges Bürgerrecht mit der englischen Schwester zu erlangen, das ist tief und unwiderleglich in der Besiedlungsgeschichte der Staaten Ohio und Indiana begründet.

An der ersten Niederlassung der Weißen im Nordwest-Gebiete — zunächst der Herrnhuter-Städte nämlich — der Begründung von Marietta, hatten keine Deutschen Antheil. Es war dies eine Colonie von Neu-Engländern, im April 1788 begründet. Aber schon an der Spitze der zweiten Ansiedlung in Ohio, der von Columbia, finden wir als Führer einen Deutschen, den Revolutions-Officier Major Benjamin Steitz. Man hat dies lange Zeit nicht gewußt, da Steitz bereits im vorigen Jahrhundert starb und seine Nachkommen ihre Namen in Stites umgewandelt haben, bis das Tagebuch des bereits früher genannten Johannes Heckewelder aus dem J. 1792 dieses klar gestellt hat. Dasselbe wurde zwar im J. 1797 zu Halle veröffentlicht, allein es erschien unter einem so fremdländischen Titel — in der „Sammlung von ausländischen geographischen und statistischen Nachrichten", die von M. C. Sprengel herausgegeben wurde — daß es bis vor Kurzem den Geschichtschreibern des Staates Ohio verborgen blieb. Es ist jedenfalls interessant, daß die erste Schrift, welche die jungen Ansiedlungen der heutigen Staaten Ohio und Indiana schildert, ein deutsches Buch ist.

Fort Steuben, der darauf ein Detachement von etwa 18 Mann unter
dem Commando des Fähndrichs Luß nach North Bend absandte, deren
Anwesenheit dann die Bewohnerschaft einigermaßen beruhigte. Es
währte indessen nicht lange, bis die Wilden einen Angriff auf die Ansiedlung machten, wobei ein Soldat getödtet und ein anderer, sowie vier
oder fünf der Bewohner verwundet wurden. Die Soldaten hatten
ursprünglich die Absicht gehabt, das benachbarte und von Major Ziegler erbaute „Fort Finney“ zu besetzen; da der hohe Wasserstand des
Flusses es jedoch klar gemacht hatte, daß das Fort in solcher Zeit nicht
haltbar sei, weil man es nicht gut verproviantiren konnte, dasselbe auch
von den begonnenen Ansiedlungen zu entfernt war, so erhielt Fähndrich
Luß Instruction, ein neues Fort zu erbauen.

Es scheint nun, daß Luß sich nicht verbunden fühlte, das Fort an
irgend einem besonderen Orte zu erbauen. Er errichtete deshalb nur
ein temporäres Werk am Bend, das hinreichte, um seine Mannschaft
vor Ueberfällen zu schützen. Während Symmes in ihn drang, doch
den Bau des Forts zu beginnen, nahm sich Luß gemächlich Zeit zur
Auswahl des dazu passenden Platzes. Unterdessen machte er die
Bekanntschaft einer hübschen, schwarzäugigen Schönen, die seine Aufmerksamkeit sehr in Anspruch nahm. Sie war die Frau eines der
Ansiedler von Cleves, und da ihr Gatte die Gefahr bemerkte, in
welcher ihn die Nachbarschaft von Mars und Venus versetzte, so entschloß er sich, nach Cosantiville überzusiedeln, was er auch sofort that.
Sobald aber der galante Befehlshaber es entdeckte, daß der Gegenstand
seiner Verehrung ihren Wohnort gewechselt habe, da begann er auch zu
zweifeln, daß der „Bend“ für die Errichtung des projectirten Forts sich
überhaupt eigne, und er theilte diese Ansicht dem Richter Symmes mit,
welcher aber der Meinung des Commandanten entschieden entgegen-
trat. Seine Argumente waren jedoch nicht so überzeugend, als die
leuchtenden Augen der schönen Dulcinea, die nun in Cosantiville funkel-
ten. Das Resultat war ein Entschluß, Cosantiville zu besuchen und
dessen Vortheile für einen Militärposten in Erwägung zu ziehen,
welcher Entschluß dem Richter mitgetheilt wurde, mit der Bemerkung,
daß im Falle der Platz sich nicht als der beste erweise, er zurückkehren
und das Fort am Bend erbauen würde. Der Besuch wurde auch alsbald
gemacht und ergab die Ueberzeugung, daß sich der „Bend“ durchaus

nicht mit Cosantiville als ein günstiger Platz für einen Militärposten
messen könne. Die Truppe wurde demgemäß hierher verlegt und die
Erbauung eines Blockhauses begonnen. Ob dieses Gebäude auf dem
Platze war, wo nachmals Major Doughty das Fort Washington
errichtete, kann nicht mehr entscheidend beantwortet werden. Diese
Bewegung aber, durch eine in sich selbst so triviale Ursache begonnen,
wurde von Resultaten begleitet, welche von unberechenbarer Wichtigkeit
waren. Sie entschied die Frage, ob Cleves oder Cincinnati die große
commercielle Metropole des Miami-Thales werden sollte. Wie einst
die unvergleichliche Schönheit einer spartanischen Dame einen zehn-
jährigen Krieg und die Zerstörung Troja's herbeiführte, so verursachten die unwiderstehlichen Reize eines anderen Weibes die Ver-
legung des Handels-Emporiums am Ohio-Strom von dem Orte, wo
dasselbe bereits angelegt war, nach der Stelle, wo es sich jetzt befindet. Wäre die amerikanische Helena in North Bend verblieben, so
würde die Garnison dort angelegt worden sein — Bevölkerung, Capital
und Geschäft hätten sich dort vereinigt und dort stände heute die
„Königin des Westens".

Vor dem Ende des vorigen Jahrhunderts wurden bereits vielfach kleinere Dörfer und Niederlassungen an den Ufern des Ohio und
dessen Nebenflüssen angelegt. Auswanderer aus Virginien und Pennsylvanien strömten zahlreich die Scioto- und Muskingum-Flüsse hinauf.
Im J. 1796 legte Ebenezer Zane (Zahn), aus Lancaster in Pennsylvanien gebürtig, an dem oberen Muskingum das Städtchen Zanesville
an, auf einem ihm vom Congreß übertragenen Grundstücke. Zane
übernahm, an Zahlungsstatt einen Saumpfad vom Ohio-Fluß bei
Wheeling über Chillicothe nach Limestone (dem heutigen Maysville,
Ky.) durch den Wald zu hauen. Im J. 1797 wurde die Vereinigten
Staaten Post zum ersten Male diesen Pfad entlang befördert. Zane
legte im J. 1797 auch Lancaster in Ohio an, durch welches Städtchen
dieser Regierungsweg ebenfalls führte. Derselbe bildete lange Zeit
die einzige Verbindung zwischen dem Osten und Kentucky. Lancaster,
oder Neu-Lancaster, wie Zane es den Deutsch-Pennsylvaniern zu Ehren
nannte, die aus dem gleichnamigen Bezirke Pennsylvaniens sich hierher
übergesiedelt hatten, wollte Anfangs nur wenig gedeihen, da, wie man
sagt, die Leute stark dem Trunke ergeben waren. Bald jedoch hob sich

dieses Uebel und die Leute lebten schließlich froh und glücklich. Hier erschien auch (1807) die erste deutsche Zeitung, welche westlich vom Alleghany-Gebirge gedruckt wurde: „Der Lancaster Adler", natürlich im Kauderwälsch der pennsylvanisch-deutschen Landzeitungen geschrieben. Bereits im Jahre 1795, während Wayne noch mit den Indianern unterhandelte, kam eine Gesellschaft von Virginiern nach dem Scioto-Thale, welche das Land besichtigte und im darauffolgenden Frühjahr das Städtchen Chillicothe, Ohio, begründeten. Die Führer der Gesellschaft waren der Oberst Nathaniel Massie, Robert W. Finley und der deutsche Geometer Joseph Fallenach. Sie hatten bei ihrem ersten Besuche ein Gefecht mit einer umherstreifenden Indianerbande zu bestehen, die sie aber nach hartnäckigem Kampfe in die Flucht schlugen. Georg Vincent Heller und dessen Bruder, zwei Hessen, die unter Knyphausen mit den Hessen nach Amerika gekommen, bei Trenton gefangen genommen und parolirt worden waren, und die sich darauf in Pennsylvanien angesiedelt hatten, betheiligten sich an diesem Gefechte.

In Highland County war einer der ersten Ansiedler der Deutsche Bernard Weyer, der Entdecker der nach ihm benannten berühmten Felsenhöhle in Virginien. Miami County nennt als seinen ersten Besiedler Johann Knoop. Er kam im Frühjahr 1797 den Ohio-Fluß herunter und heimste die erste Ernte auf David Ziegler's sogenannter Stone-House Farm, jetzt in der Vierten Ward der Stadt Cincinnati, ein. Im Sommer des darauffolgenden Jahres unternahm Knoop als Gehülfe eines Geometer-Corps eine Fahrt nach dem „Innern des neuen Gebietes", und wählte sich bei dieser Gelegenheit das später von ihm besiedelte Land aus. In Miami County befand sich auch die „Deutsche Station", welche von deutschen Ansiedlern zum Schutze gegen die Indianer erbaut wurde. Auch in Jefferson County, welches am 29. Januar 1797 durch Gouverneur St. Clair mittelst Proclamation organisirt wurde, siedelten sich zahlreiche Deutsche an und gründeten das Städtchen Steubenville, zu Ehren des Generals von Steuben so genannt.

Im selben Jahre, in welchem Jefferson County gegründet ward (1797), wurden auch der indianischen Herrnhuter-Gemeinde drei Grundstücke von je 4000 Acker Landes, im heutigen Tuscarawas

County, Ohio, durch den Congreß verwilligt. Diese Grundstücke um-
faßten die Plätze, auf denen ehemals die Städte Gnadenhütten,
Salem und Schönbrunn gestanden hatten. Die Schenkung war eine
geringe Sühne jenes gräßlichen Verbrechens, welches von den rohen
Weißen ehemals gegen die armen christlichen Indianer begangen
worden war.

Unstät war Zeisberger mit der schwer geprüften Gemeinde fünfzehn Jahre lang zwischen Ohio und Michigan umhergeirrt. In
Michigan hatten die deutschen Missionäre nach einander Neu-Gnaden-
hütten und Neu-Salem begründet, allein auch dort sollten sie keinen
Frieden haben und so kehrten sie aufs Neue nach Ohio zurück, um an
den Ufern des Cuyahoga-Flusses das Städtchen Pilgerruh zu erbauen.
Wenn die armen Pilger aber wähnten, hier Ruhe zu finden, so irrten
sie sich sehr, denn bei Ausbruch des westlichen Krieges (1788) wurden
sie abermals aus dem nunmehr bestrittenen Gebiete mit Gewalt hin-
weggeführt und nach dem Huron-Flusse gebracht. Endlich nahm sich der
Continental-Congreß dieser armen Märtyrer der Cultur an und verwilligte ihnen das beregte Land als eine Schenkung. Trotz dieser Unterstützung seitens der Regierung durfte Zeisberger die Rückkehr nach seinem
geliebten Muskingum nicht wagen, weil die Gränzansiedler drohten,
jeden Indianer zu tödten, der sich dort einfinden würde; der alte Groll
lebte fort und hatte frische Wurzeln geschlagen. Auch trieben die heidnischen Indianer die Gemeinde, welche sich bereits auf dem Wege befand,
wieder nach Ober-Canada zurück, wo der unermüdliche Patriarch das
Städtchen Fairfield am Thames-Flusse begründete. Doch auch diese
Wunde sollte geheilt werden. Nachdem General Rufus Putnam im
J. 1798 das verwilligte Land vermessen hatte, wurden Heckewelder und
ein anderer Missionär nach Fairfield gesandt, um die Gemeinde abzu-
holen, die sich auch im Herbste desselben Jahres am Muskingum einfand
und auf dem Schönbrunner Lande, etwa drei Meilen von dem heutigen
Städtchen Neu Philadelphia, das Dorf Goshen begründete. Gewissen-
lose Weiße ließen indessen die Armen auch jetzt noch nicht in Ruhe und
kurze Zeit darauf wurden der junge Thomas Whiteeye und einige
Andere ohne alle Provocation ermordet. Whiteeye war ein gebildeter
Indianer, der auf Kosten der Regierung im Princeton College erzogen
worden, ein gesitteter, friedlicher Mann.

Inzwischen hatten sich die Delaware-Indianer am White-Fluffe, im heutigen Staate Indiana niedergelaffen, die nun eine Einladung an die Brüder in Ohio fandten, sich nach dorthin überzusiedeln, was auch einige thaten. Durch die wilden Shawanefen wurde jedoch jene Miffion im J. 1806 wieder zerstört, worauf die Miffionäre, da sie fahen, daß ihre Bemühungen im Wabash-Thale vergebens fein würden, nach Bethlehem zurückkehrten. Mit diefer Miffion in Verbindung wird eine der erften deutschen Familien genannt, die sich in Indiana feßhaft niederließ, die Familie Luckenbach. Zwei Jahre fpäter, am 17. November 1808, starb zu Gofhen der erste deutsche Städtegründer des Ohio-Thales, der edle David Zeisberger. Ein feinen Manen gefeßter Denkstein aus Marmor, einfach und schlicht, verkündet in wenigen Worten die Geschichte feines vielbewegten Lebens: „David Zeisberger, geb. am 11. April 1721 in Mähren, schied aus diefem Leben am 7. November 1808, alt 87 Jahre, 7 Monate und 6 Tage. Diefer treue Diener des Herrn arbeitete als Miffionär unter den herrnhutifchen Indianern während der letzten fechzig Jahre feines Lebens."

Im J. 1802 wurde Ohio als Staat in den Bund aufgenommen und zugleich das Nordwest-Gebiet in weitere drei Bezirke eingetheilt, welche die Namen Knox, St. Clair und Wayne erhielten. Diefe waren gleichbedeutend mit den jetzigen Staaten Indiana, Illinois und Michigan, nur daß das heutige Wisconfin noch zu St. Clair County zählte. Im gleichen Jahre wurde auch die schweizerische Colonie Vevay im heutigen Staate Indiana begründet. Eine Actien-Gefellschaft im Canton Waadt hatte im J. 1796 eine Anzahl Winzer nach Amerika gefandt, um am Ohio-Fluffe den Weinbau einzurichten, wozu der bekannte Freiherr D. v. Bülow, welcher kurz vorher im Weften gewefen war, in übertriebener Weife angeregt hatte. „Der Ohio", schreibt er, „der Po der neuen Welt, durchströmt hier ein vortreffliches Thal, welches bei mehr Cultur der Lombardei außerordentlich ähnlich werden wird." Mit feiner Prophezeiung hatte er indeffen ebenfo wenig Glück, als feine überschwänglichen Speculationen bei den Indianern Verwirklichung fanden. Die Schweizer-Gefellschaft mit Johann Jakob Dufour an der Spitze — fein Bruder Daniel und einige Verwandte und Weinbauern gehörten dazu — traf in dem gedachten Jahre (1802) hier ein und ließen sie sich in dem damaligen Jefferson County, Indiana, nieder, wo sie 3700 Acker Land erwarben und rasch eine Reihe von Weinbergen anlegten. Ein Zug deutscher Familien folgte bald darauf nach und bereits im J. 1810 hatte die Colonie die erste erwähnenswerthe Ernte von 2400 Gallonen erzielt, die im J. 1817 auf 5000 Gallonen stieg. Die Erwartungen der Winzer waren jedoch so überspannt, daß sie in einer Einsendung an die Cincinnatier „Gazette" der Einfuhr von französischen Weinen ein baldiges Ende prophezeiten, indem Vevay allein die Vereinigten Staaten mit Wein versorgen würde. Während die Männer Vevay's dem Weinbau oblagen, wurde von den Frauen die Fabrikation von Strohhüten betrieben, welche sie nach Cincinnati und an die Handelsboote verkauften. Trotzdem wollte die Colonie nicht recht gedeihen und nach und nach verließen viele der besten Männer Vevay wieder und siedelten sich in Cincinnati an, darunter Hauptmann Weber (der Begründer des „William Tell" Gasthauses, eine der ehemals beliebtesten Restaurationen der Stadt), J. Massard, Dr. Ritter u. A.

In Cincinnati hatte sich das deutsche Element schon zu Anfang des Jahrhunderts stark vermehrt und nahm eine in jeder Beziehung angesehene Stellung ein. Tonangebend darunter war der deutsche Kaufmann Martin Baum, lange Zeit der reichste Mann und erfolgreichste Unternehmer des Westens. Er war aus Hagenau im Elsaß gebürtig und bereits vor dem Revolutionskriege in Amerika eingewandert, hatte in Baltimore Medicin studirt und war als Feldapotheker mit General Wayne nach dem Westen gekommen. Nach Beendigung des Krieges ließ er sich in Cincinnati nieder und wurde Kaufmann. Sein sich rasch anhäufendes Vermögen verwandte er zu allen nur denkbaren industriellen Unternehmungen. Er erbaute die erste Zucker-Raffinerie im Orte, die erste Eisengießerei, die erste Tuchfabrik, die erste Dampfmahlmühle u. s. w. Baum begründete auch die erste Bank im Westen und später war er lange Jahre der Agent der „Vereinigten Staaten Bank" in Cincinnati. Seine Theilnahme für die Verbesserung der Flußschifffahrt, indem er, mit Hülfe des unter seiner Direction stehenden Capitäns Bechtle, Segelboote statt der bisherigen Flach- und Kielboote einführte, trug mehr dazu bei, um den Handel im Westen zu heben, als alle übrigen Unternehmungen zusammen. Seiner wissenschaftlichen

Bildung hat Cincinnati vielleicht noch mehr zu danken, als seinem Unternehmungsgeiste. Im Verein mit seinem Schwager, dem Richter Burnet, und den Aerzten Drake, Sellmann und Busch, strebte Baum unabläſſig, Cincinnati zu einem Mittelpunkte der Kunst und Literatur im Westen zu machen, eine Stelle, die der Stadt bisher auch noch vor allen ihren Mitbewerbern verblieben iſt. Mit vielen der großen Gelehrten Europa's ſtanden dieſe Männer in Verbindung, und Humboldt berichtet des öfteren von ſeiner Correſpondenz, die er mit den Cincinnatier Größen jener Zeit gepflogen hat. An der Gründung der folgenden Inſtitute hatten dieſelben und vor Allen Baum hervorragenden Antheil: Die „Lancaſtriſche Schule" 1813, aus der ſich im J. 1818 das „Cincinnati College", eine Art Gymnaſial-Schule, entwickelte; das „Weſtern Muſeum" 1817, in welchem der hervorragende Archäolog Dörfel (oder wie er ſich hier ſchrieb, Dorfeuille) als Director wirkte; die „Literariſche Geſellſchaft" 1818; die „Geſellſchaft zur Hebung der Agricultur im Weſten" 1819; die „Apolloniſche Geſellſchaft" 1824, ein Verein zur Pflege der Vocal- und Inſtrumental-Muſik; u. A.

Wie Baum für ſeine zahlreichen induſtriellen Geſchäfte tüchtige Arbeiter und zwar Deutſche zu gewinnen ſtrebte und ſo den Strom der Einwanderung nach dem Weſten lenkte, ſo zog er auch deutſche Gelehrte und Schriftſteller nach Cincinnati. Bereits im Jahre 1817 wohnte auf ſeinem Landgute, als „Anachoret", ſchreibt Klauprecht, Chriſtian Burghalter, früher Secretär des Fürſten Blücher und ſpäter als Zitterquäler und Herausgeber des „Weſtlichen Merkurs" bekannt. Er war aus Neuwied gebürtig und ein ſonderbarer Heiliger. Herzog Bernhard von Sachſen-Weimar, welcher im J. 1825 den Weſten beſuchte, erwähnt ſeiner, zur Zeit, als er ſich bei den Shakers in Union Village aufhielt. Burghalter hat ein philologiſches Buch herausgegeben, in welchem er das analoge Verhältniß der engliſchen und deutſchen Sprachen und deren Wechſelwerth beim Studium beider Sprachen darlegte, das die Empfehlung der Facultät des „Cincinnati College" erhielt. Er iſt im J. 1853 als bejahrter Mann geſtorben. Auch ein ausgezeichneter deutſcher Naturforſcher, der Schweizer Freiherr Julius Ferdinand von Salis, Vetter des berühmten Lyrikers Johann Gaudenz von Salis, lebte damals in Baum's Wohnung. „Er kam vom Orient", ſchreibt Klauprecht, „und ſchilderte hier in

der Zurückgezogenheit dieses westlichen Marktfleckens seine Erlebnisse
und Eindrücke an der alten Wiege der Menschheit für einen deutschen
Buchhändler, als ihm der Tod die Feder aus der Hand nahm." Ein
anderer gebildeter Reisender, Johann L. Friedrich von Jenner, Sohn
des Amtmanns von Bern, starb hier im J. 1821.

Baum war auch der erste Grundbesitzer der jetzigen Stadt Toledo
in Ohio, die er im J. 1817 unter dem Namen „Port Lawrence" aus-
legte. Seine enge Verbindung mit der „Vereinigten Staaten Bank"
brachte ihm, als dieses Finanz-Institut s. Z. bankerott wurde, so große
Verluste bei, daß er fast sein ganzes Vermögen verlor und am 14.
December 1851 im Alter von 66 Jahren gebrochenen Herzens starb.
Er war für Cincinnati und den Westen mehr als Astor für New
York gewesen ist, wenn auch keine große Schenkung seinen Namen
verewigt.

Als die Organisation des Staates Ohio vollendet war, ging die
Besiedlung der einzelnen Bezirke noch lebhafter vor sich als bisher.
Außer der bereits genannten Stromwelle von Einwanderern, die vom
Ohio-Flusse aus in das Innere drang, bewegten sich noch zwei weitere
Ströme dorthin. Vom Erie-See aus wurde die sogenannte „Western
Reserve" — ein ehemals vom Staate Connecticut beanspruchter Land-
strich, der die zwölf nordöstlichen Counties des Staates umfaßt und
nördlich vom 41. Breitengrad liegend sich bis 120 Meilen westlich von
Pennsylvanien erstreckt — durch Neu-Engländer besiedelt. Mit Aus-
nahme von Cuyahoga County, wo sich seit Eröffnung des „Ohio-
Canals" (1836) zahlreiche Deutsche und Böhmen in Cleveland und
Umgegend ansiedelten, Lorain County, in welchem seit dem J. 1832
eine Colonie von Lothringern und Elsässern erstand, von denen die
Grafschaft den Namen erhielt, und des nordwestlichen Winkels von
Erie County, das schon im J. 1826 bei Sandusky, auf demselben
Platze, wo ein Jahrhundert früher der deutsche Handelsposten Sodowsky's sich befand, eine pfälzische Niederlassung erhielt, die sich in den
dreißiger und vierziger Jahren stark vermehrte, — trägt noch heute der
genannte Bezirk das specifisch neu-engländische Gepräge. Das „Käse-
Viertel", wie die Reserve häufig scherzweise genannt wird, weil Viehzucht und Käsefabrikation vorwiegend von der Landbevölkerung betrieben werden, ist auch die Heimath des Puritanismus, der Hauptsitz

der Muckerei in Ohio. Viel, sehr viel, ist hierin, besonders seitdem das 1848er Element sich in zahlreichen Schaaren in Cleveland festgesetzt und von dort in der Umgegend verbreitet hat, gebessert worden und in nicht sehr ferner Zeit wird auch die deutsche Cultur in der Reserve ihr siegreiches Banner erheben; doch mag noch ein halbes Jahrhundert oder mehr darüber vergehen, ehe dieses zu Stande kommt.

Wie mit einer Mauer von dieser abgeschlossen, grenzt südlich an die Reserve ein breiter Gürtel von Counties, der unter dem Namen „Rückgrat-Region" (back bone region) von Ohio bekannt ist; wol deshalb, weil er auf der Wasserscheide des Staates liegt. Bei einer Breite von etwa fünfzig Meilen erstreckt sich dieser Gürtel quer über den ganzen Staat. Das ist der eigentlich deutsche Theil von Ohio, d. h. der pennsylvanisch-deutsche Theil. Hierher strömten die Farmer und Landleute aus Pennsylvanien und machten diesen Bezirk zur Korn-kammer des Staates. Noch heute sind die Counties Stark und Wayne die ersten Weizendistricte Ohio's.

Die Besiedlung dieses Striches begann etwa mit dem Anfange unseres Jahrhunderts. Manche der bedeutendsten Namen aus den Ansiedlern dieser Gegend, welche in der Geschichte der Organisation dieses Staates vorkommen, sind deutsch, und obwol die Ortschafts-namen (Townships) zumeist von den Geometern, gedankenlos und in hundertfachen Wiederholungen, den politischen und militärischen Größen jener Zeit entlehnt, zuertheilt wurden, so finden sich doch darunter Namen wie Berlin, Wirtemberg, Saxon, Hanover, Dresden, Osnaburg, Frankfort, Spires, Potsdam, Bauman, Miller u. s. w., die klar den deutschen Ursprung ihrer ersten Besiedler verkünden, und eine „German Township" gibt es fast in jedem County, nicht zu gedenken der aus religiösen Motiven entstammenden Namen wie Bethlehem, Salem, Nazareth, Goshen, Canaan ꝛc., die zumeist den deutschen Herrnhutern, Amischen, Dunkern und anderen kirchlichen Secten entstammen. Wenn man in diesen Gegenden in die von den Hauptstraßen abgelegenen Bezirke kommt, so findet man fast überall alte Orte und Districte, in denen der pennsylvanisch-deutsche Dialect noch heute vorwiegt.

Die Charakteristik dieser Landbewohner von altem deutschem Stamme ist derb und treu. Gastfreundschaft wird überall geübt und nirgends ist der Wanderer um ein Nachtquartier oder eine Mahlzeit verlegen. Dabei sind die Leute zumeist in behäbigen Umständen, und ihre großen geräumigen Scheunen und vortrefflichen Stallungen kennzeichnen sofort den deutschen Ursprung des Besitzers. Will man aber ganz sicher gehen, so suche man sich nur die Gehöfte auf, wo in der Nähe des Wohnhauses Blumen- und Gemüsegärten sind oder eine Weinlaube grünt und man kann darauf rechnen, daß man im Hause mit einem „Grüß Gott, Landsmann!" sich zurecht finden wird.

In den Städten dieses Bezirks haben sich bereits in den beiden ersten Jahrzehnten des Staates überall eingewanderte Deutsche niedergelassen, die zumeist in wohlhabende Verhältnisse gelangt sind. In Mansfield, Richland County, siedelte sich im J. 1818 der Schweizer Johann Jacob Weiler an, aus Herisau im Canton Appenzell gebürtig, der im J. 1881 im Alter von über 101 Jahren als der reichste Mann in Mittel-Ohio gestorben ist. Er war nicht ungebildet und hat viel zum Aufschwung jener Gegend beigetragen, besonders was den Bau von Eisenbahnen anbetrifft. Aehnliche Figuren unter den deutschen Vor-Dreißigern finden sich öfters. So bauten die im J. 1828 nach Amerika gekommenen deutschen Fabrikanten Groß und Dietrich in Cincinnati, nachdem sie sich durch Strebsamkeit ein großes Vermögen erworben hatten, aus eigenen Mitteln die „Dayton- und Michigan-Eisenbahn", von Dayton nach Toledo, Ohio, eine Strecke von 143 Meilen mit einem Kostenaufwand von fast drei Millionen Dollars.

Jene ältere deutsche Bevölkerung von Ohio und Indiana stand in geistiger Beziehung freilich nicht sehr hoch, obwol in den Mittelpunkten des Handels, wie Cincinnati, Columbus und Canton, auch gebildetere, sogar gut gebildete Deutsche schon damals sich vorfanden. Zumeist waren es, wie bereits gesagt, Landleute, die mit der Kraft ihrer Arme sich und ihren Nachkommen eine Heimath thatsächlich aus dem Urwalde heraushauen mußten. Eine wöchentliche Zeitung und der Prediger, welcher in größeren oder geringeren Zeiträumen erschien, genügten ihnen, um ihre geistigen und metaphysischen Bedürfnisse zu befriedigen, und damit die Jugend doch den allernöthigsten Begriff von Lesen, Schreiben und Rechnen erhielt, wurden während des Winters Schulen unterhalten, in welchen halbgebildete Schulmeister Unterricht ertheilten. Wo die Deutschen, wie in Stark, Tuscarawas, Wayne,

Holmes und einigen anderen Counties in größerer Anzahl beisammen wohnten, da wurde dieser Unterricht in der deutschen Sprache regelmäßiger, als sonst gebräuchlich war, gegeben; in einzelnen Districten wurde sogar, mit Ausschluß des Englischen, nur deutscher Unterricht ertheilt, und dort hat sich auch das Deutsche noch bis heute erhalten, wie z. B. in den Bergdistricten von Holmes und Tuscarawas County, wo es noch Gegenden gibt, in welchen die Leute kaum die englische Sprache verstehen.

Die Prediger von damals waren zumeist Wanderprediger, die, wo immer hin sie kamen, ihre kirchlichen Functionen verrichteten, und dabei ihr gutes Auskommen hatten. Man fragte kaum darnach, welcher Secte der „Parrer" angehörte. Alle Nachbarn kamen zu seiner Predigt, die gewöhnlich mehr sensationell als erbaulich und belehrend gehalten war, waren doch die meisten dieser Seelsorger rohe, ungeschlachte Gesellen. Die Gebildetsten darunter waren der Herrnhuter Prediger Zäslein und der Methodist Heinrich Böhm, welch letzterer seine erste geistliche Reise durch Ohio in Begleitung des Bischofs Asbury im J. 1808 machte. Aus dem Tagebuche Böhm's ersehen wir, daß sie eine große Zahl von Deutschen schon damals hier überall fanden, und Böhm meint, daß er mehr Erfolg gehabt habe, als der Bischof. „Bruder Böhm", schreibt Asbury in seinem Tagebuche, „hat hier den größten Zulauf, weil er in Deutsch predigt."

In den Städten fanden sich die Deutschen bald in wohlorganisirte Gemeinden zusammen. So wurde in Cincinnati im J. 1814 die erste deutsche Gemeinde begründet, die unter der Aegide der lutherischen Confession stand. Der bereits genannte Joseph Zäslein ward der erste Prediger und für den Gottesdienst hatte man das allgemeine Schulgebäude der Stadt gemiethet. Zäslein, welcher ein classisch gebildeter Mann und vorzüglicher Kanzelredner war, starb jedoch im J. 1817, ehe noch die Gemeinde festen Fuß gefaßt hatte. Nach seinem Tode übernahmen die „Vereinigten Brüder" den Hirtenstab der verwaisten Gemeinde, allein „ihre Prediger waren", wie Klauprecht sich ausdrückt, „ungeschlachte Kerle, mit solch bäurisch-roher, kauderwälscher Sprache, daß ihre Kanzelvorträge selbst unter den auf nicht sehr hoher Bildungsstufe stehenden Zuhörern zuletzt mächtigen Anstoß erregten". Interimistisch übernahm dann Jacob Gülich, aus Hamburg gebürtig, das

Predigtamt, und obwol auch er kein geschulter Mann war — er war
Werkführer in Baum's Zuckersiederei — so hatte er doch Mosheim
gelesen und einige Bekanntschaft mit der Theologie. Im J. 1820 endlich
erhielt die Gemeinde einen gebildeten Prediger, Ludwig Heinrich Meyer,
einen Hannoveraner, und noch im selben Jahre wurde die erste deutsche
Kirche in Cincinnati erbaut.

Die specifische Sekte, zu welcher sich die deutschen Pioniere damals
bekannten, war bei den gottesdienstlichen Versammlungen kaum zu
unterscheiden. Nur an den von Europa mitgebrachten Gebet- und
Erbauungsbüchern gaben sich die einzelnen Leute als Lutheraner, Reformirte u. s. w. zu erkennen. Bei den Katholiken und Juden war
dieses jedoch anders. Von den ersteren wurde bereits im J. 1818 in Cincinnati eine Gemeinde, größtentheils aus Deutschen bestehend, gebildet,
doch hatte schon früher der Belgier Carl Nerinckx in Ohio deutschen
Gottesdienst für die Katholiken gehalten. Als Fenwick im J. 1822
zum ersten Bischof von Cincinnati geweiht wurde, begann sich auch der
Katholicismus mächtig zu heben. Sobald der Bischof fand, daß die
meisten seiner Glaubenskinder Deutsche waren, strebte er auch darnach,
diesen einen Seelsorger ihrer eigenen Nation zu gewinnen, und so brachte
er im J. 1824 bei einer Reise nach Rom aus der dortigen Propaganda
den gelehrten Dr. Friedrich Rese, aus Vianenburg bei Hildesheim
gebürtig, mit nach Ohio, den er sofort zu seinem General-Vicar
erhob. Rese hatte, ehe er seine theologischen Studien begonnen, als
hannöverischer Husarenoffizier die deutschen Befreiungskriege von
1813—15 mitgemacht. Er war ein hochgebildeter Mann, und Herzog
Bernhard von Sachsen-Weimar, der ihn im J. 1825 besuchte und in
ihm einen ehemaligen Kriegsgenossen wiederfand, spricht sich sehr
rühmend über ihn aus.. Rese wurde im J. 1832 zum ersten Bischof
von Detroit ernannt, zerfiel aber später, seiner liberalen Anschauung
halber, mit dem französisch-irischen Episcopat und wurde dann auf
deren Drängen 1841 suspendirt. Er ist im J. 1872 zu Hildesheim in
sehr hohem Alter gestorben. Rese war der erste deutsche Bischof der
römischen Kirche in den Vereinigten Staaten. Er hat das Verdienst,
den noch jetzt in Oesterreich bestehenden „Leopoldinen-Verein", der sich
die Unterstützung der amerikanischen Missionen zur Aufgabe macht,
ins Leben gerufen zu haben (1828), und seine Mittheilungen in den

von diesem Verein herausgegebenen „Leopoldinen-Berichten", sowie in den zu Lyon in Frankreich erscheinenden "Annales de la propagation de la foi" sind von höchst schätzbarem Werthe für die Geschichte des ganzen Nordwestens. Im J. 1829 erschien von ihm in Wien ein „Abriß der Geschichte des Bisthums Cincinnati."

Ebenso wichtig für die Entwicklung des deutschen Katholicismus in Ohio ist auch der spätere erste Bischof und Erzbischof von Milwaukee, Dr. Johann Martin Henni, aus Obersaxen in der Schweiz gebürtig, der im J. 1829 nach Cincinnati kam. Er war anfänglich Professor der Philosophie und Kirchengeschichte an der von Rese begründeten katholischen hohen Schule in Cincinnati, „Athenäum", aus welcher sich seither die von den Jesuiten geleitete wohlrenommirte deutsch-englische Erziehungsanstalt „St. Xavier's Collegium" gebildet hat. Henni hat im Nordosten des Staates Ohio zahlreiche deutsche katholische Gemeinden begründet und muß als der Apostel dieser Kirche des pennsylvanisch-deutschen Viertels von Ohio betrachtet werden. Er war ein Deutschthümler im wahren Sinne des Wortes. Henni ist der Begründer der ersten deutschen katholischen Zeitschrift Amerika's, des noch jetzt erscheinenden „Wahrheitsfreund". Er war auch sonst von sehr liberalem Geiste durchweht.

Zum Schlusse der Nachrichten auf religiösem Gebiete muß noch dreier pietistisch-communistischer Genossenschaften Erwähnung geschehen. Bereits im J. 1796 ließ sich eine kleine Gemeinde Pietisten, die von der Jacob Böhm'schen Mystik angehaucht und deshalb aus Gengenbach im Badischen verdrängt worden war, am Kleinen Miami-Fluß, etwa zwanzig Meilen von Cincinnati entfernt, nieder, wo sie die Ortschaft „Neu-Deutschland" (New Germany) begründeten. Obwol sie keine Gütergemeinschaft hatten, so hatten sie doch in allen geistlichen und weltlichen Angelegenheiten einen Führer, Christian Waldschmidt, unter dessen Leitung sie auch im J. 1786 zuerst nach Pennsylvanien ausgewandert waren. Das „Neu-Deutschland" blühte rasch empor und gelangten die Leute zu bedeutendem Wohlstand, bis, durch Einführung der Eisenbahnen und die dadurch bequemere Vermittelung des Transportes, die abgelegene Lage des Ortes die Colonie wieder verfallen ließ. Bemerkenswerth ist jedoch, daß von diesen Leuten die erste Papiermühle nordwestlich vom Ohio-Fluß errichtet wurde.

Die zweite, auf rein communistischer Basis begründete Niederlassung ist die im J. 1815 am Wabash-Fluße im Staate Indiana angelegte Colonie „Neu-Harmonie" durch den Würtemberger Johann Georg Rapp und dessen Gesellschaft. Rapp, ein Weber und Brauer zu Iptingen, im Oberamt Maulbronn, erregte schon in der letzten Decade des vorigen Jahrhunderts in Würtemberg viel Aufsehen durch seine von ihm begründete religiöse Sekte der „Harmonisten", gewöhnlich die „Rappisten" genannt. Im J. 1803 des Landes verwiesen, kamen Rapp und seine Anhänger nach Amerika und begründeten 1805 die Colonie „Harmonie" in Beaver County, Pennsylvania, die sie bis zum J. 1815 fortführten, in welchem Jahre Rapp den Grundbesitz für einhunderttausend Dollars verkaufte und dann einen größeren Landstrich (30,000 Acker) am Wabash-Fluße erstand, wo die Colonie binnen wenigen Jahren zu hoher Blüthe emporwuchs, so daß Rapp das dortige Besitzthum im J. 1824 an den bekannten Robert Owen, der eine englisch-schottische Socialisten-Niederlassung hier zu begründen gedachte, für mehr als zweihunderttausend Dollars abtrat, und außerdem veräußerte er noch siebentausend Acker Landes in der Nähe von „Neu-Harmonie" an den sich mit dem Plane der Errichtung einer großen Reformschule tragenden Wm. M'Clure. Darauf kehrte die Rapp'sche Gemeinde wieder nach Pennsylvanien zurück, wo sie ihre dritte Colonie „Economy" begründete, die noch fortbesteht und sich in großem Wohlstande befindet. Man schätzt heute das Vermögen der dortigen Rappisten-Gesellschaft auf mehre Millionen Dollars.

Es war indessen nicht blos ein vorübergehendes und ohne alle Erfolge dahingeschwundenes Wirken, was die Colonie in Indiana vollbrachte, sondern abgesehen davon, daß sie hier eine Stadt begründete, war sie auch an dem politischen Aufbau des Staates thätig. Als im J. 1816 eine Convention zusammenberufen wurde, um für den werdenden Staat Indiana eine Verfassung zu entwerfen, da ward Friedrich Rapp, Sohn des geistigen Leiters der Gemeinde, der die weltlichen Angelegenheiten zu verwalten hatte, als Abgeordneter des betreffenden County erwählt und nahm an den Berathungen zu Corydon, der damaligen Hauptstadt des Territoriums, wirkungsvollen Antheil; und als im J. 1820 die Gesetzgebung von Indiana zehn Bürger des Staates zu Commissären ernannte, um einen passenden

Platz für eine Hauptstadt des Staates auszusuchen, da gehörte auch Friedrich Rapp zu den Ernannten. Mit seinen Gefährten begab er sich zur Stelle, wo heute Indianapolis steht und sie erwählten diesen Platz zum Orte der zukünftigen Staatsmetropole. Wol schwerlich hat es Rapp geträumt, als er zu jener Zeit im Zehner-Rathe wirkte, daß wenige Decennien später sich an demselben Platze eine große, stolze Stadt ausdehnen werde, in welcher Tausende seiner deutschen Lands-leute sich wohnlich niederlassen und deutsche Cultur einbürgern und verbreiten würden.

Hatte der ältere Rapp in seiner Gemeinschaft die absolute Ehe-losigkeit mit dem Communismus gepaart, so unterschied sich von dieser Sekte die im J. 1817 in Tuscarawas County, Ohio, begründete Gesell-schaft der „Zoariten", oder wie sie sich selbst nennt, die „Kirche des Reiches Gottes", dadurch, daß sie zwar auf streng communistischer Basis begründet ist, allein Ehe und Familienleben zuläßt. Auch der Führer dieser Religionsgenossenschaft war ein würtembergischer Weber, Joseph Michael Bäumeler. Die „Zoariten" haben strenge Güter-gemeinschaft, leben aber in einzelnen Familien in abgesonderten Häu-sern. Ihre religiösen Begriffe sind, auf Mysticismus beruhend, schwär-merisch und dunkel; sonst ist ihr Betragen streng sittlich und leutselig. Das finstere Ascetenthum findet bei ihnen keinen Boden und die An-lagen von Zoar, wie ihr Oertchen heißt, sind ein Muster von Ordnung und Lieblichkeit. Deutsches Wesen und die deutsche Sprache haben sie fest bewahrt, und fühlt sich der Besucher förmlich in ein süddeutsches Dorf versetzt, nur daß hier Thätigkeit und Frieden durchaus unver-mischt mit den raueren Seiten des gewöhnlichen Volkslebens walten. Sie besitzen einen Landcomplex von mehr als 9000 Acker, haben treffliche Aecker und Viehweiden, Oel-, Säge- und Mahlmühlen, zwei Schmieden, eine Tischlerei, eine Eisengießerei, Tuchfabrik u. s. w., und treiben bedeutenden Handel mit ihren Erzeugnissen.

Wir haben bereits Etwas von dem geistigen Leben der Deutschen jener Zeit in Cincinnati vernommen, obwol das Meiste damals in dem hastigen Getriebe dieses mächtig aufblühenden Handels-Emporiums verloren ging. Mehr in die Augen fallend erscheint uns eine kleine Ortschaft in Ohio, wo schon um die Mitte der zwanziger Jahre dieses Säculums eine sogenannte „Lateinische

Ansiedlung", wahrscheinlich die älteste in den Vereinigten Staaten, sich befand. Als während jener Zeit die Demagogenriecherei in Deutschland so bedeutende Dimensionen angenommen hatte, trieb diese große Schaaren der gebildetsten Männer nach Amerika, wovon auch der Westen eine Anzahl erhielt. Schon im J. 1825 hatte sich in dem 1814 von Philipp Gunkel in der Nähe von Dayton, Ohio, begründeten Germantown eine ansehnliche Zahl von deutschen Gelehrten zusammengefunden, deren Wirken auf die culturelle Entwicklung der Bevölkerung Ohio's unverwischbare Spuren hinterlassen hat. Einzelne der Namen dieser deutschen Geistespioniere des Westens mögen hier genannt werden: Dr. Carl Otto Wolpert, war ehemals Professor am Gymnasium in Wolfenbüttel gewesen; Dr. jur. Ludwig Henrich, der Sohn des sächsischen Abgeordneten Von Henrich in der Bundesversammlung von 1819; Daniel Christian Ludwig Lehmus, Doctor der Phil., ein hervorragender Mathematiker und Sprachkenner, von dem eine nicht unbedeutende Anzahl mathematischer Schriften im Druck erschienen ist. Er war der Sohn des Christian Balthasar Lehmus, Rector des Gymnasiums zu Rothenburg a. d. Tauber; Albert Stein aus Düsseldorf, ehemaliger Ingenieur in der Armee Napoleon's I., der nach dem Sturze des Franzosenkaisers nach Amerika kam (1816) und später der Erbauer großartiger hydraulischer Werke im Westen und Süden wurde; Dr. med. Christian Espich; Eduard Schäffer, Buchdrucker aus Frankfurt a. M., der bereits im J. 1817 nach Amerika gekommen war; u. A. Zu diesen gesellten sich noch Ende der zwanziger Jahre der bekannte Graf Franz Jenison-Walworth, ehemaliger Major in der bairischen Armee, und der frühere Professor der Botanik in Heidelberg Dr. Wilhelm Frank, Sohn des berühmten Begründers der medicinischen Polizeiwissenschaft Johann Peter Frank. Diese beiden Leute kamen nach Amerika, um hier Botanik zu betreiben. Dr. Frank hat auch einige bedeutende Collectionen, die sie auf ihren Ausflügen im Westen und Süden gesammelt hatten, an das botanische Museum der Universität Heidelberg gesandt. Er starb indessen als heroisches Opfer seines Berufes im J. 1839 am Gelben Fieber in New Orleans, wohin er zur Zeit einer daselbst grassirenden Epidemie geeilt war, um als freiwilliger Arzt zu dienen. Außer einer Abhandlung über „Die Pflanzen in den Vereinigten Staaten von Nord-Amerika", hat er noch ein Buch geschrieben: „Deutschland in Amerika", das im J. 1839 zu Cassel im Druck erschien.

Durch die Anwesenheit dieser hochgebildeten Männer wurde Germantown bald zum Sammelpunkte der geistigen Größen Ohio's damaliger Zeit. Es ward das Brutnest der freesoil- und Abolitionisten-Bewegung im Westen. Hier verkehrten der Richter des Bundes-Obergerichts John McLean, der spätere Präsident der Vereinigten Staaten General Harrison, der Geschichtschreiber Atwater, der Ver. Staaten Senator Ewing, Thomas Corwin, nachmaliger Bundes-Kriegsminister und Gesandter in Meriko, der Congreß-Abgeordnete Nathaniel Pendleton u. A. Salmon P. Chase, der bekannte Finanzminister in Lincoln's Cabinet und spätere Bundes-Oberrichter, hielt sich hier häufig auf und nahm Unterricht von Lehmus in deutscher, französischer und spanischer Sprache und Literatur. Auch Corwin erhielt seinen spanischen und französischen Unterricht von Lehmus.

Der Einfluß, den das gebildete Deutschthum von Germantown auf die leitende Klasse der Amerikaner Ohio's ausgeübt hat, ist heute weithin sichtbar geworden. Nicht blos daß die deutsche Sprache in den besseren anglo-amerikanischen Kreisen Eingang fand, sondern von hier aus datirt sich auch der Gebrauch gebildeter amerikanischer Familien, ihre Kinder in Deutschlands Universitäten besuchen zu lassen.

Von 1830 bis 1850.

Die Politik der Vereinigten Staaten hatte sich seit Schluß des Unabhängigkeitskrieges hauptsächlich mit der Organisation des Bundes und der Abtragung der durch den Freiheitskampf aufgehäuften Schulden beschäftigt. Besonders war es die Form der Bundes- und Staats-regierungen, welche Frage die Gemüther mächtig erhitzte, da die eine Partei, die sich selber die föderalistische Partei nannte, sich für eine strikte Nachbildung des englischen Systems erklärte, die andere aber bemüht war, den frisch aufsprudelnden freiheitlichen Volksgeist, wie er sich besonders in Frankreich damals geltend machte, auch hier einzubürgern. Diese Partei hieß die republikanische, wurde auch häufig die demokratische

genannt. Den „Föderaliſten" wäre es wol riḥt unangenehm geweſen, in ihrer abſoluten Copie der engliſchen Regierungsform auch
einen conſtitutionellen König mit in den Kauf zu nehmen, allein die
gegneriſche Partei, unter Jefferſon's und Gallatin's Führung, leiſtete
dieſer Geſinnung ſo entſchiedenen Widerſtand, daß die „Föderaliſten"
nach einem achtjährigen hartnäckigen Kampfe endlich unterlagen. Mit
Jefferſon's Wahl zum Präſidenten war dieſer Kampf entſchieden,
wenn auch noch auf Jahre hinaus nicht beendet. Um die Mitte der
zwanziger Jahre endlich, nach vierundzwanzigjähriger Behauptung in
der Regierung ſeitens der „Republikaner", hatten ſich die Parteigewäſſer
des Landes ſo ſehr abgeebbt, daß faſt alle Meinungsverſchiedenheiten
verſchwunden waren. Es trat eine förmliche politiſche Lethargie ein,
aus welcher die Gemüther nur durch die Wahl von 1824 und die aufge-
regte Erhebung John Quincy Adams' auf den Präſidentenſtuhl auf-
geſcheucht wurden.

In dieſen organiſatoriſchen Strömungen hatten die Deutſchen des
ganzen Landes faſt wie e i n Mann Stellung in der republikaniſchen
Partei genommen. Sie hatten an der demgemäß ſich entwickelnden
politiſchen Geſtaltung der amerikaniſchen Regierungsform alſo weſent-
lichen Antheil. Die Wirren der Wahl des J. 1824 waren aus der Ohn-
macht der einen und der Uebermacht der andern Partei entſprungen, was
dann Veranlaſſung gab, daß ſich die „Republikaner" in drei Fractionen
trennten. Dieſe führten bei der damaligen Präſidentenwahl jede einen
Candidaten ins Feld: Crawford, als den der legitimen Nachfolge;
Clay, als den der Fraction, die ſich die „National-Republikaner" nannte;
und Jackſon, als den Erkorenen einer Conventions-Partei, die ſich
den Namen „Demokraten" beilegte. Obgleich Jackſon ſowol die größte Zahl der Volksſtimmen als auch der Electoren und Staaten
erhalten hatte, ſo hatte er doch nicht die erforderliche abſolute Mehrheit aller Electoral-Stimmen und die Wahl eines Präſidenten fiel, der
Conſtitution gemäß, an das Repräſentantenhaus des Congreſſes.
Dieſes wählte, zufolge eines Bündniſſes der Clay-Leute mit den „Föderaliſten", den Candidaten der letzteren, Adams. Das war eine that-
ſächliche Mißachtung des Volkswillens, und das Volk gab auch
ſeinen Groll klar zu erkennen, indem es vier Jahre ſpäter Jackſon mit
überwiegender Mehrheit auf den Präſidentenſtuhl erhob.

Die Deutschen von Ohio und Indiana, die in der Wahl von 1824 größtentheils auf Seite der Clay-Fraction gestanden hatten, trugen zu dieser Corrigirung des Volkswillens ihren vollen Antheil bei und übten auf die spätere politische Gestaltung dieser Staaten einen hochwichtigen Einfluß. Im J. 1824 hatte Ohio seine Stimmen zu Gunsten von Henry Clay abgegeben; bei der Wahl des Präsidenten durch das Repräsentantenhaus des Congresses aber stimmten die Ohioer Abgeordneten, obwol die Mehrheit aus Anti-Föderalisten bestand, (auf Veranlassung Clay's, wie behauptet wird) für den Föderalisten Adams. Dieses gab zu einer großen Indignation Veranlassung, die besonders in den stark von Deutschen besiedelten Bezirken der Abgeordneten Duncan McArthur von Roß County, John Patterson von Belmont und James W. Gazley von Hamilton (Cincinnati) zum Austrage kam, welche drei mit den Föderalisten gestimmt hatten. Alle drei wurden für eine Wiederwahl geschlagen, und es ist eine, auf statistische Facta begründete Thatsache, daß es gerade die Deutschen waren, die dieses Resultat herbeiführten. Bei der folgenden Wahl im J. 1828 standen die Deutschen beider Staaten einmüthig auf Seite der Jackson-Leute, während die Anhänger der nunmehr untergegangenen Föderalisten-Partei sich zu den „National-Republikanern" schlugen. Jackson aber wurde gewählt und beide Staaten, Ohio und Indiana, gaben ihm ihre Stimmen, sowol 1828 als auch 1832. Als aber nach der Wiederwahl Jackson's sich neue Fragen an die Oberfläche drängten; als Jackson selber durch sein rücksichtsloses Auftreten gegen die „Vereinigte Staaten Bank", durch seine zahlreichen „Vetoes", sowie durch das ihm böswillig angedichtete, aber von Wm. M. Marcy, dem damaligen Gouverneur von New York, ausgesprochene traurige Losungswort, „dem Sieger die Beute", eine politische Neugestaltung der Parteien veranlaßte, da wurden die Deutschen im Westen noch mehr und wirksamere Factoren in der Politik des Landes, als sie es bisher gewesen waren. Die älteren Einwohner darunter hatten sich, durch die langjährige Ruheperiode veranlaßt, zum Theil bereits in die bestehenden Verhältnisse eingelebt und waren conservativ geworden. Deßhalb traten sie auch zumeist der im Jahre 1834 gebildeten Whig-Partei bei und kehrten zu den Fahnen Clay's, des ausgesprochenen Führers derselben, zurück. Aber ein Strom neuer Einwanderer kam und dieser brachte neue Weltanschauungen mit sich.

In Folge der Juli-Revolution in Frankreich (1830) hatte auch in
Deutschland eine freiheitlichere Richtung Platz gegriffen, die dann in den
Aufständen in der Rheinpfalz (Mai 1832), in Frankfurt und Oberhessen
(1833) zum offenen Durchbruch kam. Die Reaction blieb zwar siegreich, allein den einmal wachgerufenen Geist konnte sie nicht gänzlich
unterdrücken. Das aber, was die patriotisch gesinnten Deutschen in der
Heimath nicht zu erreichen vermochten, die Freiheit, das suchten sie nun
in der Fremde, in Amerika. Eine mächtige Emigrationswelle folgte
den flüchtig gewordenen „Rädelsführern", und so erhielten die Vereinigten Staaten denn die als d'e „Dreißiger" bekannte hochwichtige deutsche
Einwanderung, die sich bald darauf, besonders im Westen auf das
Merklichste in der politischen und socialen Gestaltung der Bevölkerung
geltend machte. Wol in keinem Staate war dieser Einfluß damals
sichtbarer, als in Ohio und Indiana. In Indiana, wo die Neueingewanderten schon nach einjährigem Einwohnen das Stimmrecht erhielten, übten sie einen so vollständigen Druck auf die Parteigestaltung
aus, daß dieser Staat der demokratischen Richtung unwandelbar auf
lange Zeit erhalten blieb. Auch in Ohio machte sich ihr Einfluß auf
das Kräftigste fühlbar.

Durch die Verschmelzung der „Föderalisten" mit den „National-Republikanern" hatte die unter dem letztgenannten Namen fortbestehende
Partei viele der föderalistischen Centralisations-Ideen mit aufnehmen
müssen, obwol die Grundzüge der Partei nicht mehr ganz die der Ha-
miltonischen Schule waren. Da indessen die demokratische Partei sich
immerhin mehr als die Vertreterin einer volksthümlichen Anschauungs-
weise erwies, so war es natürlich, daß die neuen freisinnigen Elemente
sich in Masse dieser Partei anschlossen. Es war dies wol kaum anders
möglich. Schon lange bevor der Nativismus das Haupt drohend
erhob, hatte die demokratische Partei sich die Anhänglichkeit der Eingewanderten gesichert. In Indiana und Illinois z. B. waren die Föderalisten einmüthig gegen einen kurzen Termin der Erwerbung des
Stimmrechts seitens der Eingewanderten gewesen, und nur dem ebenso
einmüthigen Auftreten der Demokraten hatte man die liberale Verwil-
ligung desselben zu verdanken. Auch war es den Demokraten in den
zwanziger Jahren im Congreß gelungen, den Preis des Regierungs-
landes herabzusetzen und das Land in kleineren Parzellen an die wirk-

lichen Ansiedler verkaufen zu lassen, sowie den Erwerb desselben durch
Nichtbürger zu gestatten; lauter Maßregeln, denen sich die Föderalisten
und ihre Nachfolger, die National-Republikaner, mehr oder minder vereint widersetzten. Nach langem, heftigem Kampfe wurden in den dreißiger Jahren diesen Errungenschaften noch höchst liberale Vorkaufsgesetze
hinzugefügt, welche es dem Ansiedler ermöglichten, mit dem Ertrag
e i n e r erfolgreichen Ernte schon das Land bezahlen zu können. Auch
diese Maßnahmen wurden von der mittlerweile entstandenen „Whig-
Partei" aufs Bitterste bestritten. „So eiferte namentlich Henry Clay,
der bedeutendste Führer der Whigs," schreibt Gustav Körner in seiner
Geschichte des deutschen Elements, „dagegen, daß Ansiedler, welche noch
nicht Bürger waren, also noch nicht wenigstens fünf Jahre in den Vereinigten Staaten gelebt hatten, sich des Vortheils des Vorkaufsrechts erfreuen durften." Fügt man nun noch hinzu, daß in derselben Periode,
in welcher der Uebergang der nationalrepublikanischen in die Whig-
Partei stattfand (1834), sich auch in der neuen Partei die ersten Spuren
des Nativismus zeigten, so wird die Ursache klar, warum die Deutschen
damals sich in Masse den Demokraten zuwandten.

Wie im Osten, so fühlte man auch in Ohio und Indiana das Be-
dürfniß, die Deutschen auf dem Wege der Vereins-Organisation enger
aneinander zu knüpfen. So trat im Juli 1834 in Cincinnati die
„Deutsche Gesellschaft" ins Leben, mit der Tendenz-Erklärung: „Damit
wir als Bürger der Vereinigten Staaten denjenigen Antheil an der
Volksherrschaft nehmen können, den uns Pflicht und Recht gebieten."
Bei der Gründung dieser Gesellschaft standen Vor-Dreißiger und Dreißi-
ger kräftig zusammen, obwol die letzteren unzweifelhaft die Anreger ge-
wesen waren. Heinrich Rödter, einer der Hauptagitatoren bei dem
Hambacher-Fest-Aufstande, hatte das Losungswort gegeben. Ihm zur
Seite standen die Dreißiger Carl Rümelin, Ludwig Rehfuß, Dr. Sebastian Huber, J. D. Felsenbeck, Valentin Libeau, Daniel und Carl
Wolff, Carl und Johann Belser, Raymund Witschger u. A. Von den
Vor-Dreißigern sind zu nennen: Johann Meyer, die Gebrüder Jacob,
Andreas und Moritz Ernst, Anton Linck, Salomon Mencken (Vater
der ehemals Aufsehen erregenden Schauspielerin Adah Isaacs Men-
cken), Carl G. Ritter u. A. Kurz nach Gründung der „Deutschen Gesellschaft" trat auch die Deutsche Militär-Compagnie „Lafayette Garde"

ins Leben (1836), und noch andere Vereins-Organisationen, sowie besonders die Gründung von deutschen Zeitungen, gaben dem Deutschthum festen Halt.

Die so gewonnene Selbstständigkeit der Deutschen zeigte auch bald
ihre gute Wirkung. Auf die Dauer hätten sie sich wol schwerlich in
einer der politischen Parteien so fest zusammenhalten lassen, wie dieses
der Fall war, wenn nicht besondere Umstände hinzugetreten wären, die
das vermittelten. Zu allen Zeiten wurde von den Politikern der Vereinigten Staaten das deutsche Element als ein lästiges betrachtet, als ein
unberechenbarer Factor, den man nicht so nach Wunsch und Willen
zu handhaben vermochte, wie man es wol gerne wollte. Schon im
vorigen Jahrhundert erhoben sich unter den Politikern Stimmen, die
über die „unregierbaren Deutschen" klagten, darunter selbst der sonst so
klar denkende Franklin. Man jammerte über die große Zahl der Deutschen, welche bald die der englischen Einwohner überwiegen werde, und
daß es dann leicht dazu kommen könne, daß die Eingewanderten von
den Ufern des Rheins, der Donau, der Elbe und der Weser die Eingewanderten von den Gestaden der Themse, des Severn, des Clyde und
des Shannon überwiegen und alle politische Macht sich aneignen möchten. Das war freilich eine unbegründete Furcht, denn die Stammes-
Zusammenrottung war bei ihnen schon von Natur aus eine Unmöglichkeit, da die gegenseitige Eifersüchtelei eine bekannte Nationaleigen-
schaft des deutschen Volkes ist. Dennoch ist es nicht zu leugnen, daß
trotz ihres geringen Maßes von Lenkbarkeit die Deutschen häufig in der
amerikanischen Politik den Ausschlag gegeben haben. Sie waren das
unabänderliche Räthsel der Politiker. Bei der geringsten Veranlassung
zum Mißtrauen lenkten sie die Wagschale der heute siegenden Partei
morgen schon nach der anderen Seite hin. Und doch waren sie kein
schwankendes, flatterhaftes Ingredient in der Masse der amerikanischen
Volksstimme; Beharrlichkeit und Treue waren ihnen immer eigen.

Aber es gab Zeitfragen, die ernst an die Gemüther der Bürger der
Republik herantraten, und wenn sich solche ernste Fragen zeigten, dann
kam die Zeit, wo das deutsche Votum kein Wachs in den Händen der
Parteiführer war. Wol kaum hätten die glühendsten Reden der Politiker auf eine so lange Zeit die Deutschen bei der demokratischen Partei
halten können, wenn nicht persönliche und Principien-Interessen sie

gefeffelt hätten. Die das männliche Gefühl auf das Tieffte beleidigenden Nativiftenbewegungen, die fich 1836—37 zuerft zeigten und anfangs der vierziger Jahre erneuerten, trieben diejenigen Deutfchen, die bereits fchwankend geworden waren, aufs Neue in die alte Partei zurück. Im Weften fündigten fich diefe Erfcheinungen etwas fpäter an, als im Often, wo bereits bei der Präfidentenwahl des J. 1836 derartige Aeuße-rungen fich kundgegeben hatten. 1837 trat aber auch in Ohio die „Native American" Partei, die fonft mit den Whigs Gemeinfchaft machte, ins Leben und führte zu einigen heftigen Auftritten, befonders in Cin-cinnati, wo es kurz vor der Herbftwahl 1839 felbft zu Ausfchreitungen kam, die indeffen noch ziemlich im Keime erftickt wurden. Als man aber 1843, nach den Niederlagen der Whigs in den Herbftwahlen des vorhergehenden Jahres, die Bewegung gegen die Einwanderer aufs Neue und mit einer Bösartigkeit ins Werk fetzte, die in Mord und Brand ausartete, da organifirten fich auch die Deutfchen Ohio's und In-diana's zu einer feftgefchloffenen Partei und es entftand in Cincinnati der „Deutfche demokratifche Verein von Hamilton County" (1843). Die von dem Verein zur Motivirung feiner Exiftenz erlaffene Principien-Erklärung, von Johann Georg Walker (geb. zu Urach in Würtemberg) gefchrieben, ift ein Document voll patriotifcher Gefinnung und von einem echt deutfchen Geifte durchweht, das auch der eigenen Partei gegenüber die Unabhängigkeit wahrte, falls diefe fich von den liberalen Grundfätzen trennen follte. Der Verein erklärte fich darin auf das Entfchiedenfte für die Wahrung des erften Grundfatzes der Demokratie: „Gleiche Rechte und volle Gerechtigkeit aller Menfchen, ohne Unterfchied des religiöfen oder politifchen Standes oder Glaubens." Als im Früh-jahr 1844 die Nachrichten von dem Sieg der Native-Partei in New York und den mordbrennerifchen Gewaltthaten in Philadelphia und Bofton anlangten, da wurden diefe von den Deutfchen des Weftens mit tiefem Ernfte aufgenommen. Das Executiv-Committee des „Deutfchen demo-kratifchen Vereins" berief eine Maffenverfammlung der Deutfchen, in welcher die Lage der eingewanderten Bürger des Landes in ernfte Berathung gezogen wurde. Die bei diefer Gelegenheit gehaltenen Reden verdammten aufs Entfchiedenfte die empörenden Handlungen der Nativiften und forderten mit Entfchloffenheit ein vereintes Wirken Aller, um der finftern Gewalt keck begegnen zu können. Die Deutfchen im Westen wurden aufgefordert, sich zusammen zu schaaren und als geschlossene Phalanx sich diesem brutalen Gebahren entgegenzustemmen. In Columbus, Dayton, Louisville, Indianapolis, Madison und allen kleineren Orten, wo Deutsche zahlreich beisammen wohnten, rottete man sich auf die Cincinnatier Initiative hin zusammen, und da die Politiker einer entschlossenen Stellung gegenüber sich immer feige erweisen, so hatte das feste Auftreten der Deutschen auch den gehofften Erfolg. Nicht ohne Grund hatte die zu New Orleans erscheinende englische Zeitung "American" bereits im Herbst 1838 geschrieben: „Ohio wird durch die Unwissenheit der Deutschen, die ganze Theile dieses glorreichen Staates überschwemmt haben, beherrscht. Die Masse ist in diesem Staate an die Wahlurne gegangen und wir kennen das Resultat, das gleich gefährlich für die Regierung und für die Wohlfahrt aller Classen ist. Wir werden stets Wirrwarr in den Regierungsangelegenheiten sehen, bis das Recht zu stimmen beschränkt wird." In Bezug auf die „Unwissenheit der Deutschen" und die „Gefahr für die Wohlfahrt aller Classen" hatte der "American" entschieden fehl geschossen; sein ausgesprochener Zweifel aber, daß diese Beschränkung des Stimmrechts je zur That würde, hat sich durch die Zeit bewahrheitet. Die Stimmen der Deutschen gaben im Herbste 1844 der liberaleren Partei den Sieg und verscheuchten auf zehn Jahre das finstere Gespenst des Fremdenhasses.

Sowol in Ohio als auch in Indiana erstarkte das Deutschthum nun auf die kräftigste Weise. In keinem der beiden Staaten durfte man, ohne ihm Concessionen zu machen, eine Wahl wagen, und unablässig buhlten beide Parteien um seine Gunst. Schon im J. 1838 forderten sie den Druck der öffentlichen Documente in der deutschen Sprache und erhielten das Verlangen erfüllt. Seit 1830 gab es keine Legislatur in Ohio, die nicht mehrere deutsche Mitglieder zählte. Es ist gewiß interessant zu sehen, wie das Verhältniß der Deutschen im gesetzgebenden Körper dieses ausgesprochensten deutschen Staates im damaligen Westen von Zeit zu Zeit war.

Von der Organisation Ohio's (1802) an bis 1808 bestanden der Staats-Senat aus fünfzehn und das Repräsentantenhaus aus dreißig Mitgliedern; von 1808 bis 1811 aus 24 resp. 48; von 1811 bis 1821 aus 28 und 56; von 1821 bis 1831 aus 34 und 68 und von 1831 bis 1851 aus 36 resp. 72 Mitgliedern. Davon waren in der ersten Periode durchschnittlich 2, in der zweiten und dritten 3, in der vierten 4, in der fünften (1831—'41) 11 und in der sechsten (1841—'51) 14 Mitglieder deutsch. Bis zum Jahre 1831 hatte sich das Verhältniß der Deutschen kaum gehoben. In der aufgeregten Wahl des J. 1832 erwählten sie aber 5 Senatoren und 7 Repräsentanten und im J. 1836 stieg diese Zahl sogar auf 6 Senatoren und 11 Repräsentanten, zusammen 17. Die mächtige Whig-Strömung, welche mit dem J. 1839 begann, reducirte die Zahl auf 4 Senatoren und 4 Repräsentanten, und im J. 1840 sogar auf 2 Senatoren und 5 Repräsentanten. Die einmüthige Haltung der Deutschen während der Nativistenzeit (1843—'44) befestigte ihre Stellung wieder dermaßen, daß sie im J. 1844 bereits 14 Abgeordnete in beiden Häusern der Gesetzgebung hatten, und ihre Zahl vermehrte sich dann rasch, bis sie im J. 1849 auf 17 Mitglieder stieg. Unter der neuen Verfassung von 1851 wurde die Zahl der Abgeordneten auf 33 Senatoren und 101 Repräsentanten festgestellt und zweijährige Wahltermine statt der bisherigen jährlichen anberaumt. Seit dieser Zeit war der Durchschnitt der dem deutschen Elemente angehörigen Abgeordneten 24.5, wobei selbstverständlich die hier in Amerika geborenen Deutschen mitgezählt sind, denn auch diese waren, gleich den eingewanderten, den politischen Strömungen ausgesetzt.

Die ganze Zahl der eingewanderten Deutschen, die seit der Organisation des Staates (1802) in der Gesetzgebung thätig waren, ist 71. Darunter dürfen als durch ein einflußreiches Wirken sich auszeichnend genannt werden: Wilhelm Caspar Schenk (1803—'04), Johann Leist (1813—'24), Johann Sayler (1820—'36), Jacob B. Koch (1842—'45), Karl Rümelin (1844—'47), Heinrich Rödter (1847—'48), Johann Schiff (1850—'53, 1860—'61 und 1874—'75), Georg Rex, später Staats-Oberrichter (1851—'52 und 1870—'71), Joseph E. Egly (1854—'57), Heinrich Joseph Böhmer (1854—'57 und 1862—'68), Carl Bösel, gegenwärtig Präsident der Staatsbehörde der öffentlichen Wohlthätigkeits-Institute (1862—'69), Otto Dresel (1862—'65), Guido Marx (1874—'75), Heinrich Bohl und Richter Johann Gerhard Meuser (beide 1874 bis zur Gegenwart) u. A. Es ist zu bemerken, daß von den 71 eingewanderten deutschen Abgeordneten nur 8 der achtundvierziger oder neueren Einwanderung angehörten — von den Genannten sind Dresel und Marx sog. Achtundvierziger. Deutsche Staatsbeamte hat es in Ohio während der beregten Periode keine gegeben; nur der Oberrichter Friedrich Grimke (1836—'41), einer der tüchtigsten Juristen des Landes und außerdem ein tiefer Denker, war ein Deutscher aus Severn im Hannöverischen stammend.

Die starke Einwanderung von Deutschen anfangs der dreißiger Jahre veranlaßte in Ohio und Indiana eine große Anzahl deutscher Niederlassungen. In Ohio entstanden damals in den neueröffneten Gebieten der nordwestlichen Counties die ganz von Deutschen begründeten Orte: Berlin, Minster (ursprünglich Stallotown, von dem Onkel des bekannten Richters Stallo ins Leben gerufen), Bremen, St. Mary's, St. Henry, St. Johns, Freyburg, Neu-Bern, Uniopolis, Glandorf (von dem ehemaligen Osnabrücker Professor Horstmann ausgelegt), Rose Hill, Delphos und viele andere Ansiedlungen; und im südlichen Indiana: Neu-Elsaß (von Franz Anton Walliser), Oldenburg (von Heinrich Ronnebaum), St. Peters, Hermann, Ferdinand, Jasper, Leopold, Betzville, Germantown, Hannover ꝛc. Die meisten dieser Orte in Ohio wurden durch Norddeutsche, die in Indiana durch Süddeutsche, vornehmlich Oesterreicher und Elsässer, besiedelt. In allen hat sich deutsches Wesen und die deutsche Sprache erhalten. So führte man z. B. schon in den dreißiger Jahren in Minster, Ohio, jeden Herbst Jahrmärkte, nach Art der in Norddeutschland damals üblichen, ein und in Neu-Elsaß, Indiana, feierte man von 1839 an in der Osterwoche alljährlich sogenannte „Freischießen". Auch gingen von Cincinnati in den dreißiger und vierziger Jahren mehre deutsche Ansiedlungen in anderen westlichen Staaten aus, worunter die bekannteren Teutopolis in Illinois und Guttenberg in Jowa waren.

In gesellschaftlicher und cultureller Beziehung hob sich das Deutschthum in Ohio und Indiana in ungeahnter Weise. Cincinnati ward schon Mitte der vierziger Jahre eine vorwiegend deutsche Stadt, und 1850 zählte sie mehr deutsche Kirchen als englische. Die Gesammtbevölkerung war auf 115,435 gestiegen, worunter nach Cist's Zählung 33,530 eingewanderte Deutsche. Für die Stadt gibt der Census von 1850 keine Separatzahlen an, dahingegen führt derselbe in Hamilton County, worin Cincinnati liegt, 65,459 fremdgeborene bei einer Gesammtzahl von 156,844 auf, also weit über ein Drittel. Rechnet man im selben Verhältnisse, wie Cist in der Stadt, so würde sich eine deutsche Bevölkerung

für das County von 45,358 Seelen ergeben. Werden dann die Kinder
der Eingewanderten hinzugezählt, so zeigt sich das Verhältniß noch weit
günstiger und kann man sicher annehmen, daß Cincinnati schon damals
zur Hälfte deutsch war. — Die Vermehrung der Deutschen hatte
nach dem Maßstabe der Zunahme der Einwanderung stattgefunden,
von welcher wol der größte Theil damals nach Ohio und Indiana
ging. Der Strom nach dem Nordwesten hatte kaum begonnen und
Illinois, Missouri, Michigan und Wisconsin fielen damals noch geringer ins Gewicht; ihre Zeit begann mit dem Jahre 1849. Ohio
hatte vor allen den Vorzug, und Indiana stand diesem Staate weit
nach. Der Census von 1850 stellt die fremdgeborene Bevölkerung der
beiden Staaten, wie folgt: Ohio, fremdgeborene 218,099 aus einer
Gesammt-Einwohnerzahl von 1,955,050 — unter den fremdgeborenen
waren 123,488 Deutsche (zwei Drittel der Schweizer, Preußen, Oesterreicher 2c. als Deutsche gerechnet); Indiana, fremdgeborene 55,537
aus einer Gesammt-Seelenzahl von 977,154, darunter 32,829 Deutsche.

Der Mittelpunkt des deutschen Lebens beider Staaten war Cincinnati. Hier wohnte ein Drittel des gesammten Deutschthums des
Staates Ohio und mehr Deutsche, als im ganzen Staate Indiana
zusammen. Das deutsche Vereinsleben stand in Cincinnati in voller
Blüthe. Gesangvereine von allgemeiner Tendenz hatte man seit 1839,
und die von diesen um die Mitte der vierziger Jahre veranstalteten
Volksfeste erfreuten sich der lebhaftesten Theilnahme aller Deutschen.
Das erste in den Vereinigten Staaten abgehaltene Sängerfest, zu dem
mehre Städte Vereine als Theilnehmer sandten, fand zu Cincinnati
in der ersten Woche im Juni 1849 statt. Bei diesem Feste wurde auch
der „Erste deutsche Sängerbund von Nord-Amerika", welcher noch fortbesteht, gegründet. Außer diesen wurden schon anfangs der vierziger
Jahre allgemeine Mai-, Schützen- und andere Feste und Feiern von
den Deutschen veranstaltet.

Ein deutsches Theater wurde bereits 1844 ins Leben gerufen und
ward im darauffolgenden Jahre unter Christian Thielemann's Leitung
zu einem ständigen Institute, nachdem schon Ende der dreißiger Jahre
Liebhabertheater-Unternehmungen sich versucht hatten. Ein deutscher
Club unter dem Namen „Harmonie" war 1840 begründet worden, und
im J. 1837 hatte man bereits eine deutsche Debattir-Gesellschaft, welcher

1842 ein zweiter derartiger Verein folgte. Zwei deutsche Lese- und
Bibliothek-Gesellschaften wurden zu Anfang der vierziger Jahre begründet und bis in die neueste Zeit fortgeführt. Beide veranstalteten in
den ersten Zeiten Serien von wissenschaftlichen Vorträgen. Unterstützungs-
Vereine, deutsche Logen, kirchliche Gesellschaften u. s. w., mehrten sich,
und die Militär-Compagnien waren zu einem deutschen Regimente an-
gewachsen, das wiederholt bei Volksausbrüchen — dem Negeraufruhr
1844, dem Bankmob 1845 ic. — wesentliche Dienste leistete. In dem
Kriege mit Mexiko stellten die Deutschen von Cincinnati drei rein
deutsche Compagnien, nicht zu gedenken der in anderen Regimentern
eingereihten Landsleute, und die Deutschen von Columbus, Dayton,
Hamilton u. s. w. lieferten zwei weitere Compagnien, die unter den
Hauptleuten Dr. Zirkel und Dr. Egry ins Feld rückten. Nicht mit Unrecht nannte man das zweite Ohioer Volontär-Regiment damals das
„deutsche", stand es doch bei allen wichtige nEreignissen unter dem Commando des Oberstlieutenants August Moor, dem späteren General-
Major der Ohioer Staatsmiliz (1848), der bereits als Officier im Flo-
rida-Kriege (1837) gedient hatte, und sich auch im Bürgerkriege als
Feldherr bei Croß Keys, Piedmont und New Market auszeichnete.

So war das Deutschthum bereits am Schlusse dieser Periode in jeder
Beziehung ein lebendiger Factor in der culturellen Entwickelung der
beiden großen Central-Staaten geworden. Ihm hat man die freiheit-
liche Stellung derselben in der Politik wie im socialen Leben zu verdanken. Waren es doch die Deutschen, die 1844 und 1848 in den Staats-
Platformen der demokratischen Partei von Ohio die energischen Beschlüsse gegen die Sklaverei und deren Verbreitung durchgesetzt hatten.
Auch in geschäftlicher Beziehung waren sie dominirend geworden und
mancher Stoßseufzer der englischen nativistischen Presse äußerte sich
schon damals in dem Bedauern, daß die "Germans" unwiderstehlich
seien in dem Ansichreißen des Handels und der Manufactur. Hatten
die Vor-Dreißiger im Ackerbau die erste Stellung eingenommen, so
nahmen die Deutschen vor 1850 in Handel und Gewerbe bereits einen
unabweisbaren Standpunkt ein, der deutlich sprach: „Der Westen gehört den Germanen!"

Von 1850 bis zur Gegenwart. Die Achtundvierziger.

Die lebhafte Theilnahme der Deutschen in Ohio und Indiana an der Landespolitik und ihr eigenes materielles Bestreben verhinderten jedoch keineswegs ihre Theilnahme an den Ereignissen in der alten Heimath. Schon vom J. 1818 an feierte man in Cincinnati alljährlich den Gedenktag der Befreiung Deutschlands von der französischen Herrschaft des ersten Napoleon, am 18. October, auf angemessene Weise. Mancher andere nationale Erinnerungstag wurde festlich begangen, so seit 1833 der Jahrestag des Hambacher Festes, womit man gewöhnlich ein Maifest verknüpfte, verbunden mit Militärparaden, Reden u. dgl. Außerdem feierte man noch Gedenktage von Deutschlands großen Männern, darunter Göthe's, Schiller's und Jean Paul's Geburtstage, das vierhundertjährige Jubiläum der Erfindung der Buchdruckerkunst (1840) u. s. w. Schiller's hundertster Geburtstag wurde 1859 mit vielem Pompe begangen. Eine solenne Gedenkfeier veranlaßte der Tod Alexander's von Humboldt (1859), bei welcher Gelegenheit Richter Johann Bernhard Stallo die Rede hielt, die, voll der tiefsten Gedanken, zu den Meisterwerken der Beredtsamkeit gehört. Der hundertste Geburtstag Humboldt's gab zehn Jahre später Veranlassung zu einer imposanten Feier, die in einem Massen-Festzuge culminirte. Bei dieser Gelegenheit hielten Emil Rothe und der Rector der Cincinnatier Universität, Thomas Vickers, schwungvolle Reden. Eine Feier zum hundertsten Todestage Lessing's wurde von dem 1877 begründeten „Deutschen Literarischen Verein von Cincinnati" würdevoll begangen. Der Krieg gegen Frankreich (1870—'71) schaarte die Deutschen Cincinnati's abermals zusammen, und flossen ihre Liebesgaben in reichlichster Weise. Und wie freudig pochten ihre Herzen bei jeder Siegesnachricht! Die Capitulation bei Sedan veranlaßte noch am selben Abend einen improvisirten Fackelzug, der riesige Dimensionen annahm; und nach Ankunft der Nachricht vom Frieden hielten die Deutschen Cincinnati's die erste Friedensfeier ab, der dann ähnliche Feiern im ganzen Lande folgten. Der bekannte verdienstvolle Ethnologe und deutsch-amerikanische Dichter, Dr. Gustav Brühl, war Präsident des Hülfs-Committees, das diese Feste einleitete. Das zweihundertjährige Pionier-Jubiläum der deutschen Einwanderung

(1885) ist das jüngste Glied in der Kette der deutschen Gedenktage des Cincinnatier Deutschthums.

Für das alte Vaterland sind die ausgewanderten Deutschen im Westen also nicht untergegangen, nur haben sie die Heimath vertauscht und sind amerikanische Bürger geworden. An den Leiden und Freuden des Landes ihrer Geburt nahmen sie stets den regsten Antheil. Für die Hülfsbedürftigen des Hamburger Brandes wurde in Cincinnati eine namhafte Summe gesammelt, und als das Hungerjahr 1847 die Sympathie auch des Deutsch-Amerikanerthums in Anspruch nahm, da traten die Deutschen von Cincinnati aus Nord und Süd, ohne Ansehen der Religion und Politik zusammen, und es wurden den Nothleidenden in der alten Heimath 8000 Dollars als das Ergebniß der Opferwilligkeit ihrer dortigen Landsleute zugesandt. Für die Bedrängten der Wassernoth am Rhein steuerten die Deutschen Cincinnati's allein über 30,000 Mark bei; nicht zu gedenken der milden Gaben, die sie bei Gelegenheit der Hungersnoth in Schlesien, der Weichselüberschwemmungen und ähnlicher Anlässe in allen Gauen Deutschlands dargebracht haben.

Außer den Gesellschaften für geistiges Wirken wurde im J. 1844 ein „Deutscher patriotischer Verein" in Cincinnati ins Leben gerufen, dessen Streben dahin ging, die Freiheitsbewegungen in Deutschland zu fördern und verfolgte Patrioten zu unterstützen.

Als die von Amerika so warm mit gefühlte Erhebung des Jahres 1848 hereinbrach, da traten die Deutschen im Westen abermals zusammen und steuerten mit vollen Händen ihre Gaben bei, um der geliebten alten Heimath die Segnungen der Freiheit gewinnen zu helfen. Und nachdem die Freiheitsbestrebungen unterlegen waren, da trauerten sie nicht minder darüber, wie die Patrioten jenseits des Meeres, und nur noch reichlicher flossen ihre Spenden, damit den aus der Heimath vertriebenen Freiheitskämpfern ihr Schicksal erleichtert würde. Die Ankunft Hecker's und seiner Freunde in Cincinnati im Herbste 1848 gab Gelegenheit zu einer großartigen Ovation, an welcher sich selbst die amerikanische Bevölkerung mitbetheiligte. Und welchen Enthusiasmus riefen nicht die Besuche Kossuth's und Kinkel's in Cincinnati hervor! Bei des Letzteren Anwesenheit wurde dem gefeierten Dichter und Patrioten ein Fackelzug gebracht, an welchem die meisten deutschen Vereine der Stadt sich betheiligten und dessen Theilnehmerzahl auf fünftausend geschätzt wird. Und als dann die Schaaren der Flüchtlinge nachfolgten, da wurden sie überall im Westen mit offenen Armen empfangen und ihnen die wärmsten Sympathien entgegengetragen.

Nach dem zweiten Aufstande in Baden und der Pfalz im J. 1849 mehrten sich die Flüchtigen, die nun Amerika als ein Asyl aufsuchten. Ueberall ließen sie sich nieder, besonders im Westen. Da kamen denn alle möglichen Doctoren der Philosophie und der Juristerei, es kamen halb und ganz Studirte, welche die Revolution in ihren Studien unterbrochen oder in ihrem Wirken gestört hatte; Staatsbeamte, die ihre Stellungen verwirkt, Oekonomie- und forstbeflissene, Künstler und Gelehrte, kurz Leute, die alles Erdenkliche gelernt hatten, nur nicht das, was man in Amerika brauchen konnte. Sie konnten Griechisch und Latein, aber kein Handwerk. Sie hatten das Gebiet der Physik und alle Regionen der Metaphysik durchwandert, aber die Kenntnisse vom praktischen Leben waren ihnen unbekanntes Land geblieben.

Von den älteren Deutschen wurden sie, wie gesagt, mit offenen Armen empfangen und mit dem größten Wohlwollen kam man ihnen nach Kräften entgegen. Es wurden in Cincinnati und anderen Orten in Ohio und Indiana Vereine zur Unterstützung politischer Flüchtlinge gegründet und alles Mögliche gethan, um den neuen Ankömmlingen ihre Lage so gut es ging zu erleichtern. Aber der Flüchtlinge kamen bald zu viele, um sie alle unterstützen zu können. Auch wurde mancherlei Mißbrauch und Unfug mit der Gastfreundschaft getrieben und mancher arbeitslose oder arbeitsscheue Landstreicher gab sich für einen politischen Flüchtling aus, um sich aus den Vereinscassen unterstützen zu lassen. Nebenbei brachten die meisten der neuen Ankömmlinge, die sich in einem Zustande hoch revolutionärer Erregtheit befanden, ganz eigenthümliche Anschauungen mit herüber, und da sie keinen Widerspruch duldeten, so entstand ihnen gegenüber bald eine Kälte, die zu dem Streit führte, welcher als der „Kampf der Grünen und Grauen" bekannt ist.

Die Neueingewanderten, die sich, in dem Ringen nach Freiheit in Deutschland, einen eigenen Begriff republikanischer Zustände angeeignet hatten und die hier in der amerikanischen Republik es ganz anders fanden, warfen sich sofort zu Kritikern der hiesigen Verhältnisse auf. Ihnen starrte im Großen und Ganzen das amerikanische Leben so kalt,

so fremd entgegen, daß sie sich noch unheimlicher darin fühlten, als unter
den despotischen Gewalten, denen sie soeben entronnen waren. So bildete sich bei denselben denn ein Zustand des Heimwehs. Sie betrachteten
ihren Aufenthalt in Amerika nur als einen vorübergehenden, als eine
Art Fegefeuer-Periode, aus der sie hofften, bei einer neuen Revolution,
die, wie sie wähnten, nicht lange ausbleiben konnte, befreit zu werden.
Daher kam es denn auch, daß sie sich noch mehre Jahre lang mit uto-
pischen Plänen befaßten, mit Bildung von Revolutions-Vereinen, mit
Revolutions-Anleihen und mit revolutionären Versammlungen, als
deren Gipfelpunkt der sogenannte „Wheelinger Congreß" (Sept. 1852)
zu betrachten ist. Nebenbei tadelten sie das politische und sociale Leben
und Treiben des hiesigen Volkes, ohne nur erst zu bedenken, wie sich
dasselbe gestaltet hatte und was eigentlich die Grundzüge seien, die dahin
geleitet hatten. Vor Allem wollten sie sich nicht damit befreunden, daß
die Deutschen des Landes sich fast wie ein Mann der einen der beiden
großen politischen Parteien angeschlossen hielten, besonders weil noch so
Vieles da war, das ihnen nicht zusagte, z. B die stark puritanisch ge-
färbte Religiosität der Amerikaner und die damals bestehende Negersklaverei. Die Deutschen hätten — so meinten sie — eine eigene Partei
bilden sollen, um diese beiden Uebelstände sofort zu beseitigen. Dabei
bedachten sie nicht, daß ihre hier schon ansässigen Landsleute durch ein
solches Vorgehen nicht nur nichts gewonnen hätten, sondern absolut
politische Nullen, ohne werthbringende Zähler, geworden wären. Daß
die Deutschen bereits thätig waren, um dem Fortschritt allmählig Bahn
zu schaffen, das konnten oder wollten sie nicht sehen. Nur ihr Weg und
ihre Ideen sollten die einzig maßgebenden sein.

Im Fluge wurden nun von den sogenannten „Grünen", freilich nur
im kleinen Maßstabe, allerhand weltverbessernde Pläne ins Werk gesetzt. So gründete der bekannte Weitling in New York seine „Republik
der Arbeiter" und stellte die Emancipation der Arbeit vom Capital in
Aussicht, was auch in Cincinnati in einem Verein Nachahmung fand.
Noch andere derartige, auf utopischem Boden beruhende Projecte wurden
in Ohio und Indiana ins Leben gerufen, die nach und nach alle im
jämmerlichsten Fiasco endigten.

Andererseits glaubte man auch zu jener Zeit in religiöser Hinsicht
dem Amerikaner, auf den die Achtundvierziger wie auf eine Art

Halbindianer herabſahen, neue Wege zeigen zu müſſen. Da wurden von den mancherlei Spitzen der neueſten kirchlichen oder anti-religiöſen Bewegungen, die mit den Flüchtlingen in den Vereinigten Staaten ein Aſyl gefunden hatten, Verſuche gemacht, ihre moderne Weltanſchauung mit Pauken und Trompeten hier einzubürgern, was inſofern von den älteren Deutſchen mißbilligend aufgenommen wurde, als die Weltverbeſſerer dabei in radicaler und aggreſſiver Weiſe verfuhren. In Cincinnati gründete Friedrich Haſſaurek den „Hochwächter", der laut lärmend gegen die „Pfaffen" ins Feld zog; in Toledo riefen die Gebrüder Marx und Hauſchild, und in Cleveland Auguſt Thieme und Jacob Müller radicale Zeitſchriften ins Leben. Von allgemeinerer Tendenz waren Rothacker und Rittig's „Menſchenrechte" und der ſpäter zu Cincinnati von Rittig herausgegebene „Unabhängige", ſowie die zuerſt in Buffalo und kurz darauf in Cleveland von Chriſtian Eſſelen publicirte Monatsſchrift „Atlantis."

Hand in Hand mit dieſen Journalen gingen die überall begründeten „Freimänner-Vereine", deren Tendenz durchweg anti-religiöſer Natur war oder die, wie ſie es nannten, den Humanismus zur Specialität machten. Es ward förmlich Mode, irreligiös zu ſein. Das Wirken dieſer Vereine war aber nicht blos darauf beſchränkt, eine ruhige Propaganda zu betreiben, ſondern man erging ſich auch in äußerlichen Demonſtrationen, die z. B. bei Anweſenheit des Nuntius Bedini in Cincinnati zu einer traurigen Gewaltsſcene führten, welche als der „Bedini-Aufruhr" in den Annalen der Stadt bekannt iſt. Man wollte dem im erzbiſchöflichen Palaſt weilenden Cardinal eine Katzenmuſik bringen und auf dem gegenüberliegenden Stadthausplatze ihn in effigie an einen Galgen hängen, was durch ein brutales Einſchreiten der Polizei verhindert ward, das leider ein Menſchenleben koſtete.

Die verſchiedenen Freimänner-Vereine ſtiegen 1854 auf den Gipfelpunkt ihrer Wirkſamkeit. In Louisville hatten ſich die deutſchen Fortſchrittsfreunde auf einer Platform, entworfen von Heinzen, Domſchke, Bürgeler, Stein und Wittig, vereinigt, welche, neben dem Kirchenweſen, auch der Sklaverei den Krieg erklärte. In Cincinnati verſammelten ſich Ende März 1854 die Abgeordneten von 17 Vereinen Ohio's unter dem Vorſitz von Jacob Müller, dem ſpäteren Vice-Gouverneur von Ohio, und entwarfen eine ähnliche Platform wie die der Louisviller

Radicalen. Die geringfügigen Abweichungen aber waren auch die Ursache, daß die gehoffte Einheit der Freimänner-Organisationen wieder zu zerbröckeln anfing, indem Heinzen mit unerbittlicher Wuth gegen die Ohioer Platform andonnerte, worauf Hassaurek im „Hochwächter" und Esselen in der „Atlantis" ebenso heftig entgegneten. So gingen die Freimänner-Vereine nach und nach zu Grunde und die ganze Bewegung verlief schließlich im Sande, obwol keineswegs gänzlich resultatlos.

Zugleich mit diesen eigenartigen Organisationen hoben sich die bereits während der vorhergehenden Periode entstandenen Gesang- und anderen Unterhaltungs-Vereine. Turnvereine traten in Existenz, der erste in Ohio, die Cincinnatier „Turngemeinde", bereits 1848; und überall begann sich ein bedeutend erweitertes deutsches Leben fühlbar zu machen. Gesang-, Turn- und Schützenfeste wurden in immer großartiger werdender Weise gefeiert. Alles athmete kräftigeren, frischeren Geist. Nach und nach verloren sich auch die eigenthümlichen, scharfen Kanten der neuen Einwanderung, und als sich 1854, verursacht durch die Aufhebung des Missouri-Compromisses, eine neue politische Strömung anbahnte, wodurch die „Grünen" mit den „Grauen" theilweise Fühlung gewannen, da begann auch in der Politik eine neue Epoche, in welcher das Deutschthum, besonders in Ohio, sich mächtig fühlbar machte. Zwar war die Uebergangsperiode der bisherigen Whig-Partei durch die sogenannte „Know Nothing-" in die republikanische Partei mit einigen Convulsionen begleitet, die im Frühjahr 1855 in Cincinnati und Louisville zu blutigem Aufruhr der „Know Nothings" gegen die Eingewanderten führten, wobei jedoch in Cincinnati die Deutschen entschieden Sieger blieben, allein die Aufstellung des den Eingewanderten besonders günstig gesinnten Fremont zum Präsidentschafts-Candidaten seitens der „Republikaner" versöhnte die Elemente wieder, und es gab dann keine bezeisterteren Anhänger für die Wahl dieses Mannes, als gerade die Deutschen. Ein Theil, vielleicht die Mehrheit der älteren Einwanderer, besonders in den Landbezirken, verharrte freilich noch bei der alten Partei, die dann 1856 auch Sieger blieb, allein das Jahr 1860 wandte die Schale des Triumphes der neuen Partei zu: Abraham Lincoln wurde, hauptsächlich durch die massenhafte Schwenkung der Deutschen in das Lager der „Republikaner", zum Präsidenten gewählt. 1850 hatte ganz Hamilton County (worin Cincinnati gelegen) nur 14,782 Stimmen gezählt, im J. 1860 gaben die fünf deutschen Wards allein 9499 Stimmen ab, und rechnet man die in den übrigen Wards und Ortschaften abgegebenen deutschen Stimmen hinzu, so betrug das deutsche Votum von 1860 bereits mehr, als das Gesammt-votum des County zehn Jahre zuvor. Das gesammte eingewanderte Deutschthum der beiden Staaten Ohio und Indiana belief sich nach dem Censusberichte von 1860 in runder Zahl auf 250,000 Seelen, nämlich Ohio auf 179,278 und Indiana auf 70,518. Cincinnati allein hatte eine eingewanderte deutsche Bevölkerung von 43,391.

Der Ausbruch des Bürgerkrieges (1861) war für die Deutschen in Ohio und Indiana das Losungswort, alle Parteifesseln fallen zu lassen und einmüthig ihren Patriotismus nicht blos durch leere Worte, sondern durch die That kund zu geben. Schon bei Ankunft der ersten Depesche, dahin lautend, daß der Präsident ein Aufgebot von 75,000 Freiwilligen erlassen habe, stellten die Deutschen sich sofort in erster Reihe ins Glied. Drei deutsche Militär-Compagnien Cincinnati's und die deutschen „Washington-Dragoner" unter Rittmeister Schmidt befanden sich bereits am Abend desselben Tages auf dem Wege nach Washington. Und als dann einige Tage später das zweite Aufgebot von 300,000 Mann erfolgte, da wurde binnen wenigen Stunden das erste deutsche Ohio Volontär-Regiment fertig gestellt, und ein zweites deutsches Regiment war schon am nächsten Tage vollzählig. Der Patriotismus der Deutschen für das Adoptiv-Vaterland kannte keine Gränzen. Tausende und abermals Tausende strömten zu den Waffen. Der ganze deutsche Stadttheil von Cincinnati glich' einem Heerlager. Und wie in Cincinnati, so war es auch überall im ganzen Westen. Diejenigen Deutschen, welche sich aus besonderen Gründen nicht der republikanischen Partei anschlossen, bildeten in der demokratischen Partei die Abtheilung der sogenannten Kriegsdemokraten. Mehr als ein Drittel aller Soldaten, welche Ohio ins Feld stellte, waren Deutsche, und rein deutsche Regimenter gab es elf: das 9. (Oberst Gustav Kämmerling), das 28. (Oberst August Moor), das 37. (Oberst Eduard Sieber), das 47. (Oberst Franz Poschner), das 58. (Oberst Valentin Bausenwein), das 67. (Oberst Otto Bürstenbinder), das 74. (Oberst Alexander von Schrader, das 106. (Oberst Gustav Tafel), das 107. (Oberst Seraphim Meyer), das 108.

(Oberst G. F. Limberg) und das 165. (Oberst Alexander Bohländer). Dazu kommt das 3. Cavallerie-Regiment (Oberst Louis Zahm) und drei deutsche Batterien unter den Hauptleuten Louis Hoffmann, Hubert Dilger und Louis Markgraf. Deutsche Generäle hat Ohio mehre gestellt: General-Major Gottfried Weitzel, einer der tüchtigsten Ingenieure des Heeres, der an der Seite Lincoln's den Einzug in die feindliche Hauptstadt Richmond führte; August Victor Kautz, der berühmte Reitergeneral; Jacob Ammen; August Moor, der Held von drei Kriegen und Sieger bei Piedmont und New Market (alle drei Brevet-General-Majore); Ludwig von Blessingh, Franz Darr, Heinrich Giese, Friedrich Wilhelm Leister, Eduard S. Meyer, Alexander von Schrader und Georg M. Ziegler (Titular-Brigade-Generäle).

Indiana, zufolge seiner verhältnißmäßig weit geringeren deutschen Bevölkerung, weist auch einen minder hervortretenden Zug in der Betheiligung des Deutschthums an dem Rebellionskriege auf. Nur ein specifisch deutsches (das 32. Infanterie-) Regiment, unter Befehl des Obersten und späteren Brigade-Generals August Willich, befindet sich unter den von diesem Staate ins Feld gestellten Truppen. In allen andern Truppenkörpern befand sich indeß ein mehr oder minder zahlreicher Procentsatz (von einem Achtel bis zur Hälfte der Regimenter) Deutsch-Amerikaner. Höchst wichtig aber ist die thatkräftige Mithülfe, die der 1860 zum Staats-Auditor (Finanz-Controleur) gewählte Albert Lange, aus Charlottenburg bei Berlin gebürtig, den Staatsbehörden leistete. Sein Amt war eines der schwierigsten, schreibt Gustav Körner, denn es galt, eine dem Aufrufe des Präsidenten entsprechende Kriegsmacht aufzubieten, und die Recrutirung, Verpflegung und Ausrüstung der Truppen, ehe sie in das Heer der Vereinigten Staaten selbst eintraten, zu bewerkstelligen. Lange zeichnete sich ganz besonders durch seinen Eifer und seine Thatkraft aus. Noch eine andere Figur tritt uns bei dieser Gelegenheit zu Gesicht in der Person des von Gouverneur Morton zur Zeit des Morgan'schen Streifzuges zum General-Major und Oberbefehlshaber sämmtlicher Staatstruppen ernannten Generals Mansfield (eigentlich Johann Bernard Lutz). Derselbe, in Braunschweig oder Hannover geboren, war bereits im Anfang der dreißiger Jahre nach Amerika gekommen und bekleidete längere Zeit eine Professur der Mathematik an der Staats-Universität von Kentucky zu

Lexington, von wo er später nach Madison, Indiana, übersiedelte. Mansfield war eine hohe stattliche Persönlichkeit, von einnehmendem Aeußern, ein prächtiger Gesellschafter, hochgebildet und mit feiner Tournüre begabt. Dabei blieb er trotz seiner Namensabänderung, die aus Rücksicht auf eine Erbschaft seiner Frau, einer Amerikanerin, gesetzlich vorgenommen wurde, in seinem Wesen durch und durch deutsch, und hat er auf seine nähere Umgebung einen nicht unbedeutenden Einfluß ausgeübt. Auf Mansfield's Anregung hin entstanden in dem kleinen Madison ein deutscher Gesangverein und Turnverein, sowie eine deutsche Lesebibliothek, und das deutsche Leben war dort verhältnißmäßig so rege, wie irgendwo im Westen. Außer Dr. Conradin Homburg in Indianapolis, der 1824 nach Amerika gekommen war, und dem oben genannten Albert Lange in Terre Haute hat wol Niemand in jenem Staate einen so belebenden Einfluß auf die Entwickelung des Deutschthums ausgeübt, als Mansfield in Madison, und es ist eine merkwürdige Erscheinung, daß alle drei, obwol der älteren deutschen Einwanderung angehörig, sich aufs Innigste den sogenannten Achtundvierzigern anschlossen und dadurch dem Deutschthum Indiana's etwas von dem lebensfrischen Zuge verschafften, der ihm sonst mehr oder minder fremd blieb.

Im Allgemeinen aber ist das deutsche Leben in Indiana nie so markirt gewesen, wie das in Ohio der Fall war, was wol dem Mangel an einem größeren Mittelpunkte, wie ihn die Städte Cincinnati, St. Louis, Chicago und Milwaukee ihren resp. Staaten verliehen, zugeschrieben werden muß. Dennoch ist es unbestreitbar, daß auch in jenem Staate das Deutschthum einen nicht unwichtigen Einfluß auf die politische und sociale Gestaltung der Bevölkerung ausgeübt hat. Sowol in Indiana als auch in Ohio ließ sich dieser Einfluß deutlich bei den Wahlen der Jahre 1882—'83 beobachten, als es sich um eine Beschränkung der persönlichen Freiheit handelte. Es wird allgemein zugegeben, daß gerade das deutsche Element in beiden Staaten den Ausschlag gab und den moralischen Druck ausübte, daß wenigstens die eine der beiden politischen Parteien sich dem Auffrischen der veralteten puritanischen Ideen widersetzte. Das Deutschthum war auch in beiden Staaten, des numerischen Verhältnisses wegen, zu einem Factor geworden, den man nicht ignoriren konnte. Die Censusberichte von 1870 und 1880 weisen folgende Zahlen des eingewanderten Deutschthums auf:

		Ohio.	Indiana
1870:	Aus Deutschland Eingewanderte	182,889	78,056
	Zwei Drittel der aus Oesterreich, Frankreich (Elsaß-Lothringen), der Schweiz, Luxemburg ꝛc. Eingewanderten	23,320	9,131
	Zusammen	206,209	87,187
1880:	Aus Deutschland Eingewanderte	192,597	80,756
	Zwei Drittel der aus Oesterreich ꝛc. Eingewanderten	25,404	8,326
	Zusammen	218,001	84,082

Dieses ergibt für 1880 in den beiden Staaten eine Gesammtzahl von mehr als 500,000 Deutschen. Der Nachwuchs verstärkt diese Zahl auf das Dreifache, so daß das deutsche Element in Ohio und Indiana sich auf nahezu eine Million Seelen beläuft. In den größeren Städten tritt dasselbe verhältnißmäßig noch mehr in den Vordergrund, und Cincinnati, als Centralpunkt des Gebietes, hat heute bereits ein vorwiegend deutsches Gepräge.

Die deutsche Presse.

Der wichtigste Factor in der Culturgeschichte aller modernen Völker ist die Presse, und so dürfen wir auch bei einer Uebersicht des Deutschthums der Staaten Ohio und Indiana diese nicht außer Acht lassen. Es ist eine auffallende Thatsache, daß der Beginn der deutschen Journalistik im Westen nicht bei dem eingewanderten, sondern bei dem eingeborenen Deutschthum zu suchen ist. Die erste deutsche Zeitung in Ohio erschien, wie bereits angedeutet, 1807 in Lancaster unter dem Namen „Ohio Adler" und wurde von Carpenter und Greene herausgegeben, die auch die Herausgeber einer englischen Zeitung ("Ohio Eagle") waren. Carpenter gehörte der in Lancaster, Pa., ansässigen Familie Zimmermann an, die zum Theil ihren Namen wie oben in das Englische übersetzt hat. Greene war der zweite Gatte der Wittwe des in der westlichen Geschichte vielgenannten deutschen Indianerjägers Carl Bilderbach, welcher als Hauptmann eine Compagnie in dem Feldzuge des Obersten Crawford befehligte (1782) und damals von den

Indianern auf eine grausame Weise getödtet wurde. Der „Ohio Adler" hielt sich, trotzdem er, wie Klauprecht sagt, im Kauderwälsch der pennsylvanisch-deutschen Mundart geschrieben war, bis in die dreißiger Jahre hinein und wechselte dann den Namen in „Lancaster Volksfreund" um, der 1841 nach Columbus verlegt wurde und dort abermals den alten Namen annahm. Der letzte Redacteur dieser Zeitung war der weit und breit bekannte Journalist Friedrich Fieser, der 1843 im Verein mit Jacob Reinhard die Druckerei des „Ohio Adler" ankaufte und eine neue Zeitung herausgab, welcher sie den Namen „Westbote" beilegten. Diese Zeitung besteht noch heute erfolgreich fort und zählt zu den besten Journalen des Landes.

Die nächste deutsche Zeitung Ohio's war der 1821 zu Canton in Stark County von Eduard Schäffer aus Frankfurt a. M. begründete „Westliche Beobachter und Stark und Wayne County Anzeiger", welcher bis 1826 fortgeführt wurde, worauf Schäffer nach Germantown, Ohio, zog, woselbst er die Herausgabe der dritten deutschen Zeitung Ohio's übernahm, „Die National-Zeitung der Deutschen". In der That ein hochklingender Name! Aber verdient war er wohl, denn es war die erste deutsche Zeitung nordwestlich vom Ohioflusse, die, in guter deutscher Sprache geschrieben, einen frischen Ton anschlug, wie ihn die deutsche Presse des Landes damals kaum kannte. Der Redacteur der „National-Zeitung" war der bereits genannte Daniel Christian Ludwig Lehmus, der später nach Philadelphia ging und als Redacteur an Wesselhöfft's „Alte und Neue Welt" thätig war. Einen Gegensatz zu dieser geistesfrischen Zeitung bildete die erste deutsche Zeitung Cincinnati's, „Ohio Chronik" genannt, welche etwa zur selben Zeit ins Dasein trat, und die den pennsylvanisch-deutschen Charakter einer Landzeitung trug, weshalb sie sich auch nicht lange hielt. Diesem Erstling der seitdem so bedeutend gewordenen deutschen Presse der Metropole des Ohio-Thales folgten kurz darauf andere sporadisch auftretende Zeitungsversuche, darunter das 1832 begründete Wochenblatt „Der deutsche Patriot", dessen Existenz jedoch auch nur von kurzer Dauer war. Diesem folgte am 7. October 1834 eine lebenskräftigere Erscheinung, „Der Weltbürger", unter der Redaction von Carl Hartmann aus Braunschweig. Die Zeitung hatte eine Whig-Tendenz, ging aber nach Erscheinen weniger Nummern

in die Hände von Benjamin Boffinger über, einem Würtemberger,
der ihren Namen in „Der deutsche Franklin" umtaufte und mit dieser
Namenswechselung auch einen Parteiwechsel vornahm. Als aber im
J. 1836 die Zeitung in das Harrison-Lager übertrat, wurde von den
entrüsteten deutschen Demokraten eine andere Wochenzeitung ins Leben
gerufen, das „Volksblatt", ähnlich der „New Yorker Staats-Zeitung",
von einer Actien-Gesellschaft begründet. Heinrich Rödter ward der
Redacteur, und der geistesfrische Ton, den dieses Blatt anschlug, darf als
der Ausgangspunkt einer neuen Aera der deutsch-amerikanischen Journalistik im Westen gelten. Rödter's Feuergeist wußte sich auch unter den
amerikanischen Politikern Achtung zu verschaffen, und mit einem gewissen Gefühl von Unbehagen, um nicht zu sagen Schrecken, bemerkten
die Parteileiter, daß das deutsche Element nicht in blinder Ergebenheit
ihrer Führerschaft zu folgen geneigt sei. Dieses lebhafte Colorit deutscher Gedankenrichtung, welches kurz darauf durch den Eintritt Stephan
Molitor's aus Oberfranken in die Redaction des „Volksblattes", durch
die Wirksamkeit des nachmaligen Bischofs Henni im „Wahrheitsfreund" (der ersten katholischen Zeitschrift des Landes, 1837 begründet),
und durch die Ankunft Georg Walker's, eines Tübinger Theologen, der
1838 den „Protestant" als Oppositionsblatt zum „Wahrheitsfreund"
ins Leben rief, später aber an politischen und frei-religiösen Zeitschriften thätig war, noch mehr gehoben wurde, verschaffte dem Deutschthum
im Westen einen solchen festen Halt, daß es seitdem unabweisbar die
politische Ausschlagsmacht in Ohio und Indiana in Händen behielt.
Der politische Gedankenflug, welcher sich von Frankreich nach der dreißiger Revolution über Deutschland hin Bahn gebrochen hatte, fand
unter den Händen jener Männer auch in Amerika Eingang und verlieh der amerikanischen Politik eine nicht geringe Beimischung von Le-
bensfrische, welche die Landespolitiker in Staunen setzte. Es waren die
deutschen Zeitungen der dreißiger und vierziger Jahre, welche zuerst dem
absoluten Partei-Despotismus den Gehorsam kündigten und erfolgreich den Parteien Dictate ihres Verhaltens vorschrieben, eine Tugend,
die seitdem mehr und mehr abhanden gekommen zu sein scheint, mindestens bei einem Theile der heutigen deutschen Presse. Das „Volksblatt" ging 1840 in den Besitz Molitor's über und wurde dann in ein
Tageblatt umgeändert, die älteste tägliche deutsche Zeitung des Landes.

Nennenswerthe deutsche Journale Cincinnati's der alten Zeit sind noch: Walker's „Volksbühne" (1842—'45), Walker's „Hochwächter" (1845—'49, in welchem Jahre Walker starb), und der von Dr. C. F. Schmidt und Carl Storch herausgegebene „Deutsch-Republikaner", dessen bedeutendster Redacteur der geistreiche Emil Klauprecht war. Der „Republikaner" bestand viele Jahre und war die erste, und lange Zeit einzige tägliche deutsche Whig-Zeitung des Landes. Nach Auflösung der Whigpartei ging der „Republikaner" in die Hände der Arbeiter-Association über und wurde dann von dem späteren General August Willich redigirt. Die Zeitung hörte beim Ausbruch des Bürgerkrieges auf zu erscheinen. Klauprecht gab auch die erste illustrirte deutsche Zeitschrift des Landes heraus, die „Cincinnatier fliegenden Blätter" (1846), welche sich jedoch nicht lange hielt. Sie war auf lithographischem Wege hergestellt. Von den jetzt noch bestehenden deutschen Zeitungen Cincinnati's wurde der „Volksfreund" (demokratisch) 1850 von Joseph A. Hemann begründet, die „Freie Presse" (stramm republikanisch) 1874 von Alexander Torges jr., und der „Anzeiger", unter J. B. Jeup's Redaction, 1876 von Gustav Hof. Dr. Wilhelm Nast's „Christliche Apologete", das deutsche Organ des Methodismus in den Vereinigten Staaten, erscheint seit 1839, und die „Deborah", ein jüdisches Wochenblatt, wurde von Dr. Max Lilienthal 1852 begründet. Cleveland hat zwei tägliche deutsche Zeitungen, den „Wächter am Erie", von August Thieme 1852 begründet (demokratisch), und den „Anzeiger" (republikanisch). Außerdem erscheinen noch tägliche deutsche Zeitungen in Dayton und Toledo.

Indiana blieb auf dem Gebiete der Journalistik noch lange, lange Zeit hinter Ohio zurück; es bezog seinen deutschen Zeitungsbedarf thatsächlich aus dem Nachbarstaate. Erst im Jahre 1845 machte der bereits genannte unstäte Walker, der das Feld seines journalistischen Strebens von Germantown, O., nach Cincinnati, dann nach Louisville und später wieder nach Cincinnati verlegte, einen schwachen Versuch, seinen „Hochwächter" in Indianapolis erscheinen zu lassen, was aber nach kurzer Frist wieder aufgegeben werden mußte. 1847 erschien das von Julius Bötticher, aus Nordhausen in Preußen, gegründete erste regelmäßige Wochenblatt, „Indiana Volksblatt", das heute mit dem täglichen „Telegraph" verbunden noch als Wochenzeitung fortbesteht.

Tägliche deutsche Zeitungen erscheinen außerdem in Indiana nur noch in Evansville und Terre Haute.

Eine eigenthümliche Richtung nahm die deutsche Presse Ohio's, wie auch die des Landes überhaupt, mit der Ankunft der Flüchtigen aus den Jahren 1848—'49. Wild in ihrer politischen Anschauung, ultra in ihrer Bekämpfung aller religiösen Bekenntnisse, durchaus radical in ihrem ganzen Wesen, absprechend und bitter in Bezug auf die bestehenden Verhältnisse, den Widerspruch tendenziös verfolgend und dabei allen Widerspruch Anderer kraß von sich weisend, ohne eigentlich festes Ziel, repräsentirten die von diesen Männern redigirten Journale in jeder Weise eine negative Richtung. Auf der andern Seite ist nicht zu vergessen, daß sie in mancher Beziehung der älteren Presse gegenüber im Vortheil waren. Hatte die Presse der dreißiger und vierziger Jahre den Inhalt gehoben, so reformirte die Presse der Achtundvierziger unwiderstehlich die Form. Sie war dabei jedoch mehr breit als tief, mehr äußerlich als gehaltvoll, mehr lärmend als gründlich, mehr sarkastisch als belehrend, aber brillanter, bestechender, als die ruhig auf den alten Pfaden dahinwandelnde Presse der Vor-Achtundvierziger. Die größere Gewandtheit in der Handhabung der Sprache, Meisterung des Stils und schneidigere Dialektik, die von den Leitern der neuen Blätter hier eingeführt wurden, haben einen nicht zu unterschätzenden Einfluß auf die Neugestaltung der deutschen Presse dieses Landes geübt. Die Vertreter der jüngeren Journalistik waren eben die scharenweise herübergekommenen Verfechter neuer Ideen in der alten Welt gewesen, ehemalige Professoren und begeisterte Studenten, die nun mit vollem Eifer ihre Federn spielen ließen und Alles mit sich fortrissen.

In ihrem Gedankengange aber sind sie seitdem vollständig von den damals gewandelten Pfaden abgekommen; sie haben eben einsehen gelernt, daß die Wege der Alten doch die rechten Wege waren. Man vergleiche nur die von ehemaligen Achtundvierzigern heute geschriebenen Blätter mit ihren Journalen von damals, und es wird Jedem klar werden, daß sie es sind, welche ihre frühere Richtung aufgegeben haben und nunmehr auch die Geleise der Alten befahren. Könnten dieselben Leute von damals heute und unter den gleichen Verhältnissen wieder hierherkommen, so würden sie ihr jetziges Wirken ebenso unbarm-

herzig verurtheilen, wie sie damals das Wirken der älteren Deutschen
verdammten.   Dauerndes Verdienst haben sie aber trotz alledem, denn
sie nöthigten die deutsche Presse des Landes, auch auf das äußere Gewand, auf die Eleganz der Einkleidung der Aufsätze mehr Bedacht zu
legen.   Wenn ein Franzose sagt: "Le style c'est l'homme!" so hat die
neuere Einwanderung in der Presse das Deutsch-Amerikanerthum erst
zum Manne gemacht, d. h. den bäurischen Ton verschwinden lassen
und an dessen Statt den polirten Weltton eingeführt. — Der Vorwurf,
den man so gern in Europa der deutsch-amerikanischen Presse macht,
daß sie zu viel mit englisch-amerikanischen Ausdrücken angefüllt sei, ist
entschieden ungerechtfertigt, denn wenn hier die allbekannten Ausdrücke,
wie Farm, Fence, Lot, Store, Grocery u. s. w. häufig gebraucht werden,
so sind das eben landläufige Begriffe, die nur der Kürze wegen angenommen wurden; wohingegen die deutsche Presse drüben, wie allgemein
zugestanden werden muß, in Hülle und Fülle überladen ist mit den
schwülstigen französischen und lateinischen Phrasen, von denen das
Volk im Allgemeinen durchaus keinen Begriff hat.

Die überraschend große Entwickelung der deutschen Presse in beiden
Staaten zu verfolgen erlaubt uns der Raum nicht, und müssen wir aus
gleichem Grunde auch unterlassen nachzuweisen, wie viel auf dem Gebiete der Literatur in allen Zweigen, der Kunst und Schule und ander-
weit seitens der Deutschen für die culturelle Entwickelung der Staaten
im Ohio-Thale geschehen ist.

Neunter Abschnitt.
Die Deutschen im untern Mississippi-Thale und in Texas.

Das untere Mississippi-Thal.

Wie Lianen um die Platanen im sonnigen Süden, so winden sich im siebzehnten und achtzehnten Jahrhunderte Legenden um die historischen Erinnerungen der sagenreichen Louisiana, von Fernando de Soto, der über Florida hinaus die Schätze suchte, welche den Glanz des Sonnentempels der Incas verdunkeln sollten, und statt dessen sein Grab in den Fluthen des Mississippi fand, bis zu der unglücklichen Prinzessin von Wolfenbüttel, die Zschokke nach ihrer Schreckenszeit wieder glücklich-selige Tage in der Louisiana verleben läßt. Die jugendlichen Ritter von De Soto's Begleitung träumten in Arkansas von den Quellen der ewigen Jugend, und erlagen dem Fieber einer schmeichelnden, verrätherischen Natur. Zwei Jahrhunderte durchfuhren spanische Seeleute den mexikanischen Golf, bevor La Salle die Mündung oder Mündungen des Mississippi entdeckte und das Land rings umher als das Eigenthum des Königs von Frankreich erklärte. Ungefähr zu gleicher Zeit mit der Gründung von New Orleans im J. 1717 entstand das Project des berüchtigten Finanz-Abenteurers John Law unter der Regentschaft des Herzogs von Orleans, welches später die „Mississippi Seifenblase" genannt wurde und Tausende von Menschen an den Bettelstab brachte. Die „Westliche Compagnie", welche mit Millionen entwertheter Staatspapiere gegründet wurde, um im Mississippi-Gebiete Handel zu treiben, ließ Ansiedler anwerben und Colonien gründen. Law bekam am Arkansas, unweit dessen Mündung, ein Gebiet von vier französischen Geviertmeilen, und ließ Leute in Frankreich, Deutschland und der

Schweiz anwerben, um sie darauf anzusiedeln. In der Pfalz hatte damals der finstere Karl Philipp, der Letzte der bigotten Neuenburger Linie, die Herrschaft angetreten und bedrängte die Protestanten mit harten Verordnungen. Schon viermal hatte das unglückliche Land in Folge des Wechsels seiner Fürstenhäuser die Religion ändern müssen. Kein Wunder, daß die glänzenden Verheißungen Law's dort günstigen Boden fanden: sie sollten freie Ueberfahrt und nach dreijährigem Arbeiten Land und Bürgerrecht in dem Paradiese Louisiana bekommen. Die Schiffe sollen ungefähr zweitausend Personen, welche durch solche Versprechungen bethört worden waren, herüber gebracht haben; weil aber am Mississippi noch keine Vorbereitungen getroffen waren, wurden sie in den Niederungen von Biloxi bei Mobile oder zwischen den Mündungen des Flusses gelandet. Dort sollen sie fünf Jahre geblieben sein, und in jener Heimath der Fieber zum größten Theile ihren Tod gefunden haben. Ihre Lager, erzählt Morbois in seiner Geschichte von Louisiana, waren weite Dörfer von Gräbern, unter denen noch einige Halbleichen umher schlichen. Einige suchten Nahrung in den Wäldern und kamen dort um, Andere gelangten in die englischen und spanischen Niederlassungen, und wenige Glückliche sahen ihr Vaterland wieder. Die traurigen Ueberreste, etwa 300, wurden im J. 1722 in Attakapas am Mississippi, gegenüber New Orleans, angesiedelt und sollen sich dort endlich, nachdem sie an die Fieber sich gewöhnt hatten, Unterhalt und Eigenthum erworben haben. Ein schwedischer Hauptmann, von Aaronsburg, der eine Schwäbin geheirathet, führte, ebenfalls auf Law's Verheißungen hin, Elsässer und Würtemberger nach Louisiana und siedelte sich mit ihnen sechs Stunden oberhalb New Orleans, im St. Charles-Bezirke an. Ihnen scheint es besser gegangen zu sein; denn noch im J. 1750 war ihre Niederlassung die bedeutendste in jener Gegend. Der Lac Allemand und ein Fluß, welcher durch die Sümpfe am Mississippi schleicht und den Namen Bayou Allemand führt, erinnern an jene traurigen Zeiten.

Seit jener Zeit wird von keinem Versuche, deutsche Ansiedler nach Louisiana zu ziehen, mehr berichtet. Der untere Theil der Louisiana, welcher später allein den Namen Louisiana behielt, machte in der Cultur nur langsame Fortschritte. Bienville, der Gründer von New

Orleans, war nach seiner Ernennung zum Gouverneur von Louisiana
im J. 1733 erstaunt, wie wenig seine Schöpfung gewachsen war. Als
im J. 1803 Napoleon Louisiana an die Vereinigten Staaten verkaufte,
zählte New Orleans blos 8000 Seelen. Erst nach der Schlacht bei
New Orleans und der darauf folgenden allmähligen Entwickelung des
Südwestens nahm die Stadt an Wichtigkeit und Bevölkerung zu, bekam
aber von Zeit zu Zeit wieder einen Rückschlag in Folge von Verheerungen durch das Gelbe Fieber. Die starke Einwanderung der dreißiger Jahre ging zum großen Theile über New Orleans und es konnte
nicht fehlen, daß viele Einwanderer, entsprechend oder entgegen ihrem
Wunsche, in New Orleans verblieben. Besonders in den Vorstädten
häufte sich eine verhältnißmäßig starke deutsche Bevölkerung an. Im
J. 1841 wurde dort eine Buchhandlung errichtet, ein deutscher Gesang-
und ein Gegenseitiger Unterstützungs-Verein gegründet. Die Stadt mitsammt ihrer Umgegend soll damals an 10,000 Deutsche gezählt haben.
Löher schildert die Deutschen in New Orleans im Anfang der vierziger
Jahre, wie folgt: „Sie gehören der großen Masse nach nicht zu den
Wohlhabenden, und da sie, wenn die heiße Jahreszeit kommt, nicht
wegziehen können, wie die Reichen, so füllen sie manchmal reichlich die
nassen Gräber dieser Stadt. Im J. 1843 starben ihrer beinahe eintausend. Auch die Unvorsichtigkeit, vor den Wintermonaten hier zu
landen, kostet Vielen das Leben. Viele wohnen in Algiers, der Stadt
gegenüber; sie vergnügen und vertragen sich Alle bestens, machen Geld
und haben dann und wann auch deutsches Schauspiel. Es gibt mehre
sehr angesehene Männer darunter. Die Deutschen wohnen fast alle
im englischen Stadttheil, im französischen nur wenige, im spanischen
fast gar keine. Deutsche Ansiedlungen sind höher hinauf im St. Peter's
Bezirk, Baton Rouge und am Red River. Alexandria, Natchitoches
und Shreveport haben ebenfalls Deutsche.“

Louisiana und das untere Mississippi-Thal, wozu wir das östliche Arkansas und den westlichen Theil des Staates Mississippi
rechnen, macht auf den Reisenden aus dem Norden Europa's einen
fremdartigen Eindruck. Die Natur ist halbtropisch, das Klima ist
mit dem von Alexandrien in Aegypten zu vergleichen, nur ist es für
den Fremden viel mörderischer, als das der Stadt der Ptolemäer. In
Louisiana waren in den vierziger Jahren die Uferländer des Mississippi

mit reichen Plantagen bedeckt, die Villen waren von herrlichen Gärten
und Parks umgeben. Wenn man aber den Fluß aufwärts fahrend
die Gränze von Mississippi und Arkansas erreichte, gewahrte man auf
beiden Seiten den undurchdringlichen Urwald, der nur selten am Ufer
durch die Blockhütte eines Holzfällers oder einer kleinen Ansiedlung
unterbrochen wurde. Von Zeit zu Zeit sah man nach den Ufern zu
die Wracks von Dampfbooten liegen, welche in jener Zeit des furcht-
barsten Leichtsinns der Bootsleute und der Raserei der Wettfahrten,
explodirt oder von einem „Snag" in den Grund gebohrt waren. Verfasser selbst hat erlebt, daß in einer stockfinstern Nacht fünf Dampfboote mit einander um die Wette den Fluß hinauf fuhren, deren
weit geöffnete Feueröfen über die dunklen Fluthen ein unheimliches
Licht verbreiteten.

Am 2. Juni 1847 wurde in New Orleans eine „Deutsche Gesellschaft zum Schutze deutscher Einwanderer und zur Hülfe nothleiden-
der Deutschen" gegründet und im Juli desselben Jahres incorporirt.
Sie zählte bei ihrer Gründung 152 Mitglieder, von denen 6 noch
am Leben sind, nämlich die Herren C. F. Buddecke, Henry Curtius,
John Friedrich, X. Giesler, F. M. Ziegler und F. Rickert. Letzterer
ist gegenwärtig Präsident der Gesellschaft. Der erste Präsident war
Wilhelm Vogel und der erste Vice-Präsident Dr. E. Authenrieth;
Secretär, August Schneider. Im zweiten Jahre stieg die Zahl der
Mitglieder auf 247. Die Deutsche Gesellschaft von New Orleans
hat seit ihrer Gründung fortbestanden; während des Krieges war
ihre Thätigkeit unterbrochen, da zu jener Zeit keine Einwanderer
dort ankamen. Sie zählt gegenwärtig 116 Mitglieder; ihre Vice-
Präsidenten sind: Joseph Brandner und H. F. Clumpp; Schatzmeister: Ph. W. Dielman; Secretäre: J. W. Buhrmann und
Mathieu Vonderbank. Der Agent heißt Carl Becker. Die Einwanderer, welche vor dem Kriege in New Orleans ankamen, fuhren
zum größten Theil mit dem Dampfboote nach St. Louis, von wo
aus sie sich über die nordwestlichen Staaten verbreiteten. Nach dem
Kriege zogen die meisten nach Texas oder zerstreuten sich über die
südlichen Staaten. Der 35. Jahresbericht der Gesellschaft spricht
von zwei blühenden deutschen Ansiedlungen in Louisiana. Da deutsche
Passagierschiffe nur noch selten Fahrten nach New Orleans machen,

so reisen die meisten der dahin bestimmten Einwanderer über New York oder Baltimore. Im Berichte für das Jahr 1882—'83 heißt es, die Nachfrage nach deutschen Arbeitern fürs Land sei auf dem Bureau der Gesellschaft, namentlich zur Zeit der Baumwollen- und Zuckerernte sehr groß, dagegen die Zahl der Arbeitsuchenden, welche in jenem Jahre aus dem Norden nach New Orleans gekommen, bedeutend gewesen, und man habe leider bemerken müssen, daß sich unter denselben viele Landstreicher befanden, die nur nach dem Süden gekommen seien, um dem strengen Winter im Norden zu entgehen; diese Klasse von Menschen scheine sich mit jedem Jahre zu vermehren. Schließlich wiederholt die Gesellschaft in jedem der drei uns vorliegenden Jahresberichte die Warnung: „Für Kaufleute, Clerks, Buchhalter, Gelehrte und Künstler, ehemalige Beamte und dergleichen Leute, ist in New Orleans, schon aus klimatischen Rücksichten, durchaus kein günstiges Feld; solche gerathen oftmals in die größte Noth, besonders wenn sie nicht gesonnen sind, irgend eine sich darbietende Arbeit zu ergreifen. Geschickte Handwerker dagegen und wirkliche Arbeiter finden jederzeit, besonders wenn sie fleißig und nüchtern sind, ein lohnendes und gutes Unterkommen; so war häufig Nachfrage nach Möbelschreinern, Schuhmachern, Schneidern, Sattlern u. s. w., aber nur nach geschickten Arbeitern; auch Schmiede, Anstreicher, Gerber, Gestell- und Wagenmacher wurden oftmals verlangt — dagegen waren die Aussichten für Maschinisten, Buchbinder, Färber, Drechsler, Maurer, Müller, Weber u. s. w. nicht so günstig, was seinen Grund darin hat, daß New Orleans weniger Industrie-, sondern vorwiegend Handelsstadt ist."

Im J. 1880 waren dem letzten Census zufolge in Louisiana 17,000 Personen, die im deutschen Reiche geboren, wovon beinahe 14,000 auf die Stadt New Orleans kommen. Dahingegen wohnten in dem nach Norden an Louisiana angränzenden Staate Mississippi kaum 2500 Deutsche, und diese leben als Handwerker und Krämer in den Städten. Ungefähr die gleiche Zahl Deutscher wohnte im Staate Alabama, dessen Gebiet allerdings nicht zum untern Mississippi-Thale gehört, aber unmittelbar daran gränzt. Die wichtigste Stadt von Alabama ist Mobile, am mexikanischen Golf gelegen; sie ist eine ältere Stadt als New Orleans, und schon in den vierziger Jahren waren unter ihren Einwohnern viele Deutſche. Im J. 1841 beſtand dort ein Verein, der den Namen „Freundſchaftsbund“ führte, und zur „Aufrechterhaltung der deutſchen Literatur und zur gegenſeitigen Unter-ſtützung“ geſtiftet war. Auch in Montgomery und anderen Städten Alabama's wohnen Deutſche, größtentheils Iſraeliten. In Folge der neueren Entwickelung der Induſtrie in den nördlichen Hochlanden von Alabama wird ſich vorausſichtlich in nicht ferner Zeit eine zahlreiche deutſche Fabrik-Bevölkerung ſammeln. Unter der Bevöl-kerung von Arkanſas waren im J. 1880, laut dem letzten Cenſus, 3600 Deutſche. Im J. 1836 zogen unter Leitung des Pfarrers Klingelhöffer 60 Familien aus Rheinheſſen nach Arkanſas und ließen ſich bei Little Rock nieder. Die Colonie hat ſich durch neue Einwan-derung bis auf den heutigen Tag erhalten; auch die deutſche Bevöl-kerung von Little Rock hat ſich beträchtlich vermehrt. Gerſtäcker, der die Colonie zum erſten Male im J. 1842 beſuchte, blieb bis zu ſeinem Tode in brieflichem Verkehr mit Klingelhöffer, den er zum letzten Male im J. 1876 auf ſeiner Farm am Arkanſas ſah. Der alte Pionier war damals krank, hat ſich aber wieder erholt. Sein einziger Sohn ſtellte ſich, gegen ſeinen Willen, auf die Seite der Conföderirten und fiel bei Memphis. In neuerer Zeit haben deutſche Katholiken im weſtlichen Theile jenes Staates mehre Anſiedlungen gegründet.

In dem nördlich vom Staate Miſſiſſippi gelegenen Tenneſſee, deſſen weſtliche Gränze der „Vater der Flüſſe“ bildet, ſiedelten ſich um die Mitte der dreißiger Jahre ziemlich viele Deutſche an. Memphis wurde damals ein lebhafter Geſchäftsplatz und würde es noch in größerem Maßſtabe geworden ſein, wenn nicht das Gelbe Fieber dort ſchon zweimal große Verheerungen angerichtet hätte. In Naſh-ville, der politiſchen Hauptſtadt jenes Landes, am Fluſſe gleichen Namens gelegen, ließen ſich zu jener Zeit manche Deutſche nieder. Später folgten größere Züge, beſonders aus Norddeutſchland und vom Unterrhein, ſo daß ſich um die Mitte der vierziger Jahre ein reges deutſches Leben in Naſhville zeigte. Um jene Zeit kamen zahl-reiche deutſche Anſiedler nach dem öſtlichen Tenneſſee, wo Ländereien für Anſiedlungen von Deutſchen im Oſten angekauft worden, in Folge deſſen ſogar in der New Yorker Deutſchen Geſellſchaft Zwiſt ent-ſtand. Im J. 1845 zogen ſechzig Familien, meiſtens aus dem

sächsischen Erzgebirge, in die Gebirgslande des östlichen Tennessee
und gründeten eine Ansiedlung, die sie Wartburg nannten. In Folge
des Secessionskrieges, der in jener Gegend Jahre lang wüthete, mußten
die Bewohner viel leiden; seitdem hat sich die kleine Colonie bedeutend
gehoben, aber die frühere Industrie ist nicht wieder zurückgekehrt.
In Tennessee waren im J. 1880 3900 eingewanderte Deutsche.

Texas.

Den Zügen der deutschen Einwanderung nach Texas zu folgen,
ihre Schicksale in der neuen Heimath und ihre Ansiedlungen ausführlich
zu schildern, würde den hundertfachen Raum erfordern, der uns zu
Gebote steht. Wir müssen uns daher auf Mittheilungen aus der
interessanten Geschichte der Einwanderung in jenes Gebiet beschränken.
Schon als Texas noch zum mexikanischen Staatenbunde gehörte,
wurden deutsche Ansiedlungen dort gegründet. Im Jahre 1823 legte
ein Baron von Bastrop eine Niederlassung am Colorado an, die
längere Zeit und bis zur Gründung von Austin als die nördlichste Ansiedlung von Weißen im Colorado-Thale bekannt war. Die Bewohner der Dorfschaft waren meistens Oldenburger aus der Grafschaft
Delmenhorst. Sie wurden auf ihrer weit in die Wildniß vorgeschobenen kleinen Culturstätte oft von Indianern belästigt, wie ja
gemeiniglich Indianer die Wiege der ersten Ansiedlungen umschwärmten, und sahen sich in Folge dessen genöthigt, mehrmals die kleine
Ansiedlung zu verlassen; die meisten von ihnen kehrten jedoch immer
wieder dahin zurück. Anfangs der vierziger Jahre wanderte unter
der Leitung eines Franzosen, Henri Castro, der unter der Bedingung,
innerhalb einer bestimmten Zeit eine gewisse Anzahl Colonisten in
den Staat einzuführen, einen Landstrich westlich von San Antonio
erhalten hatte, eine Anzahl Elsässer, Deutsche und Schweizer in
Texas ein und gründeten, unfern von San Antonio, das Städtchen
Castroville. Schon in jener Zeit, im October 1841, wurde in Austin
ein Bund gestiftet, der den Namen „Teutonia-Orden" führte und
den Zweck hatte, „die deutsche Nationalitäts-Eigenthümlichkeit zu

erhalten, die deutſche Einwanderung und Erleichterung der Correſpondenz zwiſchen Texas und Deutſchland zu befördern". Nach der
Abtretung Louiſiana's waren amerikaniſche Abenteurer und Pioniere
in die Wildniß von Texas gezogen und hatten ſich dort niedergelaſſen; ihnen folgten Anglo-Amerikaner aus den Gebieten öſtlich vom
Miſſiſſippi, Deutſche und Franzoſen aus New Orleans und deſſen Umgegend. Schon gegen Ende der zwanziger und im Anfange der
dreißiger Jahre wohnten viele deutſche Familien zwiſchen dem Brazos
und Colorado. Als Texas noch zu Mexico gehörte und dies unter
ſpaniſcher Herrſchaft ſtand, verhandelte die Regierung mit Leuten, die
ſich aus den Vereinigten Staaten überſiedeln wollten; aber alle Pläne
dieſer Art wurden durch den Abfall vom Mutterlande unterbrochen,
welcher das unglückliche Mexico auf länger als ein halbes Jahrhundert
der Anarchie überlieferte. Als im J. 1835 der mexikaniſche Congreß
nach einer Anzahl willkürlicher Gewaltacte die im J. 1824 ange-
nommene Bundes-Conſtitution für aufgehoben erklärte und den
Staatenbund in einen Bundesſtaat verwandelte, an deſſen Spitze
Santa Anna als nomineller Präſident, in Wirklichkeit aber als
Dictator geſtellt wurde, widerſetzte ſich Texas der Uſurpation und
erklärte ſich für eine unabhängige Republik. Santa Anna marſchirte
im folgenden Jahre über den Rio Grande, um die Texaner zum
Gehorſam zu zwingen, aber er kannte die amerikaniſchen Gränz-
anſiedler nicht, welche ſich dort niedergelaſſen hatten, und wurde mit ſeiner Armee bei San Jacinto geſchlagen und gefangen genommen. Das
ſächſiſch-germaniſche Element nordamerikaniſcher Ausbildung war
wiederum mit dem romaniſchen zuſammengeſtoßen und hatte geſiegt,
wie es in Canada, Louiſiana und Florida gethan. Die texaniſche
Unabhängigkeit wurde vom Präſidenten Jackſon am letzten Tage
ſeines Amtstermins anerkannt und die europäiſchen Mächte thaten
daſſelbe. Aaron Burr's Idee, welche ihn 35 Jahre vor dieſer Zeit
ſeinem Vaterlande entfremdete, war mithin zur Wirklichkeit geworden.

Während des texaniſchen Befreiungskrieges waren mit amerikaniſchen Freiwilligen junge Deutſche über die Gränze gezogen und
nach dem Kriege dort geblieben. Um dieſelbe Zeit ſtrömten eine
Menge Abenteurer ins Land. In der Stadt New York bildete ſich

im J. 1839 unter dem Namen „Germania" eine Gesellschaft, um eine Colonie in Texas zu gründen. Die erste Abtheilung, aus 150 Personen bestehend, unter denen alle Gewerke und Stände, segelte am 2. November des genannten Jahres in ihrer eigenen Brig „North" nach Texas ab. Sie hatten sich verbunden, drei Jahre lang gemeinschaftlich eine Strecke Landes urbar zu machen, welches dann unter die Mitglieder vertheilt werden sollte. Die Gesellschaft war auf 6—8 Monate mit Lebensmitteln, sowie mit allen möglichen Werkzeugen zum Häuserbau versehen. In Galveston sollte ein Depot errichtet werden, wohin die Ankommenden von der zweiten Ab- theilung sich verfügen könnten. Die Abtheilung kam in Texas glücklich an, — und löste sich in Houston auf. Der Präsident und Andere, die noch Geld hatten, reisten mißvergnügt nach New York zurück. Die Meisten der Andern geriethen in Elend. Spekulanten, die früher von der mexikanischen Regierung sogenannte Land-Grants erhalten hatten oder solche von der texanischen Regierung sich ver- schafften, glaubten nach dem Kriege, daß jetzt die Zeit gekommen sei, sie zu verwerthen. Wie im J. 1709 englische Besitzer von Land in den amerikanischen Colonien 13,000 Deutsche nach London gelockt hatten, so rechneten auch die Spekulanten aus Texas auf deutsche Emigration. Um diese Zeit, im Anfange der vierziger Jahre, faßte der Graf von Castell, ein Adjutant des Herzogs von Nassau, den Plan, die deutsche Einwanderung auf einen Punkt zu vereinigen. Es gelang ihm, eine Anzahl kleiner Fürsten und angesehener Adeligen zur Bildung eines Vereins zu besagtem Zwecke zu veranlassen, von denen Jeder eine verhältnißmäßig große Summe unterzeichnete. Die Mitglieder des Vereins waren: der Herzog von Nassau, Pro- tector des Vereins; der Herzog von Meiningen; der Herzog von Coburg-Gotha; der Prinz von Preußen; der Landgraf von Hessen- Homburg; der Fürst von Schwarzburg-Rudolstadt; der Prinz Moritz von Nassau; der Fürst von Leiningen; der Fürst zu Neuwied; der Fürst zu Solms-Braunfels; der Fürst zu Colloredo-Mansfeld; der Fürst zu Schönburg-Waldenburg; der Prinz Alexander zu Solms-Braun- fels; der Prinz Carl zu Solms-Braunfels; Graf Neu-Leiningen- Westerburg; Graf Friedrich Alt-Leiningen-Westerburg; Graf Victor Alt-Leiningen-Westerburg; Graf Christian Neu-Leiningen-Westerburg;

Graf Ysenburg-Meerholz; Graf Hatzfeld; Graf Knyphausen; Graf Remuesse; Graf Lilienberg; Graf Colloredo-Mansfeld und Graf Carl zu Castell.

Laut einer am 20. April 1842 vom vormaligen Herzog Adolph von Nassau und zwölf andern deutschen Fürsten und Grafen unterzeichneten Urkunde wurden im Mai 1842 die Grafen Joseph von Boos-Waldeck und Victor von Leiningen zur Besichtigung von colonisationsfähigen Ländereien nach Texas gesandt. Boos legte für sich am Jack Creek die heute noch in blühendem Zustande existirende Farm oder Plantage „Nassau" an, Leiningen kehrte im Mai 1843 zurück und erstattete günstigen Bericht. In Folge dessen veröffentlichte der Verein, der allgemein unter dem Namen „Mainzer Adelsverein" bekannt wurde, ein Programm, worin er erklärte, er habe nach langer sorgfältiger Prüfung entschieden, daß Texas das Land sei, welches dem deutschen Auswanderer am besten zusage, sodaß der Verein aus voller Ueberzeugung seine Wahl getroffen habe. In Bezug auf das zu erwerbende Land fiel der Verein zuerst einem französischen Abenteurer, und als dieser erkannt worden war, einem Henry Fischer aus Cassel in die Hände, der mehre Jahre in Houston gewohnt hatte und damals als texanischer Consul in Mainz angestellt war. Dieser verkaufte ihm eine große Strecke Landes am San Saba-Flusse für $16,000 und einen Antheil am Gewinn. Das Unternehmen, wie es in dem Programm und sonstigen Veröffentlichungen des Vereins bekannt wurde, nahm sich auf dem Papier sehr gut aus. Selbst ein Herr von Wrede, der sich acht Jahre lang in den Vereinigten Staaten aufgehalten und auch Texas bereist hatte, billigte dasselbe, und reiste, im Vertrauen auf das neue Unternehmen, zum zweiten Male nach Texas, wo er den wilden Comanches zum Opfer fiel. Der Verein versprach, gegen Einzahlung von 300 Gulden für den Einzelnen, oder von 600 Gulden für die Familie, freie Ueberfahrt bis auf den Platz der Ansiedlung, Uebergabe eines Blockhauses, 160 Acker Land für jeden männlichen Einwohner, 320 Acker für jede Familie, Ueberlassung von Vieh und Feldgeräth zu billigen Preisen, und endlich Herstellung von Kirchen, Schulen, Apotheken und Krankenhaus, forderte aber dafür, daß der Ansiedler in drei Jahren 15 Acker Landes urbar machen und sein Haus bewohnen müsse. Texas gehörte damals noch nicht zu den Vereinigten Staaten, es war vielmehr eine unabhängige Republik. Der Grundgedanke des Mainzer Unternehmens war, die deutsche Auswanderung nach einem gewissen Punkte zu leiten, so daß im Verlaufe der Zeit Deutsche den neuen Staat controliren könnten. Der Plan war so übel nicht. England, welches dem Anschlusse des Freistaates an die amerikanische Union entgegen war, lächelte ermuthigend nach Mainz hinüber, und würde ohne Zweifel das Unternehmen mit Geldmitteln unterstützt haben, wenn der Verein darum nachgesucht hätte.

Im Mai 1844 reiste Prinz Carl zu Solms-Braunfels mit dem Titel eines General-Commissärs ab, und ihm folgten auf Kosten des Vereins von Bremen aus auf 3 Segelschiffen 150 Familien nach, die im December in dem damals Lavacca genannten Hafen Indianola landeten und auf dem Landtransport in Ochsenkarren über wegloses, sumpfiges Terrain und öfters auch bei der Abwehr herumstreifender Indianer viel auszustehen hatten. Erst Ende März 1845 langten die ersten Karren mit Auswanderern an ihrem Bestimmungsorte, d. h. an den Ufern des Comal-Flusses an, wo Solms 1000 Acker Land zur Gründung einer Stadt angekauft hatte, die als Vorstation für die Einwanderer dienen sollte, nachdem er die Ueberzeugung gewonnen, daß die von Fischer erkaufte Landstrecke, welche über 400 Meilen lang sein sollte, von der Küste und allen Ansiedlungen zu weit entfernt war. Am hohen Ufer des Comal-Flusses wurde die Stadt unter dem Namen Neu-Braunfels ausgesteckt. Jeder der ersten Einwanderer bekam in der neu anzulegenden Stadt einen Bauplatz von einem halben Acker nebst 10 Acker in der Umgebung, unbeschadet der Ansprüche auf die 160, bezw. 320 Acker, und die Leute, froh, endlich eine bleibende Stätte gefunden zu haben, gingen guten Muthes an den Bau ihrer Häuser und die Einrichtung ihrer neuen Heimath. Auch mit einem zweiten Emigrantenzug ging es leidlich, weil der Verein für dessen Landtransport und ersten Unterhalt noch genügende Geldmittel gesandt hatte. Von da an aber stellte sich die Schwierigkeit ein, welche die Hauptursache des Mißlingens des ganzen Unternehmens wurde. Die Geldmittel des Vereins fingen nämlich an, sparsamer zu fließen, wodurch die kopflose Verwaltung in Texas in noch größere Verlegenheit gestürzt wurde. Nachdem der

General-Commissär Solms die Gelder verschleudert hatte und jetzt die Schwierigkeiten erkannte, die der Ausführung des Unternehmens im Wege standen, dankte er ab und reiste nach Europa zurück. Ein sogenannter Colonial-Rath, der ihn in seinem Wirken mit Rath und That hatte unterstützen sollen, löste sich auf. Zu seinem Nachfolger wurde ein bisheriger Regierungs-Assessor, Freiherr v. Meusebach aus Potsdam, ernannt. Dieser kam im Sommer 1845 nach Texas und begann seine Thätigkeit mit der Einführung einer geregelteren Geschäftsführung und größerer Beschränkung der den Einwanderern bisher von dem Vereine gemachten Leistungen auf das unumgänglich nothwendige Maß. Die Ueberzeugung, daß nur, wenn die Geldmittel des Vereins auf das Sorgfältigste zu Rathe gehalten würden, noch ein glücklicher Ausgang für das Unternehmen zu hoffen sei, rechtfertigten das Letztere. Natürlich rief die Sparsamkeit bei den Ansiedlern, wie bei den andern Beamten des Vereins lebhaftes Mißvergnügen hervor und machte Meusebach's Verwaltung von vornherein unpopulär. Im Herbst machte dieser eine Expedition ins Indianergebiet nördlich von Neu-Braunfels, um einen Platz für eine zweite Niederlassung auszuwählen. Eine Stelle nördlich vom Pedernales, einem Nebenflusse des Colorado, etwa 90 englische Meilen oder drei Tagereisen zu Pferde von Neu-Braunfels, wurde hierzu ausersehen, und eine Fläche von mehren tausend Ackern für den Verein erworben. Dort wurde später Friedrichsburg gegründet.

Als Meusebach von der Expedition zurückkehrte, fand er in Neu-Braunfels die Nachricht vor, daß binnen Kurzem mehre Tausend Einwanderer in Galveston eintreffen würden und zum Theil schon angekommen seien. Er reiste dahin ab, um Maßregeln für die augenblickliche Unterbringung und Weiterschaffung der Einwanderer zu treffen. Als er in Galveston ankam, fand er, daß die Direction des Vereins in Deutschland unbegreiflicherweise zwar Tausende von Menschen, aber kein Geld zu ihrer Verpflegung und Weiterbeförderung nach dem Innern geschickt habe. Nicht einmal die Gelder, welche viele Einwanderer in Deutschland auf die Zusicherung deponirt hatten, daß sie bei ihrer Ankunft in Texas auf ihr Verlangen wieder ausbezahlt werden würden, waren angekommen. In Folge des letzteren Umstandes befanden sich Familien, welche Gelder deponirt

hatten, und nun ohne Geldmittel in Galveston ankamen, in großer
Verlegenheit und mußten mehre Monate ihrer Zeit verlieren, bis sie
nach langen Bemühungen ihr Eigenthum zurück erhielten. Meusebach eilte nach New Orleans, um Geld zu borgen. Die Einwanderer
wurden allmählig von Galveston nach Indian Point, einem Hafen
an der Cavacca Bay, gebracht, um von dort aus später zu Lande an
den Ort der Niederlassung geführt zu werden. Eins der zuletzt an-
gekommenen Schiffe war die „Franziska". Auf demselben war der
Kaufmann Alwin Sörgel aus Eisleben, der in Briefen an einen
Freund in Leipzig seine Erlebnisse und Beobachtungen mittheilt. Er
anerkennt, daß der Adelsverein aus wohlwollender, menschenfreund-
licher Gesinnung handle; aber schon nach seiner Ankunft in Bremen
sah er, daß diese Gesinnungen nicht genügen würden, die vom Vereine
gemachten Versprechungen zu erfüllen. Ein Dr. Hill war dessen Agent
in Bremen; er soll seiner Aufgabe nach besten Kräften nachgekommen
sein. Auf dem Schiffe wurde die unangenehme Entdeckung gemacht,
daß unter den Passagieren Diebe und andere Verbrecher waren. An die
Kost des Zwischendecks, die Anfangs von Vielen mit Schauder und
Ekel zurückgewiesen wurde, gewöhnten sie sich allmählig; am Zwieback
bissen sie sich die Zähne aus; nach einer zwei Monate langen Fahrt
stiegen sie, abgemagert und mit eingefallenen Wangen, in Galveston
ans Land.

Der Inhalt der gesammelten Actenstücke mit den Versprechungen
des Vereins erschien in Texas, auf dem Boden der nackten Wirklichkeit,
mehr als ein Märchen aus 1001 Nacht denn als eine öffentliche,
feierliche Erklärung von Männern. Von den von Deutschland aus
expedirten 2500 Passagieren waren ungefähr 2500 in Galveston gelandet, und von diesen 50 Männer bis in die Colonie vorgeschoben;
die übrigen lagen in Indian Point, theils im Freien, theils unter
Zelten, theils in Galveston in drei großen Bretterbuden. Dort warteten sie — auf gute Wege, wie der Commissionär des Vereins,
Consul Kläner in Galveston, erklärte — weitere Auskunft sei er zu
geben nicht befugt. Leute, die beträchtliche oder kleine Einzahlungen
gemacht hatten und der Uebereinkunft gemäß dieselben beliebig zurück
erhalten sollten, trugen beim Consul Kläner darauf an, erhielten aber
zur Antwort: das Geld werde in Neu-Braunfels ausgezahlt, und

zwar, wie er ausdrücklich sagte, vom Herrn von Meusebach, dem Colonial-Director. Dieser war aber weder in der Colonie, noch in Galveston, sondern nach New Orleans gereist.

Indian Point (später Indianola) bestand zu Anfang jenes Jahres aus einem einzigen, auf den flachen, sandigen, kahlen Ufern der Lavacca Bay gelegenen Hause. Nach Ankunft der Einwanderer wurden einige Barracken von Brettern erbaut und darin so Viele als möglich untergebracht. Die Uebrigen wohnten in Zelten. Der Regen und Nordwind drangen durch Bretter und Zelte und durchnäßten die darin Wohnenden. Dabei war Mangel an Holz und Wasser, aber trotz des Mangels an trinkbarem Wasser war man von sumpfigen Lachen umgeben, welche Mosquitos in dichten Schwärmen und bösartige Fieber erzeugten. Inzwischen kam der Frühling von 1846 und damit die Wärme eines halbtropischen Klimas heran. Das lange Nichtsthun der Leute und die Ungewißheit der Zukunft wirkten in furchtbarer Weise demoralisirend ein. Alle Bedingungen fanden sich hier zusammen, um den klimatischen Krankheiten Eingang und Nahrung zu verschaffen. Die Sterblichkeit nahm in erschreckender Weise zu. Ein allgemeiner Nothruf erscholl, diesen Ort des Schreckens zu verlassen. Aber gerade jetzt war es schwieriger denn je, dies auszuführen. Der inzwischen ausgebrochene Krieg mit Mexico nahm alle verfügbaren Transportmittel des Landes zur Fortschaffung von Proviant und Kriegsmaterial in Anspruch. Ein Vertrag, den von Meusebach mit Kaufleuten in Houston zur Fortschaffung sämmtlicher Emigranten abgeschlossen hatte, blieb zum Theil deshalb erfolglos, weil das in dieser Jahreszeit sonst ganz ungewöhnliche, lange andauernde Regenwetter die Wege in dem niedrigen Küstenlande unfahrbar gemacht hatte, und namentlich an den Flußübergängen die Ochsenwagen wochenlang zurückhielt. In der Hoffnungslosigkeit, von dem gefürchteten Orte auf andere Weise fortzukommen, bildeten mehre Hunderte der Einwanderer ein Freicorps und zogen in den Krieg gegen Mexico.

Alwin Sörgel entschloß sich, nicht auf die unbestimmten Maßregeln des Vereins in Galveston zu warten, sondern mit zwei Schiffsgefährten über Houston nach Neu-Braunfels zu reisen. Die Mühseligkeiten und Gefahren der Reise mögen hier unerwähnt bleiben. Unterwegs trafen

sie eines Tages, als sie noch eine lange Strecke von Gonzales entfernt
waren, auf einen einsamen Wanderer. „Er war", erzählt besagter
Sörgel, „in einen blauleinenen Kittel gekleidet und trug ein kleines
Päckchen auf dem Rücken. Wir schlossen auf einen Deutschen, weil in
Texas selbst ein Neger nicht zu Fuß geht, und hatten uns nicht
getäuscht. Er erzählte uns, er habe 14 Wochen in Indian Point in
den Bretterbuden mit seiner Frau und Kindern gelegen; er könne das
faule Leben in der öden Gegend nicht länger vertragen und sei gegangen,
um in Neu-Braunfels Arbeit zu suchen. Er machte große Schritte,
und wir hielten die Pferde etwas an, so daß er in Gonzales mit uns
zugleich eintraf. Er wollte sich in Gonzales nicht aufhalten; als er
aber die Indianer sah, ward ihm bang und er schloß sich uns an. Am
Marks River, den wir in einer Fähre übersetzten, fand es sich, daß
er nicht mehr 5 Cents für den Fährmann hatte und dafür einige
hunderte verrosteter Zündhütchen hergeben wollte. Wir bezahlten das
Fährgeld und sein Nachtquartier. Seine Frau und Kinder, hoffte er,
würde der Verein nach Neu-Braunfels schaffen, ich fürchte aber, er
wird sie in langer Zeit nicht wiedersehen, denn er vermiethete sich am
andern Tage an einen vorüberfahrenden Amerikaner aus der Umgegend als Fuhrmann für 8 Dollars monatlich bei freier Kost. Und
Frau und Kinder ohne Nachricht von ihrem Vater, an ihren Kisten
und Kasten und altem Gerümpel hängend, wer wird sie trösten, wer
wird sich ihrer annehmen!" — Als die Reisenden in Neu-Braunfels
ankamen, ward ihre durch die Erwartung, ein freundliches Städtchen zu finden, gehobene Stimmung sehr herabgedrückt. „Nicht
die Kraft aufblühender amerikanischer Städte", schreibt der Kaufmann aus Eisfeld, „nein, wir fanden das Ansehen einer ver-
armten kleinen deutschen Stadt im Eichsfelde. Eine schwächliche, kränk-
liche, verhungerte Physiognomie! Und die Einwohner! faul, brutal,
großsprecherisch, unerträglich! Wie konnte es auch anders kommen?
Man raffte zusammen, was man immer haben konnte, und schickte es
nach Texas, um den Anfang einer Colonisation zu bilden. Hier war
Nichts vorbereitet. In die Colonie konnte man der Indianer und der
geringen Mittel wegen nicht dringen. Man machte aus der Noth eine
Tugend, kaufte ein Stück Land am Guadalupe und verschenkte es in
kleinen Stücken, um darauf eine Stadt zu gründen, zu Ehren des

Stifters Neu-Braunfels genannt. Man traf im Juni ein, bei Weitem zu spät, um eine Ernte zu machen. Da nun die Einwohner kein Geld hatten, um sich selbst zu erhalten, mußte ihnen zum größten Theile vom Verein Maiskorn und Fleisch auf Borg geliefert werden. Da sie aber auf diese bequeme Weise zu essen hatten, glaubten sie, es sei mit der Arbeit nicht so eilig. Man baute sich im Laufe des vorigen Sommers kleine, schwächliche, schlechte Häuser, und nur Wenige dachten an die bei Weitem schwerere Arbeit des Einfenzens der Aecker. Man zog es vor, für 1 bis 2 Dollars täglich bei den Wenigen zu arbeiten, die über Mittel verfügen konnten, und das Geld so schnell als möglich zu vertrinken, oder doch so lange zu faulenzen, bis die Noth wieder auf die Nägel brannte. So kam der Frühling heran und fand Wenige vorbereitet. Die Meisten haben nicht gepflügt und nicht gefenzt — und werden auch dies Jahr natürlich Nichts ernten. In einigen Monaten will der Verein aufhören, Lebensmittel zu liefern, dann werden sich Einige zur Arbeit bequemen, da aber in Neu-Braunfels nur Wenige sind, welche arbeiten lassen können, so müssen sie die Stadt verlassen, deren 120 Häuser bald auf eine kleinere Zahl herabgesunken oder im glücklichen Fall in geschicktere und fleißigere Hände übergegangen sein werden."

Im Herbste des Jahres 1846 lagen nur noch einige hundert Personen in Indian Point. Der Tod hatte ein Drittheil der Emigranten weggerafft. Viele hatten sich im Sommer einzeln oder familienweise auf den Weg nach Neu-Braunfels gemacht, der wenigen Wagen, die herangekommen waren, sich bedienend, aber zum Theil ihr bis dahin sorglich gehütetes Eigenthum im Stich lassend. Auf dieser Reise, die mit den schwerfälligen Ochsenwagen mehre Wochen dauerte, richteten Seuchen und andere Krankheiten wieder furchtbare Verheerungen an. Bei manchem Fieberkranken dauerte die Reise zwei Monate. Auf der Landstraße lagen Menschenknochen, Kleidungsstücke, ganze Betten und Handwerkszeug, Kisten und Koffer zerstreut umher. An einzelnen Stellen stieß man auf klein gehauenes Holz, man fand eine Art, aber keinen Menschen mehr. Man fand ganze Lager von Deutschen, die am Fieber litten und halbtodt, winselnd um ein mattes Feuer herumlagen und keinen frischen Trunk für ihre lechzenden Zungen hatten, während ringsum die trostlose, von der Sonne durchglühte Prärie sich ausdehnte. Zahlreiche Gräber bezeichneten den Weg. Am Tage verfolgte das Gekrächze der auf Beute lauernden Aasgeier die Wagen, in der Nacht störte das Geheul der Wölfe und der schrille Pfiff der wilden Comanches den ersehnten Schlaf. Ein Mann setzte seine kranke Frau vom Wagen, um der Mühe, ihr zu helfen, überhoben zu sein. Mann und Wagen fuhren ihres Weges, die Frau überließ man ihrem Elend, dem sie jedenfalls erlegen und dann ein Raub der wilden Thiere geworden ist! Bald darauf wurde der Mann krank; seine Gefährten behandelten ihn zur Strafe mit derselben Grausamkeit, mit der er seine Frau behandelt hatte — er wurde ausgesetzt gleich ihr! „Das Elend löste alle sittlichen Bande", schreibt Dr. Ferdinand Römer über jenen schauerlichen Zug, „und die Prärie ist Zeuge von Verbrechen gewesen, vor denen das menschliche Gefühl sich empört und welche den deutschen Namen in dem fernen Lande befleckt haben. Viele starben auf dem Wege, Andere erst, nachdem sie ihren siechen Körper bis nach Neu-Braunfels hinaufgeschleppt hatten. Eine große Anzahl zerstreute sich in das Innere des Landes unter die amerikanischen Ansiedler und wurde nicht mehr gesehen. Wiede: Andere, deren Mittel es erlaubten, kehrten gebrochenen Herzens nach Deutschland zurück. Sicher ist, daß in den wenigen Sommermonaten des Jahres 1846 mehr als 1000 von den etwa 4000 deutschen Einwanderern, welche seit dem Herbste 1845 unter dem Schutze des Mainzer Vereins nach Texas gekommen waren, gestorben sind, und daß nicht mehr als höchstens 1200 wirklich auf Ländereien des Vereins angesiedelt verblieben."

Nach und nach kamen Wagen mit Emigranten nach Neu-Braunfels, wo diese an beiden Seiten des Guadalupe und an der rechten des Comal lagerten. Pferde, Ochsen und Kühe grasten friedlich neben Zelt oder Hütte, und abenteuerliche Gestalten in zerlumpter Tracht wandelten dazwischen umher. Dem einzigen Arzte in Neu-Braunfels, dem Vereins-Doctor Köster, waren schon so Viele unter den Händen gestorben, daß man den Friedhof nur noch „Köster's Plantage" nannte. Die Leichen wurden daselbst so schlecht begraben, daß die Wölfe sie auskratzten, wodurch die Luft verpestet wurde. Dieser Zustand der Dinge hatte eine so große Gleichgültigkeit der Leute gegen Alles, was sonst dem Menschen theuer, zur Folge, daß Viele ihr

ohnehin nur noch kurzes Leben so sehr als möglich zu genießen
beschlossen. Allabendlich wurde in einer hölzernen Bude getanzt. Gesunde und Kranke, denen der Tod schon in den Gliedern lag, rasten
in wilder, verzweifelter Ausgelassenheit umher und berauschten sich
um die Wette. Das Tanzlocal war kaum so groß, daß ein Paar
sich darin drehen konnte. In einer Ecke saß der Clarinettist, zugleich
Todtengräber des Ortes, und machte eine ohrenzerreißende Musik.
Um sich selbst Raum zu verschaffen, schlug er die Tänzer, welche
ihm zu nahe kamen, mit der Clarinette auf die Köpfe. All dieses
Unheil verschuldete hauptsächlich der Verein durch seine leichtsinnigen
Veranstaltungen.

Neu-Braunfels nahm im Verlaufe des Sommers von 1846 nicht
blos an Bevölkerung zu, sondern gewann auch an Aussehen. Friedrichsburg wuchs heran und zählte im nächsten Winter schon nahe an
1000 Einwohner. Nach und nach wich die Krankheit. Hatte der Tod
die Zahl der vom Verein herüber gesandten Ansiedler reducirt, so
war dies noch in stärkerem Grade dadurch geschehen, daß sie sich im
Lande zerstreuten oder „sich selbst halfen". Im Frühling des genannten Jahres gelangten die entsetzlichen Nachrichten aus der Colonie
und die öffentlichen Anklagen gegen die Beamten nach Deutschland.
Bestürzt darüber beschloß der Verein, einen außerordentlichen Commissär hinüberzuschicken. Dieser, ein Herr Cappes, setzte sich in der
Annahme, daß der Colonial-Commissär Meusebach an Allem Schuld
sei, mit Fischer, dem früheren Eigenthümer des Landes, welches
Solms angekauft hatte, ohne daß weder er noch Fischer es gesehen,
in Verbindung, und diese Beiden hetzten die mit dem Commissär
Unzufriedenen gegen diesen noch mehr auf. Eines Tages drang ein
Menschenhaufe in Neu-Braunfels in die Wohnung Meusebach's
und bedrohte ihn mit dem Tode. Dieser erklärte, daß er seine Ab-
dankung bereits an den Verein eingeschickt habe und Willens sei,
die Angelegenheiten zwischen dem Verein und den Einwanderern sofort an Cappes zu übertragen. Dieser aber weigerte sich, sie zu
übernehmen. Im Januar und Februar des Jahres 1847 unternahm Meusebach eine Expedition in das von Fischer gekaufte Länder-
gebiet. Es wurde dadurch bei den Meisten, welche an dem Zuge
theilnahmen, die Ueberzeugung festgestellt, daß der bei Weitem größere

Theil des Landstriches unfruchtbar und für den Anbau ungeeignet sei. Mit den Indianern, welche in der Gegend, wo das Land lag, sich umher trieben, wurde ein Vertrag abgeschlossen, und diese schickten Abgesandte nach Neu-Braunfels, um Geschenke in Empfang zu nehmen. Bald nach seiner Rückkehr dankte Meusebach ab, und es währte nicht lange, bis der Mainzer Verein sein Grundeigenthum auf eine andere Gesellschaft übertrug, und die Tragödie der Irrungen mit der Auflösung des Vereins endete.

Nach dem Gelesenen wird man geneigt, das Verfahren holländischer, schwedischer und englischer Colonisations-Gesellschaften, die vor zwei Jahrhunderten ähnliche Aufgaben übernahmen, wie die Herren, welche von Mainz aus ihr Unternehmen ins Werk setzten, milder zu beurtheilen. Die meisten Derer, welche der Einladung des Mainzer Vereins zur Auswanderung nach Texas gefolgt, waren aus Hessen-Darmstadt und Kurhessen, wo ein gewisser Enthusiasmus für das neue Reich im „Texaner Land" angefacht war. Verfasser traf im Herbste des J. 1847 mehre Trümmer der Adels-Colonie in New Orleans, die sich glücklich schätzten, zu einem Labetrunke eingeladen zu werden, weil sie dadurch das Unrecht auf einen dama's im ganzen Südwesten gebräuchlichen „freien Lunch" bekamen. Das Gelbe Fieber, welches bald darauf ausbrach, und die Cholera, welche ein Jahr später in New Orleans wüthete, wird wol die Unglücklichen von ihrer problematischen Existenz erlöst haben. Obgleich die traurigen Nachrichten von dem Elende der Auswanderer, die unter dem Schutze des Mainzer Vereins nach Texas gezogen waren, die Reiselust dahin bedeutend schwächten, zogen doch in den nächsten Jahren noch viele Einwanderer dahin, und im Anfang der fünfziger Jahre hatte der Staat eine zahlreiche, wohlhabende deutsche Bevölkerung, die sich bis zum Ausbruche des Secessionskrieges durch neue Zuzüge aus Deutschland alljährlich vergrößerte. Die Bevölkerung von Neu-Braunfels und von Comal County vermehrte sich aus freiwilligen Zuzüglern, namentlich aus der 1848er und 1849er Periode. Das durchaus deutsch gebliebene Städtchen zählt jetzt etwa 2200 Einwohner und besitzt mehre Baumwollenfabriken. — San Antonio hat 30,000 Einwohner, wovon beinahe ein Drittel Deutsche sind. In dem Unabhängigkeitskriege gegen Mexico stand die Bevölterung der Stadt auf amerikanischer Seite, und hat sich durch die heldenmüthige Vertheidigung des Forts Alamo, in welchem 130 Bürger den Tod fanden, einen ehrenvollen Platz in der Geschichte von Texas errungen. Der in San Antonio seit 30 Jahren ansässige Journalist Siemering ist vor Kurzem gestorben. Das ausschließlich deutsche Städtchen Friedrichsburg (oder Fredericksburg) ist zurückgeblieben. Außer den genannten Städten haben noch viele andere Ortschaften, groß und klein, zahlreiche Deutsche unter ihren Bewohnern. Seit dem Secessionskriege und besonders seit dem Bau der Eisenbahnen, welche den Staat nach mehren Richtungen durchziehen, hat nicht blos die Einwanderung aus Europa, sondern auch aus den älteren Staaten nach Texas außerordentlich zugenommen. Der ehemalige Colonial-Commissär v. Meusebach lebt noch als achtzigjähriger Greis auf seiner schönen, 18 Meilen hinter Friedrichsburg gelegenen Besitzung.

Unter den Darmstädtern, welche nach der Katastrophe von 1846 nach Texas zogen, war Einer, der nicht blos in seinem Adoptiv-Staate vor und nach dem Secessionskriege eine bedeutende politische Rolle spielte, sondern auch durch seine im Congreß der Vereinigten Staaten bewiesenen staatsmännischen Anschauungen und Kenntnisse in weiteren Kreisen bekannt wurde. Dies war Gustav Schleicher, der zum großen Leidwesen der Deutschen im westlichen Texas zu früh vom Schauplatze seiner Thätigkeit abberufen wurde. Er ward dreimal in den Congreß gewählt, starb aber in Folge einer Krankheit, die er auf seiner letzten Wahlreise durch den 900 Meilen langen District sich zugezogen hatte. Er besaß die Natur eines ächten Pioniers: reich an Hülfsmitteln in den Stunden der Gefahr, ging er voran, fortwährend auf neue Unternehmungen sinnend, an ferne Länder denkend.

Zehnter Abschnitt.
Die Deutschen im mittleren Mississippi-Thale.
Missouri.

Und nun Missouri, Traum und Ziel so vieler in die Ferne Schweifenden in den dreißiger und vierziger Jahren unseres Jahrhunderts! Missouri, dem auch der Verfasser nach flüchtigem Aufenthalte in New Orleans die ersten dauernden 'Eindrücke von der neuen Welt verdankt! Vom „Land und Strom Missouri" sangen die Poeten und schrieben die Gelehrten, ohne das eine oder den andern gesehen zu haben. Von Missouri träumte die nach Abenteuern sich sehnende Jugend, an den Missouri schweifte der Blick des kühnen Jägers, wo Hirsche und Puter nur darauf warteten, geschossen zu werden, wo linde Westwinde dem müden Wanderer den Schweiß von der Stirne küßten, wo die Härten des nordischen Winters unbekannt!

Wie ganz anders war die Wirklichkeit!

Missouri gehörte ursprünglich zu dem ungeheuren Gebiete der Louisiana und war bis zu dem Verkaufe derselben an die Vereinigten Staaten von Spaniern und Franzosen bewohnt. Im J. 1762 gab der damalige Gouverneur von Louisiana einer Gesellschaft das ausschließliche Recht zum Handel mit den Indianern am Missouri, und diese erbaute zwei Jahre später auf dem Flecke, wo heute Saint Louis steht, ein Wohnhäuschen und ein Waarenlager. Nach sechs weiteren Jahren hatten sich vierzig Familien dort angesiedelt. Erst im J. 1813 wurde das erste Backsteinhaus dort gebaut und drei Jahre später legte am Ufer des Mississippi das erste Dampfboot an. Im Anfange der zwanziger Jahre hatte Saint Louis noch keine 5000 Einwohner. Wann die ersten deutschen Einwanderer nach Missouri kamen, ist nicht bekannt.

Sie waren nicht unter den Ersten, welche dort sich ansiedelten; aber unter den Ersten, welche nach dem Verkaufe des Gebietes an die Union

335

aus anderen Staaten, besonders aus Maryland, Virginien und Kentucky dahin zogen, mögen Manche von deutscher Abstammung gewesen sein, wie z. B. Henry Geyer aus Fredericktown in Maryland, der nach Missouri auswanderte, ein berühmter Jurist und später Bundes-Senator wurde. Im J. 1817, als noch keine aus Europa eingewanderte Deutsche dort waren, zählte Missouri 60,000 Einwohner, und im J. 1821 wurde es schon als Staat proclamirt. Ein paar Jahre später (1824) reiste ein ehemaliger deutscher Justizbeamter und Arzt, Namens Gottfried Duden, in Begleitung eines jungen Oekonomen, Namens Eversmann, von Bonn ab, um sich an den Ufern des damals in Europa kaum gekannten Missouri eine neue Heimath zu gründen. Er landete in Baltimore und fuhr über Wheeling u. s. w. nach St. Louis. Da er nebst seinem Begleiter Grundeigenthümer werden wollte, verwies man ihn dort an den etwa sechzig Meilen weiter westwärts wohnenden Staatsvermesser Boone. Auf dem Wege dahin übernachtete er mit seinem Begleiter bei einem deutsch-pennsylvanischen Farmer, der sie darauf aufmerksam machte, daß in seiner Nähe eine halbe Section Congreßland zu haben sei, und sich erbot, für den Fall daß sie dies kaufen würden, sie so lange zu beherbergen, bis sie sich darauf würden eingerichtet haben. Hier ließ sich Duden nieder; da er Mittel hatte, konnte er Land klären und bebauen lassen. Er machte sich mit den damaligen Verhältnissen vertraut und benutzte seine Muße, um in Darstellungen von romantischer Frische seinen Landsleuten die Reise nach und in Amerika und das Leben in den Urwäldern des fernen Westens ausführlich zu schildern. Sein Werk, in der Form von Briefen, in mehren Auflagen und Nachdrucken veröffentlicht, machte in Deutschland einen großen Eindruck. Die Fülle der Mittel zur Befriedigung der Bedürfnisse des Lebens, wie sie die Verhältnisse in Missouri darboten, und die unbeengte Freiheit des Handelns unter den Gesetzen einer rasch aufblühenden Republik bildeten in Duden's Darstellung einen scharfen Gegensatz zu den besonders damals zahlreichen Mißständen in der alten Heimath. Die nicht verhehlten Schwierigkeiten, unzertrennbar von dem Leben in der Wildniß, wurden von den Deutschlandmüden nicht zu hoch angeschlagen. Duden kehrte trotz seiner Schilderung der Reize des Lebens am fernen Missouri, die in Deutschland bei Vielen den Entschluß zur

Auswanderung zur Reife brachte, nach dreijähriger Abwesenheit in die alte Heimath zurück. Durch seine lebensvollen Bilder bestimmt, wandten Tausende unserer Landsleute dem Vaterlande den Rücken und ließen sich in Ohio, Indiana, Missouri und Illinois nieder. Unter der Einwanderung, die sich nach Missouri wandte, waren zunächst viele Landarbeiter und Kleinbauern aus Westphalen und Hannover. Ihnen folgten in den dreißiger Jahren Viele aus den gebildeten Ständen, welche in der Nähe der verlassenen Duden'schen Farm sich niederließen. Als der später durch seine schriftstellerischen Arbeiten über politische und andere Verhältnisse in Missouri allgemein bekannt gewordene Friedrich Münch und Paul Follenius, Stifter und Führer der Gießener Auswanderungs-Gesellschaft, im Sommer 1834 ankamen, fanden sie dort „eine Partie westphälischer Heuerleute, welche sich nothdürftig eingerichtet hatten, und eine bunte Aristokratie, bestehend aus deutschen Grafen, Baronen, Gelehrten, Predigern, Oekonomen, Offizieren, Geschäftsleuten, Studenten u. s. w. mit mehr oder weniger Mitteln versehen, nur zum Theil willig, sich den Anforderungen des dortigen Lebens zu bequemen. Die Tagelöhner und Bauern mit ihren geringen Lebensbedürfnissen und ihrer Gewöhnung an harte Arbeit fanden sich ziemlich gut in die neue Lage und gelangten allmählig zu Wohlstand; die Andern kamen mehr zurück als vorwärts, bis, nachdem die meisten derselben untergegangen waren, nach vielen Jahren die Verhältnisse sich änderten und besser wurden." Die Ansiedlung wurde allgemein das „Lateinische Settlement" genannt. Was die Gebildeten dort suchten, fanden wenige unter ihnen, die Enttäuschung untergrub allmählig ihre Thatkraft; die mitgebrachten Mittel wurden aufgezehrt oder gingen in die Hände der früheren Arbeiter über, deren Hülfe für sie nicht zu entbehren war. Manche der Letzteren sanken in ein frühzeitiges Grab, Andere gingen noch rechtzeitig zu anderen Berufsarten über und noch Andere geriethen in bittere Noth. „Ein hannöverscher Freiherr", schrieb vor vierzehn Jahren Friedrich Münch, „starb als Bettler an der Straße; mehrere endigten durch Selbstentleibung." Die Gießener Auswanderungs-Gesellschaft, von der viele Familien, die sich ihr angeschlossen hatten, im nördlichen Missouri sich niederließen, hatte sich „die Bildung eines deutschen Staates" zur Aufgabe gestellt, „der natürlich ein Glied der Vereinigten Staaten werden müßte, doch mit

Aufrechterhaltung einer Staatsform, welche das Fortbeſtehen deutſcher Geſittung, deutſcher Sprache ſichern und ein ächtes, freies und
volksthümliches Leben ſchaffen ſollte." Aehnliche vaterländiſche An-
klänge hörte man oft unter Deutſchen in der erſten Hälfte des jetzigen
Jahrhunderts ; aber es iſt eine bis jetzt noch unerklärte Thatſache, daß
aus rein deutſchen Anſiedlungen in den Vereinigten Staaten nirgends
etwas Großes geworden iſt.

Münch erzählt in einer Mittheilung an den „Deutſchen Pionier",
daß im J. 1835 oder '36 in der ſogenannten Duden'ſchen Niederlaſſung
der ſpäter als Haupt der Californier Pioniere bekannt gewordene
Capitän Sutter erſchienen ſei und es durch ſeine Ueberredungsgabe
dahin gebracht habe, daß eine Zahl ſeiner Freunde, welchen das
damalige Urwaldleben doch kein rechtes Genüge gewährte, ſich mit
ihm zur Bildung einer Handels-Caravane nach Neu-Mexiko vereinigte. Ueber jenes Unternehmen des Capitäns Sutter und die
Deutſchen in jener Gegend von Miſſouri liegen ausführliche Mittheilungen von einem damals jungen Manne, Namens Cauffötter, vor,
der im J. 1848 Beſitzer einer Apotheke in St. Louis war. Johann
Auguſt Cauffötter war aus Wümmenberg, e nem Landſtädtchen in Weſt-
phalen, ein Sohn wohlhabender Eltern, der ſich im Alter von 21 Jahren
am 2. October 1834 in Bremen einſchiffte und über Baltimore nach
Miſſouri reiste. Als er in St. Louis ankam, lernte er im Gaſthauſe
den Capitän Sutter kennen, der für Expeditionen nach dem fernen
Weſten ſchwärmte, dem aber die Mittel zur Ausführung ſeiner Pläne
fehlten. In St. Louis waren damals eine Anzahl gebildeter Deutſcher
von der 1833er und '34er Einwanderung, die unter ſich einen Club
bildeten, der aber nicht lange Beſtand hatte. Im folgenden Jahre
ward der „Anzeiger des Weſtens" auf Actien gegründet (Cauffötter
nahm auch eine Actie von $100), die ſpäter dem Redacteur Wilhelm
Weber geſchenkt wurden. Sutter zog nach St. Charles, einem faſt
ganz von Deutſchen bewohnten Städtchen, wohin ſich ſpäter auch
Cauffötter begab. Von dort reiste Erſterer mit einer amerikaniſchen
Handels-Geſellſchaft nach Santa Fé und wurde nach ſeiner Rückkehr
durch ſeine lebhafte Schilderung der günſtigen Ausſichten eines ſolchen
Unternehmens die Veranlaſſung zur Bildung der erwähnten Handels-
Caravane. Nicht weit von St. Charles war damals die ſogenannte

Duden'sche Ansiedlung, deren Mittelpunkt jener Louis Eversmann
war, welcher als Oekonom mit Duden herübergekommen, und jetzt in
vorgerücktem Alter von seinen Nachbarn allgemein „Vater Eversmann" genannt wurde. Etwa 15 Meilen oberhalb St. Charles am
rechten Ufer wohnte C. E. Angelrodt aus Mühlhausen in Thüringen,
mit F. L. von Dachröden und J. F. Janssen. Dann folgte die Farm
der Gebrüder Kaiser aus Wetzlar; höher hinauf wohnten Warrenberg,
Eggers und Wönninger aus Bremen; ferner waren in jener Gegend
die Herren Martels aus dem Hannöver'schen, die Gebrüder Hospes aus
Witzenhausen, die Gebrüder Mallinkrodt aus Dortmund, die Gebrüder
Ratje aus Stade, Blümner aus Neustadt an der Dosse, die beiden
Architecten Hutawa aus Polen, der Graf Benting aus Oldenburg und
P. R. Willott, ein Württemberger, welcher sich im J. 1833 bei St.
Charles niedergelassen hatte. Von den im J. 1834 Eingewanderten
werden genannt: Wilhelm Block, vormals Gutsbesitzer im Mecklen-
burgischen, Künzel, Dr. Simon, Bauer, Sohn eines Professors in
Göttingen, Clement, Sohn eines Regierungsrathes in Arnsberg und
die Gebrüder Huber. Von der Gießener Gesellschaft sind Friedrich
Münch und sein Schwager Follenius zu nennen. In jenen Gegenden,
behauptet unser Gewährsmann, habe man nach deutscher Sitte gelebt.
Von den bekannteren Deutschen, welche damals in St. Louis lebten,
werden Clemens Menno, die Doctoren Engelmann und Pulte, Eduard
Haren, Neyfeld und Welker genannt. Die Handels-Expedition nach
Santa Fé mußte aus Leuten bestehen, die Geld beitragen konnten,
wofür Waaren angekauft werden sollten. Sutter ward als Sach-
kundiger zum Capitän gewählt. Als die Gesellschaft schon vollzählig
war, meldete sich noch ein Frankfurter, Namens Sanders, der in New
Orleans davon gelesen und sich beeilt hatte, nach Missouri zu kommen,
um sich ihr anzuschließen; er erbot sich, $1300 einzuschießen und schätzte
sich glücklich, daß man ihn noch als Mitglied aufnahm. Die Ausrüstung der Betheiligten bestand aus Sattel, Pistolentaschen mit Bären-
fell, schwarzen ledernen Handschuhen mit Stulpen, Suwaroff-Stiefeln
und Schleppsäbeln. Laufkötter schreibt, daß die Amerikaner die Gesellschaft für Narren gehalten hätten. Darüber waren aber die Deutschen
erhaben und reisten ab. Die Expedition scheint eine kopflose Geschichte
gewesen zu sein; sie kam zwar in Santa Fé an, aber die Waaren

wurden dort verschleudert, und die guten Leute verloren ihr Geld. Mit
dem Reste ihrer Habe reisten die meisten nach Missouri zurück, zwei,
Dr. Simon und Schrot, schlossen sich einer amerikanischen Caravane
nach Sonora an, zwei Andere, Dr. Hausen und Henry Ulmstädt, zogen
nach Chihuahua, Lauskötter und ein Anderer blieben in Santa Fé, wo
sie, gemäß einem bei Deutschen nicht ungewöhnlichen Entschlusse, eine
Wirthschaft eröffneten. Ersteren trieb aber bald darauf die Wander-
lust, sich einer Expedition von 9 Amerikanern anzuschließen, die Waaren
in das Land der Apaches, im heutigen Arizona, führen wollten, um
dafür Maulthiere einzutauschen und nach Missouri zu treiben. Sie
wurden von den Wilden gut aufgenommen, das Geschäft fiel zufriedenstellend aus; aber auf der Rückreise ging es schlecht, nur mit wenigen
Maulthieren kamen sie in Westport an, wo sie auch Sutter wieder
fanden. Die Abenteuer, welche Lauskötter auf dieser Reise hatte er-
leben, die Strapazen, die er hatte erdulden müssen, und die Gefahren,
denen er entronnen, gränzen ans Unglaubliche und erinnern an die
Geschichte Robinson Crusoe's. Und dennoch verleitete ihn die Sucht
nach Gewinn und Abenteuern zu einer zweiten Handels-Expedition ins
Land der Apaches, die er diesmal als Capitän einer Bande von 26
Delaware-Indianern unternahm. Sie ging rascher von Statten als die
früheren; die Delawares verstanden es besser, in der Wildniß sich zu
orientiren und Hindernisse zu beseitigen, als Lauskötter's frühere
Gefährten dies verstanden hatten. Als aber die Expedition die Apaches
erreichte, wollten diese Lauskötter ermorden, den sie doch im Jahre
vorher freundlich aufgenommen hatten. Seit einem Jahre hatte in
Bezug auf die Amerikaner unter den Apaches eine gänzliche Sinnesänderung stattgefunden, weil der Anführer einer amerikanischen
Handels-Expedition nach Sonora ihren Häuptling meuchlings erschossen
hatte. Sie hatten darauf den Amerikanern ewige Rache geschworen.
Lauskötter rettete sich durch den Nachweis, daß er kein Amerikaner,
sondern ein Deutscher sei. Von Deutschen hatten die Wilden schon in
Mexiko gehört, aber Lauskötter mußte mehre Wochen bei ihnen
bleiben und durch kühne Thaten für sie seine friedlichen Gesinnungen
beweisen. Auf einer Tour westwärts, die er vom Lager der Apaches
aus mit einigen Delawares unternahm, drang er bis an die Mündung
des Gila in den Colorado vor. Er kam wohlbehalten nach Missouri

zurück, wo man ihn für todt gehalten, weil man ihn mit seinem
früheren Kameraden Sanders verwechselt hatte, der auf der Rückreise
von Santa fé von seinem Begleiter erschlagen worden war. Als die
Nachricht von der Entdeckung des Goldes in Californien eintraf, zog
Caufkötter mit frau und Kindern über Land nach dem Goldlande, das
er nach einer Reise von sieben Monaten erreichte. Achtundzwanzig
Jahre später besuchte Verfasser ihn in Sacramento, California, wo er
als noch rüstiger Greis sich des Lebens freut und seinen Enkeln von
den wunderbaren Erlebnissen seiner Jugend erzählt. Als er schon über
sechzig Jahre alt, war er nach Sonora gereist, um dort eine deutsche
Ansiedlung zu gründen. Aber die mexikanische Regierung, welche das
Unternehmen befürwortet hatte, hielt ihr Versprechen nicht, und der
alte Pionier kehrte enttäuscht nach Sacramento zurück.

Duden wurde später von den meisten der Leute aus den gebildeten
Ständen, die sich damals in Missouri niederließen, der Vorwurf gemacht, daß er die Zustände und Verhältnisse in Missouri zu günstig
geschildert habe. Wer indeß sein Werk liest, wird die Ueberzeugung
gewinnen, daß er ein geistvoller Beobachter gewesen sein muß und im
Allgemeinen sehr richtig urtheilte. Die Gebildeten, welche durch sein
Buch zur Auswanderung veranlaßt wurden, und sich in den Wäldern
Missouri's niederließen, hatten es leider durch die Brillen der Deutschlandmüden gelesen und fanden sich bitter getäuscht. Die westphälischen
und hannöverschen Ackerknechte aber, welche die Wälder Missouri's
lichteten, fanden, was sie gesucht, und vielleicht noch mehr. Vor dreizehn Jahren schrieb Münch über die Verhältnisse im nördlichen
Missouri, daß nach dem Kriege ein großer Theil der früheren Skla-
venhalter den Staat verlassen habe und die Mehrzahl der Zurückgebliebenen nicht dazu angethan sei, den Deutschen die Waage zu halten.
Anders verhalte es sich in den Staaten, wo ihnen ein unternehmendes
und schlaues Yankeethum gegenübergestanden, welches im Wettstreit
um den Erfolg keineswegs so leicht zu besiegen sei. In den vorherrschend deutschen Bezirken Missouri's sei das Deutsche die familien-
und Umgangssprache und müsse auch in den Schulen gelehrt werden.
Der von den Deutschen sorgfältig betriebene, mit Obst- und Weinbau
verbundene Ackerbau habe einen allgemeinen Wohlstand hervorge-
bracht, fast alle Gewerbe und großentheils der Handel seien in deutschen

Händen; und wer als Fremder dahin komme, müsse glauben, in eine deutsche Provinz versetzt zu sein.

Die Einwanderung nach dem Westen nahm zu, vom Osten und Süden zogen Leute nach Missouri, St. Louis wurde der Haupthandelsplatz des Mississippi-Thales; in der Mitte der vierziger Jahre war es bereits eine Stadt von 40,000 Einwohnern, und zwei tägliche deutsche Zeitungen waren Beweise einer zahlreichen deutschen Bevölkerung. Nach dem mexikanischen Kriege, dem Anschlusse von Californien und der Entdeckung der Goldfelder daselbst, verbesserten sich die Zustände auch in den deutschen Ansiedlungen am Missouri. Die dortigen Freiheitsfreunde hatten gerade angefangen, etwas freier zu athmen und die ersten Früchte ihrer langen Mühen zu ernten, als ein politischer Sturm über die alte Welt zog, der sie fast bereuen ließ, hoffnungslos das Vaterland aufgegeben zu haben. Hierüber wurden sie jedoch bald beruhigt. Eine neue, viel zahlreichere Einwanderung als die erstere, kam über den Ocean gezogen, diesmal die Vertriebenen und Verbannten an der Spitze, die aber nicht wie die Einwanderer aus den dreißiger Jahren in den Urwald zogen, sondern sich in den Städten niederließen, um die amerikanische Welt nach ihren Ideen zu reformiren, mit der Zeit indeß sich den bestehenden Verhältnissen anbequemten. Die meisten Einwanderer aber waren Leute vom Lande und Handwerker, welch' erstere das Land bevölkerten, die letzteren die Städte.

Die Lage von St. Louis als Handelsplatz war damals eine sehr günstige. Da es westlich vom Ohio noch keine Eisenbahnen gab, war der Mississippi die Hauptverkehrsader zwischen dem Nordwesten und dem Süden bis zum mexikanischen Golf. Es war der Endpunkt der Dampfschifffahrt von New Orleans, der Abgangspunkt der Fahrt auf dem oberen Mississippi bis nach Minnesota, auf dem Illinois-Flusse bis Chicago, und auf dem Missouri bis in die ferne Wildniß. Der Verkehr mit dem Osten der Union wurde mit Booten von St. Louis, den Mississippi hinunter, und dann den Ohio von dessen Mündung hinauf, bis nach Cincinnati oder Pittsburg vermittelt. Unter solchen Verhältnissen mußte die Stadt sich rasch entwickeln. Ihre Handelsleute waren unternehmend und weitsehend, ihr Advocatenstand der glänzendste irgend einer Stadt in der Union, die Missouri-Universität eine der besten Hochschulen des Landes, und unter der deutschen Bevölkerung, die in Bezug auf öffentliche Angelegenheiten in zwei Lager getheilt war, das der „Lateiner" und jenes der Arbeiter, waren sehr viele tüchtige, gründlich gebildete Männer, welche, wie z. B. die Doctoren Engelmann und Wislicenus, sich in der Wissenschaft einen Namen erwarben.

Ersterer kam im J. 1833 nach Amerika, machte weite Reisen westlich vom Missouri und ließ sich dann in St. Louis nieder, um sich der ärztlichen Praxis und dem Studium der Naturwissenschaften zu widmen. Ein tiefer Denker und eine realistisch angelegte Natur, ließ er sich durch sentimentale Zeiterscheinungen in seinen Ueberzeugungen nicht beirren. Dasselbe gilt von seinem Berufsgenossen Wislicenus, der ebenfalls, hoch über den Stürmen eines halben Jahrhunderts, seiner politischen Jugendliebe treu blieb, und dessen Leistungen auf dem Gebiete der Naturwissenschaften, das Ergebniß weiter Reisen in unserm südwestlichen Gebiete und im westlichen Mexiko, selbst Humboldt's Aufmerksamkeit erregten und im „Kosmos" anerkannt werden. Nie hat sich seitdem an einem Orte in den Vereinigten Staaten eine so zahlreiche Gesellschaft gebildeter Deutschen gesammelt, wie in den dreißiger und vierziger Jahren in und um St. Louis. Als der geistvolle Redacteur Wilhelm Weber im J. 1849 die Feder niederlegte, ging die Redaction des „Anzeiger des Westens", des einflußreichsten deutschen Blattes im Westen, an Heinrich Börnstein über, unter dessen Nachfolger es von der „Westlichen Post" überflügelt wurde und später einging. Erst nach dem Kriege wurde der „Anzeiger" von Carl Dänzer wieder ins Leben zurückgerufen. Die „Amerika" vertritt die Ansichten des katholischen Theils der Bevölkerung.

Der Gesundheitszustand der Stadt St. Louis war damals weniger günstig als ihre commercielle Lage. Fieber forderten manche Opfer. Die Cholera wüthete dort furchtbar im Frühling und Sommer des J. 1849, zu welcher Zeit, in der Nacht vom 19. Mai, eine große Feuersbrunst den ganzen Geschäftstheil der Stadt in Asche legte und auch 23 Dampfboote zerstörte.

Natürlich haben sich die Deutschen von St. Louis aus über alle Theile des Staates Missouri verbreitet, insbesondere aber über den Westen. Im Südosten wohnen sie meistens in den Städten. Die Bevölkerung der Counties Iron, Washington und St. François ist sehr gemischt und besteht aus Amerikanern, Deutschen, Schweizern, Engländern und Irländern, Schweden, Ungarn und Böhmen. In letzterem County sind mehre Tausend Deutsche, Schweden und Böhmen, theils in Minen, theils im Ackerbau beschäftigt. In Scott County sind die Städtchen Neu-Hamburg, Dammüller, Diehlstadt, Morley und Commerce überwiegend von Deutschen bevölkert. In der Umgegend von Commerce haben sich vor einigen Jahren mehre Hundert Schlesier angesiedelt. Cape Girardeau County ward ursprünglich von Franzosen besiedelt, deren Nachkommen heute noch dort wohnen, aber die deutsche Bevölkerung ist ihnen jetzt an Zahl überlegen. Perry County hat eine starke deutsche Bevölkerung, besonders in der Umgegend der Städte Altenburg, Biehla, Frohna, Wittenberg und Perryville. Viele Elsässer haben sich seit dem deutsch-französischen Kriege dort angesiedelt. In Bollinger County ist ein großer Theil der Bevölkerung deutscher Abkunft. Viele Norddeutsche wohnen in Mississippi County. In Butler County ist die Sachsen-Colonie Carola. Die Wenigsten der in den hier genannten, im südöstlichen Missouri gelegenen Counties wohnenden Deutschen gehören der alten Einwanderung an, obgleich in Cape Girardeau schon in den dreißiger Jahren Deutsche wohnten. Schon am 17. Februar 1858 versammelten sich die dortigen deutschen Bürger und faßten Beschlüsse gegen die damalige nativistische Agitation im Congresse, und fünf Jahre später, am 21. Januar 1843, gründeten sie die erste Deutsche Gesellschaft westlich vom Mississippi zur Unterstützung von deutschen Einwanderern. Wie stark damals die Einwanderung von Deutsch-Pennsylvaniern nach Missouri gewesen sein muß, geht daraus hervor, daß am 25. März jenes Jahres bei St. Louis ein Dampfboot mit 250 deutschen Passagieren von Pittsburg anlegte, welche die Vorläufer einer Gesellschaft von 3000 waren, die in der Nähe von Hannibal eine Colonie anlegen wollten. Das Dampfboot war Eigenthum der Gesellschaft. Die öfteren Unglücksfälle auf dem Mississippi zu jener Zeit sind erwähnt worden. Natürlich waren die Opfer solcher Ereignisse nicht bloß deutsche Einwanderer, aber diese waren oft die bei Weitem größere Zahl. Einige Vorfälle, wie sie ja auch in unserer Zeit sich noch zutragen, mögen hier mitgetheilt werden: Am 2. Juli 1842 z. B. explodirte der Kessel des Dampfers „Edna" auf der Fahrt von St. Louis nach Weston, als das Boot vom Mississippi in den Missouri einbog. Von 80 Deck-Passagieren, die bis auf 12 sämmtlich Deutsche waren, wurden alle außer 5 getödtet oder tödtlich verletzt. Am 2. August 1845 explodirte der Kessel eines Dampfers auf dem Missouri bei dem deutsch-amerikanischen Städt- chen Hermann, wobei 12 Personen getödtet und 8 tödtlich verwun- det wurden. Im Winter desselben Jahres ging das Dampfboot „Caspian" bei der Insel 25 — die vielen Inseln im unteren Mississippi sind numerirt — zu Grunde, wobei 500 deutsche Einwanderer ihr Hab und Gut verloren. Außerdem lagen oberhalb der Mündung des Ohio eine Anzahl Emigrantenschiffe ohne Brennmaterial und Lebensmittel im Treibeise fest. Kleine Abtheilungen der Passagiere langten täglich, dem Hungertode nahe, in St. Louis an; sie mußten den weiten Weg durch tiefen Schnee zu Fuß zurücklegen.

Für den Reisenden, der in den vierziger Jahren auf dem Missis- sippi an der Ostgränze Missouri's entlang fuhr, erschien der dichtbe- waldete Staat düster und unheimlich. Das gegenüber liegende Illinois mit seinen Prärien schien freundlicher, und das nördlich von Missouri gelegene Jowa mit seinen Hügeln und Thälern noch anmuthiger. Als Duden nach Missouri zog (vorher war schon der Prinz Paul von Württemberg dort gewesen), vermittelte ein großes Boot, das durch Räderwerk und zwei Pferde bewegt wurde, bei St. Louis die Ver- bindung zwischen Missouri und Illinois. Das Fährgeld für einen Wagen mit zwei Pferden betrug damals zwei und einen halben Dollar.

Illinois.

Das Gebiet Illinois, mit dem Flusse dieses Namens nach einem Indianerstamm benannt, wurde zuerst im J. 1679 von Casalle bereist, der theilweise zu Fuß in Begleitung zweier Gefährten die westliche Wildniß durchstreifte. Auf seiner zweiten Reise im Illinois-Gebiete (1682) brachte er eine Colonie französischer Canadier mit und gründete mehrere Militär- und Handelsposten. Später fiel das sich damals bis an die canadische Gränze erstreckende Gebiet an England, und durch den Unabhängigkeitskrieg wurde es Eigenthum der Vereinigten Staaten. Die ersten Ansiedler in Illinois, nach den Franzosen, waren

Virginier und Kentuckier. Da diese in jener Zeit die Ohio-Linie in Besitz hatten, verbreiteten sie sich über die neuen Gebiete. Schon vor dem Jahre 1800 kamen Deutsche nach Illinois, wie aus alten Land-acten mit deutschen Namen im Landbureau von St. Clair County erhellt.

Der erste deutsche Ansiedler in Illinois, von dem Näheres bekannt ist, war Julius A. Barnsbach, der sich im J. 1809 mit seiner Familie in Madison County niederließ. Er war der Sohn angesehener Eltern in Osterode, ging als Jüngling zur See, wurde in die neue Welt ver-schlagen und gerieth nach Kentucky, wo er mehre Jahre wohnte. In genanntem Jahre zog er nach Illinois, wo er Landbau betrieb und bis zum J. 1869 lebte. Mehre seiner Verwandten kamen von Deutschland nach und siedelten sich in seiner Nähe an. Der nächste Deutsche, der nach ihm nach Illinois kam, war wahrscheinlich Ferdinand Ernst aus Hildesheim, der, nachdem er die Vereinigten Staaten zum Zwecke des Aussuchens eines geeigneten Platzes für eine Colonie bereist hatte, sich vor dem J. 1820 mit einer Anzahl Hannoveraner in Vandalia nieder-ließ. Der Ort war für eine Ansiedlung nicht günstig gewählt, die Gesellschaft ging aus einander; Diejenigen, welche bei ihm aushielten, wurden von Krankheiten auf dem neu umbrochenen Boden heimge-sucht, und Ernst selbst, der ein nicht unbedeutendes Vermögen geopfert hatte, starb schon im J. 1820. Die deutschen Familien, die mit ihm gekommen waren und die Leiden der ersten Ansiedlung überlebten, kamen nach und nach zu Wohlstand und Ansehen. Schon im J. 1818 wanderten einige schweizerische Familien aus Aarau dort ein und gründeten auf der Prärie am Kaskaskia eine Ansiedelung. Im fol-genden Jahr zogen andere Schweizer nach. Im J. 1832 folgte eine Anzahl Landbebauer aus Hessen-Darmstadt, welche sich auf einer schö-nen Hügelkette bei Belleville niederließen, und das Jahr 1833 brachte eine ebenso zahlreiche als intelligente Einwanderung nach St. Clair. Auf einen verhältnißmäßig beschränkten Raum strömte dort in kurzer Zeit eine Anzahl meist junger strebsamer, gebildeter Männer zusammen, die nach verschiedenen Richtungen ihre Thätigkeit entfalteten und von vielen andern wohlunterrichteten Deutschen, die Feldbau, Handel und Gewerbe betrieben, umringt waren. Schon im J. 1836 bildete sich in Belleville eine deutsche Gesellschaft, welche sich die Gründung einer

Bibliothek zur Aufgabe stellte, und die bis zum J. 1879 fast 5600 Bände gesammelt hatte, ungerechnet die sogenannten öffentlichen Documente (Bücher, die auf Kosten des Congresses oder der Staatsgesetzgebungen gedruckt werden). Die Hilgard und Engelmann wurden die angesehensten Männer in diesem kleinen deutsch-amerikanischen Athen; Gustav Körner aus Frankfurt kam mit der Familie Engelmann nach Illinois, hielt sich ein Jahr auf der Farm auf, besuchte dann die Rechtsschule in Lexington, Ky., und spielte später in Illinois eine wichtige Rolle als Jurist und Parteiführer; er wurde 1852 als Vice-Gouverneur erwählt, im J. 1862 zum Gesandten in Spanien ernannt und ist noch heute in seinem Berufe thätig. Die Schweizer Familien Köpfli und Suppiger ließen sich in Madison County nieder. Die Stadt Alton war in den dreißiger Jahren die bedeutendste Handelsstadt in Illinois, und auch dahin und in deren Umgegend zog sich eine beträchtliche Anzahl Deutscher. Eine größere Stadt, die als Mittelpunkt für die Deutschen hätte dienen können, gab es damals in Illinois nicht. Erst in Folge des Indianerkrieges (des sogenannten "Black Hawk War"), der im J. 1832 ausbrach, wurde das Innere des Nordwestens bekannt. Gegen Ende der vierziger Jahre gab es schon namhafte Städtchen, wie Quincy, Springfield, Peoria, Peru und Chicago, aber im J. 1848 zählte letzteres, die zukünftige Handelsmetropole des Nordwestens, kaum 10,000 Einwohner.

Im Herbste des Jahres 1844 arteten die Reibereien mit den Mormonen, welche damals in Illinois und Missouri wohnten, in offene Feindseligkeiten aus. Die Mormonen waren von Kirkland, Ohio, vertrieben worden, hatten sich darauf nach Jackson County, Missouri, gewandt, und als sie auch dort nicht gelitten wurden, die Stadt Nauvoo, in Illinois, am Mississippi, gegründet, die sich sammt der Umgegend überraschend schnell entwickelte. Der Neid der Nachbarn auf die schönen Besitzungen der Mormonen soll zum Theil die Triebfeder gewesen sein, daß sich eines Tages ein aufgeregter Menschenhaufen in Carthage, dem Gerichtssitze von Hancock County, versammelte, um einem gegen die Mormonen eingeleiteten Processe beizuwohnen. Die Aufregung der Menge steigerte sich, als der Gouverneur von Illinois, Thomas Ford, auf dem Schauplatze erschien. Er bot die Miliz auf, und die bewaffneten Massen, welche sich in Carthage befanden, ließen sich sofort einschreiben; außerdem entbot er die Miliz von Warsaw, wo nur Feinde der Mormonen wohnten. Als Joseph Smith, der sogenannte Prophet der Mormonen, diese Rüstungen sah, und ihm der Gouverneur sein Wort verpfändet hatte, daß er geschützt und vor einem unparteiischen Richter seinen Proceß bestehen solle, übergab er sich den Stadtbehörden von Carthage und wurde mit seinem Bruder in das Stadtgefängniß abgeführt. Die Anklage gegen sie lautete auf Hochverrath. Am 27. Juni 1844 umringten 150 Mann, welche ihre Gesichter geschwärzt hatten, das Gefängniß und erschossen die beiden Brüder. Der Gouverneur hatte Carthage bereits verlassen, aber sein späteres Auftreten läßt durchblicken, daß der Plan, diese Beiden auf irgend eine Weise zu entfernen, ihm nicht unbekannt sein konnte. Einige der muthmaßlichen Thäter wurden unter der Anklage der Ermordung der Brüder Smith vor Gericht gestellt, nach einem Scheinverfahren jedoch ehrenvoll entlassen. Die Anti-Mormonen beschlossen die Vertreibung der Mormonen und wandten sich zu diesem Behufe um Hülfe an den Gouverneur. Ungefähr 400 derselben zogen plündernd durch die zerstreuten Ansiedlungen, zerstörten und brannten Häuser nieder, und vertrieben die Insassen. Der Sheriff, ein Nicht-Mormone, erließ unterm 15. September 1845 eine Proclamation, sammelte 2000 Mann um sich, zog gegen die plündernden Horden und vertrieb dieselben. Als die Ruhe bereits wieder hergestellt war, sandte der Gouverneur eine Miliz-Abtheilung, „um die Ruhe herzustellen und Ruhestörungen zu verhüten". Die Anti-Mormonen erschienen darauf abermals und zwar gut bewaffnet, drängten alle Mormonen nach Nauvoo und beschossen die Stadt, bis ihnen die Munition ausging. Die Mormonen schlossen unter solchen Umständen und da ihnen die Weisung zugekommen war, „daß der Staat sie nicht schützen könne und die Aufständischen ihre Entfernung verlangten", mit ihren Drängern einen Vertrag ab, demgemäß sie noch während des Winters in Hancock County bleiben, im Frühjahr jedoch auswandern sollten. Die Mormonen tra'en nun alle Vorbereitungen zu ihrer Abreise nach Utah, welches Jos. Smith schon früher als ihren dereinstigen Wohnsitz bezeichnet hatte; sie suchten ihr Besitzthum zu verwerthen, und da sie dasselbe zu annehmbaren Preisen losschlugen, kauften viele Bewohner von

St. Clair County und viele andere Deutsche Grundbesitz in und um
Nauvoo. Die Anti-Mormonen zogen trotz des Uebereinkommens
plündernd durch das Land, vertrieben die Mormonen aus ihren
Häusern, steckten dieselben an und beraubten Weiber und Kinder
während des rauhen Winters ihres Obdaches. Die deutschen Zeitungen
von St. Louis ergriffen Partei gegen diese unmenschliche Handlungs-
weise und der größere Theil der Amerikaner soll diese Wortbrüchig-
keit ebenfalls mißbilligt haben. Die gehetzten Mormonen begannen
mit Anbruch des Frühlings von Nauvoo abzuziehen. Ihr Zug glich
einer Flucht, häufig wurden sie von ihren Gegnern überfallen und
ihres Eigenthums beraubt. Ihre Greise trieben die Wagen; Männer,
Weiber und Kinder folgten zu Fuß, schlecht bekleidet und Bündel
schleppend, um die Lasten der überladenen Zugthiere zu erleichtern.
Die neuen Ansiedler von Nauvoo und Umgegend, großentheils
Deutsche, wurden von dem Gesindel, das die Mormonen vertrieben,
noch einige Zeit belästigt. Bald darauf kaufte die Ikarische Colonie
unter Cabet, zu deren Mitgliedern viele Elsäfser und Lothringer zählten, Nauvoo. Im J. 1856 brach Uneinigkeit in der Colonie aus,
Cabet wurde ausgestoßen und begab sich mit 70 seiner Anhänger
nach St. Louis, wo er am 8. November 1856 starb. Die andern Ikarier
zogen nach Jowa.

In St. Clair County und den umliegenden Niederlassungen
entwickelte sich in Folge des Charakters der Eingewanderten unter
den Deutschen ein reges politisches Leben, und die Deutschen in Illinois
gewannen dadurch einen politischen Einfluß, den sie bis in die neueste
Zeit erhalten haben. Deutsche Zeitungen entstanden und gingen
unter, mit den Städten wuchsen die Blätter. Die „Illinois Staats-
zeitung", welche mit der Entwickelung Chicago's Schritt gehalten hat
und jetzt von Hermann Raster redigirt wird, war im J. 1848 nur ein
wöchentlich einmal erscheinendes Blättchen unter der Redaction von
Dr. Hellmuth. Mit dem Erbauen von Eisenbahnen nach dem Nordwesten, insbesondere der Illinois-Central-Bahn, welche den Staat von
Norden nach Süden durchschneidet, und in Folge der großen Einwanderung der fünfziger Jahre entstanden in Illinois große Veränderungen. Der Schwerpunkt des deutschen Einflusses bewegte sich
allmählig nach dem stark bevölkerten Norden, insbesondere nach

Chicago, das ſich mit wunderbarer Schnelligkeit am Michigan-See zum Staunen der ganzen Welt erhob.

Kaum iſt ein halbes Jahrhundert entwichen, ſeit eine Anzahl Deutſcher von Geiſt und Charakter am Miſſouri und Miſſiſſippi ſich niederließ und durch Mittheilungen in Briefen an Freunde und Bekannte, durch Bücher und Zeitſchriften die Aufmerkſamkeit der Deutſchlandmüden auf jenen Theil der weſtlichen Welt lenkte. Die Allermeiſten von ihnen ſind vom Schauplatze verſchwunden und ein neues Geſchlecht wohnt jetzt auf den Stätten ſeiner Väter. In Miſſouri wurde der Secceſſionskrieg zum Bürgerkriege, Illinois blieb von ſeinen Verheerungen verſchont.

Elfter Abschnitt.
Die Deutschen im oberen Mississippi-Thale.
Iowa.

Am 14. Mai 1842 enthielten St. Louiser Zeitungen die Mittheilung, daß während der ersten drei Monate jenes Jahres 529 Dampfboote im Hafen von St. Louis 11,992 Cajüten- und 18,392 Deck-Passagiere gelandet hätten, wovon die meisten Einwanderer aus den mittleren und östlichen Staaten seien, die nach Iowa zogen. Der Black-Hawk-Krieg war längst vorüber, und die Kunde von dem Reichthume der Natur am oberen Mississippi, der vor jenem Kriege nur den französischen Ansiedlern bekannt gewesen, war zur Kenntniß der Bevölkerung des ganzen Landes gekommen, Manches davon sogar in der alten Welt bekannt geworden. Die Entdeckung von Blei am Fieber-Flusse und auf der Westseite des Mississippi hinter der Thalebene, wo jetzt die Stadt Dubuque liegt, hatte schon im Anfange der dreißiger Jahre eine beträchtliche Bevölkerung in jene Gegend gelockt. Von Missouri und Illinois zogen die Deutschen den Mississippi hinauf nach Iowa und später nach Minnesota. Am Mississippi entstanden in den dreißiger und vierziger Jahren die Städte Keokuk, Burlington, Bloomington, Davenport und Dubuque, am Iowa Iowa City, welches der Regierungssitz des Staates wurde, an dem Des Moines die Stadt gleichen Namens und am Missouri Council Bluffs. Die Ansiedlungen an den Flüssen entlang wuchsen damals wie Pilze aus der Erde. Das Land war erst kurz vorher von den Indianern gekauft worden und lag für wirkliche Ansiedler zur Bebauung bereit. In Burlington ward am 1. October 1838 und in Dubuque im Februar 1843 ein Landamt eingerichtet und auf dem ersteren wurden in weniger als einem halben Jahre für verkaufte Ländereien, zu $1.25 der Acker, $400,000 eingenommen. Unter den ersten

351

Ansiedlern waren überall Deutsche, am meisten aber zogen sie in die Bleiminen-Region von Dubuque, einem französischen Handelsposten, nach einem Franzosen dieses Namens, der sich dort lange unter den Indianern aufgehalten, benannt. Der erste Weiße, der nach Abzug der französischen Pelzhändler im J. 1833 nach Dubuque kam, war Peter Weighle; seine Nachkommen wohnen jetzt noch dort. Ein Jahr später kam der erste Schweizer, Nikolaus Hoffmann, aus dem Canton Bern; er war einer von den unglücklichen Colonisten, welche im J. 1821 von einem Agenten Lord Selkirk's für dessen Ansiedlung im Norden Canada's angeworben wurden, die sich später über das obere Mississippi-Thal zerstreuten. Unter großen Entbehrungen und Anstrengungen war er mit Weib und Kind zuerst nach St. Louis gezogen, hatte dort mehre Jahre lang gewohnt und sich dann in Dubuque niedergelassen, wo er viel Grundbesitz erwarb und erst vor zehn Jahren gestorben sein soll.

Im J. 1837 kamen die Deutschen in größerer Anzahl nach Dubuque, darunter Rudolph Nolte aus Stromberg in Westphalen, und Johann H. Chedinga aus Ostfriesland. Letzterer spielte später im politischen und geschäftlichen Leben des Städtchens eine bedeutende Rolle, ward Friedensrichter, Mayor, Präsident des County-Verwaltungs-Rathes, stand viele Jahre an der Spitze des Schulwesens und war Präsident der Deutschen Bank. Ein anderer Schweizer, welcher früh nach Dubuque gekommen, war Peter Kiene aus Graubündten, der auch mehre öffentliche Aemter bekleidet hat und noch jetzt im dortigen Geschäftsleben thätig ist. Ein anderer früh in Dubuque Eingewanderter hieß Kiesewetter und war Schriftsetzer.

Im J. 1848 zählte Dubuque etwa 5000 Einwohner und war der Sitz eines katholischen Bischofs. Ein großer Theil des Geschäftes war in den Händen von Deutschen, und es fehlte natürlich weder an einer Brauerei, noch an deutschen Wirthshäusern. In jenem Jahre wurde dort die erste deutsche Zeitung im Nordwesten, westlich vom Mississippi, „Der Nordwestliche Demokrat", gegründet, aber das Blatt mußte ein Jahr später wegen zu geringer Theilnahme der Deutschen wieder eingehen. Als im J. 1849 die Anglo-Amerikaner keine Vorkehrungen trafen, den 4. Juli zu feiern, veranstalteten die Deutschen eine Feier jenes Tages, eröffneten dieselbe mit Reden im Stadthause und beschlossen sie mit einem Picnic im Freien.

Nordwestlich von Dubuque war die deutsche katholische Ansiedlung Neu-Wien und westlich davon am Mississippi Guttenberg, das
von Deutschen aus Cincinnati gegründet worden und an dessen
Spitze ein Deutscher, Namens Bloch, stand. Auf der sogenannten
„Kartoffel-Prärie" in dem fruchtbaren Clayton County war eine
Communisten-Colonie, die Heinrich Koch im J. 1847 angelegt hatte.
Koch, zum Volksredner und Agitator wie geschaffen, war jahrelang
der Führer der radikalen Arbeiterbewegung in St. Louis gewesen
und hatte dann als Capitän den merikanischen Krieg mitgemacht.
Nach dem Kriege hatte er die auf Gütergemeinschaft basirte Colonie
gegründet, um seinen Glauben an den Communismus durch die That
zu bekräftigen. Im Sommer 1849 kam er eines Tages mit Frau
und Kindern in Dubuque an und verglich in einem bald darauf
veröffentlichten Gedichte seinen Auszug aus der Colonie mit dem
Entweichen eines an Freiheit gewöhnten Vogels aus dem Käfig.
Er blieb in Dubuque, erreichte ein hohes Alter und war viele Jahre
eine geachtete Persönlichkeit.

Die Bevölkerung von Dubuque besteht jetzt zum großen Theil
aus Deutschen, Schweizern, Elsässern und Luxemburgern. Es fehlt
nicht an deutschen Kirchen und Schulen. Zwei große deutsche katholische,
eine lutherische, eine presbyterianische und drei oder vier kleine Kirchengemeinden zeugen für das kirchliche Leben. Auch auf dem politischen
Gebiete sind die Deutschen ziemlich vertreten. Von drei County-Ver-
waltungs-Räthen sind zwei, und von zehn Mitgliedern des Stadtrathes
sind fünf Deutsche. In der Staats-Legislatur ebenfalls fehlen die Deutschen nicht. Viele Zeitungen sind im Verlaufe der letzten dreißig Jahre
in Dubuque entstanden und wieder eingegangen; nur der „National
Demokrat" von F. A. Gnissle hat sich seit dem J. 1856 ununterbrochen
gehalten. Wo eine so zahlreiche deutsche Bevölkerung ist, fehlt es
natürlich nicht an Logen und Unterstützungsvereinen.

Der Mann, nach dem die Stadt benannt ist, soll bei den Indianern
sehr beliebt gewesen sein. Wie gewöhnlich die Weißen unter den Indianern große Männer werden, so wurde es auch Dubuque. Er stand
wie ein Häuptling an der Spitze der Sauks und Foxes, die ihn nach
seinem Tode auf einem Felsvorsprunge am Mississippi, einige Meilen
unterhalb der Stadt, begruben. Als sie von den Weißen aus jener

Gegend vertrieben wurden, nahmen sie die Lei e ihres Freundes mit nach dem Westen. So oft später ihre Abgesandten nach Washington reisten oder aus anderer Ursach: in die Nähe ihres alten Wohnplatzes kamen, versäumten sie nie, Dubuque's Grab zu besuchen. Sie ließen sich dann auf den hohen Klippen eine Zeitlang nieder, rauchten zu Ehren des Todten und der Geister die Pfeife des Friedens und blickten trauernd auf ihren alten Mississippi hinab.

Aus dem oben genannten Guttenberg ist nicht viel geworden. Es ist eine jener rein deutschen Ansiedlungen, die sich in der Geschichte der neueren Einwanderung selten eines schnellen Gedeihens erfreuen. Es geht dem Guttenberg am Mississippi, wie dem New Jerseyer Guttenberg am Hudson; es ist noch ungefähr so, wie es vor etwa dreißig Jahren gewesen. Die Communisten-Colonie in Clayton County ist schon lange aufgebrochen, aber etliche der ursprünglichen Mitglieder leben noch als selbständige Farmer in jener Gegend.

Die zweitgrößte Stadt in Jowa war im J. 1880 Des Moines, und die dritte Davenport am Mississippi, gegenüber der Stadt Rock Island, in einer reizenden Lage. Davenport ist nach einem Indianer-Händler dieses Namens benannt, der vor sechzig Jahren in jene Gegend kam und mit den Indianern befreundet wurde. Seine Wittwe lebte noch um die Mitte der fünfziger Jahre, als der bekannte Schriftsteller Kohl sie auf seinen Reisen im Nordwesten besuchte und sich über alte Zeiten bei ihr erkundigte. Sie hatte den armen Indianern ihre Sympathien bewahrt und viele Traditionen und Anschauungen aus früheren Zeiten im Gedächtniß. Sie beschrieb, wie nett sich das kleine Indianer-Dorf ausgenommen hätte an der Stelle, wo jetzt die Stadt Rock Island steht. Die Indianer hätten recht artige Aecker rings umher gehabt, mit Mais und Bohnen bepflanzt, wie ehedem ihre Vorfahren in den Thälern im Osten. Die Dorfbewohner selbst seien umgängliche Leute gewesen; sie und ihr Mann hätten Jahre lang unangefochten und in der größten Sicherheit mitten unter ihnen gelebt. Sogar als die Indianer mit den Weißen in blutigen Krieg verwickelt gewesen, hätten sie und ihr Mann nicht für nöthig gefunden, Sicherheitsmaßregeln gegen ihre alten indianischen Freunde zu ergreifen.

Die meisten Europäer, welche sich in den vierziger Jahren in Davenport ansiedelten, waren Schleswig-Holsteiner und Dänen. Dort hielt sich der deutsch-dänische Dichter Harro Harring eine Zeitlang auf und veröffentlichte seine Proklamationen zur Befreiung der Welt. Im J. 1847 kam der 1866 verstorbene Nikolaus Rusch nach Davenport und ließ sich in der Nähe des Städtchens als Farmer nieder; später wandte er sich dem politischen Leben zu, wurde in die Legislatur und im J. 1856 zum Vice-Gouverneur von Jowa gewählt. Ihm verdankt der Staat ein Gesetz, durch welches einheimischer Wein und Bier von dem Verbote gegen berauschende Getränke zum Theil befreit waren; jetzt ist die Erzeugung aller geistigen Getränke verboten. Von den Deutschen, die in Davenport vor 1850 ansässig waren, leben nur noch John Freitag, Farmer, und Adam Wigand, Metzger, welche Beide wol als die ersten deutschen Einwanderer in Scott County bezeichnet werden dürfen. Die übrigen deutschen Einwanderer vor 1850 sind ausgestorben oder weiter gezogen nach Avoca, Minden, Walcott, Wheatland, Loudon, Dewitt u. s. w., welche Plätze gewissermaßen als deutsche Colonien von Davenport angesehen werden können. Ohnehin findet man an fast jedem Platze im Nordwesten, nicht blos in Jowa, sondern auch besonders in Kansas und Nebraska, Deutsche aus Davenport. Zu den ersten von der holsteinischen Einwanderung nach dem Jahre 1850 gehören Theodor Gülich, Dr. Dreis, Theodor Olshausen, H. R. Claußen, Robert Henne, H. H. Andresen, W. Beyer, Jansen, Lafrorz, die Gebrüder Stoltenberg. Dr. Dreis und Th. Olshausen sind gestorben. Die Andern werden unter den ältesten deutschen Einwohnern von Davenport genannt. Auch M. J. Rohlfs gehört hierher. Im J. 1849 oder 1850 erschienen einige Nummern eines deutschen Blättchens in Davenport; die Typen und Presse wurden an Theodor Gülich verkauft, der den „Demokrat" gründete und später mit Theodor Olshausen in Geschäftsverbindung trat. Dieser zog dann nach St. Louis, und der jetzige Besitzer, H. Lischer, wurde im J. 1861 alleiniger Eigenthümer des Blattes. Es wird von J. P. Stibolt redigirt, steht jetzt in seinem 32. Jahrgange und erfreut sich einer großen Verbreitung im Nordwesten. Da Jowa seit der Mitte der fünfziger Jahre entschieden republikanisch war, und Davenport derselben politischen Anschauung huldigt, nahm es in politischer Beziehung seit vielen Jahren unter den Städten des Staates den ersten Platz ein. Bis zum J. 1881 gehörten die Deutschen in Jowa in überwältigender Mehrheit der republikanischen Partei an; nur die von Dubuque blieben den alten politischen Erinnerungen und Grundsätzen treu.

Die Bevölkerung von Jowa hatte sich vor 35 Jahren den Flüssen entlang angesiedelt oder ein paar Meilen hinter den Städten Farmen angelegt. Seitdem hat sie sich nach allen Richtungen über den Staat verbreitet. In jeder größeren Stadt, wo Deutsche wohnen, erscheinen auch deutsche Zeitungen. Die große Einwanderung im Anfange der fünfziger Jahre vermehrte die deutsche Bevölkerung auf dem Lande sowol wie in den Städten; aber der Zug der Bevölkerung aus dem Osten der Union war verhältnißmäßig noch viel größer. Vor jener Zeit hätte keine Partei in Jowa gewagt, auf die Stimmung der Deutschen so wenig Rücksicht zu nehmen, wie es in neuester Zeit geschehen ist. Das Ergebniß des Census vom J. 1880 mag dies vielleicht erklären: In jenem Jahre wohnten in Jowa 1,353,000 Personen, die in den Vereinigten Staaten, und 261,650, die im Auslande geboren waren. Von letzteren waren 88,268 Deutsche, 17,559 Schweden, 21,586 Norweger, 535 Russen, d. h. in Rußland geborene Mennoniten, 4587 Schweizer, 4723 Holländer und 1473 Oesterreicher. Die Bevölkerung Jowa's hat sich in den letzten drei Jahren bedeutend vermehrt, aber das Verhältniß der Nationalitäten zu einander wird so ziemlich dasselbe geblieben sein. Die starke Bevölkerung von Skandinaviern in Jowa mag nicht wenig dazu beitragen, den Einfluß der Deutschen verhältnißmäßig zu schwächen, weil diese nicht zu den andern vom europäischen Continente Eingewanderten halten, sondern in allen Fragen des öffentlichen Lebens sich an die Anglo-Amerikaner anlehnen.

Minnesota.

In der letzten Hälfte der vierziger Jahre zogen die Reize der Landschaft und das fruchtbare Land am obern Mississippi Pioniere über die nördlichen Gränzen von Jowa hinaus. In den Tannenwaldungen waren Arbeiter im Dienste von Holzhändlern schon damit beschäftigt, die Bäume zu Flößen herzurichten, welche auf dem Mississippi südwärts befördert wurden. Alljährlich im Spätsommer kamen diese Leute auf Urlaub nach Dubuque, um die Genüsse der civilisirten Welt zu kosten und sich mit den Bedürfnissen einer Halbcultur für das nächste Jahr zu versehen. Wenn der letzte Dollar ihres sauer erworbenen Verdienstes ausgegeben war, zogen sie sich zu ihrem einförmigen Leben in die Pineries zurück. Einzelne Dampfboote gingen damals von St. Louis bis St. Paul, dem nördlichsten Punkte der Schifffahrt auf dem Mississippi. Jenseits der Gränzen von Jowa, am Pepin-See, sah man die ersten Indianer, welche auf den Höhen des westlichen Stromufers lagerten. An der Kegelform ihrer Zelte von Büffelhäuten konnte man erkennen, daß sie zum Stamme der Nadowessier gehörten, die hier Sioux genannt werden. Es waren Nachzügler des Stammes, der jenes Land an die Regierung verkauft hatte und dann weiter nach Norden und Westen gezogen war. Im Sommer kamen einzelne Partien dieser Kinder der Wildniß an den „Vater der Ströme" und den See zurück, der mit seinen Sagen und Naturreichthum sie mächtig anzog. Auf der Ostseite des Sees in Wisconsin waren keine Indianer zu sehen, und überhaupt war diese Seite des Sees, zwanzig Meilen lang, ganz ohne Spur von Menschen. Weiterhin im Lande wohnten die Todfeinde der Sioux, die Chippewas. Seit Jahrhunderten liefern sich diese beiden Völker blutige Treffen, und zwischen ihren Gebieten ließen sie eine Wüste. Weiter hinauf an der Mündung des St. Croix-Flusses vorüber erreichte man St. Paul, das ein Posten der französischen Pelzhändler gewesen und von den Missionären seinen Namen erhalten hatte. Im J. 1849 lagen unweit der Landung einige Bretterhäuser, an denen Landagenten, Schnapsverkäufer und Händler mit Allem ihre Aushängeschilder angeschlagen hatten. Hinter diesen lagen auf der Ebene Wohnhäuser zerstreut. Weiterhin im Lande umher hatten Pioniere ihre Blockhütten aufgeschlagen, den Wald zu lichten, die Prärie zu pflügen begonnen, und an einigen geeigneten Punkten hatten Krämer und Handwerker bei einander kleine Bretterhäuschen gebaut und den Grund zu volkreichen Städten gelegt. Das war damals Minnesota.

Ein paar Jahre später kam die große Einwanderung von Europa, es trat eine förmliche Völkerbewegung von Osten nach Westen ein, wodurch in Minnesota eine Speculation in Land und „Lotten" entstand, wie bisher in dem an solchen Erscheinungen reichen amerikanischen Westen noch keine ähnliche vorgekommen war. Die Fußtritte der soeben vertriebenen Indianer waren kaum im Boden verwischt; es lag noch Alles da, wie es die Natur geschaffen, der Mensch hatte noch nichts gethan, als hier und da einen Pflock eingerammt oder einen Baum mit dem Beile angehackt, um die Gränzen seines Besitzthums zu bezeichnen: und doch war das Land rings umher in festen Händen, und brachte beim Wechseln derselben unglaublich hohe Preise. Viele Hunderttausende waren schon aus einer Hand in die andere gewandert, um den Besitz dieser Striche zu sichern, auf denen noch keine einzige Kartoffel geerntet war. Diese Erscheinung am obern Mississippi erinnerte an die alte Tulpenzwiebel-Speculation der Holländer und wurde seitdem nur durch den Schwindel mit Minen-Actien in San Francisco übertroffen. In St. Paul war damals kein Handwerker, kein Knecht und keine Magd, die sich Etwas hatten ersparen können und nicht draußen irgendwo im Felde einen Acker oder eine „Lot" besaßen, auf denen sich ihre Phantasie, goldene Luftschlösser bauend, erging. Weiter nach Westen und Norden zwischen den See'n traf man die Wagen der amerikanischen Pioniere aus Missouri, Illinois, Ohio oder gar Kentucky, an denen auf weißer Leinwand „Minnesota" als das Ziel der Reise zu lesen war. Auf den mit Ochsen bespannten Wagen war die ganze Familie und ihre Habe. Fort Snelling, das schon vierzig Jahre lang die Zwingburg unter den Indianern am obern Mississippi gewesen, schien seine Rolle ausgespielt zu haben. Man hatte schon neue Posten hundert Meilen weiter westwärts und ebenso weit nordwärts hinausgeschoben. An der Vereinigung des St. Peter-Flusses mit dem Mississippi war damals die junge Ansiedlung Mendota. Sie lag auf einem reizenden Punkte. Aus dem Norden eilt von seinen nahen Katarakten der frische, klare Mississippi herbei, und westwärts öffnet sich das weite und einladende Länderthor, durch welches die langsamen Gewässer des St. Peter herbeischleichen, der den Indianernamen Minnesota, „Trübwasser", erhalten hat. Hinter Mendota war damals (1855) noch alles Squatter-Land, d. h. die herkömmlichen Rechts- und Eigenthums-Verhältnisse bezüglich des Bodens hörten auf. Er gehörte noch der Regierung, noch kein Acker davon war verkauft. Dennoch aber lebten, gruben und ackerten schon viele Tausende von Colonisten darauf, dennoch waren Dörfer mit verwickelten Rechtsverhältnissen darauf gebaut. Die Regierung hatte noch durch die übliche und gesetzliche Proclamation nicht erklärt, daß das Land „im Markte" sei, aber die Ansiedler hatten es schon im Besitz und das erste Recht, es später gegen Zahlung des geringen Preises der Congreß-Ländereien als Eigenthum zu erwerben. Weiter hinauf am St. Peter lag die deutsche Ansiedlung Henderson, rings umher lagen im Wald und auf der Prärie kleine Häuschen neuer Ansiedler zerstreut.

Weit vorgerückt in der Wildniß existirten die Anfänge einer Ansiedlung, New Ulm, von der damals viel gesprochen wurde. Ein Landverein in Chicago hatte diese Ortschaft geplant; die ersten Ansiedler gingen bei der Gründung mit ebenso wenig Umsicht und Einsicht zu Werke wie städtische Ansiedler Jahrhunderte vor ihnen; nur die Lage am St. Peter war nicht übel gewählt, und das war nicht ihr Verdienst, sondern das eines alten Pioniers in jener Gegend, bei dem die ersten Ansiedler übernachtet hatten, und der sie auf diesen Punkt aufmerksam machte. Auf dem von ihnen in Besitz genommenen Lande trieben sich noch viele Sioux umher, die, obgleich sie gezwungen das Land an die Regierung verkauft hatten, sich ungern von den herrlichen Jagdgründen des Minnesota- und Cottonwood-Flusses trennten, um sich nach ihrer ungefähr 8 Meilen oberhalb New Ulm beginnenden Reservation zurückzuziehen. Die Gründung der Ansiedlung wurde schon als eine verfehlte betrachtet, da die Mitglieder des Vereins in Chicago sich von ihren Fleischtöpfen und Bierhäusern ungern trennten, als der Ansiedlungsverein des Turnerbundes mit dem Chicago-Landverein ein Uebereinkommen traf und die Leitung der Ansiedelung übernahm. Dies geschah im Sommer von 1856. Ueber das ganze Gebiet war damals kaum ein halbes Dutzend Blockhäuser zerstreut; doch wurde noch in demselben Sommer rüstig mit der Anlage des Städtchens begonnen, und im Frühjahr 1857 stellte sich eine Anzahl Mitglieder beider Vereine ein, so daß sich bis zum Herbst schon ein hübsches Dorf gebildet hatte. Es wurden zwei Dampfmühlen errichtet; im Herbst wurde die Ortschaft durch eine Acte der Territorial-Gesetzgebung als Town incorporirt, und im folgenden Frühling die Beamten gewählt. Die umliegende Gegend füllte sich rasch mit Farmen an, aber das Städtchen selbst wollte nicht so recht vorwärts; man interessirte sich lebhaft für die damals hochgehende Parteipolitik und vergaß darüber das Wichtigere. Beim

Ausbruche des Bürgerkrieges im J. 1861 wurde in New Ulm eine Miliz-
Compagnie gebildet, welche im Falle des Abzuges der Bundestruppen
von dem 15 Meilen weiter am Minnesota gelegenen Fort Ridgely die
Ansiedlung gegen die Indianer beschützen sollte, und als der Aufruf des
Präsidenten zur Stellung von Freiwilligen erschien, stellte New Ulm
verhältnißmäßig viele Rekruten.

Während nun eine beträchtliche Anzahl der kampffähigen Männer
von New Ulm in den Krieg gezogen war, trat ein Ereigniß ein, das
die Ansiedlung beinahe vernichtete. Die Sioux, welche wegen Ausblei-
bens ihrer Jahresgelder und vieler Uebelstände in der Verwaltung ihrer
Angelegenheiten seitens der Regierungsbeamten immer gereizter geworden waren, hielten die Zeit für günstig, an den weißen Eindring-
lingen Rache zu nehmen. Sie begannen am Morgen des 18. August
1862 in dem sogenannten „oberen Settlement", 7 Meilen westlich
von New Ulm, ein Gemetzel der für einen solchen Angriff unvorbe-
reiteten deutschen Ansiedler, wie Aehnliches in der Geschichte der Ansiedlungen der neuen Welt leider schon oft vorgekommen ist. Wenn die
Indianer nicht Wilde wären, möchte man glauben, daß sie die Geschichte Rom's unter Nero und Caligula studirt und die Martern
der ersten Christen, womit jene hochgebildeten Beherrscher den Pöbel
des damaligen Rom's unterhielten und erfreuten, zu Vorbildern genommen hätten. Die in der Nähe der Reservationsgränze lebenden
Ansiedler waren daran gewöhnt, beinahe täglich Indianer in ihre
Wohnungen einkehren zu sehen, welche kamen, um sich Brod oder
sonstige Lebensmittel zu erbetteln oder einzutauschen. Sich vorsichtig
vertheilend, drangen die Wilden überall in die Häuser ein, und wo
man bisher das Brod mit ihnen getheilt, sie gut und menschen-
freundlich behandelt hatte, fielen sie über die arglosen Deutschen her
und verübten Gräuel, die sich die Feder zu beschreiben sträubt. Auf
diese Art fielen in dieser verhältnißmäßig kleinen Nachbarschaft, die
meistens von Würtembergern, aus der Gegend von Ulm, besiedelt
war, über siebzig Personen, Männer, Frauen und Kinder, der Mord-
lust der Wilden. Ein Zufall fügte es, daß eine Anzahl New Ulmer
Bürger sich an jenem Morgen versammelte, um über das ganze
County zu gehen und weitere Freiwillige für die Armee der Vereinigten Staaten zu werben; auf mehren Wagen, mit Musik und

fliegenden Fahnen, fuhren sie gerade in die Richtung hinaus, in der die Metzelei stattfand; durch die herannahende Musik aufmerksam gemacht, sammelte sich eine Schar Indianer, 7 Meilen von New Ulm, und empfing die Wagen mit einer mörderischen Salve, die zwei der auf dem ersten Wagen Befindlichen tödtete und mehre Andere schwer verwundete. Die Indianer zogen sich darauf etwas zurück, so daß die entkommenen Männer Gelegenheit erhielten, auf dem Rückweg die ganze Ansiedlung zu alarmiren und sich in der Stadt selbst so schnell als möglich militärisch zu organisiren. Inzwischen zeigten die überall von den zerstörten Wohnungen aufsteigenden Rauchsäulen der Bevölkerung in anderen Theilen des bedrohten County, daß etwas Außerordentliches vorgehe, und bald flog die Kunde der Gräuel nach allen Richtungen. Von allen Seiten flüchteten nun die erschreckten Ansiedler nach der Stadt, und am nächsten Morgen, Dienstag den 17. August 1862, war die ganze Umgebung von den Rothhäuten durchstreift; sie erschienen vor der Stadt und begannen nun die westliche und südwestliche Seite entlang einen wüthenden Angriff, vor dem sich die ausgestellten Mannschaften zurückziehen mußten, da es ihnen an guten Waffen und der nöthigen Munition fehlte. Der Kampf zog sich allmählig nach der Mitte des Städtchens zu und dauerte ohne Unterbrechung bis zur eintretenden Nacht fort. Mancher brave Mann fiel in diesem ersten Kampfe in der Vertheidigung seines Theuersten, doch auch manche Rothhaut büßte ihren schändlichen Verrath mit dem Leben, und als der nächste Morgen anbrach, war die Raubhorde verschwunden, um das in ihrem Rücken liegende schwach besetzte Fort Ridgely zuerst unschädlich zu machen und dann ihren verheerenden Zug das Minnesota-Thal entlang fortzusetzen.

Von den 30 Meilen entfernten Städten Mankato und St. Peter und von dem noch weiter entfernten Le Sueur kamen allmählig bewaffnete Verstärkungen an; nachdem die Indianer vergeblich versucht hatten, Fort Ridgely, das zwar nur durch eine kleine Besatzung vertheidigt, aber mit Kanonen versehen war, zu nehmen, rückten sie bedeutend verstärkt und um so erbitterter wieder gegen New Ulm vor, Alles vor sich her zerstörend und niederbrennend und, wie es schien, entschlossen, die Vertheidiger New Ulm's durch das Feuer ihrer eigenen

Heimstätten aus ihrem letzten Zufluchtsorte herauszutreiben und dann
Alles niederzumachen. Dämonen gleich huschten sie von Haus zu
Haus, um das verderbenbringende Element anzufachen, und bald
war die sonst so friedliche Hochebene, auf der das freundliche Städtchen lag, nur noch ein Flammenmeer. Die Belagerten zogen sich
am zweiten Kampftage, Samstag den 23. August, auf ein möglichst
kleines Terrain zurück, wo sie, verbarrikadirt und gedeckt, den Kampf
mit größerem Erfolg aufnehmen und sich besonders dagegen schützen
konnten, daß keine Rothhaut im Stande war, das Feuer innerhalb
dieses Kreises zu tragen. Ohne Unterbrechung währte auch dieses-
mal das Gefecht bis in die Nacht hinein, um am Sonntag Morgen
aufs Neue zu beginnen. Nach einigen Stunden mußten sich die Indianer aber wol überzeugt haben, daß es fruchtlos sei, den Kampf fortzusetzen, und so zogen sie sich während des Vormittags in der Richtung
nach Fort Ridgely zurück, wo sie ebenfalls keinen weitern Versuch mehr
machten, da sie indessen wol durch Kundschafter erfahren haben mußten, daß starke Hülfsmannschaften für die Bedrängten im Anzuge
waren. Hunderte von Frauen und Kindern waren während dieser
Schreckenstage in den kleinsten Räumen zusammengepfercht, 178 Ge-
bäulichkeiten in der Stadt allein waren ein Raub der Flammen geworden, viele Familien ganz oder theilweise als Opfer gefallen. Unter
diesen Umständen hielten die Ueberlebenden es für räthlich, sich auf
die nächstliegenden Plätze Mankato und St. Peter zurückzuziehen, um
dort den weiteren Verlauf der Dinge abzuwarten. Am Montag den
25. August verließ der traurige Zug die Stätte, auf der so mancher
Familienvater noch wenige Tage zuvor sich der mühsam errungenen
Heimath gefreut hatte. Der Zug zählte 150 Wagen, worunter 56
mit Kranken und Verwundeten. Viele im Zuge waren die einzigen
Anwesenden aus ihrer Familie und wußten nicht, was aus den
theuren Angehörigen geworden, ob sie noch am Leben oder todt
waren. Muthlos zerstreuten sich die Ansiedler nach allen Richtungen, um sich bis auf bessere Zeiten Erwerb zu suchen, und nur Wenige
kehrten mit den herbeikommenden Hülfstruppen wieder nach dem verlassenen New Ulm zurück. Die größte Anzahl der Flüchtlinge fand sich
in St. Paul, der Hauptstadt Minnesota's, zusammen, und durch die
schnell zusammenberufene Staatsgesetzgebung wenigstens einigermaßen

unterstützt, entschlossen sich Einige wieder zur Rückkehr; mit frischem Muthe wurde der Aufbau des Städtchens, wenn auch anfangs in sehr beschränktem Maßstabe, wieder begonnen.

Die unschuldigen Deutschen hatten für die betrügerischen Regierungs-Agenten, deren Verfahren die Indianer zur Verzweiflung getrieben hatte, büßen müssen. Die Schuldigen kamen unbestraft davon und zehrten später von ihrem Raube in mit den gestohlenen Indianergeldern erbauten Palästen. Nach langem Suchen gelang es dem General Sibley, der von der Regierung zur Verfolgung der Wilden ausgesandt wurde, eine große Anzahl derer, die an dem Gemetzel betheiligt gewesen, einzufangen, und 303 von ihnen wurden zum Tode verurtheilt. Diese wurden in einem Lager am Minnesota-Flusse scharf bewacht. Von mehren Seiten ward beabsichtigt, die Gefangenen zu ermorden. Unter der waffenfähigen Mannschaft Derer, die nach New Ulm zurückgekehrt, war schon die Parole ausgegeben, mit verborgenen Waffen die Gefangenen zu überfallen. Auch in Mankato kamen ähnliche Absichten zur Kenntniß der Officiere, welche die Aufsicht über die Gefangenen führten. Als diese nach ihrer Gefangennahme durch New Ulm geführt wurden, wollte die Bevölkerung in frischer Erinnerung der begangenen Frevel auf sie losstürmen, um sie zu ermorden. Besonders empört zeigte sich die weibliche Bewohnerschaft des Städtchens, die mit Steinen nach den Mördern ihrer Lieben warf und manchen Indianer verwundete. Von den Verurtheilten wurden 39 gehängt, die Andern zu lebenslänglicher Gefangenschaft begnadigt. Little Crow, ein halbcivilisirter Häuptling der Indianer, der sich übrigens nur mit Widerstreben an dem Zuge betheiligt haben soll, wurde nicht gefangen, sondern auf der Flucht von einer Kugel tödtlich verwundet und darauf von seinem 16jährigen Sohne auf Verlangen des Vaters getödtet. Der Schaden für zerstörtes Eigenthum in der Umgegend von New Ulm und in dem Städtchen selbst ward von der Regierung vergütet, Gesundheit oder Leben konnte sie nicht ersetzen. Die Ansiedlung erholte sich schnell wieder, da an die Stellen Derer, die ermordet worden, und Anderer, die nicht zurückkehrten, neue Bewohner kamen, mit frischen Kräften und frischem Muthe. Die Gefahr vor Indianerüberfällen war nun für immer vorüber, und die Wunden, welche das Ereigniß von 1862 geschlagen, werden wol vernarbt sein. Aber es scheint ein Unstern über

New Ulm zu walten, da es ſeit jener Zeit ſchon zwei Mal von zer-
ſtörenden Orkanen heimgeſucht worden iſt.

Neben St. Paul, welches zu einer Stadt von ungefähr 50,000 Einwohnern gewachſen iſt, hat ſich Minneapolis erhoben, welches die ältere
Schweſter an Einwohnerzahl überflügelt hat. Im J. 1880 zählte
erſtere Stadt 41,473, Minneapolis 46,887 Einwohner. Von der Bevölkerung von St. Paul waren 31,874 in den Vereinigten Staaten,
4956 in Deutſchland und 2500 in Schweden und Norwegen geboren.
In Minneapolis wohnten mehr Scandinavier als Deutſche, nämlich:
6039, und nur 2334 Deutſche. Im Staate Minneſota wohnten
513,000 Eingeborene, 66,500 Deutſche, 39,176 Schweden, 62,561 Norweger, 3000 Schweizer, 2600 Oeſterreicher, 2279 Ruſſen (in Rußland
geborene deutſche Mennoniten) und 1581 Holländer. Die Zahl der
Scandinavier übertrifft mithin bei Weitem die der Deutſchen. Die Auswanderer aus dem hohen Norden Europa's ſuchen vorzugsweiſe die
hohen Breiten des neuen Continents auf. Eis und Schnee im Winter,
grüne Matten, wogende Saatfelder und Buchenwälder im Sommer,
haben mehr Reiz für den Scandinavier, als Orangenhaine, Palmen,
Baumwollen- und Reisfelder.

Zwölfter Abschnitt.

Die Deutschen in Wisconsin und Michigan.

Wisconsin.

Man nennt Wisconsin den „deutschesten" Staat und seine Metropole, Milwaukee, die „deutscheste" Stadt der Union, und zwar mit Recht, denn verhältnißmäßig zählt Wisconsin, bezw. Milwaukee, die stärkste deutsche Bevölkerung unter allen Staaten und Städten des Landes. Nach dem Census von 1880 hat Wisconsin 294,328 in Deutschland geborene Bewohner aus einer Gesammtbevölkerung von 1,315,497, und Milwaukee 31,403 in Deutschland geborene Einwohner aus einer Gesammtbevölkerung von 115,587 Seelen.

Die Erforschung Wisconsin's ging vom Nordosten aus, indem französische Missionäre, Pelzhändler und Abenteurer, von Green Bay die Wildniß in südwestlicher Richtung durchstreiften; die Besiedelung Wisconsin's erfolgte hauptsächlich von Südosten aus, theilweise aber auch den Mississippi aufwärts, von Südwesten. Wann der erste Deutsche in Wisconsin sich angesiedelt, läßt sich nicht feststellen, doch ist es zweifellos, daß es Anfangs der dreißiger Jahre dieses Jahrhunderts geschah. In einem Bericht an die Wisconsin Historical Society über die Pioniere von Green County wird eines Funk'schen Blockhauses, das im J. 1832 bestanden, erwähnt. Um dieselbe Zeit existirte ein Mann, Namens Westfall, im nördlichen Theil von Calumet County. Der erste Deutsche, der sich in Milwaukee County ansiedelte, und zwar im J. 1835, war Wilhelm Strothmann. Außer diesem kamen in genanntem Jahre noch folgende Deutsche an: Andreas Eble, Wilhelm Baumgärtner, N. Esling, Walter Schattuck, Alfred Orendorf, Edward Wiesner. Im J. 1836 kamen Georg Bahn, Louis Treyser, George Abert, F. und H. Harmeyer und Henry Bleyer, 1837 folgten Mathias Stein, C. W. Schwartzburg, David Knab. Diese werden in der Chronik von Milwaukee als die ersten deutschen Ansiedler genannt. Erst im J. 1840 begann die eigentliche deutsche Einwanderung; während der Sommermonate jenes Jahres kamen in Milwaukee wöchentlich 200 bis 300 Deutsche an.

Um die Besiedelung Wisconsin's durch Deutsche zu charakterisiren und zu schildern, müssen wir die deutsche Einwanderung in Milwaukee abgesondert behandeln, weil diese Stadt nahezu ausschließlich der Ein- und Ausgangspunkt für die deutsche Einwanderung des ganzen Staates war, die bedeutsamsten Männer der deutschen Einwanderung in dieser Stadt bleibend Fuß faßten und von da auf die Gestaltung der deutsch-amerikanischen Verhältnisse und der Geltendmachung des deutschen Elementes in Wisconsin Einfluß gewannen.

· Im J. 1840 landete in Milwaukee F. W. Horn, der eine nicht unwesentliche Bedeutung für die öffentlichen Angelegenheiten und politischen Verhältnisse Wisconsin's gewann. Er wurde im J. 1848 in die erste Legislatur des neugeschaffenen Staates, und in der vierten Legislatur-Periode, 1851, zum Sprecher des Hauses (Assembly) gewählt. Er lebt heute noch als Advocat in dem Landstädtchen Cedarburgh, wo er auch eine englische Zeitung redigirt, und war noch in der Legislatur-Periode 1882 als Abgeordneter seines Assembly-Districtes thätig. Im Jahre 1842 langte in Milwaukee Dr. Franz Hübschmann an, ein Thüringer, der in Jena als Arzt promovirt hatte, und hier viel zur Geltendmachung des deutschen Elementes im öffentlichen und socialen Leben beitrug. Er wurde im J. 1846 zum Delegaten der Convention gewählt, welche die Constitution für den damals um die Aufnahme in die Union nachsuchenden Zukunftsstaat Wisconsin zu entwerfen hatte. Noch zwei andere Deutsche, Ed. H. Janssen und Chas. J. Kern, beide von Washington County, waren Mitglieder dieser Verfassungs-Convention. Dr. Hübschmann war bis zu seinem im J. 1880 erfolgten Tode als praktischer Arzt und im öffentlichen Leben als Förderer gemeinnütziger Unternehmungen und deutscher Interessen thätig. — Die erste deutsche „Demonstration" war im J. 1845. Als man am 22. März jenes Jahres in Milwaukee anläßlich der Herstellung des Hafens ein Fest feierte, traten in dem Umzuge die Deutschen zum ersten Male versammelt auf, an der Spitze ihres Zuges eine Fahne tragend mit der Inschrift: „Die deutschen Bürger von Milwaukee".

Im J. 1844 kam der Buchdrucker Moritz Schöffler nach Milwaukee und wurde der Herausgeber des ersten deutschen Wochenblattes „Wisconsin Banner", dessen erste Nummer am 7. September 1844 erschien. Schöffler leitete diese Zeitung, die später ein täglich erscheinendes Blatt wurde, bis kurz vor seinem im J. 1875 erfolgten Tode. Er nahm regen Antheil an den öffentlichen Angelegenheiten, war ein Vorkämpfer für deutsche Rechte und Interessen, und im J. 1847 Mitglied der zweiten Convention zur Entwerfung einer Verfassung, nachdem die erste durch Volksabstimmung verworfen worden.

In den Jahren 1843 und 1844 nahm die deutsche Einwanderung in Milwaukee einen großen Aufschwung; es kamen in den Sommermonaten 1000 bis 1400 Deutsche wöchentlich an. Doch während bisher die meisten Ankömmlinge in Milwaukee geblieben waren, drangen die Einwanderer nun ins Innere des Staates. Das Jahr 1844 brachte den Bremer A. H. Bielefeld nach Milwaukee, eine feurige, groß angelegte Natur, einen höchst wirksamen Redner und nicht unbedeutenden Dichter.

Die Milwaukeer Deutschen der damaligen Zeit, Anfangs und Mitte der vierziger Jahre, hatten es auch nöthig, sich ihrer Rechte und Interessen anzunehmen, weil der Know-Nothingismus, welcher damals übers Land streifte, auch Wisconsin nicht verschonte. Einen wesentlichen und anhaltenden Einfluß auf die deutsche Einwanderung in Wisconsin übte vornehmlich die Gründung des Bisthums Milwaukee. Als im Mai 1844 der Schweizer Johann Martin Henni, dem sein nachmaliger General-Vicar Martin Kundig vorgearbeitet hatte, als erster Bischof nach Milwaukee kam, war für die zahlreichen katholischen Einwanderer aus Deutschland und die deutschen Katholiken im Osten ein großer Anziehungspunkt in Wisconsin geschaffen. Viele deutsche katholische Missionäre folgten dem ersten deutschen Bischofe. Eine andere wichtige Förderung erhielt die Einwanderung deutscher Katholiken durch den österreichischen Priester Dr. Joseph Salzmann, der im J. 1847 nach Milwaukee kam und das große deutsche Priesterseminar zu St. Francis (Salesianum) in der Nähe von Milwaukee gründete. Später hat sich demselben ein deutsches katholisches Lehrer-Seminar zugesellt, aus welchem zahlreiche deutsche Lehrer hervorgegangen sind und hervorgehen, die als solche in allen Theilen der Union wirken. Welche Bedeutung die deutschen Katholiken in Wisconsin haben, geht daraus hervor, daß nach dem im J. 1881 erfolgten Ableben des von den Angehörigen aller Nationalitäten und Glaubensbekenntnisse geachteten Bischofs (später Erzbischofs) Henni abermals ein Deutscher, Michael Heiß, zum Erzbischof von Milwaukee ernannt wurde, während in den beiden andern, im Laufe der Zeit geschaffenen Diöcesen Wisconsin's ebenfalls Deutsche als Bischöfe fungiren.

Einen sehr wesentlichen Antheil an der deutschen Einwanderung nach Wisconsin haben ferner die evangelisch-lutherischen Gemeinden, welche allenthalben im Staate gegründet und deren Kirchen und Schulen Pflanzstätten deutscher Sprache und Sitte wurden. Zahlreich sind ihre Gotteshäuser und Schulen in Milwaukee, namentlich im nordwestlichen, zugleich dem bevölkertsten Stadttheile. Dort wirkten in den frühesten Zeiten die Pastoren Krause und Kindermann, Dulitz, Streißguth und Lochner. Auf der Ostseite der Stadt, wo die anglo-amerikanische Bevölkerung am zahlreichsten ist, gehört nur die Gnaden-Kirche am Broadway dem evangelisch-lutherischen Bekenntnisse an, die im Volksmunde kurzweg die „Mühlhäuser Kirche" heißt, so benannt nach ihrem ersten Seelsorger, dem verstorbenen Pastor Mühlhäuser, einem Manne, der die Uneigennützigkeit selbst war, und sein höchstes Verdienst darin fand, Werke der Barmherzigkeit zu üben. In demselben Sinne und Geiste wirkt sein Nachfolger Jäckel, der seit Mühlhäuser's Tode der Gnaden-Gemeinde vorsteht. Die Protestanten besitzen zwei höhere Lehranstalten in Wisconsin, nämlich die „Northwestern University" (Wisconsin-Synode) zu Watertown, und das „Concordia College" zu Milwaukee, welches letztere erst im Laufe des vorigen Sommers gebaut wurde und als eine Zierde der Stadt betrachtet wird.

Doch kehren wir wieder nach Milwaukee und in die Mitte der vierziger Jahre zurück. Immer mehr und mehr deutsche Einwanderer kamen hier an, wozu ein von C. E. Hasse, dem Vater des heute noch in Milwaukee wirkenden Arztes dieses Namens, herausgegebenes Büchlein nicht wenig beigetragen hat, das in Grimma 1841 erschienen war und „auf eigene Wahrnehmung und Erfahrung" hin den Deutschen rieth, sich in Wisconsin anzusiedeln. Während damals auf der einen Seite die Einwanderer immer weiter in den Urwald vordrangen, denselben klärten und ihm den Boden für den Ackerbau

abrangen, brachen fich in Milwaukee die geiftigen und künftlerifchen
Beftrebungen der Deutfchen Bahn. Im Februar 1847 wurde die zweite
deutfche Zeitung gegründet, „Der Volksfreund", redigirt von Friedr.
Fratny. In demfelben Jahre entftand auch der erfte deutfche Gefang-
verein mit 16 Mitgliedern. Man verfuchte nun auch feinere Lebensart unter den Deutfchen einzuführen. Als im Carneval von 1849 etliche Deutfche es unternahmen, einen Ball in Milwaukee zu veran-
ftalten, auf welchem die Tanzenden Handfchuhe tragen follten, da
kam es zum Kampfe zwifchen den „Gefchwollenen" und den „Demokraten", der mit dem Siege der Erftern endigte. — Das Jahr 1849
brachte den Wiener Dr. Aigner, den erften Commandanten der im
Revolutionsjahre 1848 gegründeten Wiener Studenten-Legion, nach
Milwaukee, wo derfelbe mehre Jahre im öffentlichen Leben als
Schriftfteller und Förderer der mufikalifchen Beftrebungen des Deutfchthums wirkte. In demfelben Jahre kam auch der rheinländifche
Maler Heinrich Vianden, ein tüchtiger Landfchafter, der noch heute,
70 Jahre alt, in Milwaukee lehrt und wirkt.

Für das mufikalifche Streben des Deutfchthums in Milwaukee
war die in demfelben Jahre erfolgte Ankunft des Deutfchböhmen
Hans Balatka von Bedeutung. Sein Erfcheinen veranlaßte die
Gründung des Milwaukeer Mufikvereins am 1. Mai 1850. Balatka war deffen erfter Dirigent und blieb es viele Jahre. Heute,
nach 33 Jahren, ift diefer Verein einer der beften und vornehmften
Mufikvereine der Union. Sein jetziger Dirigent ift ein Milwaukeer
Kind, Eugen Lüning, ein tüchtiger artiftifcher Leiter und befähigter
Componift. Im Winter 1849—1850 fand die erfte deutfche Theatervorftellung ftatt. Ein Dilettanten-Verein hatte fich gebildet, aber
einige Schriftfetzer und Druckerlehrlinge kamen diefer Gefellfchaft zuvor
und betraten zuerft in Wisconfin die bekannten, angeblich die Welt bedeutenden Bretter. Am 25. Februar 1850 gab der erwähnte Verein
die erfte reguläre Theatervorftellung. Im J. 1850 wurde von Eduard
Schultz, einem politifchen Flüchtlinge aus Baden, der erfte Turnverein
in Milwaukee, bezw. Wisconfin, gegründet. Um diefelbe Zeit kamen
der badifche Revolutionär Fritz Anneke und feine Gattin Franziska
Mathilde Anneke nach Wisconfin. Erfterer war als Journalift thätig und hielt Vorträge; er ward im J. 1852 zum Staats-Bibliothekar

ernannt und war während des Bürgerkrieges Oberst eines Wisconsiner Regiments. Frau Anneke gründete die „Deutsche Frauenzeitung", ein Organ zur Förderung der „Frauenrechte", machte sich durch die Agitation für dieselben und das Freidenkerthum bemerkbar und lebt noch heute als Leiterin einer Privatschule für deutsche Mädchen in Milwaukee.

Am 10. Mai 1851 ward die „Deutsch-Englische Akademie" gegründet, die den Ruf genießt, eine der besten deutschen Schulen des Landes zu sein. Hervorragend wirkte an derselben Peter Engelmann. Mit derselben ist jetzt das Deutsch-Amerikanische Lehrer-Seminar verbunden, das von den Deutschen der ganzen Union unterstützt wird. Im Frühjahr 1851 kam A. Rößler von Oels in Wisconsin an, der vom Hohenasperg entflohene „Reichskanarienvogel" des Frankfurter Parlaments, der die Redaction der nur ein kurzes Leben fristenden „Volkshalle" führte. Aus dieser entstand „Der Seebote," das noch heute bestehende älteste deutsche demokratische Organ Wisconsin's. In diese Zeit fällt die Ankunft des frei-religiösen Predigers E. Schröter aus Worms und die Gründung der ersten „Freien Gemeinde" in Milwaukee. Schröter lebt jetzt in Sauk City, Wis., und ist noch als Förderer des Freidenkerthums thätig, dessen Organ das seit dem J. 1872 erscheinende Wochenblatt „Der Freidenker" ist. Im J. 1852 wurde in Milwaukee ein ständiges Theater durch Joseph Kurz und Heinrich Kurz ins Leben gerufen, und heute ist Milwaukee die einzige Stadt in der Union, in der das deutsche Theater sein eigenes, speciell und ausschließlich diesem Zwecke dienendes Gebäude besitzt.

Im J. 1852 kam Eduard Salomon in Milwaukee an. Derselbe war zuerst in Mequon und Manitowoc als Lehrer thätig und kam dann wieder nach Milwaukee zurück, wo er als Advocat practicirte. Im J. 1862 wurde er zum Vice-Gouverneur von Wisconsin gewählt und nach dem während seines Amtstermines erfolgten Tode des Gouverneurs Harvey wurde Salomon Gouverneur — der erste und bisher einzige deutsche — von Wisconsin. Die Jahre 1853 und 1854 nennen die Deutschen von Milwaukee die Blüthezeit von „Deutsch-Athen." Es herrschte damals ein reges geistiges und künstlerisches Leben, wobei man jedoch nicht vergessen darf, daß die Ansprüche noch bescheidener Natur waren. Erwähnt sei beiläufig, daß in Milwaukee am 8. April 1853 eine deutsche Oper aufgeführt wurde, d. h. früher als man selbst in New

York eine solche Vorstellung geboten hat. Bald darauf wurde das erste deutsche republikanische Blatt „Der Corsar" gegründet, das Bernhard Domschke redigirte, und woraus später der heutige „Herold" entstand, das leitende deutsche republikanische Organ Wisconsin's, unter der Redaction von W. W. Coleman.

Von den bis zum J. 1854 in Milwaukee angesiedelten Deutschen, die sich in hervorragender Weise im öffentlichen Leben und um das Deutschthum verdient gemacht haben, sind außer den Obenerwähnten noch zu nennen die Aerzte Dr. Fessel und Dr. Naumann; August Greulich; Ferd. Kühn, der wiederholt bedeutende Aemter, darunter das des Staatsschatzmeisters, bekleidete; H. Kemper, der als Geschäftsmann und Colonisator wirkte; Chr. Ott, der die erste deutsche Buchhandlung in Milwaukee errichtete und mehre Jahre Redacteur des „Seeboten" war; Chr. Preußer, der sich um die deutsche Schule und die Gründung und Verwaltung des „Naturhistorischen Vereins" verdient machte; Th. Wettstein, der das erste deutsche Hotel in Milwaukee hielt, den Sammelpunkt alles geistigen Lebens jener Periode. Thätigen Antheil an der Entwickelung deutschen Lebens nahm auch Charles Quentin, der die Stadt im Staats-Senate repräsentirte und „Quentin's Park" anlegte, der jetzt unter dem Namen „Schlitz Park" einer der schönsten Punkte Milwaukee's ist; Chr. Bach, der Gründer eines Orchesters, das gegenwärtig noch unter seiner Leitung besteht und einen guten Namen in den ganzen Ver. Staaten hat; und viele Andere, die zu nennen leider der enge Raum verbietet.

Mit dem J. 1854 hatte die deutsche Einwanderung in Milwaukee und Wisconsin ihren Höhepunkt erreicht. Von da nahm sie ab, um während des Bürgerkrieges nahezu ganz aufzuhören und erst wieder in den siebziger Jahren zuzunehmen. Welche außerordentliche Thätigkeit das deutsche Element auf commerciellem wie industriellem Gebiete in Milwaukee entwickelt hat, das sehen wir in seinen großartigen Etablissements, wie Brauereien, Gerbereien, Tabakfabriken, Banken, wie auch in seinem ausgedehnten Großhandel in Ellen- und Colonialwaaren, seinen bedeutenden Eisen- und Droguenhandlungen und Bauholz-Niederlagen. Die Colonisation des Staates nahm, insofern sie nicht den Mississippi entlang sich entwickelte, ihren Weg von Milwaukee aus nach dem Westen und Norden. Mit großen Mühen und

unter harten Entbehrungen bahnten sich die Einwanderer den Weg in
und durch den Urwald. Die Formalität der Besitzergreifung eines
Stückes Land war sehr einfach. Ein Theil der Rinde eines Baumes
wurde mit der Axt entfernt, des „Squatter's" Name und die Anzahl der
von ihm beanspruchten Acker auf die glatte Fläche geschrieben, ein paar
Bäume gefällt, oder auch nur ein Reisighaufen errichtet, und dann schützten sich die „Squatters" gegenseitig in ihrem auf diese primitive Weise
festgestellten Besitz. Diese Zustände gaben Anlaß zu vielen Streitig-
keiten, und selbst zu Mord und Todtschlag, denn die Vermessung des
Landes und die dadurch bedingte Sicherstellung der Besitzverhältnisse
und Besitztitel erfolgte erst in späteren Jahren.

Wie beschwerlich damals der Wanderzug der Ansiedler war, möge
durch die Schilderung eines pommerschen Einwanderers aus dem
Jahre 1843 illustrirt werden, welcher berichtet, daß er und seine Genossen nur vier englische Meilen binnen drei Tagen zurücklegten. Mei-
lenlang wurden durch die Marschen und Sümpfe Wege mittelst ungeheurer Massen abgemähten Grases hergestellt, Wege, die noch zehn
Jahre später als Fahrwege benutzt wurden. Obgleich die Einwanderer
aus allen deutschen Gauen kamen und sich nicht immer in geschlossenen
Landsmannschaften niederließen, so bildeten sich doch, und bestehen
heute noch, einige nicht unbedeutende deutsch-partikularistische Ansiedlungen.

Vertrieben durch des preußischen Königs Friedrich Wilhelm III.
Kirchenpolitik kamen im J. 1839 ungefähr 50 pommersche Familien in
Wisconsin an und ließen sich in den Towns Mequon und Cedarburgh,
im heutigen Ozaukee County nieder und zwar unter der Führung des
Pastors Grabau und des preußischen Hauptmanns von Rohr. Im
J. 1843 kam ein weiterer starker Zug von Pommern, die sich am Rock
River, in der Gegend der heutigen Stadt Watertown, niederließen.
Ferner ist die Errichtung folgender landsmannschaftlicher Colonien zu
verzeichnen: Gegen Ende der dreißiger Jahre ließen sich Westfalen und
Leute aus Cleve in Kenosha County nieder; 1844 siedelten sich Sachsen
in Town Mequon, Ozaukee County an. Im Town Herman, Sheboygan County, ist eine Ansiedlung Lippe-Detmolder, die bedeutendste
derartige in Wisconsin. Die Leute kamen im J. 1847 unter Führung
von Reineking, Lehmann, Ulphoff und Helming dort an und sind heute

ungefähr 150 Familien stark. Mit ihnen siedelten sich viele Hannoveraner an, die im J. 1846 unter Ernst W. Schlichting's Führerschaft
einwanderten. Sächsische Ansiedlungen finden sich in Town Mosel,
Sheboygan County, und Town Centreville, Manitowoc County, die
im J. 1847 gegründet wurden, so auch in Town Oak Creek, Milwaukee
County. In Granville, Milwaukee County, und Germantown und
Polk, Washington County, wohnen viele Darmstädter. Auch diese
kamen in den vierziger Jahren. Town Schleswig, Manitowoc County,
und New Holstein, Calumet County, sind starke holsteinische Colonien;
die letztere mitbegründet von Rudolph Puchner aus Heilbronn, der sich
bei der aufreibenden Arbeit eines Geschäftsmannes genug Poesie bewahrt hatte, um zu dichten und mit seinen poetischen Werken erfolgreich
vor die Oeffentlichkeit zu treten. Eine socialistische Colonie wurde im
J. 1845 oder 1846 am Rosconong-See von Klopffleisch, Becker und
Huber gegründet, doch hatte dieselbe keinen langen Bestand. Nicht unerwähnt soll das „Lateinische Settlement" in Town Farmington, Washington County, bleiben, welches Mitte der vierziger Jahre von den
Brüdern Jacobsen, Wermuth, Wm. A. Pors und Eghardt gegründet
wurde. Hannoveraner unter Führung von C. Eichstädt siedelten sich
im J. 1848 im Green Lake County an. Princeton, jetzt ein Städtchen
von 1700 Einwohnern, um welches herum heute auf viele Meilen fast
Alles deutsch ist, bildete den Kern der Ansiedlung. Luxemburger machten sich in Town Belgium und in Port Washington, Ozaukee County,
gleichfalls in den vierziger Jahren seßhaft. Nicht unbedeutende
Schweizercolonien finden sich in Green, Monroe und La Crosse County.
Die Schweizer, welche sich im öffentlichen Leben und als Vertreter des
deutschen Elementes besonders bethätigt haben, sind: John Ulrich,
der in La Crosse den „Nordstern" gründete, Theodor Rodolf, John
Luchsinger u. A.

Im J. 1842 siedelten sich viele Rheinpreußen in Buchanan,
Outagamie County, an. Außerdem befinden sich noch bedeutende
rheinpreußische Ansiedlungen in Neu-Cöln, in der Nähe von Milwaukee, sowie in Croß Plains, Dane County. Zehn Jahre später
sehen wir ungefähr 100 Familien Uckermärker unter Führung von
H. F. Belitz sich in den Counties Sheboygan und Manitowoc festsetzen. Eine eigenthümliche und erwähnenswerthe Colonie ist die

von St. Nazianz im County Manitowoc. Badische Katholiken ver-
ließen nämlich im J. 1854 unter der Führung des Priesters Ambros
Oschwald die Heimath und gründeten hier im Urwald die Colonie
St. Nazianz, die theils auf klösterlicher, theils auf communistischer
Basis beruht und heute noch besteht und gedeiht.

So viel über die Ansiedlungen, insofern als sich in denselben eine
bestimmte Landsmannschaft oder besondere Erscheinungen geltend
machen.

Zwei frühzeitig von Deutschen besiedelte und jetzt vorwiegend
von Deutschen bewohnte Counties sind Ozaukee und Washington.
Schon im J. 1839 wurde von Adolph Zimmermann und Wilhelm
Opitz das Town Mequon in Ozaukee County gegründet, und von
den heutigen Bewohnern Mequon's, 3200 Seelen stark, sind 3000
Deutsche. Ein ähnliches Verhältniß waltet in dem benachbarten
County Washington vor. Auch hier ist nahezu Alles deutsch. Die
Besiedlung begann bereits im J. 1840. Von Deutschen, die sich im
öffentlichen Leben hervorgethan, sind zu nennen: Chas. H. Miller,
B. Mantz, Adam Schantz und Philipp Schneider. Nächst Milwaukee, Washington und Ozaukee, hat das County Manitowoc die
stärkste deutsche Bevölkerung. Die Besiedlung begann bereits im J.
1839. Von Persönlichkeiten, die hier gewirkt, sind zu nennen: Friedrich Borchardt, der sich im J. 1841 dort seßhaft machte und 1877 als
amerikanischer Consul in Livorno starb; Henry Baetz, Staats-Schatzmeister von 1870 bis 1874, später Secretär der Einwanderungs-Commission; Karl Eßlinger, der seit 23 Jahren Postmeister der Stadt
Manitowoc ist. Zunächst kommt, was die Stärke der deutschen Bevölkerung betrifft, Sheboygan County, dessen Besiedlung durch Deutsche
im J. 1846 begann. Unter den Pionieren dieses Theiles von Wisconsin sind zu nennen: Alfred Marschner, Sohn des berühmten deutschen Componisten Heinrich Marschner; Adolf Rosenthal, gegenwärtig
General-Consul des Deutschen Reiches in San Francisco; Konrad Krez,
Advokat, der sich durch seine Gedichte, zumal das in der „Gartenlaube"
veröffentlichte „An mein Vaterland", einen weit über die Gränzen
seiner amerikanischen Heimath gehenden Namen erworben hat.

Von der deutschen Einwanderung nach dem J. 1854 ist Carl
Schurz zu erwähnen, der sich um die Mitte der fünfziger Jahre bei

Watertown niederließ. Obwol sein Aufenthalt in Wisconsin nur
von verhältnißmäßig kurzer Dauer, so war sein Einfluß auf die politische Gestaltung des Staates doch eingreifend und nachhaltig. Aus
der späteren Geschichte des Deutschthums in Wisconsin ist hervorzu-
heben, daß in diesem Staate zwei deutsche Congreß-Abgeordnete gewählt wurden: P. V. Deuster, der bereits im J. 1847 als Jüngling mit
seinen Eltern in Wisconsin eingewandert und seit 1856 Herausgeber
des deutschen Tagblattes „Der Seebote" ist, und drei Mal in den
Congreß gewählt wurde; und Richard Günther, der im J. 1867 ein-
wanderte und sich in Oshkosh als Apotheker niederließ; nachdem er vier
Jahre Staats-Schatzmeister gewesen, wurde er im J. 1880 und wieder
im J. 1882 als Congreßmitglied gewählt.

Michigan.

Der Punkt, wo Detroit, die größte Stadt des Staates Michigan,
liegt, und von wo aus sich die Bevölkerung des Staates verbreitet hat,
wurde schon um das J. 1610 von französischen Missionären als eine
Missionsstation zur Bekehrung der Wilden gewählt, und von französischen Pelzhändlern zur Handelsstation bestimmt. Wie in alten
Zeiten Montreal in Canada der Ausgangspunkt und das berühmte
Ziel für Reisende aus dem Nordwesten war, wo Indianer und Weiße
alle Herrlichkeiten der civilisirten Welt finden konnten, so war es um die
Mitte unseres Jahrhunderts Detroit, das die Rolle des ältern Montreal übernommen hatte. Während der Kriege, welche die Europäer
in der westlichen Welt zwei Jahrhunderte lang theils unter sich, theils
gegen die Eingebornen führten, war Detroit wiederholt der Tummelplatz feindseliger Elemente, der blutige Schauplatz menschlicher Leidenschaften und Verirrungen. In dem furchtbaren Kriege, den der Indianer Pontiac nach dem Frieden zwischen Frankreich und England
im J. 1763 gegen die Weißen im Westen anfachte, wurde Detroit
von den Wilden belagert und die englisch-amerikanische Besatzung
von Fort Michilimackinac bis auf den letzten Mann von den Indianern niedergemetzelt. Im Kriege von 1812 ward der amerikanische

Gouverneur von Michigan und Befehlshaber desselben Forts, William Hull, von den Engländern zum Tode, verurtheilt. Es ist eine interessante Stadt, das alte Detroit, an die sich viele geschichtliche Erinnerungen knüpfen; sie hat ihre Wichtigkeit für das sie umgebende Land auch heute noch nicht verloren.

Wann die ersten Deutschen sich nach Michigan gezogen haben, ist nicht bekannt. Wahrscheinlich waren es Deutsche aus Pennsylvanien, New York und Canada. Im J. 1839 schrieb Dr. Clemens Hammer, der als katholischer Missionspriester in Michigan wirkte, über die deutsche Bevölkerung: „Eigentliches deutsches Leben — wie man es in Amerika finden kann — trifft man in Michigan nur an drei Orten: an den übrigen Plätzen leben unsere Landsleute zu zerstreut, um gottesdienstliche Versammlungen mit einem beständigen Prediger ihrer Muttersprache halten zu können. Detroit hat zwei zahlreiche deutsche Gemeinden; die stärkere (die katholische) hält ihren Sonntags-Gottesdienst in der Kathedrale nach 8 Uhr; die protestantische hat eine eigene Kirche mit dem Prediger Herrn Schade. Die Glieder beider Glaubensbekenntnisse leben in seltener Einigkeit und verstehen es, wie man bei Religionsverschiedenheit bürgerlich und im geselligen Leben tolerant sein kann. Bei Kindtaufen und Hochzeiten denket man nicht darauf, ob der katholische oder protestantische Pastor die hl. Handlung verrichtete, sondern wie man sich einmal gut deutsch vergnügen und aufheitern kann. Doch unabhängiger als die Deutschen in der Stadt, von denen viele nur so lange da bleiben, bis sie Geld genug erspart haben, um aufs Land gehen zu können, und am Besten im Wohlstande von allen andern Mitbewohnern dieses Staates ist die deutsche Ansiedlung der Würtemberger mit Herrn Pastor Schmid (prot. Prediger) in der Nähe von Ann Arbor. Ihr Getreidebau und Viehstand hat verhältnißmäßig nicht seinesgleichen in Michigan. Der dritte vorzüglichste Ort der Deutschen ist die deutsche Niederlassung am Grand River in der Nähe von Lyons, Jonia County, mit dem Pfarrer Kopp aus Westphalen, in einer ebenso schönen als fruchtbaren Gegend. Diese wird „Westphalia" genannt und wird ein nettes Städtchen."

J. G. Kohl, der auf seinen Reisen im Nordwesten im J. 1855 zu der von Dr. Hammer erwähnten würtembergischen Ansiedlung bei Ann Arbor kam; erzählt darüber: „Ein paar Männer aus den Dörfern bei

Stuttgart kamen im J. 1830 nach Amerika. Und da es gerade die Zeit
war, wo Michigan das Modegeschrei war, und wo Alles von Michigan, wie von einem Paradiese redete, wie sie zwölf Jahre später von
Illinois und Indiana, und wieder zwölf Jahre später von Jowa,
Wisconsin und Minnesota redeten, so machten jene Männer sich auf
nach Michigan und kamen an die Stelle, wo jetzt die hübsche Stadt Ann
Arbor blüht. „Das Land war gerade damals erst angefangen," Feldarbeiter, Handwerker und Tagelöhner waren noch sehr wenige auf dem
Flecke. Da aber doch einmal eine Stadt hier entstehen sollte, so legten
selbst Doctoren und Kaufleute, Advocaten, Farmer, alte Bürger, Raths-
herren und Bürgermeister zuweilen Hand ans Werk und hackten, und
schaufelten, und gruben, wenn einmal eine städtische Arbeit, die Aus-
rottung eines neuen Waldstückes, der Bau einer neuen Straße, die Bo-
den-Ebnung für ein Gerichtshaus oder dergleichen schnell ausgeführt
werden sollte. Die Leute aus Schwaben halfen redlich dabei und sahen
bald ein, daß der kleine Anfang schnell zu etwas führen müßte. Sie
schrieben daher hinaus, daß es hier sehr gut wäre. Die Botschaft ging
in den Dörfern von Mund zu Mund und von Ohr zu Ohr herum; und
es kam zuerst ein halbes Dutzend, dann ein Dutzend Familien über
den Ocean, dann noch viel mehr und am Ende siedelten sich rund um
Ann Arbor 5000 oder 6000 Schwaben an und füllten die Umgegend
des Städtchens mit hübschen deutschen Bauernhäusern und Gehöften.
Sowie die Yankees merkten, daß die Deutschen sich in der Umgegend
einzunisten anfingen, waren sie gleich flink bei der Hand und kauften
rings umher das Land auf, sectionsweise, ganze Striche, wie sie sich
denn immer damit beeilen, wenn sie sehen, daß ein „German Settlement" irgendwo entstehen soll. Sie wissen wohl, daß der Grund und
Boden da bald viel werth wird, weil die Deutschen sich nicht gerne weit
zerstreuen. Dadurch wurde zwar der Boden etwas vertheuert, aber
nach und nach wurde den Yankees ein Stück nach dem andern wieder
abgekauft und nach und nach ein kleines Schwabenland geschaffen."
Von seinem Besuche in dieser Ansiedlung erzählt der Reisende weiter:
„Wir fuhren zuerst bei Herrn Jöddele an, der uns sehr freundlich be-
willkommnete, er und seine alte spinnende Mutter. Ein Spinnrad,
eine spinnende Mutter, die findet man hier in Amerika nur noch in den
deutschen Settlements. Sie nahmen uns mit „Aeppelküchle" und so

ſchönem Weißbrode auf, wie ich es lange nicht gegeſſen habe. Als wir unſern Weg weiter fortſetzten, kamen wir beim Schälhauſe des Diſtricts vorbei und dann zur Kirche, die beide ziemlich einſam im Walde liegen. Darauf kam der Schuſter des Dorfs und endlich des Schneiders beſcheidenes Hüttlein. Die ganze Gegend, ſoweit ich ſie beſuchte, war ein reizendes Gewebe von Anſiedler-Gehöften, von Aeckern und dazwiſchen ſtehen gebliebenen Wald- und Wieſenpartien."

In Detroit erſchien gegen Ende der vierziger Jahre eine deutſche Zeitung, die aber Jahre lang eine kümmerliche Exiſtenz führte, bis die große deutſche Einwanderung in der erſten Hälfte der fünfziger Jahre auch über Michigan das Füllhorn einer neuen Bevölkerung ausſtreute. Im J. 1880 wohnten im Staate Michigan, laut dem letzten Cenſus, über 89,000 Perſonen, die in Deutſchland geboren waren, und von denen über 17,000 auf Detroit kamen. Da die deutſche Bevölkerung des Staates im J. 1870 nur 64,132 betrug, hat ſie alſo im Verlaufe jenes Jahrzehends bedeutend zugenommen, weshalb man in Anbetracht der ſtarken Einwanderung der letzten Jahre annehmen darf, daß gegenwärtig wol hunderttauſend in Deutſchland geborene Perſonen in Michigan wohnen.

Dreizehnter Abschnitt.

Die Deutschen in den westlichen Hochland-Gebieten.

Westlich von der Gränze des Staates Missouri und am Flusse dieses Namens, der von Otoe City bis Sioux City die westliche Gränze von Jowa bildet, beginnt das amerikanische Hochland des Westens. Von Sioux City ab fließt der Missouri von Norden nach Süden, bis dahin kommt er aus nordwestlicher Richtung. Die fast endlose Prärie ist eine schiefe Ebene, welche, in einer Höhe von nahezu eintausend Fuß über dem Meeresspiegel an den Ufern des Missouri beginnend, sich allmählig und im Anfang für den Reisenden fast unmerklich nach Westen erhebt und endlich den östlichen Theil der Felsengebirge bildet. Wer auf der Union Pacific Bahn am Nachmittage von Omaha westwärts fährt, befindet sich um Mitternacht bei North Platte schon in einer Höhe von 2787 Fuß und kann weit über die Gränze Nebraska's hinaus bis Cheyenne im Wyoming-Gebiete fahren, ohne Bodensenkungen oder Gebirgsausläufer bemerkt zu haben; und doch befindet er sich bereits in den Felsengebirgen, welche Anfangs nichts weiter sind als Hochebenen, die sich in unendliche Entfernung nach Norden erstrecken und auf denen nach Westen hin unförmliche Felsenmassen wie zerstörte Festungen zerstreut liegen. Nach Süden allerdings sieht man in einer Entfernung von etwa einhundert Meilen die Berge Colorado's, die mit ihren Schneekuppen bis in die Wolken ragen, und am Tage von der Sonne, in Sommernächten durch die Blitze fast immerwährender Gewitter erleuchtet werden. Wer mit einer der Bahnen durch Kansas in südwestlicher Richtung fährt, wird auch dort gewahr, wie der Continent sich allmählig hebt; hier beginnen an der Gränze Colorado's einzelne Zacken und Bergrücken, und erst wenn der Reisende die Ufer des Rio Grande erreicht hat, sieht er die Sandsteinlager und Kalksteinschichten, welche sich oft in beinahe horizontaler Richtung acht und noch mehr tausend Fuß hoch auf den

Ebenen erheben und jene Tafelbergmassen bilden, welche in der Physiognomie jener Landschaften ein so überraschender Zug sind.

Gegen Ende der vierziger Jahre wurde das ungeheure Gebiet, von New Mexiko bis an die canadische Gränze nach Westen in unbestimmte Fernen sich erstreckend, das Indian Territory genannt, worin an den Gränzen von Arkansas, Missouri und Jowa eine Anzahl halbcivilisirter Indianerstämme wohnte, welche eine Schutzmauer für die Weißen gegen die im Innern des Gebietes umher streifenden wilden Indianer bildeten. Im Frühjahr von 1849 organisirte Fremont auf der Ebene bei Independence, an der Gränze von Missouri, seinen berühmten Zug nach den unbekannten Regionen des Westens, und zahlreiche Carawanen begannen von dort und von Council Bluffs aus ihre Reise nach Californien.

Nach wenigen Jahren fand auf dem Hochlande jenseits des Missouri das Vorgefecht des Krieges statt, der die Grundvesten der Union erschütterte. Dort entstand im Jahre 1854 der Kampf der Interessen, welcher zehn Jahre später südlich von „Mason und Dixon's Linie" zur Entscheidung kam. Nachdem nämlich die Indianer-Reservationen weiter nach Westen und Süden vorgeschoben worden, organisirte in jenem Jahre der Congreß die Territorien Kansas und Nebraska, und da der Süden, welcher das Gleichgewicht seiner Interessen durch Aufnahme neuer, in politischer Gesinnung ihm nicht verwandter Staaten bedroht glaubte, Miene machte, Kansas für sich zu gewinnen, gründeten Bürger von Massachusetts und Connecticut Hülfsgesellschaften, um die Auswanderung von Neu-Engländern nach Kansas zu befördern. In den Territorien selbst kam es zu Reibungen und feindlichen Ausbrüchen zwischen Bürgern von Missouri und solchen aus Neu-England. Die dadurch hervorgerufene Aufregung bemächtigte sich der Gemüther im Norden und Süden und führte zunächst im J. 1860 zu einem politischen Siege des erstern, dann zu einem furchtbaren Kriege, der Emancipation der Sclaven und einer vollständigen militärischen Niederlage des letztern. Die Einwanderung strömte in die neuen Territorien, nicht bloß Amerikaner, sondern auch Deutsche, Schweizer, Skandinavier und Mennoniten. Aus den Territorien wurden Staaten, neue Territorien wurden durch Congreß-Acte gestaltet, und diese wieder voreilig zu Staaten creirt. So entstanden die Staaten

Colorado und Nevada, die Territorien Dakota, Wyoming, Idaho, Montana, New Mexiko und Arizona. Das Auffinden edler Metalle bevölkerte die Gebirge, günstiger Boden für den Ackerbau die Ebene. Die Erbauung von Eisenbahnen erleichterte den Verkehr, der Sohn der Wildniß mußte weichen, die Büffelheerden und Antilopen verschwanden vor den Geschossen der Jäger, die aus allen Weltgegenden herbeiströmten, um sich an dem Zerstörungswerke zu betheiligen. Weithin über die Ebenen entstanden Farmen und den Eisenbahnen entlang Dörfer und Städte. — Und überall hört man Deutsch, in Städten und Dörfern trifft man deutsche Handwerker, in den Gebirgen deutsche Bergleute, auf den Ebenen und in den Thälern deutsche Ackerbauer. Die deutsche Sprache ist dort zwar nicht die herrschende, aber sie besteht und es sieht so aus, als ob sie lange bleiben wollte. Im J. 1880 wohnten in Kansas 28,634 Deutsche, d. h. im deutschen Reiche Geborene, 11,207 Schweden, 1358 Norweger, 1200 Polen, 8032 Mennoniten, 2668 Schweizer, 179 Holländer und 1258 Oesterreicher.

Die meisten Mennoniten kamen in den Jahren 1876—1878 nach Kansas, um dieselbe Zeit zogen auch ganze Dörfer derselben nach Nebraska. Ihre Voreltern waren aus Westpreußen nach Rußland gezogen und hatten sich in der Nähe des Azow'schen Meeres angesiedelt, bis die Kunde von der großen Republik im fernen Abendland zu ihnen drang und sie zur Auswanderung dahin bestimmte. In den Städten des Staates, namentlich in Leavenworth, Topeka u. s. w. leben natürlich viele Deutsche, die meisten aber wohnen auf dem Lande und widmen sich dem Landbau, denn es ist ein ächter Ackerbaustaat.

Colorado ist der Staat des Hochgebirges, in dem Tausende von Menschen die Erde nach edlen Metallen durchwühlen, ein Staat mit herrlichen, fruchtbaren Thälern. Seine Hauptstadt Denver verdankt ihre rasche Zunahme an Bevölkerung dem Rufe ihrer gesunden Lage, dem Verkehr der Bergleute und zahlreichen Fremden, welche von dort aus Ausflüge in das Felsengebirge unternehmen.

New Mexiko ist für die amerikanische Cultur noch neu, doch war seine Hauptstadt Santa Fé schon vor dem mexikanischen Kriege als Station für amerikanische Handelscarawanen nach Chihuahua und Sonora bekannt und während jenes Krieges war es ein belebter Ort. Santa Fé, eine der ältesten Städte in Amerika, hat jüngst sein dreihundertjähriges Bestehen gefeiert und zählt unter seinen Bewohnern eine hinreichende Anzahl von Deutschen, so daß sie einen Turnverein und einen Gesangverein gegründet haben.

Arizona war vor einigen Jahren noch ein unbekanntes Land, wo die Apaches hausten und die Sicherheit der Weißen gefährdeten. Die Eisenbahnen, welche jetzt das Gebiet nach verschiedenen Richtungen durchschneiden, haben auch dort der Cultur Eingang verschafft. In Tucson besteht ein deutscher Verein. Einzelne Abenteurer waren schon vor vielen Jahren in die Wildniß des heutigen Arizona vorgedrungen, wenige von ihnen sind zurückgekehrt. Zu Ehren eines Deutschen, Namens Ehrenberg, der den mexikanischen Krieg mitmachte und später bei der Erforschung und Vermessung des Landes im Dienste der Regierung stand, ist eine Ansiedlung am mittleren Colorado-Flusse benannt worden. Bis an diese Ansiedlung ist der Fluß für Dampfboote, die von Fort Yuma nordwärts fahren, schiffbar.

Nevada, obgleich ein Staat, ist schwach bevölkert und unter dieser Bevölkerung sind wenige Deutsche zerstreut. In Virginia City waren ziemlich viele, so lange jenes Minenstädtchen der Centralpunkt der Big Bonanza's war; aber seit die Minen nicht mehr ergiebig sind, haben sich die deutschen Geschäftsleute nach anderen Gegenden gewendet. In Truckee, Carson und Elko, am Bigler Lake und in den Gebirgsdörfern der Sierra Nevada wohnen deutsche Handwerker und Krämer.

Die Territorien Idaho, Montana und Wyoming sind noch schwach bevölkert, eine directe Einwanderung von Europa dahin findet bis jetzt nicht statt, außer nach Utah, dem Lande der Mormonen.

Für Dakota ist vielleicht eine ebenso rasche Entwickelung zu erwarten, wie Minnesota sie gefunden hat. Das Klima ist dort rauher als am Mississippi; aber die Einwanderer aus dem nördlichen Europa scheinen diese fruchtbaren Ebenen, wo Weizen und Krautköpfe gedeihen, den Ländern mit milderen Klimaten vorzuziehen.

Vierzehnter Abschnitt.
Die Deutschen in den Pacific-Staaten.
Oregon und Washington.

An der Küste des heutigen Oregon segelten schon im 17. und 18. Jahrhundert Seefahrer entlang, aber dem Capitän Robert Gray blieb es vorbehalten, die Mündung des Columbia-Flusses zu entdecken. Er fuhr am 7. Mai des J. 1792 mit dem amerikanischen Schiffe Columbia in die Mündung und benannte den Fluß nach seinem Schiffe. Nach den Vereinigten Staaten zurückgekehrt, schrieb er einen so günstigen Bericht über den großartigen Fluß des Westens, daß der Präsident Jefferson sich entschloß, dessen Gebiet für die amerikanische Union zu gewinnen, und zu diesem Zwecke eine Erforschungs-Expedition unter Führung der Capitäne Lewis und Clark aussandte, die in den Jahren 1804 und 1805 über Land bis an den Columbia zogen und das Gebiet als Eigenthum der Vereinigten Staaten erklärten. Im J. 1808 schickte die Missouri-Pelz-Compagnie Trapper und Händler nach Oregon, und drei Jahre später ließ Johann Jacob Astor an der Mündung des Columbia einen Handelsposten anlegen und ihn Astoria nennen. England machte nichtsdestoweniger später Anspruch auf das Land, und im J. 1845 drohte zwischen ihm und den Vereinigten Staaten Krieg auszubrechen. Es kam indeß zu einem Vergleiche, worin der 49. Breitengrad als die Gränzlinie zwischen den Gebieten beider Reiche festgestellt wurde. Schon im J. 1839 begann die Auswanderung aus andern Theilen der Vereinigten Staaten nach Oregon. Die eigentlichen Pioniere, welche früher bei jeder Eröffnung neuer Gebiete ihre bisherigen Wohnsitze aufgaben und dahin auswanderten, wurden damals vom Oregon-Fieber ergriffen. Ein Zeitgenosse von ihnen schildert sie mit folgenden Worten: „Unter den Pionieren finden wir Männer, welche die Grundlage fast eines jeden

Staates seit den dreizehn alten zu legen geholfen, die nach und nach in jeder Gesetzgebung gesessen haben, und nun wieder weiter ziehen, um in neuen Gebieten sich anzusiedeln, wiederum ein Territorium errichten zu helfen, wiederum die erste politische Laufbahn in ihm zu beginnen und wiederum Glieder der Territorial-Gesetzgebung zu werden. Furchtlosigkeit, Gastfreundschaft und unabhängige Freimüthigkeit, verbunden mit rastlosem Unternehmungsgeiste und unersättlichem Durste nach Veränderungen, dabei eine große Sorglosigkeit wegen jeder nahen und fernen Zukunft, sind die hervorstechenden Charakterzüge dieser Leute. Sie haben immer ein Land der Verheißung weiter westlich gelegen, wo das Klima milder, der Boden fruchtbarer, das Holz besser und die Prärie schöner ist, im Auge; und vorwärts, vorwärts wandern sie mit Weibern und Kindern, Schweinen und Kühen und Ochsen, mit Töpfen und Schüsseln, mit Hausgeräth und Hausgöttern, immer suchend und nimmer findend das Eldorado ihrer Hoffnungen. Jetzt ist es das Oregon-Gebiet. Hunderte sind schon dort hingegangen, Hunderte rüsten sich zur Reise und in wenigen Jahren werden Tausende in ihm sich angesiedelt haben." Mit ihrer Ankunft in Oregon erreichten diese Pioniere ihres Landes Gränze; es gab keine neuen Gebiete für die Cultur zu erobern, an den Ufern des Stillen Meeres hörte ihre Wanderung, wenn auch nicht ihre Sehnsucht nach neuen Ländern auf. Aber Männer ihrer Art sieht man heute noch mit Weib und Kindern, „Koch und Kegel", auf ihren langen, mit Leinwand überzogenen Wagen alljährlich die westlichen Gebiete durchziehen, Farmen auslegen, Blockhütten bauen, den Wald lichten, Felder bebauen und dann nach einigen Jahren wieder weiter ziehen. Zur Zeit, als das Oregon-Fieber die Pioniere erfaßte, mußten sie eine beschwerliche Reise durch die westliche Wildniß machen. Von Missouri oder Jowa aus schlugen sie gewöhnlich den Weg über die Ebene nach Fort Laramie ein und nahmen dann die Richtung nach dem sogenannten „Süd-Paß". Ein Schweizer, der damals von St. Louis aus nach Oregon reiste, schreibt über seine Erlebnisse, nachdem der Zug jenes Fort verlassen hatte:

„Am 24. Juni sahen wir ganze Massen alten Schnees an der Straße. Am 29. kamen wir an eine 45 Meilen lange Wüste ohne Wasser und Gras. Die Zeit von da bis Mitte Juli war für mich sehr hart, und es ist wunderbar genug, daß ich nicht erkrankte. Meine Gefährten waren alle leidend; ich mußte nothgedrungen Treiber, Koch, Holz- und Wasserträger in einer Person sein und durfte zur Erholung auch manchmal noch Wache stehen. Ich blieb gesund trotz aller Anstrengung und trotzdem der unleidliche Gestank zahllos umher liegender Aase mich oft zu ersticken drohte. Abends flüchteten wir ins Innere der Wagen und suchten die klappernden Glieder mit wollenen Decken und Büffel-Häuten gegen Hagel und Frost zu schützen. Am 23. Juli verlor N. sein Pferd, indem es von einer Schlange gebissen wurde und nicht mehr zu retten war. Wir hatten weite Strecken wenig Gras und schlechtes Wasser. Unsere Zugthiere, welche zu viel davon tranken, wurden marode und eines Abends erkrankten sechs auf einmal. Die Gegend hier war mit todtem Zugvieh weit und breit besät, der Gestank unausstehlich. Ich trieb ganze Nächte hindurch, um nur bald freundlicheres Land zu erreichen. Wir fanden es endlich am Snake River und setzten des besseren Grases wegen alsobald auf sein jenseitiges Ufer über. Andere Emigranten, welche die alte Straße beibehielten, verloren viel Vieh. Unsere Ueberfahrt über den Snake River war beschwerlich genug. Während sich die Einen bemühten, die Wagenböden wasserdicht zu machen und keine Mittel dazu hatten, versuchten es die Andern, das Vieh hinüber zu treiben, doch lange vergeblich. Die Ochsen scheuten die starke Strömung und schwammen regelmäßig zurück. Endlich ging doch noch Alles gut von Statten. Bei Fort Boise passirten wir den Lewis River, aber dieses Mal mit weniger Schwierigkeiten. Bei Fort Hall litten wir während einer Nacht in undenklicher Weise durch die Musquitoes. Ochsen und Pferde jagten die ganze Nacht wie toll herum. Die Straße war eine Strecke lang sehr rauh und die Reise höchst beschwerlich. Ueber sehr steile Felsgebirge ging's unablässig und mit unsäglicher Anstrengung bald hinan, bald hinab. Da meine Schuhe längst schon verbraucht und selbst verfertigte Moccasins nichts taugten, so mußte ich diese Fels- und Bergpartien baarfuß durchwandern, ein Umstand, der sie mir nichts weniger als romantisch erscheinen ließ! Die häufigen Regenschauer und großen Fröste machten mich dazu noch übler gelaunt. Nachdem wir das Grand Round Valley passirt hatten, traten wir die Reise über die Blauen Berge an. Vier Tage lang ging's durch einen ungeheuren

Urwald von riesigen Fichten und Tannen, steile Felshügel hinauf und zum Ueberstürzen steile hinab. Doch ging Alles gut vorüber, wir erreichten endlich den stolzen Columbia und gelangten zu den sogenannten Dalles, wo viele Emigranten lagerten und sich zur Reise über die Cascade Mountains vorbereiteten. Wir thaten wie sie und kamen nach sieben Tagen am Fuße dieser Berge an. Hier sah und aß ich die ersten Heidelbeeren in Amerika und kaufte auf einer Farm in der Ebene gute Kartoffeln, Oregon-Mehl, weiß wie Schnee, und frisches Fleisch, und aß mich nach fünfmonatlicher, höchst mühseliger und entbehrungsvoller Reise zum ersten Male wieder satt. Ich trennte mich bald von meinen Gefährten und ging nach Oregon City, einem Städtchen mit unregelmäßig gebauten Holzhäusern."

In den Jahren 1848, '49 und '50 verlor Oregon manche seiner Bürger durch das Californier Goldfieber. Da nahm der Congreß die sogenannte Schenkungs-Acte an, kraft welcher jeder männlichen Person, die sich vor dem 1. December 1850 darauf ansiedelte, 320 Acker, und abermals 320 Acker für seine Frau geschenkt wurden; diejenigen, welche sich vom 1. December 1850 bis zum 1. December 1853 ansiedelten, erhielten das Anrecht auf je 160 Acker für sich und 160 für die Frau. Da die Bedingung der Schenkung war, daß der Ansiedler 4 Jahre auf dem Lande wohne, blieben nun Alle, die noch in Oregon waren, da und heiratheten. Aus jener Zeit stammt der solide Wohlstand her, dessen sich die alten Bewohner Oregon's erfreuen.

Im J. 1853 wurde aus dem Theile des Oregon-Gebietes, welcher nördlich vom Columbia liegt, das Territorium Washington gebildet, und beide hätten in Folge ihrer natürlichen Hülfsquellen eine raschere Zunahme der Bevölkerung seit den fünfziger Jahren erwarten können, wenn nicht ihre isolirte Lage sie gegen den Verkehr mit der großen Welt abgeschlossen hätte. Erst in neuester Zeit hat sich für dieselben und die dazwischen liegenden Gebiete Montana und Dakota durch die Vollendung der Northern Pacific Bahn eine hoffnungsvolle Zukunft eröffnet. Als mit dem ersten Zuge dieser Bahn die von ihrem Präsidenten Henry Villard zur Eröffnungsfeier eingeladenen Gäste in Portland ankamen, hatten die deutschen Männer unter ihnen Gelegenheit, an den Ufern des Willamette die Fahnen ihres fernen Vaterlandes laut jubelnd zu begrüßen.

In Folge dieser Abgeschlossenheit hat sich in Oregon eine eigen-
artige Bevölkerung herangebildet. Die ersten Bewohner waren jene
stählernen Charactere aus Missouri, Kentucky und Canada, dann kamen
Deutsche und Scandinavier; von Irländern, welche die großen Heer-
straßen entlang ziehen, kamen wenige dahin. Da das Klima des westlichen Oregon sehr feucht ist, und es oft mehre Tage nach einander regnet,
haben seine Bewohner den Spitznamen "Webfeet" (Schwimmfüßler,
erhalten. In Portland, dem Haupthandelsplatze von Oregon, wohnen
sehr viele Deutsche, die von Reisenden als „brave, gastliche, prächtige
Menschen" geschildert werden, „die dem Deutschthum Ehre machen und
nicht versäumt haben, Turn-, Gesang-, Schützen- und andere Vereine
zu gründen." Auch erscheinen dort zwei deutsche Zeitungen. Vor
länger als dreißig Jahren wurde 30 Meilen südlich von Portland im
Willamette-Thale eine deutsche Communisten-Colonie gegründet. An
der Spitze stand ein gewisser Keil, unter dessen Verwaltung es die
Bewohner zu großem Wohlstand gebracht haben sollen; Keil ist aber
gestorben, das gemeinschaftliche Eigenthum ist unter die Mitglieder der
Gemeinde vertheilt worden und jetzt wirthschaftet Jeder für sich selbst.
Nach dem Secessions-Kriege wurde der Versuch gemacht, eine starke
Einwanderung aus den Staaten östlich vom Mississippi nach dem
Territorium Washington zu lenken; ein Deutscher wurde zum Gouver-
neur des Territoriums ernannt, aber ehe der Plan recht in Gang kam,
gerieth der Gouverneur durch verfehlte Landspeculationen in Folge der
irrigen Annahme, daß der Endpunkt der Northern Pacific Bahn an den
Puget Sound kommen würde, in Verlegenheiten und mußte resigniren.

Californien.

Californien wurde in der zweiten Hälfte des vorigen Jahrhunderts
von spanischen Mönchen besiedelt; den Seefahrern waren die Küste und
einige Häfen schon zwei Jahrhunderte früher bekannt. Die Mönche
kamen als Missionäre, um die Eingeborenen zu bekehren, und trieben
außerdem Ackerbau und Viehzucht. Da die gezähmten Wilden die körperlichen Arbeiten verrichteten, konnten die Missionäre in der freigebigen

Natur des Landes sich einem behaglichen Stillleben widmen. Alexander von Humboldt, der im J. 1803 Californien bereiste, zählte 18 Missionshäuser oder Klöster, und auf den von den Mönchen geführten Listen standen die Namen von 15;562 bekehrten Indianern. Als Mexiko, wovon Californien eine Provinz war, sich von Spanien trennte, gingen in Folge öfterer Staatsumwälzungen die Missionäre ihrer Macht verlustig, und ihre Reichthümer wurden confiscirt. Ein Weg über die Felsengebirge und von da in nordwestlicher Richtung bis an den Columbia war den Amerikanern schon lange bekannt, und unter Benutzung dieses Weges über die hohen Gebirge, welcher, zum Unterschiede von einem Uebergange weiter nach Norden, unweit der canabischen Gränze, der „Süd-Paß" genannt wurde, waren viele Pioniere nach Oregon gezogen. Ein Weg nach Californien von Osten her war nicht bekannt; zwischen dem Felsengebirge und der Sierra Nevada lag die Wüste, die von Reisenden noch mehr gefürchtet wurde als die Gebirge, und ein Uebergang über die zackige, bis in die Wolken ragende Sierra war nicht bekannt, bis Fremont mit seiner Expedition im Herbste 1843 auf der Rückkehr von Oregon sich in diese große Wüste verirrte, nothgedrungen den Uebergang über das Nevada-Gebirge wagen mußte, und ihn auch glücklich vollendete. Im Thale des Sacramento traf er den bekannten Capitän Sutter, einen geborenen Badenser, aber adoptirten Schweizer, der im J. 1838 mit einer Partie Trapper von der Amerikanischen Pelz-Compagnie nach Vancouver gereist, durch eine sonderbare Fügung der Umstände nach Californien verschlagen worden und zum Besitze eines Forts und vieler Ländereien gekommen war. Schon vor jener Zeit müssen Bremer Schiffe in Californien gelandet sein; der aus Lemgo in Lippe-Detmold gebürtige Besitzer eines Gasthauses in San Bernardino behauptet, schon im J. 1836 als Cajütenjunge eines solchen Schiffes nach Californien gekommen zu sein. Andere vereinzelte Deutsche waren auf russischen Schiffen dahin gelangt, da den Russen jenes Küstenland keineswegs so unbekannt war, wie den übrigen Völkern Europa's; sie hatten sogar einige kleine Ansiedlungen dort, von denen eine werthvolle Pflanzung am Sacramento in den Besitz Sutter's überging. Als Fremont's Auffinden eines Passes über die Sierra Nevada bekannt wurde, wofür er bekanntlich den Beinamen „Pfadfinder" erhielt, trotzten viele Pioniere den Anstrengungen, Leiden und

Entbehrungen einer Monate langen Reise und den Gefahren der Ueberfälle seitens der Wilden, und zogen auf dem neuentdeckten Wege in das Land ihrer Hoffnung.

Im J. 1846 waren ihrer schon so viele dort angesiedelt, daß sie einen Aufstand gegen die mexikanischen Behörden versuchten, ehe sie von dem zwischen Mexiko und den Vereinigten Staaten ausgebrochenen Kriege etwas wußten. Als die Nachricht von der Kriegserklärung eintraf, kam es im südlichen Theile Californiens zu Gefechten zwischen Amerikanern und Mexikanern. Durch den Friedensschluß im folgenden Jahre fiel Californien sammt dem großen Gebiete vom westlichen Abhange des Felsengebirges bis an den Stillen Ocean in den Besitz der Amerikaner, und als dann im Februar 1848 auf Sutter's Besitzthum Gold entdeckt wurde, entstand jene wunderbare Wanderung von Abenteurern, Goldjägern, Pionieren und Leuten aller Art, die aus den amerikanischen Besitzungen, aus Canada, Europa, Australien und Asien nach Californien strömten, „um das Glück zu erjagen". Von 15,000 weißen Einwohnern zur Zeit der Uebertragung Californiens an die Vereinigten Staaten stieg die Bevölkerung in kurzer Zeit auf 250,000. Mit der Verwirklichung der kühnen Träume der Goldjäger kamen auch die goldenen Tage für die Wilden auf den westlichen Hochebenen, wo sie ganze Partien Emigranten überfielen, beraubten und ermordeten. Um diese Zeit wurde von vielen aus Texas nach Californien ziehenden Emigranten der Weg benutzt, welcher von der Stelle, wo jetzt Yuma steht, über den Colorado und dann durch die Mohave-Desert führt, eine Wüste, die nicht öder und trostloser gedacht werden kann. Diese Reise muß für den Emigranten noch gefährlicher gewesen sein, als die nördliche, weil sie durch die Gebiete der wilden Comanches und Apaches führte, bevor er den Colorado erreichte, und dann durch die wasserleere Wüste geht, wo Menschen und Thiere verdursteten. Von den Wagen der Southern Pacific Bahn aus sieht man streckenweise die alte Emigranten-Straße, zu deren beiden Seiten Gräber von Pionieren und Knochenreste ihrer Zugthiere liegen.

Die Deutschen zogen gleichzeitig mit den Amerikanern nach Californien, anfänglich aus den westlichen Staaten über Land, aus dem Osten auf Schiffen. Als später die Dampfschifffahrt zunahm und deutsche Dampfer nach der Landenge von Panama fuhren, bedienten sich viele Deutsche dieser Verkehrsmittel, um nach San Francisco zu gelangen. Californien zählte im J. 1880 51,000 Deutsche, mit Einschluß der Deutsch-Oesterreicher und Mennoniten, wovon die große Mehrzahl in San Francisco wohnt. Uebrigens sind mehr oder weniger Deutsche in allen Städten, Dörfern und Land-Districten des Staates, sowol in den nördlichen Gebirgsthälern nach der Gränze von Oregon zu, als auch auf den Ebenen an der mexikanischen Gränze. Ein großer Theil des Weinbaues ist in den Händen von Deutschen; die Wein-Ranches im Sonoma-Thale haben, mit wenigen Ausnahmen, deutsche Namen. Einzelne Deutsche findet man zerstreut als Arbeiter, Hirten oder Minenbesitzer in den Gebirgsthälern der Sierra Nevada und auf den Oasen der Wüste, als Wirthe und Krämer an den Wege-stationen nach berühmten Reisepunkten, sogar im Thale Yo Semite. Besonders zahlreich sind sie in den Städten, die nicht weit von San Francisco liegen, in Oakland, Alameda, San Rafael, Napa und San José. In Los Angeles, jenem wunderbar schönen Städtchen im südlichen Californien, mag wol ein Drittel der Einwohner Deutsche sein. Die schönste der weltberühmten Orangen-, Lemonen- und Wein-pflanzungen bei der Mission San Gabriel gehört einem Deutschen, Namens Rose. Ebenso sind Deutsche auch in San Bernardino, San Diego und Santa Barbara, und im San Joaquin-Thale besitzen unsere Landsleute ausgedehnte Ländereien für den Betrieb des Weizenbaues und der Schafzucht. Das in den fünfziger Jahren von Deutschen in San Francisco gegründete Anaheim, 28 Meilen von Los Angeles ge-legen, ist nicht rein deutsch geblieben. Deutsche Zeitungen erscheinen in San Francisco, Sacramento, San José und Los Angeles; in allen diesen Städten existiren Gesang- und Turnvereine, deutsche Kirchen und Schulen, und die Zahl und Thätigkeit der deutschen Israeliten in Californien ist so groß, daß im J. 1877 ein gutunterrichteter Ameri-kaner in Merced sagte: "They control the commerce on this coast."

Fünfzehnter Abschnitt.

Schweizer Einwanderung und Ansiedlungen.

Schweizer Handelsleute, Abenteurer und Krieger kamen im 17. Jahrhundert mit den Franzosen nach Canada und Louisiana, mit den Spaniern nach Florida und mit den Holländern nach Neu-Niederland, aber Schweizer Ansiedler zogen erst in der ersten Hälfte des vorigen Jahrhunderts nach Nord-Amerika. In der Geschichte der Carolinas ist die Gründung einer Colonie von Schweizern unter Führung des Obersten Purry schon erwähnt worden. Johann Peter Purry war General-Director der französischen Ostindien-Compagnie gewesen und im J. 1731 nach Süd-Carolina gekommen, um sich über die Lage und Verhältnisse jener Provinz zu unterrichten. Nach kurzem Aufenthalte veröffentlichte er eine von Charlestown, den 23. September 1731 datirte Beschreibung des Landes und der Bedingungen, unter welchen er Colonisten dahin führen wolle. Er reiste darauf in die Schweiz zurück und machte bekannt, daß er am Savannah-Flusse, dreißig Meilen vom Meere, eine Strecke Land ausgesucht habe, wovon die Provinzial-Regierung Carolina's zum Zwecke des Anbauens jedem Colonisten 50 Acker auf zehn Jahre miethfrei gewähre, und ihm 400 Pfund Sterling nebst Lebensmitteln für den Unterhalt von 300 Personen auf ein Jahr versprochen habe. Er war nicht lange genug in Carolina gewesen, um sich ein richtiges Urtheil über das Land bilden zu können, von dem er eine rosige Schilderung entwarf; aber obschon die Bedingungen für Ansiedler nichts weniger als liberal waren, erklärte sich doch eine Anzahl meist unbemittelter Leute zur Auswanderung bereit und erhielt das ihnen versprochene Land. Die Colonial-Regierung that ihre Pflicht, die Ansiedler zu befriedigen, und diese gingen mit frohen Hoffnungen, mit Eifer und Muth an die Arbeit. Allein bald machte sich

391

die Wirkung des Klima's geltend. Eine Anzahl erkrankte und starb, wodurch sich die von den Andern zu tragende Last natürlich vergrößerte. Auch wollten die gereichten Unterstützungen nicht genügen, und Klagen über unbillige Vertheilung wurden laut. Das Elend mehrte sich, als die Unterstützungsfrist ablief, bevor noch die Urbarmachung weit genug vorgeschritten war, daß man eigene Vorräthe hätte einheimsen können. Von der Stimmung, worin die Ansiedler sich befanden, möge folgende Strophe aus einem Klagelied Zeugniß geben, welches die Ausgewanderten nach der alten Heimath sandten:

> „Ich lebt' in einem freien Land,
> Lebt' drinnen ehrlich, brav;
> Car'lina war mir nicht bekannt,
> Jetzt bin ich dort ein Sklav'.
> Die Freiheit hab' ich nimmermehr:
> Ach, großer Gott, Dein' Gnad' bescheer'!“

Die Ansiedler am unteren Savannah wehrten sich mannhaft gegen die zunehmende Verarmung und körperliche Entkräftung, aber die ungesunde Lage der Ansiedlung, die gleichgültige Haltung der englischen Regierung und andere Ursachen mehr führten schließlich zu beinahe völliger Verödung. Heutzutage zeugt allein der Name noch von der verschollenen Schweizer-Colonie Purrysburg. Die Ansiedlung New Bern in Nord-Carolina ist gänzlich englisch-amerikanisirt, und das anheimelnde Schwyzer-Dütsch schon längst nicht mehr vernehmbar.

Unter den Schweizern, welche sich im Dienste der amerikanischen Republik einen Namen erworben haben, steht Albert Gallatin oben an. Er war der Sohn eines Staatsraths, im J. 1761 in Genf geboren, genoß in seiner Jugend einen sorgfältigen Unterricht und zog schon in seinem 18. Jahre mit Lafayette über den Ocean, um sich am amerikanischen Unabhängigkeitskriege zu betheiligen. Er wurde mit Washington befreundet, nahm an den Verhandlungen zum Verfassungswerke Theil und ward unter Jefferson Schatzamts-Secretär. In der kritischen Zeit von 1812 legte er die Grundlage der inländischen Steuergesetze, nahm mit John Quincy Adams an den Friedensverhandlungen mit England Theil und ward amerikanischer Gesandter in Paris (1815 bis 1823), in welcher Zeit er einen Handelsvertrag mit England abschließen half. Im J. 1827 gründete er in New York eine Bank, die später auf seinen Sohn James überging, und widmete sich bis zu seinem Tode

(1849) verschiedenen wissenschaftlichen Arbeiten. Er war Präsident der Universität von New York, der Ethnologischen und Historischen Gesellschaft, und gab auf Anregung Alexander's von Humboldt eine amerikanische Alterthumskunde sowie auch ein Werk über die Indianer von New Mexiko und Central-Amerika heraus.

Rudolf Haßler aus Aarau reiste im J. 1805 mit etwa 100 Personen, deren Ueberfahrt er bezahlte, nach Philadelphia, wo er durch seinen Landsmann Gallatin beim Präsidenten Jefferson eingeführt wurde, der sich bekanntlich für wissenschaftliche Zwecke lebhaft interessirte. Das Gespräch führte auf die Vortheile einer Vermessung der amerikanischen Küsten nach der geodätischen Methode, welche Jefferson dem Congresse vorzulegen versprach. Der junge Schweizer erhielt vorläufig eine Professur für Mathematik und Physik (von 1807–1809) an der Militärschule in West Point und ward später erster Chef der Küstenvermessung. Im J. 1810 reiste er nach England, um dort die Anfertigung der erforderlichen Instrumente zu überwachen; als der Krieg zwischen dieser Macht und den Ver. Staaten von Neuem ausbrach, wurde er als Kriegsgefangener auf einem abgetakelten Schiffe eingesperrt. Im J. 1816 sehen wir ihn wieder in diesem Lande, wo er in Gemeinschaft mit einem englischen Astronomen die Gränzen gegen Canada näher bestimmen half. Später schrieb er mehre Werke und legte in den "Reports of the Coast Survey" eine Reihe von Aufsehen erregenden Abhandlungen nieder. Im J. 1830 wurde Haßler mit der Fixirung der Maße und Gewichte betraut, ward wieder Chef der Küstenvermessung und behielt diese Stelle bis zu seinem im J. 1843 erfolgten Tode.

Nach der furchtbaren Hungersnoth im J. 1817 entschlossen sich viele Schweizer zur Auswanderung. Im J. 1818 erschien in St. Gallen eine Schrift unter dem Titel: „Zuverlässige Nachrichten über die Vorbedingungen, unter welchen Auswanderungen nach den Ver. Staaten von Nordamerika ohne Vermessenheit versucht werden dürfen." In einem darin abgedruckten Briefe von J. J. Mayer jr. in St. Gallen heißt es: „In Folge der gänzlichen Verdienstlosigkeit, beispielloser Theuerung der ersten Lebensmittel haben wir in der Schweiz, besonders in St. Gallen, ein Elend, das ich nicht zu schildern vermag: ungeachtet aller Wohlthätigkeit sterben bei Tausenden an den Folgen von Hunger und Mangel aller Art, und eine große Anzahl Vermöglicher

und Unvermöglicher wandert nach Rußland und Amerika." Im
J. 1819 wurde in Bern eine Colonisations-Gesellschaft ins Leben gerufen. Von den damals hier eingewanderten Schweizern wurde die
noch jetzt bestehende Ansiedlung Switzerland, jetzt Switzer, in Monroe
County, Ohio, begründet, deren Bewohner Ackerbau und Viehzucht
treiben. Ihre Nachkommen haben ihren ächt schweizerischen Charakter
bewahrt und sprechen unter einander fast nur Schweizerdeutsch.

Im J. 1820 erschien ein Agent Lord Selkirk's in der Schweiz, um
Ansiedler für sein Land im britischen Amerika, am Red River des
Nordens, anzuwerben. Sechs Jahre früher hatte der Lord achtzig
Deutsche, welche in dem von dem Schweizer Obersten De Meuron be-
fehligten Regimente in britischem Dienste in Canada gestanden, veranlaßt, in jener Colonie sich anzusiedeln. Es gelang dem Agenten,
in mehren Cantonen etwa 200 Personen anzuwerben, welche sich im
Mai 1821 in Rheinfelden, in der Nähe von Basel, versammelten und
von dort auf zwei kleinen Barken den Rhein hinab fuhren. In Rotterdam bestiegen die Auswanderer das Schiff „Lord Wellington", und
nun begann für die armen Leute eine jener Leidensgeschichten, wie
deren die Pioniere der neuen Welt so viele zu erzählen haben. Nach
einer langen mühseligen Reise erreichten sie erst am 4. November,
als in jener nördlichen Gegend schon empfindliche Kälte eingetreten
war, halb verhungert, fort Douglas, den Ort ihrer Bestimmung, und
wurden von den Deutschen, welche etliche Jahre früher in die Colonie
gekommen waren, freundlich aufgenommen. Aber nun gingen die
Leiden und Entbehrungen der armen Einwanderer erst recht an.

Im Sommer des J. 1821 hatten die Heuschrecken in dem Selkirk-
schen Gebiete den größten Theil der Ernte zerstört. Von der Ankunft
der Schweizer hatte man dort keine Ahnung gehabt und der Gouverneur
der Colonie konnte die den Ansiedlern versprochenen Lebensmittel nicht
liefern. Diese waren meistens Handwerker, darunter Uhrmacher, Con-
ditorbäcker, Handschuhmacher, Techniker, Juristen, Musiker u. s. w.,
wenig geeignet für eine neue Ansiedlung, insbesondere in einem so kalten
Klima. Der Gouverneur schickte eine Anzahl der jungen Männer nach
dem sechzig Meilen weiter südlich gelegenen Pembina, damit sie sich
dort von der Jagd ernähren sollten. Aber die Büffel waren beim
Herannahen des Winters weit nach Süden gezogen. Der Winter wurde

entsetzlich kalt und dauerte viel länger als gewöhnlich; das Thermometer fiel häufig bis auf 45° Fahrenheit unter 0. Oft waren die Unglücklichen dem Verhungern nahe. Der Gouverneur konnte ihnen im
Frühjahr das versprochene Getreide zur Einsaat nicht liefern und ebensowenig das nöthige Ackergeräthe. Ein paar Kühe ausgenommen, die
im Herbst vorher durch etliche Viehhändler aus den Vereinigten Staaten
in die Colonie getrieben worden, wurde den Ansiedlern auch nicht das
Geringste von dem verabfolgt, was man ihnen in der Heimath versprochen hatte. Sie mußten sich mit Hacke und Schaufel behelfen, um
damit den Boden aufzugraben und für die dürftige Saat, die sie von
den älteren Ansiedlern erhielten, herzurichten. Da der Boden sich als
fruchtbar erwies, war der Ertrag des Sommers hinreichend, während
des zweiten Winters ihre nothwendigsten Bedürfnisse zu befriedigen.
Die folgenden Sommer waren noch ergiebiger; aber nun hörten die
Ansiedler durch amerikanische Viehhändler von dem milden Klima
Missouri's, und jedes Jahr zog eine Anzahl derselben aus der Colonie
weg. Diese wurde durch die kleinen Abzüge nicht sehr geschwächt, und
im Herbst 1825 soll die Einwohnerzahl an 1500 Seelen betragen haben.
Aber in jenem Herbste erschienen die Vorboten eines ungewöhnlich
strengen Winters. Am 20. December begann ein Schneesturm, wie die
Eingeborenen einen solchen nie erlebt hatten; er dauerte mehre Tage,
das Wild verschwand, und von den Ebenen traf die Nachricht ein, daß
die Männer, welche im Spätherbst auf die Pelzjagd gezogen, verhungerten. Der Gouverneur sandte Rettungsmannschaften mit Kleidung
und Lebensmitteln aus, aber mehre der Jäger kehrten nie zurück. Die
zerstreut wohnenden Landleute krochen während des furchtbaren Schneesturmes in ihren Hütten zusammen, um sich zu erwärmen, und in manchen Fällen wurde dieses Obdach ihr Grab. Nachdem der Sturm aufgehört hatte, machten einige Ansiedler den Versuch, nach Pembina zu
wandern, und erfroren unterwegs. Man fand eine erstarrte Frau mit
ihrem Säugling auf dem Rücken nur eine Viertelmeile von ihrem
Wanderziele entfernt. Sie war 125 Meilen gegangen, als sie diesem
Kampfe ums Leben erlag. Andere, die man noch am Leben fand
hatten ihre Pferde, ihre Hunde, Thierfelle, Leder und sogar ihre Schuhe
verzehrt. Auf den furchtbaren Winter folgte ein spätes Frühjahr, das
eine furchtbare Ueberschwemmung brachte. Die Wärme kam so plötz

lich, daß in der Walpurgisnacht ein mächtiger Strom sich über die dicke Eisdecke des Red River dahinwälzte. Um 4. Mai ergoß sich das Wasser über die Ufer und verbreitete sich so rasch, daß, ehe die Colonisten die Gefahr erkannten, die Fluthen ihre Wohnungen erreichten. Sämmtliche Ansiedler auf der Ebene mußten ihre Wohnungen verlassen und auf den entfernten Anhöhen Schutz suchen. Viele retteten nichts als die Kleider, die sie auf dem Leibe trugen. Große schwimmende Eismassen zerstörten Häuser und Stallungen, und die brausenden Fluthen führten Alles dem Winnipeg-See zu. Nachdem bis zum 21. Mai die Fluth gestiegen, begannen von diesem Tage an die Wassermassen sich allmählig zu verlaufen. Erst am 15. Juni konnten die Ansiedler wieder in die Nähe ihrer ehemaligen Wohnungen gelangen, aber diese waren verschwunden; nicht ein Haus in der Niederlassung war stehen geblieben. Die Colonisten entschlossen sich daher, fortzuziehen und ihr Glück anderswo zu versuchen. Sie packten den Rest ihrer Habe auf einige gerettete Holzwagen und folgten den Spuren ihrer ihnen vorausgezogenen Landsleute nach den Vereinigten Staaten. Der Gouverneur gab ihnen in liberaler Weise Mehl und sonstige Lebensmittel aus den Magazinen der Hudson's Bay-Compagnie mit auf den Weg. Die wieder auswandernden Colonisten zählten 243 Köpfe. Nur zwei Schweizer Familien und eine deutsche Familie blieben in der Colonie zurück. Der Zug der Leute verließ am 24. Juni 1826 Fort Garry und bewegte sich südwärts bis Fort St. Anthony, im heutigen Minnesota, wo sie Nachricht über ihre Landsleute erhielten, von denen einige nach St. Louis gezogen waren, andere in den Bleiminen am oberen Mississippi Beschäftigung gefunden hatten. Auch trafen sie hier ein kleines Boot, das sie für die Fahrt stromabwärts mietheten. Die meisten der unglücklichen Wanderer landeten am Fieber-River und blieben in und um Galena, andere fuhren bis nach St. Louis, wo sie aber das Klima nicht vertragen konnten, so daß sie wieder den Mississippi aufwärts zogen. Ihre Nachkommen sind zahlreich im Nordwesten verbreitet.

Größeres Aufsehen als der Wegzug der zum größten Theil aus Bernern bestehenden Schweizer in den Jahren 1820 und '21 erregte in der Schweiz derjenige von Luzernern unter der Anführung von Dr. Kaspar Knöpfli und Joseph Suppiger im J. 1836, welche die bekannte Ansiedlung Highland, im Staate Illinois, gründeten. Im J. 1838 zogen Berner Oberländer, welche einige Jahre zuvor in Stark County, Ohio, eingewandert waren, nach dem heutigen Bremen in Indiana. Im J. 1859 wurde von Schweizern, die bis dahin in andern Städten des Westens ansässig gewesen, am Ohio Tell City gegründet, welches sich in den ersten paar Jahren rasch entwickelte, dann aber durch den Bürgerkrieg in seinem Gedeihen gehemmt wurde, weil Verdienst- losigkeit und Verarmung eintraten, und manche Ansiedler die Colonie verließen. Die Einwohnerzahl von Tell City belief sich im J. 1880 auf 2500 Personen, worunter nur etwa 100 Amerikaner waren. Das Städtchen ist günstig am Ohio gelegen, hat zwei Kirchen — eine evan- gelische und eine katholische — zwei stattliche Schulhäuser und macht mit den sauber gehaltenen Straßen, den schattenspendenden Bäumen und netten Häuschen einen freundlichen Eindruck. Gegen den Wunsch der Ansiedler, daß mehr Anglo-Amerikaner sich unter ihnen nieder- lassen möchten, macht sich das Bedenken geltend, daß ihnen dadurch die puritanische Sabbathfeier aufgedrängt werden könnte.

Als im Anfange der vierziger Jahre in Folge von Mißernten und Geschäftsstockung der übervölkerte Canton Glarus sich genöthigt sah, die Auswanderung eines Theiles seiner Bewohner zu befördern, votirte die Schweizer Regierung 1500 Gulden, damit zwei Agenten zum An- kaufen geeigneter Ländereien nach den Vereinigten Staaten abgesandt werden konnten. Diese kamen im März 1845 in New York an. Nach längerem Suchen durch verschiedene Staaten fanden sie in Wisconsin, 62 Meilen von Galena, einen Landstrich, welcher ihren Instructionen und Zwecken zu entsprechen schien. So wurden denn im Namen der Auswanderungsgesellschaft des Cantons Glarus 1280 Acker Land gekauft. Schon am 10. April desselben Jahres versammelten sich 193 Auswanderer am Linth-Canal, um die Reise nach Amerika anzutreten. Ein Abgeordneter der Regierung hielt dort eine Ansprache an sie, worin er hervorhob, daß Fleiß und Eintracht die unerläßlichen Be- dingungen für den erhofften Erfolg seien. Die Reise ging über Rotter- dam, Baltimore, Cincinnati, St. Louis und von da den Mississippi hinauf nach der Stelle, die ihre neue Heimath sein sollte, und der sie im Andenken an die frühere den Namen New Glarus gaben. Hier blie- ben ihnen die Widerwärtigkeiten nicht erspart, welche gewöhnlich den ersten Ansiedlern begegnen. Vom J. 1846 an machten die Einwanderer zwar langsame, aber sichere Fortschritte. Von Zeit zu Zeit trafen neue Ansiedler ein, die meist mit Geldmitteln wohl versehen waren. Jetzt hat aber die Einwanderung dahin fast ganz aufgehört, da keine billigen Ländereien mehr zu haben sind. Die Ansiedlung liegt in Green County über mehre Gemeindegebiete zerstreut; sie besitzt zwei Kirchen, zwei Schulhäuser, drei Gasthöfe, eine Brauerei und drei Kaufläden u. s. w. Aus den schwachen Anfängen ist die Ansiedlung zu einem stattlichen Flecken von etwa 4000 Einwohnern herangewachsen, welcher ein Gebiet von über 60,000 Acker wohlbebauter, behaglicher Heimstätten umfaßt, deren Bewohner sich einer allgemeinen Wohlhabenheit erfreuen.

Im Staate Tennessee ist die alte deutsche Ansiedlung Wartburg zum Theil von Schweizern bewohnt. Grütli, auf dem Cumberland Plateau in Grundy County gelegen, wurde im J. 1869 gegründet. Im Laufe der Zeit baute man dort Kirche und Schule; es besteht auch ein landwirthschaftlicher Verein und eine Schützengesellschaft. — In West-Virginien gibt es mehre deutsche und schweizerische Ansiedlungen. Seit 1881 besteht in Laurel County, Kentucky, eine kleine, von Bernern gegründete Colonie, die den Namen Bernstadt erhalten hat und deren 150 Ansiedler sich mit Landwirthschaft beschäftigen. — In den westlichen Hochlanden Georgia's, in Habersham County, ist die Ansiedlung New Switzerland, die sich in Folge von Uneinigkeit und Streit unter den Bewohnern keines guten Gedeihens erfreut. — Im fernen Oregon ist in dem schönen Willamette-Thale der Grund zu einer neuen Schweizer-Ansiedlung gelegt worden, die von dem reichen Kloster in Engelberg protegirt wird und ebenfalls Engelberg heißt. Da die Schweizer Colonien überall von deutschen Schweizern begründet worden, so ist die Bevölkerung auch mit Deutschen vermischt, und den nationalen Sitten und Gebräuchen bleiben sie nur theilweise treu